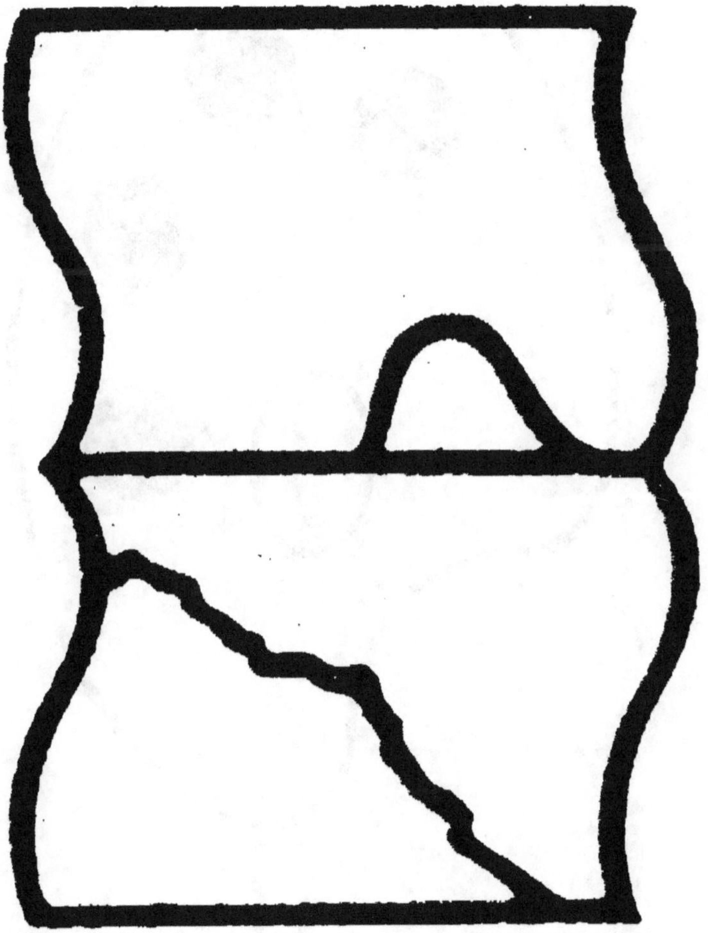

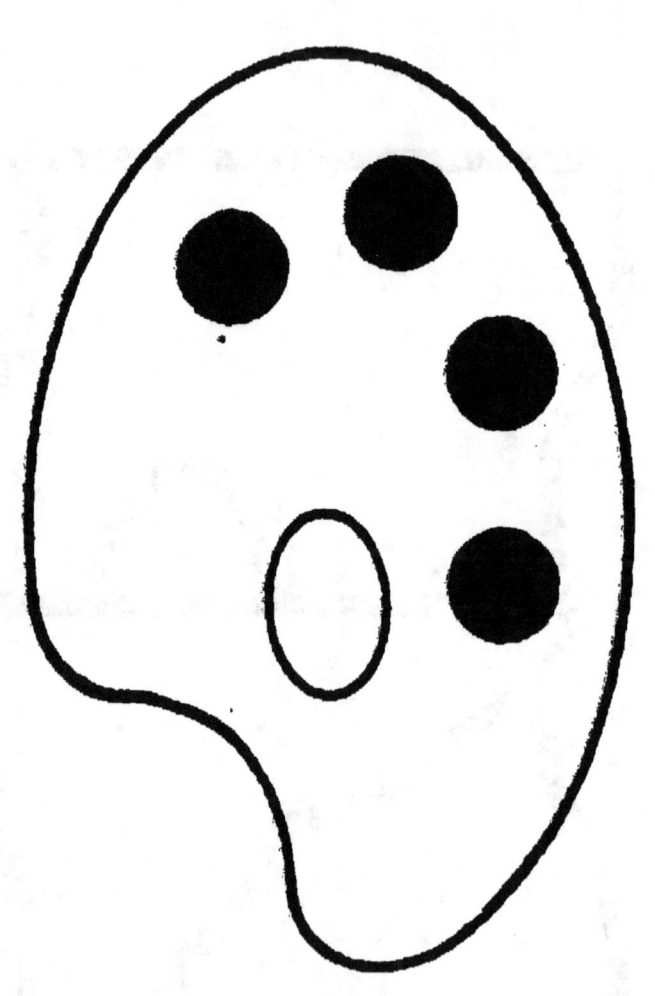

36.
211.

LE
THÉATRE D'HIER

EN VENTE A LA MÊME LIBRAIRIE

DU MEME AUTEUR :

Émile Augier *(Collection des Classiques populaires)*, 1 vol. in-8º illustré, broché. 1,50

Diderot *(Lectures choisies)*, 1 vol. in-12, précédé d'une Introduction et orné d'un portrait, broché. . . . . 3 »

NOUVELLE BIBLIOTHÈQUE LITTÉRAIRE

HIPPOLYTE PARIGOT

LE
THÉATRE D'HIER

ÉTUDES DRAMATIQUES, LITTÉRAIRES ET SOCIALES

> Emile Augier — Alexandre Dumas Fils
> Edouard Pailleron — Eugène Labiche — Meilhac et Halévy
> Victorien Sardou — Henry Becque

PARIS
LIBRAIRIE LECÈNE, OUDIN ET Cie
17, RUE BONAPARTE, 17
—
1893

Tout droit de traduction et de reproduction réservé.

A

M. LE DOCTEUR DU CAZAL

PROFESSEUR A L'ÉCOLE DE MÉDECINE MILITAIRE
DU VAL-DE-GRACE

HOMMAGE AFFECTUEUX.

H. P.

INTRODUCTION

I

HIER ET AUJOURD'HUI.

Ceci est un livre de bonne foi, dont le titre est sans malice. Succédant au romantisme, une autre évolution dramatique semble à présent accomplie, qu'il importe à cette heure même d'étudier d'ensemble, et qu'on peut résumer sous cette rubrique : *le Théâtre d'hier*.

Un souffle de renouveau a traversé la scène. Un *Théâtre libre* s'est constitué, où d'ardentes aspirations enflamment les esprits et activent la production. Les maîtres d'hier s'effraient de voir où ont abouti leurs tendances, qu'ils ne reconnaissent plus. Il n'est pas jusqu'à M. Henry Becque, que cette généreuse jeunesse proclame divin, qui parmi les douceurs d'une légitime fierté ne doive ressentir quelque effarement de son apothéose. Le piédestal qu'ils lui ont élevé, l'isole en le grandissant. Ils l'ont quasiment relégué dans l'O- lympe, comme Lucrèce fit ses dieux inertes. En vérité, dans cette fournaise dramatique, dont il convient de louer le labeur, mais où trop souvent sur l'enclume sonore se forge et se tenaille le scandale chauffé à blanc, on n'adore aucun dieu, on ne reconnaît aucune loi, on peine d'ahan, avec confiance, dans l'anarchie. Plusieurs talents s'y sont révélés, qui grandiront ailleurs, sous le bénéfice d'une autre discipline artistique. Car on y « fait du théâtre », ainsi que jadis on faisait des fables, un peu tout le monde, chacun à sa façon et sans façon, au hasard de la fourchette.

Les critiques instruits et compétents sont fort en peine : ils épient l'occasion d'encourager, et le plus souvent hésitent ou se désespèrent. Ils accueillent l'effort, surveillent le symbole, guettent les révélations exotiques : sur quoi ils se rabattent pour se consoler du reste.

Cependant les ardélions de l'anarchie clament et entretiennent un tel tapage, que le public ahuri ne s'y reconnaît plus, n'entend plus ses guides, ne sait plus ce qu'il veut, ne veut point ce qu'on lui impose. Etourdi de cette bruyante confusion, il prend son plaisir où il le trouve, sans équivoquer sur la qualité, s'empresse au plus béotien vaudeville, se conjouit aux insanités de la chansonnette. S'il ne réclame plus les ours et les gladiateurs, c'est qu'il se plaît mieux aux matchs de la vélocipédie.

Et puis, on se lamente sur ce goût si français du théâtre, qui se perd, quand c'est le goût tout court qui disparaît, quand toute règle est détestée, toute mesure méconnue, alors que le sens du beau s'émousse par l'abus de toutes licences et trivialités féroces. C'est un désarroi de la conscience littéraire. On semble avoir perdu jusqu'à la faculté d'acheter le plaisir esthétique au prix de quelque peine. Tout ce qui n'amuse pas immédiatement et directement, ennuie. Le scandale même nous lasse : on nous en a trop donné. Demanderez-vous au public d'être plus délicat que la plupart de ceux que l'on voit prendre en main la mission de l'éclairer? Les mots ont perdu leur valeur; la moindre drôlerie est saluée du nom de chef-d'œuvre; le parler français n'a pas de terme assez fort pour célébrer les mérites de l'opérette ou de la pantomime. Il y faut les sonorités de l'italien ; « brio », « maestria », « diva » (diva !) saluent la voix blanche et les minauderies pincées de la chanteuse en renom.

Et ainsi, une brillante période de l'art dramatique s'achève dans le désordre artistique et moral. « Je me sens dépaysé dans mon pays, disait Emile Augier. Il me semble que mes congénères ont changé de mœurs et de langage. On se pâme à des audaces où je ne vois que des fautes de goût, et devant des virtuosités où je ne trouve que des fautes de français (1). » Manque d'en chercher les raisons profondes, on crie haro sur Scribe. On l'accuse d'avoir ravalé, monnayé le théâtre. Et il est vrai que ce pelé, ce galeux ne s'en peut plus défendre.

(1) *Emile Augier*, par Edouard Pailleron, p. 15.

II

SCRIBE ET LE VAUDEVILLE.

Scribe a eu un mérite que les plus intrépides d'entre les modernistes feront sagement de méditer. Il a écrit pour le public, et non contre lui. Hormis le style, il a rendu au théâtre moderne à peu près le même service que Corneille au théâtre de Molière. Il a été un initiateur. Il a frayé les voies. Son imagination a rajeuni tous les genres dramatiques. Opéra, opéra-comique, comédie de mœurs, comédie politique en ont emprunté une vie nouvelle. D'un coup de sa magicienne baguette il a tiré de l'ornière le char de Thespis embourbé. Si l'honneur d'avoir été joué en plusieurs langues a pu donner quelque orgueil à l'auteur du *Cid*, cette satisfaction internationale n'a pas été marchandée à Scribe. Il n'est pas le Corneille du *Cid*, et tant s'en faut ; mais nous lui sommes presque autant redevables que Molière et Regnard au Corneille du *Menteur*. Ou nos pères étaient des sots, ou ils ont eu quelques solides raisons de se plaire à Scribe.

Il a simplement renoué la tradition de l'art dramatique. Le drame de Victor Hugo, pour magnifiques qu'en soient les envolées, marque un temps d'arrêt dans le développement du théâtre *d'observation*. Il est constant que le lyrisme romantique faillit faire dévier de son cours et déborder par delà ses rives naturelles l'inspiration des dramaturges. Ce n'était pas trop du souple talent de Scribe pour la contenir et la redresser. Toutes les aspirations confuses, toutes les obscures tendances, toutes les théories plus ou moins lucides des Sedaine, Diderot et Beaumarchais aboutissent à Scribe, qui d'emblée leur donne une forme arrêtée. Il résout le problème de la *pièce* contemporaine, que, pour avoir pris trop d'avance sur la société, ses devanciers avaient seulement entrevue. Il dépasse la comédie de caractères, et prépare la comédie sociale. Il ne dit plus : *condition* avec Diderot ; il ne dit point : *couleur locale* avec Victor Hugo. Il se prend aux mœurs.

Tout le XVIIIe siècle dramatique s'est heurté contre un obstacle insurmonté. On cherche une formule plus large, qui serait la peinture des milieux ; et l'on est enfermé dans celle des prédécesseurs, qui est la peinture des caractères. Il faut attendre que la Révolution ait brisé les cadres. Dans une société hiérarchiquement constituée, l'unité, qui vient d'en haut, établit et maintient entre les classes des murs d'airain qu'on ne franchit guère. L'homme suit sa voie, sans beaucoup de chance d'en sortir. Malherbe et Richelieu ont poursuivi une œuvre parallèle. Ni les genres littéraires ni les classes sociales ne se confondent. Au regard du dramaturge, travers et ridicules apparaissent, en cet état, plus généraux, et les caractères plus tranchés. Mais voici que le principe d'égalité renouvelle la face ou la surface de la société, que les diverses parties se frottent, se pénètrent, s'infiltrent les unes dans les autres. C'est un déchaînement légitime de toutes les individualités en tous les milieux. Alors l'accessoire devient presque l'essentiel. Les mœurs dominent la scène. Elles ont plus de prises sur les caractères, qui en reçoivent d'en haut et d'en bas la pressante influence. Pour instaurer la comédie de mœurs, Eugène Scribe arrivait à temps.

Et, comme il opère en douceur une véritable révolution, il n'a garde d'éviter l'ordinaire excès des révolutionnaires, même les plus doux, qui est de sacrifier à l'idée nouvelle un peu trop du passé.

Scribe n'a point créé de caractères, ni dressé en pied de ces types qui sont la gloire d'un observateur. Ne cherchez dans son œuvre ni Tartufe ni Giboyer, ni M. Alphonse. Il n'esquisse que des silhouettes, il ne trace que des physionomies. Cela est vrai, et cela est peu. Mais il a donné l'exemple de la peinture des mœurs avec une rare intelligence de son époque. Il a ignoré, ou à peu près, les secrets du cœur humain. Mais il a connu et représenté avec finesse et tact la société française aux environs de 1830.

La moyenne des sentiments autochtones, des affections coutumières, des passions ménagères et mitoyennes prend enfin vie et corps sur son théâtre. Il assiste à l'avènement de la bourgeoisie ; il en démêle la modeste superbe ; il la met en son vrai jour, dans une demi-clarté assez glorieuse, qui est tout justement l'optimisme malicieux de Scribe. Il ne sonne pas, avec les romantiques, la fanfare d'une aristocratie de fraîche date. Il est à mi-chemin entre Ruy-Blas, qui s'égare, et M. Poirier, qui se prépare. Il se tient tout proche du noyau de la bourgeoisie, qui monte avec contentement, mais sans éclats. Il a le bon sens hardi, qui est la force sereine du Tiers. Il est Tiers, avec une sage ironie. Secouez le flacon romantique : vous y verrez, au fond, comme un dépôt de tragédie. L'auteur d'*Une Chaîne* est plus familial. Il est Tiers. Il loge son idéal confortablement, dans le bien-être de la bonne honnêteté quotidienne. Il est à mille lieues de s'exalter. Une discrète poésie contente son cœur, et suffit à parer les vertus de famille qu'il prise davantage, les vertus en bonnet rond ou en capote pensée. Il a le sens de la vie moderne, avec une vague appréhension des excès où elle décline. Mais l'heure des *Effrontés* n'est pas encore venue. Il est Tiers, poète, et romanesque à la mode du Tiers, avec ce chauvinisme bonhomme qu'il a respiré dans l'atmosphère de la légende impériale, et qui, sur son théâtre, en regard de la veuve éplorée, place le colonel, que nous appelons aujourd'hui pompier. Dans *Maître Guérin*, dans *Jean de Thommeray*, Emile Augier usera encore de ces pompiers-là. Il l'est jusque dans cet optimisme tout intime, qui est une date, au début d'un siècle adolescent et encore ébloui : optimisme nullement encombrant d'ailleurs, pas trop égoïste non plus, qui trahit la satisfaction, exempte de morgue, d'un fils de bourgeois, bourgeois lui-même, à qui ne déplaît pas trop que, depuis les derniers États généraux, on ait un peu bouleversé l'ordre des préséances.

Scribe a été l'homme de son temps, — et de son métier. Ceci lui fait plus de tort. Au moment où il élargissait la formule de l'art dramatique, et poursuivait ce mouvement *vers l'extérieur*, auquel ont aspiré les dramatistes du XVIIIe siècle, il ne crut pas que le spectacle du dehors pût, sans adaptation ni arrangement, cautionner l'intérêt du spectacle scénique ; il pensa et dit (avec quelque excès, sans doute) que le théâtre est une fiction, et que la commune vérité n'y saurait entrer de plain-pied ; et il pensa aussi que le théâtre est un art ensemble et un métier, qui se sert de l'imagination pour corriger l'incohérence brutale ou l'apparente insignifiance de la réalité. Et donc, il s'ingénie à éclairer, illustrer, ordonner les menus faits, les plus ordinaires catastrophes ou influences. Les moindres événements journaliers pèsent d'un poids considérable, le «grain de sable» a une industrieuse action sur les destinées de ses personnages. Son théâtre est tout plein d'un merveilleux sans mystère, d'une fatalité bénigne, engrenante et aisée. Cette logique superstitieuse des petites causes et des grands effets était dans l'air. C'est l'époque des estampes enluminées, qui représentent le petit caporal montant la garde. C'est l'heure de Béranger.

> Il s'est assis là, grand'mère !
> Il s'est assis là !

Sans doute l'histoire, ainsi conçue, est une pauvreté, mais la pauvreté parfois magnifique de la légende.

Elle peut être aussi une certaine conception philosophique de la vie, qui, étant essentiellement populaire, n'est déjà pas tant misérable sur le théâtre. Qui donc, après sa journée faite, revoyant en son esprit la suite des incidents qui l'ont remplie, n'est pas soudainement étonné de découvrir un obscur travail de mobiles secrets et d'influences insoupçonnées, qui ont déterminé quelques-uns de ses actes par une adroite surprise de la volonté? Et qui n'a pas songé, au moins une fois, que l'imagination serait comme une intelligence au delà, une manière de seconde vue, qui tire au clair les fils les plus imperceptibles et ténus de la trame sur laquelle se brodent les festons accidentés de l'existence?...

S'il n'a pas eu cette philosophie, Scribe a eu ce don, qu'il a tourné au profit du métier théâtral. Peignant les mœurs, c'est-à-dire la diversité complexe de la réalité, il a perfectionné la machine dramatique, multiplié et alésé les rouages. Il a mis la dernière main à l'engrenage de Beaumarchais, en y ajustant partout souplesse et clarté. Il en a rhabillé toutes les pièces, et adouci le frottement. Il a excellé à exprimer des situations tout ce qu'elles contiennent, voire un peu davantage; il a, suivant le dicton, tiré maintes fois deux moutures d'un même sac; mais, sortant de ses mains, le mécanisme est précis, réglé avec exactitude, — jusqu'à la minutie. Qu'il ait été un ouvrier trop confiant en son tour de main, il n'en fut pas moins un ouvrier nécessaire. Il n'a pas été Balzac ; mais tout de même il a été Scribe, un homme de théâtre qui, d'instinct et d'imagination, amena la comédie contemporaine à deux doigts de son point de maturité. Il a fourni aux observateurs les moyens de mettre en scène le sérieux de leurs pensées, s'il a facilité aux amuseurs l'exploitation de leur réjouissante ou frivole fantaisie.

Et puis, de bonne casse est bonne ; et le vaudeville n'est pas condamnable en soi. Une chose nous manque à l'heure présente : c'est la gaieté ; et il y a une chose que nous avons de trop, c'est l'opinion, dont nous sommes férus, que nos pères n'aient pu être gais sans sottise. Depuis que nous nous sommes mis en tête d'être désolés, et que la plaintive élégie assombrit l'esprit de la jeune France, nous sommes proprement incapables de comprendre l'état moral, qui a pu créer et propager la contagion du vaudeville. Il faut le dire, au risque d'être repris : le vaudeville est éminemment populaire par la dose d'imagination et la moyenne d'observation légère qu'il comporte. Nous venons de voir qu'il est né à son heure ; quant à la violente opposition qu'il soulève aujourd'hui, elle n'est que le terme nécessaire de son développement, et la rançon des abus que son nom a pu couvrir.

Il a donc débuté par être l'entre-deux de l'exaltation romantique et de l'illusion du peuple, par l'optimisme souriant et machiné de Scribe. Après 1852, le rire, d'abord forcé, est plus sonore et l'esprit plus gros. On rit par hygiène, à coups de fantaisie extravagante ; on rit du bourgeois installé, tranquille et gaillard. On rit de la question d'argent, de l'adultère, du plus heureux des trois, et de tous les dangers sociaux que dénoncent les tréteaux du voisin. C'est le vaudeville inextinguible de Labiche. Il faut avouer qu'il n'est pas modeste. Il nous envahit. Je ne m'associe nullement aux rigueurs de Boileau, et j'aime les *Fourberies de Scapin*. Mais je serais tout de même fâché que tout le théâtre de Molière se fût *enscapiné*, et que le Misanthrope eût fait le personnage d'un Géronte de la bastonnade. Déjà dans les dix premiers volumes de Labiche (je ne parle pas de l'édition complémentaire), plus d'une pièce s'est insinuée, dont la lecture est une contrition. *Un monsieur qui a brûlé une femme. Un garçon de chez Véry...* A quoi bon insister ? Le minimum d'observation en est absent. La gaieté y fuse, mais véritablement trop épaisse et un peu humiliante. Il va sans dire que ce qui tente surtout les successeurs de Labiche, c'est la bouffonnerie du quiproquo, l'abracadabrant des situations et des postures. Après lui, on pouvait croire que tout était dit ; après Gondinet, que les autres venaient trop tard. Pou-ou ! De tous côtés on voit jaillir et sourdre quiproquos, faits-divers, bévues, doubles-portes, fausses fenêtres, surprises du téléphone et gaietés du divorce. Pour quelques drôleries drues et de belle venue, c'est un renchérissement sur la niaiserie des situations et des fantoches. Le vaudeville devient une industrie encombrante, et souvent une contrebande.

Vers la fin de l'Empire, la gaieté avait tourné au dilettantisme, armée d'ironie, d'une ironie un peu folle et surélégante, qui est une variété, ou mieux, l'innocence scélérate de la *blague*. Et voici l'opérette, un vaudeville en musique, moins frénétique, mais plus pervers, et dont les couplets égrillards annoncent la fin de quelque chose, si tant est qu'au plaisant pays de France tout finit par des chansons.

Alors l'éloquence se moque de l'éloquence, et le vaudeville du vaudeville. Crémieux blague la mythologie, MM. Meilhac et Halévy, la légende, la tradition, le passé, le présent, la gaieté, le théâtre, le métier, l'esprit et eux-mêmes. «... Trop de fleurs ! Trop de fleurs ! » Rien n'échappe à leur boulevardière opérette. Ils ravaudent, raffinent, ravagent Labiche avec une impertinence espiègle ; ils rajeunissent les brimades de Pourceaugnac, réparent le quiproquo, autant rapiècelé déjà que l'antique vaisseau de Thésée, et soulignent d'un sourire sceptique l'amusant abus qu'ils en font. Ils épuisent l'artifice, et le dénoncent gentiment. Ils ne dédaignent point les traditions, et, au contraire, ils les exploitent avec une candeur traîtresse. Ils ne sont ni optimistes, ni pessimistes, ni franchement gais, ni surtout tristes : ils sont dilettantes et spirituels, et donnent dans le convenu du vaudeville avec une délicieuse perfidie. De vrai, ils sont la hache de Scribe et de Labiche, qu'ils sapent gantés. Et vive la *Grande Duchesse !* Seulement, l'opérette est l'enfant terrible du vaudeville ; d'aucuns disent : l'enfant vicieux. Elle dégénère élégamment ; elle est une capiteuse décadence. De l'ironie à l'amertume la distance est moindre que de la franche gaîté à l'ironie. « L'opérette nous guette », a dit plaisamment M. Meilhac. Labiche pouvait ajouter : « L'opérette nous gâte ». Et déjà, en ce temps-là, M. Henry Becque guettait l'opérette, le vaudeville, Meilhac, Labiche — et M. Victorien Sardou.

On connaît l'histoire du pauvre honteux, qui avait une tenue digne et irréprochable, — la tenue d'un moraliste ou d'un notaire, — et qui, après des années de son ingénieuse profession, laisse à ses héritiers des titres de rente authentiques avec les prochains coupons à détacher. C'est toute l'histoire du vaudeville inavoué, auquel les modernistes pardonnent le moins. Pour protester contre lui, ils conspuent le métier, la composition, toute convention ou fiction de théâtre, et tiennent en une même aversion Scribe, le maître, et M. Sardou, le prodigieux disciple. Et, en effet, M. Sardou est le continuateur de Scribe. Seulement, ce qui, à nos yeux, fut un mérite chez celui-ci, venu en son temps, est tout le contraire chez l'autre, en qui l'on ne saurait vraiment saluer un précurseur. Il a ramené la comédie en arrière, après que la suprême étape était franchie, alors que la comédie de mœurs et la comédie sociale atteignaient leur plein développement ; et que peinture des milieux et peinture des caractères s'harmoniaient en un équilibre ou une logique sévère. Il n'a eu plus ample visée que de « faire la pièce » mieux que Scribe : et il y a réussi. Il n'a guère été travaillé d'une autre ambition dans le secret du laboratoire. L'affiche du spectacle et les titres de ses ouvrages l'ont continuellement trahi. Il est un admirable vaudevilliste, un mélodramatiste précieux, un maître charpentier qui défie la concurrence. Il a bâti à chevilles et à mortaises, avec une incomparable habileté. Il a des prix de séries, et des minimums de devis, qui font le désespoir de ses rivaux. Il a élevé nombre d'édifices, maisons, maisonnettes, villas propres d'aspect et avenantes à l'œil, qui sont à claire-voie, et où se joue le caprice mélodieux du vent. C'est tout justement la moderne élégance qu'il raille dans *Maison neuve*. Son architecture n'est qu'en façade ; à l'intérieur sont utilisés des matériaux de démolition.

Il a le génie de l'enseigne. Presque tous ses sujets sont pris sur le vif, dans la moyenne des mœurs contemporaines : *Nos bons Villageois*, *la Famille Benoîton*, *les Vieux Garçons*, *Séraphine*. Il est, avec M. Jules Lemaître (1), je pense, un des rares dramatistes qui aient percé à jour le ridicule de quelques politiciens. Il a discerné l'amusant abus des mots, qui s'est fait depuis vingt années, et dont on écrirait un bon livre. Mais les

(1) *Le Député Leveau*, par M. Jules Lemaître.

âtres de sa bâtisse ne répondent point à l'extérieur. Les parois sont de verre; et les habitants sans consistance. Mᵐᵉ Benoîton, le type de la femme qui est toujours sortie, est mère de cinq enfants ! On n'a qu'à choisir parmi ces traits d'une rare justesse. On en citerait vingt et vingt de cette qualité. Au reste, le vaudeville exploité, le mélodrame ajusté au vaudeville, toutes les conventions adroitement maçonnées, et le magasin aux accessoires au grand complet et en état. Ce ne sont que marionnettes, ombres de revenants, spirituelles pendant deux actes, et, à l'ordinaire, courroucées dès le troisième, dès l'instant que Pixérécourt pousse Labiche par les épaules.

Les forgerons de la dernière heure, qui se heurtaient partout aux illusoires commodités de cette architecture, ont organisé contre elle une levée de marteaux. Avec l'enthousiasme de la jeunesse, ils ont foncé, tête baissée, sur ces portes ouvertes. Scribe, le vaudeville, Labiche et le reste ont porté la peine de l'état de trouble qui règne pour un temps sur le théâtre. La formule d'hier est maudite, et il semble qu'elle soit entièrement responsable des chefs-d'œuvre incompris. Comme si ceux qui dans cette formule trop incriminée ont fait le plus entrer de substantielle matière, en avaient été autrement gênés ou amoindris que Racine fut par les fameuses règles ! Alors quoi... ?

III

POSITIVISME ET RÉALISME.

« Les faits, je les méprise ! » disait bellement l'idéaliste Victor Cousin. — « Enrichissez-vous », répliqua Guizot, effrayé de ce hautain mépris des réalités. Et la science, hâtant ses fécondes besognes et multipliant coup sur coup ses découvertes, jetait à tous les vents et dispersait en tous sens, dans une fièvre d'inventions pratiques et appliquées, la maxime de l'évangile nouveau : « Enrichissez-vous ». Ce fut, dès lors, contre l'idéalisme intransigeant la revanche des faits. Pour la bourgeoisie le romantisme était la première exaltation et l'ivresse du triomphe. Sur ces cimes, elle éprouvait toutefois du vertige.

L'esprit bourgeois, qui n'est pas uniquement celui de M. Homais, consiste plutôt en une lucidité avisée de l'intelligence. Du positivisme s'accommodaient mieux ses réelles et foncières aptitudes. Il ne se hausse pas volontiers aux sublimes conceptions ; ou, du moins, il n'y séjourne guère. L'oxygène, dont l'impalpable nappe s'étend sur les routes directes et le terre-à-terre appréciable des choses, est nécessaire à le maintenir en équilibre et en santé. Mais tout ce qui est ressource ou embellissement de la vie est par lui conçu vite et bien. Tout ce qui est vérité de fait, il se l'assimile aisément, et en tire sa substance. Il ne convient pas de traiter avec le dédain superficiel et inconsciemment poncif de quelques humoristes ce bon sens persévérant et méthodique, qui assure à notre siècle, dans l'écoulement de l'humanité, son lot de gloire fixe et durable. De la science l'esprit bourgeois s'est emparé avec convoitise, y étant tout spécialement apte. Il a eu d'abord un admirable élan vers la richesse et toutes les vertus qui l'acquièrent : patience, activité, industrie, économie, sens précis de la réalité, vue exacte des choses. Il a été premièrement positif d'enthousiasme, et non sans grandeur. Car n'est-il pas grand aussi de dompter la nature et la vie, pour les faire meilleures, au profit de ceux qui nous sont chers, et à qui nous adoucissons le présent et préparons l'avenir ? Et n'est-ce pas encore un austère idéal et une poésie que le travail de l'homme arrachant aux sévices de l'existence et aux atteintes brutales des forces physiques, le bonheur de la famille et les secrètes joies du cœur ? Parce que cette poésie est morale, ne glissons pas dans le ridicule de la méconnaître.

Cependant le pouvoir des faits s'accroît. Un gouvernement de fait s'improvise. Le positivisme se fortifie, s'impose, et s'exaspère. Il se détourne de l'idéal, et s'attache à la logique. La loi et la science prennent sur les esprits une autorité exclusive. Les travaux des savants se traduisent en des paralogismes pseudo-scientifiques, qui envahissent la société et justifient les moins louables appétences. « Si le goût du positif, écrivait J.-J. Weiss en 1858, ne renaissait dans les esprits que pour en bannir les illusions dangereuses, pour y ramener avec le sentiment des réalités sévères de la vie, le respect des devoirs qu'elle impose, nous nous applaudirions sans réserve qu'on devienne chaque jour plus positif (1). » Mais l'austère idéal est dépassé. Les faits seuls se cristallisent et fascinent les regards. La loi, qui fait office des principes, fait aussi illusion à la conscience et la dépossède gravement. La fortune, qui est la première des réalités, devient un devoir; elle est presque le devoir. L'argent n'est plus seulement un moyen, dès que l'assouvissement est une fin. La morale est ébranlée par une cohue de contre-vérités de fait, à la tête desquelles se dresse la jouissance égoïste et sceptique. Le bonheur est au plus habile, qui s'enrichira, au plus malin, qui tournera le Code, au plus exempt de scrupules, qui matera ou apprivoisera l'opinion. Les contre-sens font rage, les sophismes se déchaînent, et le dilettantisme s'en rit, qui ruine définitivement les bases d'un idéalisme craqué de toutes parts, en dépit des quelques Parnassiens, ciseleurs de rimes d'or, âmes égarées, voix perdues; — tant qu'enfin passe le détroit et franchit glorieusement nos murs la détestable erreur, fille bâtarde d'une géniale doctrine, produite au grand jour par des ignorants ou des scélérats, et

---

(1) J.-J. Weiss, *Le Théâtre et les Mœurs*, p. 167.

qui décrète comme une loi nouvelle l'atroce égoïsme humain et l'âpre lutte pour les concupiscences.

En attendant cette barbare dépravation du positivisme, qui a chez nous un culte, le culte du moi, depuis hier, — dès longtemps une révolution dans les mœurs est accomplie, qui n'est pas la moins curieuse de celles que le siècle s'est données en spectacle. Et voici donc l'amour ravalé à la condition d'une vérité de fait, aux prises avec les faits, l'argent, la loi et la science.

> Ah! quand l'amour jaloux bouillonne dans nos têtes,
> Quand notre cœur se gonfle et s'emplit de tempêtes,
> Qu'importe ce que peut un nuage des airs
> Nous jeter en passant de tempête et d'éclairs?...

Qui a dit cela? Dans quel pays? Au sein de quelle civilisation rudimentaire cet homme a-t-il vécu? — Cet homme est un poète, un peu fou comme tous les poètes, qui, bourgeois à peine parvenu au pinacle, a déifié la femme pour se faire honneur, et dont, trente ans après, les fils bourgeois, mais qui en ont rabattu de ces lyriques effusions, n'entendent plus les vaines mélopées.

En fait d'amour, ils considèrent le mariage comme une affaire, la poésie comme une babiole, et tiennent la vie pour chose infiniment sérieuse, dont il importe de se tirer à son avantage. En l'espace de trente ans, la terre a fait un tour : nous sommes aux antipodes. La question d'argent d'abord, et avant tout, pour cimenter la passion. On ne bâtit point sur le sable. Voilà ce que la *Jeunesse* entend proclamer d'un à l'autre bout des arcades du temple de Janus, qui est la Bourse. L'amour n'est même plus l'échange de deux fantaisies, mais de deux signatures. Il est un contrat, pour commencer : on verra la suite. La suite, c'est la loi qui intervient pour en assurer l'exécution; et ce retour est plein de charme et d'imprévu. Ainsi les fils des preux de 1830, de ces preux un peu grisés par leur avènement, qui élevèrent l'autel et brûlèrent l'encens pour la plus grande gloire de la femme-déesse, ont maintenant une belle peur de l'idole, et se font tout blancs du Code, pour limiter ses spirituels et souverains caprices. Ils ne s'agenouillent plus; ils ne prient plus; ils ne rient plus: ils plaident, ô vicissitude ! Ils en appellent, ô décadence ! Et s'ils ont pour eux toutes les circonstances atténuantes, la providentielle sécurité du flagrant délit, et aussi, par surcroît, la protection du gendarme, ils tuent. Tue-la !... Après l'avoir intronisée, divinisée, puis marchandée, paraphée, contresignée, tue-la, Dandin : c'est la Bête de l'Apocalypse !

Mais si le progrès de l'esprit positif s'arrêtait là, ce serait presque un avortement du rire, si doux au cœur et aux entrailles des hommes. Dans le domaine des faits, il y a encore, Dieu merci, une ample cueillette de ridicules à glaner. Le progrès ne s'arrête pas, heureusement. A ces modernes cerveaux l'amour n'apparaît plus que comme un fait, mais un menu fait, un fait de second ou de troisième ordre. Demandez à M. de Ryons, qui est l'*ami des femmes*. Par contre l'adultère est un de ces faits royaux, primordiaux, démonstratifs, qui appellent toutes les méditations du penseur et toutes les sévérités du législateur, du sage législateur. Deux classes d'hommes y sont particulièrement intéressées : les amants, pour les commodités qu'ils y trouvent, les maris, pour les inconvénients qu'ils y voient. De l'amour on peut rire comme d'une naïveté ; mais pour l'adultère, c'est autre chose. Ceci est une seconde conséquence de l'esprit positif, qui en engendre bientôt un troisième.

Pour l'édification des uns et la consolation des autres, la science et le laboratoire interviennent, qui prouvent compendieusement et catégoriquement que l'amour dans l'adultère et l'adultère dans l'amour, ou l'amour sans l'adultère, ou encore l'adultère sans l'amour sont phénomènes similaires, réflexes, et désormais décrits, qui s'accompagnent d'une petite convulsion psycho-physico-chimico-physiologique. Ah! que cela est beau d'être savant! Lisez plutôt *Une Visite de noces*. — La science a parlé : à présent le mieux est d'en rire. L'amour et l'adultère, l'adultère et l'amour, voilà pour les dilettantes une source intarissable de maximes agréables et de mots heureux, frappés au coin de l'esprit le plus moderne, dans le salon de la *Petite Marquise*.

Enfin, le divorce vint ; et, peu confiant dans le remède, un homme plus positif que banquiers, législateurs, savants et dilettantes, surtout plus désillusionné, sourit tristement, fronce les sourcils, pince les lèvres, ouvre la bouche, et conclut, pessimiste, clairvoyant et morose: « L'amour, imagination ; l'adultère, convention. Décidément, vous aussi, moi aussi, nous sommes un peu bêtes avec les femmes... » — Au delà de quoi il semble que le positivisme n'offre plus rien qui relève de la littérature.

Pour suivre le train des mœurs, l'art dramatique a dû s'alléger de toutes ressources inutiles. A mesure que les faits ont pris plus de place sur la scène, et que l'observation s'est donné plus d'espace, la poésie s'est restreinte davantage et insensiblement effacée. A proportion que la vérité du théâtre moderne a été *plus extérieure*, si je puis ainsi parler, l'imagination, cette faculté tout intime, a été plus surveillée et modérée. Le *réalisme* théâtral a suivi la marche du *positivisme* dans la société, par une progression presque parallèle et continue. Tels, deux coureurs engagés sur une même piste et qui aspirent au même but, vont coude à coude, tête droite, poitrine saillante, toujours en avant, abandonnent de leur costume et sèment sur le parcours toute parure accessoire et superflue ; tant qu'à l'un des deux la respiration manque et paralyse l'effort de l'humaine machine.

— Quoi qu'on en ait dit, le bourgeoisisme d'Emile Augier est le véritable point de départ du réalisme de notre théâtre moderne. La lecture de Balzac a produit son effet. S'il en fallait fournir une preuve à ceux qui, de nos jours, regardent en pitié la poésie poncive de *Gabrielle*, je la trouverais dans l'indignation que cette œuvre souleva au milieu du camp romantique. On y était sans doute moins choqué du « luxe d'un garçon » ou du « machin au fromage » que de cette entrée en scène d'une imagination moins intrépide, d'une observation plus proche des faits, d'une émotion plus directe et intime. Toutes les pièces qu'Emile Augier a consacrées à la défense et illustration de la famille sont autant de fenêtres ouvertes sur les réalités de la vie domestique. Je ne parle pas du *Mariage d'Olympe*, drame discutable, et qui n'est pas d'ensemble. Mais de *Gabrielle* à *Séraphine Pommeau* le progrès est manifeste d'un réalisme envahissant et mesuré. De ce progrès J.-J. Weiss, classique et délicat, était tout chagrin, et même un peu plus contristé que de raison. Emile Augier avait un génie trop bourgeois (j'emploie le mot en son sens élogieux et vrai), trop amant du goût, de la sobriété, et surtout de l'équilibre moral, pour renoncer de parti pris aux douceurs d'une poésie familière et donner avec suite en des excès fâcheux et encore injustifiables. Il a fait au réalisme sa part, et lui a dit : tu n'iras pas plus loin.

La magistrale harmonie de son œuvre n'est qu'un équitable partage entre les séductions d'un idéal très accessible et la juste intelligence des mœurs et des vices qui le menacent. Il n'y a aucune candeur ni dans son optimisme ni dans son réalisme : il est poète comme il est observateur, avec sagacité et conviction. Il a la ferme croyance en un bonheur à mi-chemin des félicités du rêve, que chacun peut atteindre par-delà les vilenies du monde réel, et qui n'exclut ni une imagination discrète ni une observation loyale. Il n'escamote pas les faits dans la complication de l'intrigue : il se sert de la fantaisie pour la vérité, et, tranchons le mot, pour la plus domestique et laïque vertu. Et lorsque, soucieux d'élargir son horizon, d'agrandir sa formule, sans modifier son idéal, il s'en prendra aux passions qui sont un péril pour la société tout entière, et encore et toujours pour la famille dans la société; alors les coups seront plus droits, fournis d'une main plus hardie, la vérité plus forte, le sens et le choix des circonstances plus frappants, mais sans brutalité ni violence, avec une vigueur mesurée, maîtresse de soi, avec les tempéraments qu'apporte dans la vie la foi sincère et persistante en une poésie faite de devoirs naïfs et d'affections coutumières. Enfin, comme si, à tous les instants de sa carrière, il avait craint que le réalisme n'étouffât l'imagination en fleur, il la rafraîchissait « en un bain d'ambroisie »; et, détournant ses regards du positivisme effréné, il reprenait haleine et s'abandonnait avec délice à la robuste et toujours vivace poésie de sa jeunesse. Il écrivait *Philiberte* ou le *Post-scriptum*, comme pour faire une retraite et se rapprocher de son idéal, à l'exemple des âmes pieuses qui par instants s'éloignent du monde et s'enferment avec Dieu. Et l'imagination, pour répondre à ce sacrifice, souriait et faisait fête au pénétrant et harmonieux écrivain.

M. Edouard Pailleron, ami et adepte d'Emile Augier,

est à la fois plus ancien et plus moderne. Plus proche encore du pur classicisme par le choix de quelques sujets (*Le Monde où l'on s'ennuie, La Souris*), il est peut-être plus voisin du théâtre de demain par son penchant à l'analyse et l'orientation de son œuvre vers *l'intérieur*. Bien qu'elle soit moins considérable et d'une moindre influence sur notre temps, je ne serais nullement étonné que l'avenir fût assez doux à ce Marivaux d'un réalisme mondain et subtil, qui s'est plu à peindre et préciser la chose la plus insaisissable et imprécise, qui est l'éveil du cœur de la jeune fille; et que, sous réserve de renouveler avec plus de décision le *prétexte* de ses comédies, de donner du champ à son observation, et de ne point commettre en de menues habiletés sa poétique fantaisie, il laissât le renom d'un observateur très artiste et d'un analyste sensible et raffiné. Mais il en faut convenir : malgré le succès sans égal du *Monde où l'on s'ennuie*, M. Édouard Pailleron est un peu isolé dans le mouvement du théâtre contemporain.

Depuis longtemps M. Alexandre Dumas fils occupe la scène en maître. Son entrée fut une prise de possession; et, dès sa seconde pièce, *Diane de Lys*, positivisme et réalisme en recevaient une impulsion singulière. Il a rompu l'équilibre si doux à la conscience littéraire d'Augier. Il a regardé la société en face; et son imagination jeune et fougueuse, qui avait poétisé avec quelque candeur la peu mystique *Dame aux Camélias*, en fut soudainement effarouchée. Toutes les erreurs, toutes les contradictions d'un monde positiviste et superficiel lui sont apparues comme autant de spectres ou fantômes détestables. Il a pris corps à corps sophismes et scélératesses timorés de l'opinion. Il les a personnifiés, mais non pas idéalisés ; et, au contraire, il a vivement débusqué l'idéal romantique et même la poésie bourgeoise de leur nuage radieux. La fantaisie a cédé le pas à la logique. Car la seule logique pouvait réduire la morgue de tous les contre-sens prétendus spéculatifs. Ses facultés défiantes, non exemptes des sympathies spontanées, se sont tournées vers l'esprit géométrique, juridique, scientifique, et enfin, dépassant les vanités de la science, du code, et de la géométrie, toutes inventions de la courte intelligence humaine, se sont élevées jusqu'à Dieu par l'élan d'un zèle toujours logique, déductif et impératif. Il est un apôtre, qui ne s'humilie pas au-dessous d'une certaine dialectique ; son christianisme est une conclusion, plutôt qu'une croyance ou un effet de la grâce. C'est quelque chose comme du *positivisme chrétien*.

Au surplus, les Idées de M. Alexandre Dumas fils ne nous semblent pas, ainsi qu'on le verra par la suite, les fondements inébranlables de son œuvre. Elles sont plutôt le fronton du monument, mais un peu à jour et en l'air. Son incontestable originalité est l'observation même des faits ; surtout son plus solide mérite consiste en l'art dont il a mis le réalisme à la scène.

Nul doute qu'il soit entré plus avant qu'aucun autre

dans l'étude de la vie contemporaine. Personne n'a forcé plus de secrets, révélé plus d'antinomies, éclairé plus d'équivoques, dénoncé plus de préjugés iniques et spécieux. A tout instant, il a côtoyé l'extrême limite de ce que le théâtre peut offrir aux yeux de réels dessous, cyniques ou mystérieux. Il a poursuivi le pseudo-positivisme jusque dans ses pires illusions, ses plus fâcheuses ou odieuses maximes. D'un regard assuré, derrière le front du sphinx, il a percé l'énigme de la femme moderne. Il a violé le sanctuaire de la déesse ; il y est entré comme Louis XIV au Parlement, botté, la cravache à la main ; que dis-je ? il a cravaché, chapeau bas, le sourire aux lèvres. Et il en est sorti avec une provision de documents : il avait vu face à face l'Idole, et surpris le culte en pleine décadence. Au monde étonné, au demi-monde scandalisé il a fait paraître les nudités de l'amour égoïste, de l'amour notarié, de l'amour monnayé ; à coups de logique il a enfoncé sur le premier plan du théâtre les inévitables jalons du pays de *Tendre-en-Adultère* : instinct, curiosité, sensualité, libertinage. Il a beaucoup vu, tout dit, tout redit, et de telle manière que ses observations furent manifestes et lucides, et qu'aucune âme, je dis la plus honnête, ne s'y pût méprendre. Il a mis tous les points sur tous les i, avec une lumineuse et implacable exactitude Si le réalisme est l'expression des réalités ambiantes, je cherche vainement un écrivain plus réaliste que celui-là.

Ce n'est pas tout. Pour édifier une société positiviste

sur les vérités prises à contre-sens par elle, il a emprunté à la philosophie positive quelques-uns de ses procédés. Tellement, que Frédéric-Thomas Graindorge a du premier coup reconnu son homme, et salué l'adepte de la méthode analytique. De Ryons, Olivier de Jalin ne sont pas tant des sauveurs, que des éclaireurs d'âmes, à la façon de Taine. Et chacun sait que ces morales vivisections ne souffrent ni les surprises du cœur ni l'aveuglement de la sensibilité. Il est allé plus loin encore. Il a versé le réalisme dans le creuset du chimiste. Il a sondé les reins, pesé les foies. Par instants, il a presque pensé que la passion est un précipité, dont il suffit de connaître la formule, pour obtenir la réaction. Il a opéré sur les sels et les bases. Et cela non plus n'est point pour prendre les hommes par le sentiment et donner de la grâce aux choses. Il s'est armé parfois du calme d'un praticien, et d'une radieuse indifférence. — Et, avec tout cela, il est vraiment le maître du théâtre réaliste par la puissante démonstration qu'il a donnée pendant toute sa carrière, de la supériorité de l'art sur la réalité. Tout son génie éclate dans cette suprême antinomie.

J'ai dit plus haut que, dès la pièce qui a nom *Diane de Lys*, l'imagination de l'auteur avait cédé la place à la logique. J'ai mal dit ainsi. Un homme qui a débuté par la *Dame aux Camélias* ne répudie pas de cœur léger les qualités qui l'ont révélé grand artiste. Au fond, la logique de M. Alexandre Dumas fils est beaucoup moins abstraite qu'imaginative. Toutes les fois que la thèse lui laisse quelque répit, elle combine, ordonne, éclaire, anime et *crée* à nouveau les faits. Grâce à cette prestigieuse ingérence, le levain de l'observation, de ce réalisme audacieux et qui paraît peu maniable, se pétrit comme de cire, s'assouplit, s'adoucit, se transforme. Sur l'ensemble du tableau cette rigoureuse fantaisie plane, verse la lumière, distribue les jours, les ombres, le clair-obscur et les valeurs, met chaque chose à son plan, situations et caractères, prépare les unes, développe les autres d'un art impeccable et précis. Contre elle se viennent briser le cynisme fanfaron et l'inutile brutalité. Elle tient lieu de goût, et presque de sensibilité. Elle est une sensibilité de tête. Pendant que positivistes, analystes, chimistes s'occupent, elle rencontre d'aventure sur son droit chemin, sans faire mine de s'en écarter d'une ligne, une naïve et instinctive affection, qui est encore un fait démonstratif parmi tant d'autres, mais d'essence plus intime, et de qualité plus humaine. Elle s'en empare, la jette dans le rapide courant de la scène et de la pièce : et c'est une source de vie, d'émotions et de larmes bienfaisantes aux esprits tendus. Pendant que de Jalin lève le plan du *Demi-Monde*, discourt sur les mœurs et les usages des habitants, une jeune fille innocente et désabusée se rencontre, égarée en ces régions, dont l'intérêt nous touche et nous attache aux mœurs et aux destinées de ces espèces. Et, en effet, ce Demi-Monde vaudrait-il la peine d'être tant décrit, n'étaient cette innocence à préserver et quelques honnêtes gens à prémunir ? Il faut lire, un peu partout dans ce théâtre, les aveux de vingt malheureuses femmes, — dont M. Alexandre Dumas fils a ausculté le cœur palpitant et quelquefois disséqué les organes avec le rude sang-froid d'un clinicien, — pour tressaillir et frémir d'aise ou de douleur, pour être pénétré d'un sens de la vie, qui défie et rehausse ces misères de la réalité. Et ainsi, nul écrivain dramatique n'a été un réaliste plus audacieux, ni un positiviste plus décidé ; mais nul aussi n'a plus puissamment asservi les faits aux lois d'une vérité supérieure, qui est œuvre d'imagination, de sympathie et d'art.

A force de tourner l'écueil, il a donné à d'autres la tentation de s'en jouer ou de s'y heurter.

De cette âpre dérision de nos vices et de nos illogismes sociaux est né l'adroit et spirituel dilettantisme qui rit de tout sans la moindre envie d'en pleurer. Ou, s'il pleure, c'est par accident, pour n'avoir point l'air de manquer de cœur, et d'ailleurs avec une certaine gaucherie qui trahit l'inexpérience. « Froufrou !... Pauvre Froufrou !... » L'ironie gaie adultère l'émotion ; et morose, la tarit.

Un observateur d'une pénétration égale à celle de M. Alexandre Dumas, sinon de pareille envergure, et qui était tenté de poursuivre le positivisme plus loin encore, devait fatalement dépasser les extrêmes limites, que son glorieux prédécesseur avait souvent reculées, et, pour être plus réaliste, ou s'il vous plaît mieux, pour l'être avec moins de concessions à l'art même, humilier une bonne fois et proscrire la sympathie et l'imagination, maîtresses d'erreur. « Ton imagination, c'est ton ennemie », a dit M. Henry Becque, et il passé outre. On verra, dans le chapitre qui lui est consacré, par quoi il l'a cru pouvoir remplacer, au mépris de toute fiction. Il a naturellement beaucoup d'esprit ; il n'a pu se débarrasser de ce don ; il en a usé infiniment. Le calme de l'analyste a dégénéré en mélancolie, l'indifférence méthodique et tempérée en hostilité. Poussant au noir l'observation, il a poussé à l'aigu la vérité qu'il en exprime. Pour être plus proche de la réalité, plus étroitement rivé aux faits, il a écarté de son théâtre toute convention artiste, dont la plus ancienne et la plus efficace est l'émotion qu'auteur et spectateur doivent ressentir de complicité, au contact de la vie. Il a foulé aux pieds un aphorisme qui date des premiers tréteaux sur lesquels monta le premier Guignol :

Pour me tirer des pleurs, il faut que vous pleuriez.

L'ironie impassible s'émousse. Les faits, la brutalité des faits n'est que tristesse inféconde. Imagination, émotion, logique même, il a tout rebuté avec une vaillante imprudence. A grand effort, il a étouffé en lui la vivifiante flamme du génie. Et, comme il y a tout de même une rare vigueur d'observation dans cette œuvre dénudée, découronnée, et une certaine grandeur dans ce douloureux holocauste, les disciples ont afflué de toutes parts, qui, n'ayant pas le génie de leur maître, n'ont pas voulu non plus avoir plus de talent que lui. De cet absolu dénûment ils ont fait une doctrine. Dans ces ouvrages éphémères, les vocables prennent une importance qu'ils n'avaient jamais eue, et les plus lamentables faits une valeur, qui n'en est pas plus glorieuse. On pille la *Gazette des Tribunaux*; on scrute les *Nouvelles à la main*. On suspend des pièces entières, ou plutôt des fragments de pièce, à un mot, un mot entendu quelque part ou imprimé ailleurs, et dont la crudité est une joie sévère. Avec trois ou quatre de ces traits-là on est assez riche pour produire une œuvre, découpée en tranches, et saignante comme la vie.

Quant aux Philistins qui se détournent et se rebellent, curieux d'une réalité à la fois plus exacte et plus relevée, on leur répond, au rebours de l'idéaliste Victor Cousin, mais avec même dédain transcendant : « C'est un fait. On ne méprise pas les faits. »

IV

HIER ET DEMAIN.

« De la source même des plaisirs jaillit un filet d'amertume... » — Ainsi parle le poète. Et il en est du *Théâtre d'hier* comme de la vie. A l'admiration qu'on éprouve pour cette brillante période dramatique se mêle je ne sais quelle inquiétude, qui devient une angoisse. A mesure qu'on suit le développement continu de ces œuvres, on est moins rassuré sur les tendances d'un art assez excellent et de la société qu'il reflète. Certes, la moitié du siècle qui a fait paraître au jour les ouvrages étudiés en ce volume, est plus que la moitié d'un grand siècle dramatique. Considérable est la production de ces maîtres. Encore une fois, je les trouve grands.

Ils ont peint à larges traits la fin d'un monde, le triomphe et la décadence d'un autre. Celui qui, dans quelque cinquante années, entreprendra d'écrire l'histoire de l'aristocratie et de la bourgeoisie, et de définir l'état de la société française après 1850, devra leur emprunter des documents irrécusables. Là est, si je ne m'abuse, la substantielle originalité de la comédie contemporaine. Elle a surveillé, noté, écrit en haut relief l'action des mœurs et la dépression des caractères. Monsieur Alphonse n'est pas seulement un type; il est partie intégrale et inséparable de l'époque où il est né; il est le type de cette époque en mouvement, fixé par l'écrivain juste à propos, ni trop tôt, ni trop tard. Plus tôt, incompris; plus tard, novice. Il est d'une vérité rayonnante et instantanée. Il est encore un ferment, qui poursuit son travail de désorganisation morale et sociale. Tels, Vernouillet, d'Estrigaud, Suzanne Pommeau, ou la femme de Claude. Ces semences, qui ont germé sur un terrain propice, se développent et se transforment avec le milieu qui les a vues éclore. Et notre théâtre moderne est aussi la peinture de ces parallèles transformations. C'en est la gloire inquiétante.

A relever les faits, classer les espèces, déterminer les milieux, il s'est insensiblement écarté de l'idéal; il a pris pour des idées toutes vives les abstractions de la thèse *a priori*; et plus tard, il a tâché toujours davantage d'adapter à l'insensible brutalité de son objet ses moyens d'expression. Entraîné dans le courant d'un positivisme dévié de son vrai sens, il a incliné vers le réalisme au point d'en être absorbé, au prix de continuels sacrifices, et enfin aux dépens de la plus simple et vitale poésie, que la Nature prévoyante a déposée en nous, et qui est l'essence même de l'Art, étant la raison supérieure de la Réalité.

Un fait n'est rien en soi. Il n'a que la valeur d'un signe, et ne contient de la vérité que ce que l'intelligence et le cœur humains en expriment. Ce monde des faits n'a d'importance et de dignité que ce qu'il en emprunte de notre pensée. Il n'a de signification que par rapport à nous. Nous en sommes les infatigables créateurs. Dès qu'on s'obstine à chercher le réalisme au dehors, et seulement au dehors, à objectiver l'observation dramatique pour en accroître l'intensité et la vie, il est fatal qu'on en arrive à méconnaître l'homme intérieur et vrai, à prendre le signe pour l'objet, les apparences pour la réalité, à s'égarer en des fictions plus banales, et en même temps plus tristes. Le fait ainsi grandi et honoré n'est qu'une décevante illusion, l'illusion des prisonniers enfermés dans la caverne de Platon. Et non pas seulement décevante, mais desséchante et triviale. N'est-ce pas payer cher une équivoque ? Aussi l'admiration qu'on ressent pour l'exacte plénitude de ces œuvres fortes manque décidément de sérénité... *Surgit amari aliquid.*

Ceux qui ne voient dans la crise actuelle du théâtre que les méfaits du vaudeville, je le répète, ils ont la vue courte. La technique se conforme à l'idée. Outre qu'il y aura toujours une distinction à établir entre les tours d'adresse d'une habileté professionnelle et les lois générales de l'Art, — d'autant plus impérieuses ici, que le théâtre, éternellement condamné à l'expression sensible et lucide des choses, est, plus qu'aucun autre genre littéraire, soumis aux nécessités de composition, d'ordonnance, de cohérence, de vraisemblance, de gradation et de clarté ; — non, des tableaux de la réalité ne sont pas la réalité ; les membres épars d'un poème ne sont pas un poème ; les plus beaux fragments de l'antique ne suppléent point à la ligne harmonieuse de la statue mutilée et comme morte ; et, au contraire, de ce qu'ils en laissent deviner s'augmente notre regret, qui nous gâte le plaisir. Et, cela dit, la question est plus haute, et d'un autre intérêt

Il s'agit simplement de savoir si l'art dramatique s'engagera toujours plus avant dans un réalisme qui, réduit à ses propres forces, devient la plus vaine des conventions ; si, sans méconnaître l'influence des mœurs et des milieux, il ne fera pas la part plus grande à la vérité *intérieure*] s'il s'obstinera à cueillir les gestes de la vie pensant saisir le vif de la vie même, et à remplacer par l'esprit de mots la passion absente et méconnue. Il est urgent que cette faculté d'observation cesse de s'aveugler sur la surface infertile et chagrine des choses. Si elle ne reprend pied en soi, elle se traînera longtemps dans le poncif à rebours. Et le vaudeville aura de beaux jours encore.

Ne sera-t-il permis de noter, en terminant, que les observateurs les mieux doués de notre époque en sont comme paralysés ? A part quelques tentatives isolées, le théâtre est en retard de quinze ans sur la société. Pendant que les dilettantes s'ingénient à nous peindre les précieuses frivolités d'un Faubourg inerte, et que les novateurs s'escriment à *machiavéliser* la Parisienne ou ridiculiser le boulevardier Perrichon, la France nouvelle monte et gronde, dont il serait pourtant temps d'écouter le bruit et d'entendre la voix, ne fût-ce que pour édifier les puissants sur leurs excès de pouvoir et faire paraître aux yeux des autres la clarté d'un idéal raisonnable et bienfaisant. Une pièce se prépare, qui peut être une œuvre grande, ou sombrer dans le mélodrame.. Eh quoi ! toujours le mélodrame ? — Il est vrai qu'il est triste chose, étant la tragédie sans idée ; et il est véritable aussi que les péripéties nous fatiguent, que les faux hommes d'action nous débordent, et que l'Idéal est un flambeau, aux rayons duquel pourrait enfin se reconnaître une société positive — avec fureur, et se rajeunir d'une poétique sève un théâtre réaliste — jusqu'au cynisme.

H. P.

Paris, mai 1893.

LE
THÉATRE D'HIER
Études dramatiques, littéraires et sociales

ÉMILE AUGIER

I

L'HOMME ET L'ŒUVRE.

Après qu'un peu de terre, obtenu par prière,
Pour jamais dans la tombe eut enfermé Molière...

Il y a des noms qui s'associent d'eux-mêmes sous la plume, par une alliance irrésistible, une naturelle affinité, et par-dessus l'intervalle des années semblent se convier amicalement. Émile Augier n'est pas l'égal de Molière; mais il est son plus fervent et prochain disciple en notre siècle, et l'on n'écrit point de lui sans songer un peu à son maître. La pensée va de l'un à l'autre sans effort, et saisit le prétexte de ce rapprochement pour concevoir, par comparaison, les différences de leurs destinées et de leur nature.

Après une carrière semée de traverses, remplie de

déboires, et illuminée de chefs-d'œuvre. Poquelin est mort presque sur la scène, entre un sourire et une contorsion, luttant jusqu'à la fin pour son théâtre et ses artistes : il fallut que l'acteur Baron courût à Versailles implorer la protection royale pour les restes de celui qui illustrait son siècle et avait usé ses forces au service du roi et de l'humanité. On l'enterra à petit bruit, presqu'à la dérobée, sans égard au génie de l'écrivain, dont la gloire était impuissante à réhabiliter la profession. Même en dépit des touchantes anecdotes, qui sont comme une réparation publique de la postérité, il paraît bien que cette gloire ne lui fut pas acquise de son vivant, et qu'une existence de labeurs et de déceptions aboutit à une mort peu entourée, à peine remarquée. Et, comme ce n'était pas assez du silence fait autour du cercueil de Molière, on imprima bientôt d'outrageantes épitaphes, et, plus tard encore, un pamphlet odieux, basses œuvres de vengeance posthume, que l'Epitre de Boileau n'avait pas découragées.

Notre époque, qui a ses excès et ses ridicules, est du moins plus douce aux grands hommes. Frivole dans ses illusions, féroce dans ses engoûments, elle est, en revanche, empressée à l'apothéose de ceux qui lui font honneur, et, si elle se trompe parfois sur le vrai mérite, au moins est-elle déférente au génie, qu'elle consacre volontiers un peu plus tôt que plus tard. Elle se complaît à lui entre-bâiller la porte de l'Eternité et à lui faire goûter, même prématurément, la sereine jouissance du nom qui ne périt point. Emile Augier a eu ce privilège, avant même le déclin de l'âge. Il est entré de plain-pied dans la postérité, dès longtemps immortel et classique, ayant eu de tous les genres d'esprit le plus rare et le plus difficile, qui est de prolonger doucement la retraite, après s'y être résigné sans chagrin. Ainsi sa carrière, qu'il avait su borner, n'a pas été interrompue par la mort ; mais la mort ne lui a été qu'un passage gradué à l'autre vie. Depuis plus de dix années, il avait fait son paquet, rangé ses chefs-d'œuvre, mis ses titres de gloire en ordre, et renoncé à en acquérir de nouveaux, avec la prudence hâtive et modeste d'un homme parfaitement heureux, qui craint les caprices de la Fortune. Comme un bourgeois qui appréhende les voyages, et qui projette longuement le départ définitif, il s'est mis en règle avec son génie, sa réputation et ses amis, prévoyant et devançant l'heure avec une touchante simplicité. Et sa mort donna lieu à une dernière et belle consécration : il fut suivi de tous ses confrères, regretté de tout le public, loué de tous les représentants de l'Art et de l'État. Enfin, il eut le suprême bonheur, parmi la désolation générale, d'être loué dignement.

Car ce bonheur, qui répand sur sa vieillesse une douce lumière, il le goûta pendant toute sa vie uni et continu. Il fut heureux naturellement, grâce à l'ascendant de son étoile, qui ne se démentit point. Comme son ancêtre Molière, il eut une enfance facile, reçut une instruction solide, et noua, dès le collège, des liens de camaraderie indissoluble avec des condisciples de naissance ou d'avenir. Mais ici s'arrête l'analogie. Tandis que Poquelin s'embarque bientôt dans les hasards de son apprentissage, et, parmi des débuts pénibles et vagabonds, ne connaît d'abord l'unité de lieu que sur les tréteaux, Augier glisse de l'adolescence insouciante dans la jeunesse confortable, et, dès l'âge de vingt-quatre ans, atteint du premier coup à la renommée. L'Odéon reçut la *Ciguë* par complaisance, la joua par habitude ; ce fut un succès qui tint l'affiche pendant trois mois et répara la fortune du théâtre par accident. Un an plus tard (1845), recherché par le comité du Théâtre-Français, il lui donnait *l'Homme de Bien*, comédie en trois actes et en vers, qui n'eut qu'un demi-succès, et dont le sujet parut un peu paradoxal. C'était une satire délicate des mœurs contemporaines, armée d'une ironie amère, à qui l'âge n'avait pu encore donner assez de mordant ou de mesure. Ce demi-succès lui fut chance véritable. Son aptitude au bonheur était plus parfaite qu'on ne pense. L'écrivain qui laisse un bagage littéraire assez considérable, sept volumes, qui renferment vingt-cinq pièces et près de cent actes, était (on peut le dire sans faire tort à sa mémoire) paresseux avec délices, un peu rétif à la production, même et surtout aux moments où il a produit davantage. Il fallait l'occasion d'une revanche ou la fièvre du succès espéré pour secouer et fouetter son tempérament et l'obliger à faire vite. Si l'*Homme de Bien* avait réussi autant que la *Ciguë*, peut-être l'*Aventurière* eût-elle attendu à venir au monde. En 1848 il rentra au Théâtre-Français avec cette *Aventurière*, qu'il a remaniée depuis (1860). Les romantiques commencèrent à trouver quelque outrecuidance, qu'ils appelèrent platitude, dans le bon sens trop fêté d'un débutant féru des vertus bourgeoises, jusqu'à exclure de la famille les anges déchus, qui, après les aventures d'une profession fâcheuse, aspirent à la retraite honorée et patriarcale. Il ne manquait plus à Emile Augier qu'un prix de vertu. L'Académie ne le laissa point languir. Il l'obtint avec *Gabrielle* (1849), comédie en cinq actes et en vers, qui fut son *Andromaque*. Il avait trouvé sa voie sans peine. Aux flatteuses illusions de la poésie romantique il opposait délibérément l'honnêteté poétique du foyer, qui a son charme et sa grâce. Dès lors il avait l'aisance assurée ; la fortune a suivi, sans qu'il fût contraint, pour la conquérir, à de molles complaisances ou à des luttes acharnées. Il a rencontré, par un raffinement de bonheur, juste assez d'opposition pour exciter sa nonchalance et asseoir sa réputation.

En 1858 il écrivit *Les Lionnes pauvres*, en collaboration avec Edouard Foussier. La conception hardie de cette pièce avait effrayé la censure. Grâce à l'intervention du prince Napoléon, la comédie fut jouée et réussit pleinement.

En 1861 il donna *Les Effrontés* à la Comédie-Française ; en 1862 *Le fils de Giboyer*. Bruyant et prolongé fut le succès de ces deux satires qui démasquaient, l'une l'intrusion des hommes d'affaires dans le journalisme, l'autre l'immixtion du cléricalisme en politique. Ce fut un déchaînement d'opinions contraires, également passionnées, qui font songer à l'époque la plus tourmentée de l'existence de Molière. Seulement Emile Augier, toujours heureux, jouissait des applaudissements immédiats et les recueillait sans retards forcés (1).

Il avait débuté par un coup de maître ; il s'arrêta sur une victoire, *Les Fourchambault* (1878), donnant ainsi tort au chœur antique, qui ne déclarait un homme parfaitement assuré contre l'adversité qu'après la mort. Et puis, il s'est reposé du succès par une retraite volontaire, enclin malgré lui, et par une sorte de prédestination, à parfaire dans un calme et loyal renoncement ce bonheur opiniâtre, auquel il était voué.

Un de ses amis raconte que Desbarolles, après avoir examiné sa main, y avait signalé l'absence du *nœud d'ordre*, et en avait conclu que le sujet tenait mal ses comptes. Le chiromancien, pour une fois se trompait. La vie d'Emile Augier fut ordonnée comme ses pièces, avec la même aisance et une égale raison. Le charlatan qui aurait tiré l'horoscope de Molière, lui aurait pu prédire, avec un peu d'adresse et de sagacité, qu'il serait irrégulier dans son existence et d'autant plus merveilleux par son esprit ; et si Emile Augier avait consulté la somnambule, avec un peu de lucidité elle lui eût pu répondre qu'il aurait l'esprit aussi équilibré que son bonheur. Il faut en prendre son parti : Emile Augier fut un bourgeois heureux.

---

(1) Vapereau, *Dictionnaire universel des Contemporains*. Emile Augier, p. 89.

II

L'ÉVOLUTION DE SON THÉATRE.

Son œuvre paraît d'abord plus complexe que sa vie. On distingue habituellement trois étapes dans sa carrière : ses débuts, qui comprennent l'intervalle écoulé entre la *Ciguë* et *Diane* (1844-1852) ; la période de la grande comédie de mœurs, qui s'ouvre avec le *Gendre de M. Poirier* et se ferme sur *Un Beau Mariage* (1852-1859) ; de là Emile Augier s'élève jusqu'à la comédie politique et sociale avec *les Effrontés, le Fils de Giboyer, la Contagion, Lions et Renards, Madame Caverlet*, etc. (1859-1878).

Il faut convenir que cette division ne contente guère l'esprit. Elle ne tient aucun compte des oscillations que semble avoir suivies la pensée d'Emile Augier. Elle a, de plus, le tort d'être artificielle autant que tyrannique, et de faire violence aux œuvres pour les classer. On n'est point frappé des analogies qui obligent à reconnaître en *Diane* et *l'Aventurière* deux ouvrages d'un même dessin ; la parenté entre *le Gendre de M. Poirier, le Mariage d'Olympe* et *Philiberte* ne me saute pas aux yeux d'abord ; et, pour tout dire, *la Contagion, Paul Forestier*, et *le Post-Scriptum* ne me semblent voisins que par les dates. A en juger par une première étude un peu superficielle, il paraîtrait plutôt qu'à ces différentes époques Emile Augier a fait des pièces assez diverses, qui ont un air de famille, sans doute, mais dont plusieurs sont moins la suite naturelle de la précédente, qu'un retour vers les œuvres de jeunesse, ou l'incursion, par avance, dans un genre nouveau, qu'il affrontera plus tard. Il n'a guère écrit de série de pièces : ou, tout au moins, la ligne en est-elle un peu brisée. Les *Lionnes pauvres* rappellent moins le *Gendre de M. Poirier* qu'elles n'annoncent les *Effrontés* ou la *Contagion*. Le *Mariage d'Olympe* est une comédie unique dans ce théâtre, et qui pourtant, toute différence gardée, fait songer à l'*Aventurière* et prévoir *Madame Carerlet*. Enfin *Paul Forestier* est de la même veine que *Gabrielle*, à combien d'années de distance ! Il y a des génies plus opiniâtres, dont la démarche est plus directe. L'évolution de M. Alexandre Dumas se déduit presque aussi rigoureusement que l'intrigue de chacun de ses ouvrages. Emile Augier serait-il plus compliqué, parce qu'il fut moins ferme en ses dessins, mais surtout moins entier dans ses idées, moins insensible à l'influence extérieure ?

De vrai, ses voies sont moins mystérieuses. Il a débuté dans la vie par vérifier l'axiome de Nicole, c'est à savoir que le sens commun est chose peu commune; et, comme il était doué d'un robuste et loyal bon sens, cette inaltérable santé de l'esprit l'a naturellement engagé en son droit chemin. Il s'est dit et il a commencé par dire que les sentiers à rebours ou à côté sont l'absurdité même, et qu'il y a cent fois plus de grâce ou de lyrisme dans le simple poème de l'âme qui chante, à peine ouverte à l'amour régulier, dont on ne meurt point. Pour en faire la preuve, il a semé à pleine main la fantaisie à la fois jeune et antique, qui, par-dessus André Chénier, remonte aux vraies sources de notre langue et de notre poésie. C'est l'inspiration complexe d'apparence, mais au fond parfaitement simple, de la *Ciguë* ; c'est l'explication des débuts de sa carrière, qui projette du même coup la lumière sur une grande partie de son œuvre. Et c'est aussi la raison qui lui fit écrire d'année en année des ouvrages comme *Philiberte* ou le *Post-Scriptum*, échos de Regnard, de Marivaux, de Musset, qui sont jusqu'au bout la grâce vivace de son esprit, après en avoir été d'abord la force et l'originalité. Il y reviendra sans cesse, par intervalles, comme s'il éprouvait de temps en temps le besoin de se rafraîchir en un bain de délicate ambroisie (le mot est de lui), après la peinture des d'Estrigaud et des Vernouillet.

En même temps qu'il était porté à faire voir que l'honnêteté n'exclut point la poésie, ou plutôt que la poésie n'est pas essentiellement condamnée aux chemins de traverse, aux passions sans espoir ou aux amours sans candeur, aux innocences reblanchies ou aux rédemptions enthousiastes et tardives, il en venait insensiblement à montrer que les mœurs, aussi, gagnent dans le bonheur légitime et légal tout ce que poètes, artistes et gens du monde y pensent perdre de rêves et de contentements infinis. Le droit chemin n'est pas si banal, qu'il s'agisse de rimer ou de vivre; et, tant que les hommes n'auront rien inventé de mieux que la famille pour être heureux, ils se peuvent contenter de ce bienêtre normal, avec résignation. Dès *Gabrielle*, Emile Augier prit pied dans ses idées, et s'y établit fortement. Cette fois il avait découvert son vrai fonds de nature, rencontré la philosophie de son cœur; et il inaugurait une veine dramatique, qu'il fit sienne, la comédie bourgeoise, la comédie de mœurs droites sans fanfare, saines sans déclamation ni pédantisme, où la poésie est rapatriée avec le bon sens et la morale. *Gabrielle* fut un scandale vertueux. L'écrivain remontait jusqu'au *Père de famille* de Diderot, et par-dessus le xviiie siècle donnait la main à Molière. Il avait l'audace de reprendre la tradition de l'esprit français et de revenir aux idées moyennes de la race un instant effarées par les splendeurs lyriques et le superbe épanouissement du romantisme; et le plus piquant de cette heureuse aventure n'est pas qu'un talent sincère comme celui d'Emile Augier en ait eu le courage; plus réjouissante est la naïveté de ceux qui n'ont pas encore cessé de s'en étonner avec quelque dépit. Le mari, le prosaïque mari, ni ténébreux, ni mystérieux, ni fatal, est le héros de cette pièce. Avec lui triomphe la réalité simple et aisée, qui ne manque ni de grandeur ni de poésie. Gabrielle renonce à ses illusions de roman, se débrouille de ses rêves et de ses lectures; heureuse et désabusée, elle tend la main à cet honnête homme, dont le sentiment du devoir a fait un doux poète.

O père de famille, ô poète, je t'aime !

Ce vers si décrié, qui est le dénoûment de la pièce, en est en même temps la moralité ; et, par surcroît, il est le germe fécond du talent d'Emile Augier, et comme la synthèse de son théâtre.

Vu de cette hauteur, le développement de son œuvre dessine une trace lumineuse. Chacune de ses pièces complète cette morale et l'élargit insensiblement. Après avoir fait de la vie de famille le centre du véritable bonheur, il en étudie la constitution, qui est le mariage, depuis longtemps menacé par les préjugés ou les abus de notre société moderne. Après avoir en vers savoureux célébré la poésie de cette légale félicité, il en démêle les conditions, et à mesure qu'il observe avec plus de pénétration, il abandonne le vers pour la prose, qui creuse le sillon plus profondément. Le bon sens devient implacable et ne laisse plus que rarement place à la fantaisie. Il reprend un à un contre les indépendances de la passion ou du cœur les axiomes de la vieille sagesse des nations, dont il fortifie sa doctrine. Qu'est-ce que *Ceinture dorée*, sinon un plaidoyer pour l'honneur de la maison? Le *Gendre de M. Poirier*, ou l'union mal assortie de noblesse et de fortune? *Un Beau Mariage*, ou de l'inégalité des conditions dans le mariage? La *Jeunesse* (en vers, on sent pourquoi), ou ce qu'il faut avant tout y apporter et y chercher? La *Pierre de Touche*, ou la richesse ne fait pas le bonheur?

Si l'intérêt de la famille est l'inspiration première

de son théâtre, le mariage est proprement le fond de presque toutes ses pièces, et non pas seulement une conclusion ; et vous pensez s'il tient le mariage de convenances pour un mariage de raison ! Ainsi, pendant que sa pensée va s'élargissant, sa morale se complète de comédie en comédie, et la loi s'en fait aussi plus stricte et impérieuse. Et plus universelle. Elle s'impose à tous, à ceux qui font profession de vivre à côté ou au-dessus du commun des hommes, aux artistes eux-mêmes ; et avec elle l'amour conjugal, la joie du foyer, qui est presque une chasteté, seule capable d'imprimer la force sereine au génie. *Paul Forestier*, aujourd'hui moins goûté, ne s'explique pas autrement, ou du moins se comprend mieux, encadré dans le développement de l'œuvre entier. *Paul Forestier* fut aux artistes le même paradoxe de vertu que *Gabrielle* aux poètes.

> .... Car le mariage est une chasteté.
> Je n'entends pas bannir les tendresses humaines ;
> Seulement, je les veux profondes et sereines...
> Le désordre au talent est mauvais compagnon.

La *recette* est universelle. Elle est une panacée de santé intellectuelle pour tous les honnêtes gens. Or, c'était peu de célébrer le bonheur de la famille et d'en imposer l'obligation ; Emile Augier était naturellement amené à en sauvegarder les droits, à dévoiler les préjugés à la mode ou les tendances d'opinion qui en menacent l'intégrité. De là cette curieuse comédie de l'*Aventurière*, à laquelle il gardait assez de tendresse pour la refondre après dix ans passés, bien qu'elle eût réussi à son apparition. De là aussi le *Mariage d'Olympe*, une reprise en prose de la précédente, avec je ne sais quoi de plus âpre et réaliste, qui n'est pas l'ordinaire de l'écrivain. La famille est un sanctuaire, dont l'entrée est interdite aux déclassées. Il y a là des droits imprescriptibles, qui sont à la fois ceux des ascendants et de la postérité, du passé et de l'avenir, et qu'on ne viole pas impunément.

Elle représente une solidarité d'honneur, qui en est l'inflexible sécurité. N'est-elle pas assez menacée d'ailleurs, pour que la porte en soit sévèrement consignée aux femmes qui ont débuté par la fuir?

Et l'auteur était porté à étendre le cercle de la famille et le cadre de son théâtre. Pendant qu'il étudiait les droits du foyer, il arrivait par une pente inévitable à en fixer les devoirs. De la comédie *bourgeoise* il atteignait à la comédie *sociale*, la société idéale n'étant que l'image agrandie de la maison, et les vices dont souffre l'une frappant l'autre en plein cœur. C'est l'époque des grandes pièces, qui sont comme *la haute comédie* d'Emile Augier: les *Lionnes pauvres*, les *Effrontés*, le *Fils de Giboyer*, *Maître Guérin*, la *Contagion*, *Lions et Renards*, *Jean de Thommeray*. Elles ont un même but et contentent une même envie très noble d'attaquer, de saper et battre en brèche les vices élégants et les sophismes distingués, qui aboutissent fatalement à la ruine de la famille ou de l'Etat. Ce sont des plaies secrètes, des ulcères, qu'il est urgent de révéler, n'eût-on pas l'espérance de les guérir. Et c'est, pour le dire en passant, ce qui explique pourquoi le réalisme d'Emile Augier est tout ensemble si audacieux et discret, pris à la source vive des mœurs du temps, observé aux entrailles mêmes d'une époque, mais dont l'écrivain se sert avec prudence et non sans tristesse, comme d'un ustensile dangereux et pourtant indispensable pour dégager l'éclatante et réconfortante vérité. Le luxe effréné des femmes, le règne de l'argent, l'intrigue politique ou religieuse, et l'escobarderie et le scepticisme, et ce qu'on a appelé d'un mot si parisien, la *blague*, et les capitulations, et les compromissions, et la prostitution de la conscience, et toutes les effrontées perversions du sens moral sont un levain fécond à cet esprit puissant et droit. Si j'avais la crainte de rassembler ici en un seul groupe des ouvrages d'inspiration ou d'ordre différents, les attaques dont ils furent l'objet et qui démontrent surabondamment une communauté d'origine, suffiraient à me rassurer. Oui, Emile Augier avait découvert un filon fertile d'œuvres à haute portée et d'une morale générale. Quelques-unes ont passé pour des pièces politiques, et j'accorde qu'il y avait des gens intéressés à les qualifier ainsi. Il n'était pas jadis pour déplaire à la cabale que *Tartufe* parût la caricature immodeste de la dévotion. Mais une comédie qui n'est qu'un pamphlet, ne dure guère. *Le Fils de Giboyer*, *Lions et Renards* ont tenu bon : l'auteur nous en a exposé les raisons. « Quoi qu'on en ait dit, cette comédie n'est pas une pièce politique dans le sens courant du mot : c'est une *pièce sociale*. Elle n'attaque et ne défend que des idées, abstraction faite de toute forme de gouvernement (1). » Car le réalisme et la politique sont pour lui de simples ressorts, des accessoires d'actualité, qui tendent l'intérêt de l'œuvre et précisent l'illusion de la vie. Mais sous de saisissants dehors s'agitent l'honneur, le bonheur, et l'intégrité de la famille ; au fond de tout cela, bouillonne une même colère clairvoyante et raisonnée contre les Vernouillet aussi dangereux que les d'Estrigaud, contre tous ceux qui ne rêvent que riches mariages et dressent leurs machines, contre les Saint-Agathe plus désintéressés, mais non moins perfides, et dont les sourdes et habiles menées, si le succès n'en était contrarié, auraient des effets désastreux pour la société tout entière. Place aux honnêtes gens, à eux seuls, si faire se peut, dans la famille comme dans l'Etat ! Qui donc nous disait que cette partie de l'œuvre d'Emile Augier manque d'unité ou d'actualité ?

Cependant il a écrit, à diverses époques, des pièces que ne suffiraient à expliquer ni la pure fantaisie, qui fut sa première manière, ni les droits de la famille qu'il a célébrés avec une opiniâtreté glorieuse. Celles-ci ont un air d'isolement, et semblent marquer dans sa

(1) Préface du *Fils de Giboyer*.

carrière des étapes et des temps d'arrêt. Il s'agit de *Diane*, du *Mariage d'Olympe*, de *Madame Caverlet*. Elles sont aussi plus militantes. L'auteur n'y a pas seulement mis en œuvre ses propres idées ; mais il paraît qu'il s'est alors engagé à fond contre certaines théories littéraires ou dramatiques. On dirait même que par deux fois l'ardeur de la polémique a forcé son talent, habituellement plus sobre et mesuré. Pour comprendre *Diane*, il convient de se rappeler les mordantes critiques dont *Gabrielle* fut l'objet. Le camp romantique fit d'abord des gorges chaudes de cette pièce de bon sens, dont il était à craindre qu'elle ne fît école. Puis on cessa de rire. C'était la déchéance de toute poésie que l'avènement d'une poésie embourgeoisée. On n'était nullement disposé à tenir pour lyriques les glouglous du pot-au-feu. Scribe avait excité les ourages ; après *Gabrielle*, on n'y tenait plus. M. Vacquerie a écrit là-dessus quelques pages bellement indignées, où il accuse Emile Augier de « caresser les bas instincts de la foule, *et d'ajouter la raillerie comme une pointe de plus aux clous dont le monde crucifie les grands cœurs martyrs* (1). » L'image est contestable, mais l'attaque était fournie d'une main habile. Emile Augier y fut sensible. Comme on l'accusait d'avoir refait Scribe, j'imagine qu'il prétendit montrer qu'il n'était pas moins capable de réparer Victor Hugo. Après *Une Chaîne*, *Marion Delorme*. Et il faut reconnaître que le pastiche est médiocre, et que l'écrivain y a mis plus de malice que de naturel. C'est comme une parodie critique, où l'auteur, pour faire pièce à son devancier, s'est ingénié, en dépit ou plutôt à cause de l'analogie du sujet, à ne rassembler que des gens vertueux et à magnifier la morale. Richelieu

---

(1) *Profils et Grimaces*, p. 85. C'est d'ailleurs un feuilleton verveux et plein d'esprit. Certaines remarques sur la pièce portent. Mais quel courroux !

... Genus irritabile vatum.

devient un ouvrier de génie, attaché à une œuvre grande, dont on pénètre mal les desseins. Diane n'a pas les accents de Marion ; mais elle n'en a pas non plus le passé inquiétant. Paul épouse Marguerite, une petite bourgeoise riche, belle, et tout à fait digne d'un de Mirmande. Rien de poussé, de lyrique, ni d'aventureux ; tout y est familial et reposé, en dépit du duel romantique, de l'armoire où se cache l'un des combattants, de l'intervention de M. de Laffemas et de sa sinistre escorte. Un seul personnage a insulté une jeune fille, après la messe de minuit, à la mode espagnole. Il l'emporte bientôt en paradis. Et tout cela forme, à bien dire, un drame assez terne (le conspirateur Grandin mis à part), comme il advient toutes les fois qu'un ouvrage dramatique est compliqué de préoccupations étrangères à l'intérêt et à l'action du théâtre.

Le *Mariage d'Olympe* rappelle un autre moment de la carrière d'Emile Augier. Quoique l'idée première s'adapte exactement à la formule morale, qui explique la plupart de ses comédies de mœurs, l'œuvre diffère des autres par la conception et la facture. Elle a soulevé des critiques sévères et justes. Ni la pièce ni les personnages n'ont cette souple et délicate teneur, qui est le talent même de l'écrivain. « La courtisane mariée au gré de son calcul, écrivait M. Weiss, restera autant que vous le voudrez sans moralité et sans principes... Aucune d'elles, une fois glissée dans le monde, n'y commettra les fautes de tact et n'y étalera le mauvais ton incurable, que M. Emile Augier attribue faussement à Olympe mariée.... (1). » Mais ce qui demeure inexpliqué, c'est précisément que l'auteur, dont le naturel génie se plaît surtout à la composition et à la mesure, ait conçu et exécuté une pièce et des caractères, d'où ces qualités sont absentes. Oui, le sujet est bien de lui et à lui. On n'introduit pas la honte dans

---

(1) J.-J. Weiss. *Le Théâtre et les mœurs*, p. 241 sqq.

une maison qui a des traditions d'honneur séculaire ; on ne l'insinue pas dans une famille où se trouvent un oncle et une tante, qui ont droit au respect de leurs préjugés ou de leurs vertus, et une cousine sensible et chaste, comme dans la *Jeunesse* et la *Pierre de Touche*, qui mérite la déférence, au moins, et les égards dus à son innocente inclination. Oui, cela est dans la veine d'Emile Augier. Et la pièce est mal bâtie, et les caractères sont incohérents, et certaines scènes surchargées, comme à dessein, d'un réalisme artificiel et peu vraisemblable. Pourquoi cette erreur ou ces écarts, si contraires au tempérament de l'écrivain ? Ne serait-ce pas que le *Mariage d'Olympe* est, comme *Diane*, une œuvre de circonstance, écrite surtout contre un autre théâtre naissant ? Et de même que dans *Diane* le mélange de deux genres, celui de l'auteur et celui de ses rivaux, se combine mal et ne laisse subsister en l'esprit qu'une impression confuse, pareillement dans le *Mariage d'Olympe* le réalisme de M. Alexandre Dumas fils jure avec le *bourgeoisisme* d'Emile Augier et produit un fâcheux effet. Tout le premier acte lui est propre ; le reste emprunté d'ailleurs. Imitation un peu gauche, ou critique trop raffinée. Le drame se dessine tard, et se rattrape par l'outrance de l'exécution. Même discorde entre les caractères. Le marquis et la marquise de Puygiron, Philémon et Baucis de ces unions saintes que la seule mort disjoint, et qui vivent de tendresse et de respect réciproques après que l'amour et la jeunesse s'en sont retirés ; Geneviève, jeune fille d'esprit charmant, choyée et fine, cela est encore d'Emile Augier. Mais Olympe et Irma, sa truculente maman, cela ressemble à du réalisme ingénu, — ou travesti. Au fond, il y a l'un et l'autre. Mais comme le public n'entre pas dans ces subtilités d'intention, Emile Augier lui a pu paraître gauchement entiché d'un genre qu'il me paraît avoir malignement pastiché.

A vrai dire, s'il a compris l'originalité de son heureux

rival, il n'en a guère subi l'influence. Mais surtout je n'en irais pas relever les traces dans les pièces où l'on les cherche le plus. La structure d'une ou deux comédies dramatiques, telles que *Paul Forestier*, l'emprunt de quelques scènes ou procédés qui avaient réussi en sont les rares indices. Pour *Madame Caverlet* et *les Fourchambault*, jamais l'auteur n'a montré une indépendance plus expérimentée et loyale. Ces deux sujets seraient assurément avoués par M. Alexandre Dumas : une antinomie entre la loi écrite et la loi naturelle, entre la morale et le préjugé, voilà qui cadre avec les arguments, où excelle l'auteur du *Fils Naturel* et de *Francillon*. Nulle part, toutefois, Emile Augier n'a gravé plus profondément les qualités essentielles de sa manière et de son talent. *Madame Caverlet* fut écrite en 1876, quelque temps avant le vote de la loi du divorce. La question était à la veille d'être posée à la tribune ; il prit les devants et la porta sur la scène. Il tâtait l'opinion, qui d'ailleurs se montra plus gênée que récalcitrante. Mais il y mettait les formes et employait mille ménagements, à son ordinaire. Il ne la brusque pas ; il l'apprivoise. Il n'accumule pas les contradictions ; il les aplanit. La solution apparaît à la fin, avec infiniment de prudence et de modestie. Il ramasse, tempère la crise, amortit les chocs. Henriette, qui passe aujourd'hui pour l'épouse de Caverlet, fut mariée jadis à un viveur élégant, prodigue et besoigneux, du nom de Merson, époux infidèle et sec, père trop oublieux de sa paternité. L'auteur avait sous la main plus d'une ressource propre à soulever l'émotion violente en faveur de la thèse qu'il aurait pu brandir. Il se contente de nous induire doucement à réflexion. Il lui était loisible de nous peindre le poignant tableau d'une union mal assortie, la femme seule et triste avec ses enfants, condamnée à des promiscuités pénibles ou exposée à des sollicitations ravalantes. Il lui était aisé de nous faire paraître, en des scènes pathétiques, les révoltes de l'honneur, le mari brutal, les galants empressés et assiégeants. Emile Augier suit son instinctive inclination. Il nous intéresse moins à la femme qu'à la mère ; il concentre l'intrigue autour des enfants, c'est-à-dire qu'en un sujet si différent de ceux qu'il préfère, c'est encore le bonheur et l'avenir de la famille disloquée qui dominent, hauts sur l'horizon. Et finalement, à la place d'une liaison irrégulière, deux ménages se fondent et se confondent, destinés à mener de compagnie une existence tranquille et honorée, dans le recueillement des montagnes et l'attente du petit Daniel, que berceront tout à l'heure le ranz rustique et le carillon des clochettes. Et donc, un problème tout actuel et grondant de morale sociale, mis à la scène avec de minutieuses précautions, agrémenté d'une fraîche idylle, se résout ainsi dans l'intimité souriante du cercle de famille.

Emile Augier est là tout entier, avec sa dextérité simple et atténuée. Il ne serait pas malaisé de faire voir combien le sujet des *Fourchambault* fournissait la matière du drame le plus moderne ; qu'il n'était pas, en son originelle conception, sans analogie avec le *Fils Naturel* ; que notre auteur l'a traité avec les mêmes ménagements, et qu'où il semble céder à l'influence d'autrui, il se ressaisit au contraire tout entier, et donne l'exacte mesure de sa pensée et de son talent. Attentif plus que soumis aux tendances voisines, il a composé une œuvre assez variée, mais dont la saine philosophie, la poésie domestique constituent l'intime unité.

Son œuvre est une, parce que dès la première comédie et jusqu'à la dernière, elle est consacrée à exalter la commune droiture et l'honnêteté bourgeoise. Chacun de ses ouvrages est l'étude d'un des ferments qui désorganisent la famille Mais elle est complexe, parce que tantôt il a surtout prodigué sa robuste et poétique fantaisie (la *Ciguë*, l'*Aventurière*, la *Pierre de Touche*, *Philiberte*, le *Post-Scriptum*), là surtout mis en relief les joies sereines de la maison, les mœurs dangereuses qui menacent la famille ou la société (*Gabrielle*, le *Gendre de M. Poirier*, les *Lionnes pauvres*, la *Contagion*, les *Effrontés*, le *Fils de Giboyer*, *Paul Forestier*, *Jean de Thommeray*), et ailleurs enfin, parce qu'il a défendu et imposé l'honneur de sa morale et de son théâtre par des pièces d'une portée plus occasionnelle, sinon de polémique, et qui sont à la scène comme les manifestes de ses idées : (*Diane*, à l'adresse des romantiques et à l'appui de *Gabrielle*; le *Mariage d'Olympe* contre la glorification de la courtisane et à propos de la *Dame aux Camélias*; plus tard *Madame Caverlet* et les *Fourchambault*, où il semble avoir déployé la coquetterie de sa vieillesse et de son expérience à composer deux pièces à thèse sans thèse, à traiter une question d'actualité sans éclat, à débrouiller l'antinomie du *Fils Naturel* sans excès de logique ni de raisonnement). Et c'est une gradation aisée et comme une naturelle extension de la pensée, depuis la comédie familiale jusqu'à la comédie sociale, de *Gabrielle* aux *Fourchambault*, qui résument sa carrière et son talent. Emile Augier l'avait apparemment senti, puisqu'alors il s'est résigné au repos.

III

LA FORMULE DRAMATIQUE.

J.-J. Weiss, qui a poussé l'amour de Regnard jusqu'à l'idolâtrie, a dit d'Emile Augier : « C'est un second Regnard, plus original en ses combinaisons, plus varié en sensations poétiques, plus pénétrant et de plus de portée que l'autre (1). » Ce jugement, très contestable

---

(1) J.-J. Weiss. *Le Théâtre et les mœurs*, p. 347.

en soi, s'il s'agit des pièces en prose, donne l'idée la plus approchée de la facture des pièces en vers. Si l'on excepte *Diane* et *Paul Forestier*, qui témoignent d'influences plutôt combattues que subies, le dramaturge relève de l'école classique, non pas celle de Ponsard ou de Legouvé, mais de Regnard et de Molière. Il travaille sous leur buste. A peine met-il à profit les progrès réalisés par Beaumarchais. L'intrigue se complique discrètement, se démêle avec aisance, sans recherche d'habileté. Des romantiques il ne retient presque rien. La couleur locale s'efface. Même, le plus souvent, il n'excède guère ni l'unité de lieu ni celle de temps. *Gabrielle* se développe en l'espace d'un jour ; la *Ciguë* et *Philiberte* pareillement ; et pour les autres, à peine songe-t-on à demander l'heure ou s'aperçoit-on du changement de décor. Sa fantaisie a d'autres matières où s'exercer. C'est que, même en vers, Emile Augier est admirablement maître de son sujet, que, fidèle à la formule classique, il serre de près la crise, en prépare et développe les situations avec sobriété, par une composition serrée, non pas tendue, en une trame ingénieuse et claire, sans festons ni inutiles broderies. Dans *Philiberte*, qui est la plus réussie de ses pièces en vers, on ne trouverait peut-être pas une seule liberté prise avec les règles et les traditions. L'époque même, choisie par l'auteur, donne à l'œuvre un air de classicisme élégant et poudrederizé. La pièce se passe en Dauphiné, au château de Grandchamps, vers 1775. Le salon est Louis XV, et par les portes du fond on aperçoit un coin de parc à la Watteau. A peine un détail romantique, un duel rapide, sans témoins, entre deux scènes, au bout du jardin, qui dure juste le temps d'aller, de mettre un bras en écharpe, et de revenir. Tout le reste n'est que spirituels entretiens, comme chez Célimène ou Marivaux. Il s'agit, en somme, d'éclaircir un point de psychologie féminine, qui est l'état d'âme d'une jeune fille, à qui vient la beauté avec l'esprit. C'est la crise délicieuse de la fleur qui germe, se noue et s'épanouit. Et voilà Philiberte transfigurée, charmante au gré de tous, gentille, même aux yeux de sa mère qui la croyait laide, et joyeuse de triste qu'elle était, et d'insignifiante devenue piquante, agréable d'esprit. Ce changement s'est fait de scène en scène, à mesure qu'elle a cru en elle, en sa beauté, en son amour, qu'elle s'est éveillée, développée, muée de tout son être, ainsi que de scène en scène s'ouvrait au monde et à la vie son autre sœur, Agnès, par une progression insensible, une douce genèse, dont les moindres progrès sont aisément perceptibles, grâce au talent aisé et limpide d'Emile Augier et de Molière. Mais le mariage est ici plus qu'un dénoûment. Il est une sanction. Or, cela est toute la pièce, et cela n'est point de Molière.

Si toutes ses pièces en vers ne sont pas aussi rigoureusement taillées sur le patron classique, on ne saurait trop marquer à quel point il a été rebelle au romantisme. L'usage s'est établi de considérer l'*Aventurière* comme une conciliation entre deux genres ennemis, et de publier que classique en est le vers, mais purement romantiques le cadre, la couleur et le jeu de la scène. L'usage est un tyran anonyme et irresponsable. A part certaines tirades, dont la forme extérieure rappelle quelque couplet de Victor Hugo et surtout d'Alfred de Musset, la couleur locale dans l'*Aventurière* se réduit à cette indication de la brochure : « La scène se passe à Padoue, en 15... » C'en est le plus clair, le plus précis, et le plus pittoresque. D'ailleurs aucune description, peu ou point d'effets de décor. On en trouverait davantage dans *Bajazet*. La scène est à Padoue, comme elle était à Athènes dans la *Ciguë*, à Carthage dans le *Joueur de flûte*, par une innocente fiction qui donne carrière à la fantaisie et déguise adroitement le fond même de l'œuvre et la saine morale qui y règne. Monte Prade est un Arnolphe vieilli et moins égoïste, Horace et Célie, deux amoureux à la façon de Valère et de Marianne. Pour Annibal, c'est un don César, à moins qu'il ne soit un Sbrigani ou tel autre chaperon de cap et d'épée. Mais Annibal se grise, comme certain abbé galant de Musset, — ou comme Sganarelle simplement. Mais l'*Aventurière* est une comédienne ; sans doute, comme dans le *Roman comique* de Scarron. J'ose même ajouter que c'est une comédienne lasse des aventures, avide de repos et d'honorabilité, et que cette suprême convoitise n'a rien de romantique ni même de romanesque, et qu'elle est justement le contraire du romanesque et du romantique. La vérité est que, dans l'*Aventurière* autant que dans *Philiberte*, Émile Augier montre qu'il est imprégné de ses modèles classiques ; que sa morale s'accommode aisément de leur formule dramatique, que l'une suffit à l'autre, que ses pièces en vers en font foi, et que, s'il a été plus riche en ses combinaisons, c'est qu'il abordait le théâtre immédiatement après Scribe.

La cause de sa philosophie pratique une fois gagnée, il relègue au second plan l'imagination et la fantaisie, qui ne lui sont plus une parure nécessaire. Il entre dans le grand courant des vices domestiques et sociaux. Sa poétique est encore classique, avec quelque chose de plus.

S'il a emprunté de Scribe le goût de la pièce bien faite, fortement composée et habilement dénouée, il garde de l'ancien répertoire une tendance à affronter la crise dès le début, sans allonger l'exposition outre mesure, ni la trop éloigner du moment de l'action. Il n'écrit pas de prologue (1), ni de premier acte à sensation, où l'esprit pétille, dont le décor arrache des ah ! ce pendant que l'action languit et que l'intrigue se dessine vaguement. Il a conservé l'usage de procédés tout naïfs, qu'il donne pour ce qu'ils sont, et dont il

---

(1) Une seule fois. V. *Jean de Thommeray*.

aide le développement de la pièce, sans raffiner ni finasser. Lettres d'amour ou d'excuses, ruine inattendue de la famille, coups de foudre de la passion, procès, plaidoiries, toute une part de l'attirail de la vieille comédie est mise à profit, sans prétentions, comme une machine un peu fatiguée, mais qui peut rendre encore quelques services. Dans les *Lionnes pauvres*, de toutes ses comédies la plus réaliste et moderne, il emploie pour arriver à ses fins une marchande à la toilette, madame Charlot, que nous avons tous connue à l'époque où elle faisait son apprentissage dans l'arrière-boutique de madame La Ressource. Mais surtout il s'attache fermement à l'ancienne formule d'équilibre dramatique, ou, pour mieux dire, au système de bascule si ingénieusement mis en œuvre par Molière, et dont il adoucit le jeu en le compliquant.

Il y a au moins deux manières de concevoir la composition dramatique. L'une, dont Corneille légua la tradition à M. Alexandre Dumas fils, consiste à mettre en présence des personnages et des intérêts contraires, et, par la vertu d'une irréductible logique, à les pousser en droite ligne vers le dénoûment. Ils passent par un certain nombre de situations logiquement nécessaires, presque prévues et fatales, qui sont véritablement des scènes à faire, moments pathétiques de l'action et comme les moyens termes d'un syllogisme théâtral. Pour peu que le problème initial soit nettement posé, les personnages vigoureusement dessinés, et les situations préparées d'une main sûre, l'effet est saisissant, l'émotion immanquable et lucide. Une autre méthode, qui est plutôt celle de Molière, et qu'Emile Augier a rajeunie et accommodée à la démarche de sa pensée, consiste à rechercher l'équilibre plutôt que la déduction, à combiner des alternatives plutôt qu'à opposer des antinomies, à frotter intérêts et personnages, si je puis ainsi dire, beaucoup plus qu'à les heurter, à les mouvoir dans le sens d'une série de courbes plus volontiers qu'à les astreindre à l'inflexible rigueur de la ligne droite, à les faire triompher tour à tour, selon que les sentiments ou les opinions qu'ils représentent sont à leur tour plus puissants, comme dans la vie. Car la vie réelle n'est pas faite de théorèmes ; elle n'offre guère au regard de vérité absolue ; elle est le conflit et souvent l'alternative des probabilités. Après Molière, l'art d'Emile Augier consiste à équilibrer ces conflits, à ménager ces alternatives, à peser tous les mobiles intérieurs à une balance très sensible, dont chaque plateau monte et s'abaisse successivement. Il en observe les oscillations, jusqu'à ce qu'au dénoûment l'inquiet fléau se fixe enfin. Pour y réussir, il faut plus de sagacité que de logique, plus de sensibilité et d'ouverture d'esprit que de vigueur et de décision. Le syllogisme s'assouplit en un dilemme. Cette composition renferme moins de pathétique et peut-être plus de vérité moyenne ; elle frappe moins, et sans doute contente davantage. La raison en est moins rectiligne, mais plus féconde, et fait paraître sans effort apparent les différentes faces des hommes et des choses, et aussi de la raison elle-même. C'est, encore une fois, un équilibre instable, jusqu'au moment de conclure. Et cela est si proche de la vérité, qu'aujourd'hui les plus modernes semblent vouloir le simplifier encore, et, renonçant à ce rythme équilibré, se contentent d'en noter les alternances, suppriment les transitions, découpent la réalité en scènes solitaires, où la logique n'a rien à voir, où les contradictions seules subsistent. Pour un peu, on reviendrait aux comédies à tiroir, qui sont le squelette incomplet ou rudimentaire de la comédie d'Emile Augier.

On voit sans peine ce qu'il a emprunté de Molière, retenu de Scribe, et ajouté à tous les deux, pour rajeunir cette composition. C'est d'abord et d'autant que les mœurs et les personnages de ce siècle se sont compliqués davantage, une plus grande richesse d'invention scénique, qui dépasse nécessairement les combinaisons de l'un sans viser à la prestigieuse adresse de l'autre. Nul théâtre, en effet, en des sujets plus familiers, n'est plus fécond en situations vraies. C'est un grand mérite et la marque d'une singulière probité de talent que d'avoir renouvelé Molière sans abuser de Scribe. Revenir au système dramatique du maître était osé ; mais, pour assurer le succès, la dextérité de l'illusionniste était tentante. Emile Augier n'a pas cédé à cette tentation de subordonner l'étude des caractères à l'exécution de l'intrigue ; et aussi il a su tempérer les situations de telle sorte, qu'elles ne s'opposent pas violemment, en d'insolubles antithèses, mais que plutôt les coups de théâtre s'amortissent les uns les autres, amenés par des préparations scrupuleuses, avec des ménagements infinis. Les scènes de transition sont à peine visibles, tant elles résultent aisément de la péripétie qui précède, et s'acheminent à la péripétie alternante qui va suivre. C'est une diversité régulière, un balancement presque rythmé. Le mouvement en est si précis qu'on sent à peine la main directrice. Un rien presque suffit à donner l'impulsion: une syllabe jetée en passant, un peloton de laine qui tombe et qu'on ramasse ou qu'on feint de ramasser, un duel dans l'air, une ombrelle oubliée sur un meuble, une de ces mille trouvailles, un de ces détails décisifs, si l'on en croit Pascal et sa phrase sur le nez de Cléopâtre. Pareillement, d'un mot il bouleverse la scène, met le théâtre en feu, redresse ou retourne la pièce, d'un de ces mots si parfaitement simples et naturels qu'il semblerait que chacun les eût pu trouver, et dont l'effet est foudroyant, parce qu'ils jaillissent de la source vive de l'observation, pris aux entrailles mêmes du sujet ou des caractères, de ces mots raciniens, dont Emile Augier a retrouvé le secret.

La grave difficulté de cette formule dramatique gît

au dénoûment. Il paraît que la comédie classique, qui se bornait à l'étude des caractères, s'en préoccupait peu, et que les conclusions de Molière viennent tant bien que mal au bout de la pièce, après que le trait de chaque personnage est parachevé, alors qu'il se fait temps de mettre un point final. (La comédie de mœurs est plus exigeante, étant plus compliquée ; il faut à l'intrigue un dénoûment qui soit franchement une solution.) En cela, Emile Augier fut heureusement servi par l'idée fondamentale de son œuvre. Le mariage, si souvent banal ou forcé chez d'autres, est au regard de chacune de ses pièces une conclusion nécessaire, et comme une obligatoire moralité. L'intérêt s'accroît de toutes les contrariétés subies et de tous les désirs inspirés. La fille trop riche, si elle rencontre enfin un homme qui l'aime, après mille indécisions en arrive raisonnablement à l'épouser. C'est la pièce même ; c'en est la fin, dans tous les sens du mot. Il serait fâcheux que Valère ne fût pas uni à Marianne ; mais il est surtout urgent que Tartufe soit expulsé de chez Orgon. Au contraire, ne voyez-vous pas dans les *Fourchambault* à quel point il est indispensable que Bernard épouse Maïa ? Car l'œuvre entière ne tend qu'à relever les irréguliers de la naissance, et à leur concéder le devoir, comme aux autres, de fonder un foyer Une comédie où la famille est en jeu, aboutit nécessairement au mariage, qui en est la base. Notez que le dénoûment est aussi persuasif, quand il s'agit d'une union d'abord troublée, qui semble mal assortie, et dont les nœuds se resserrent enfin. La rentrée en grâce des époux est une sanction. Et bien que cette issue résulte légitimement de la conception même de ce théâtre, Emile Augier n'a pas hésité à dénouer ses pièces autrement, quand l'intérêt même de la famille ou de la société l'exige, et à rompre sans appel l'union immorale ou odieuse. Témoin le coup de pistolet qui termine le *Mariage d'Olympe* et le farouche désespoir de Pommeau à la fin des

Lionnes pauvres. L'épouse indigne s'en est allée ; le ressort de la vie s'est brisé en lui ; et, au moment où il quitte le théâtre, le pauvre homme n'ira pas loin. Maître Guérin aussi reste seul dans son étude, parmi ses paperasses notariées et ses actes d'une probité louche, après que sa femme et son fils ont abandonné ce toit à l'avarice et à l'adultère condamnés à y faire ensemble un pitoyable ménage. Ces audaces sont l'élémentaire et courageuse vérité. C'est l'envers de la vertu domestique et unie ; et c'est une autre façon de glorifier la famille, qui est l'objet et le fond même de la pièce.

De ce système de composition, à la fois classique et original, le *Gendre de M. Poirier* est l'œuvre la plus connue et l'application lumineuse.

Un jeune marquis, « orphelin à quinze ans, maître de sa fortune à vingt », a promptement exterminé son patrimoine. A ce prix il possède l'art de toutes les élégances, et, s'il est léger d'argent, il est plein de grâce et de distinction. En quête d'un prêteur, il a rencontré un beau-père, M. Poirier. « Je ne lui offrais pas, dit-il, assez de garanties pour qu'il fît de moi son débiteur ; je lui en offrais assez pour qu'il fît de moi son gendre. » C'est l'ancienne et très véridique histoire de la noblesse qui fume ses terres, et affronte les hasards d'une riche mésalliance, pour réparer le lustre terni du blason. Seulement, la face du monde a changé depuis cent ans. Le bonhomme de beau-père, M. Poirier, digne de son nom, « modeste et nourrissant comme tous les arbres à fruits », est devenu l'égal de M. le marquis devant la loi. De là à lui vouloir être supérieur, il n'y a que l'épaisseur de quelques millions gaspillés par l'un et ramassés par l'autre. Gaston de Presles a épousé une dot. Mais M. Poirier a acheté une influence et des relations. Il a marié sa fille pour lui et pour elle, suivant la maxime trop coutumière en bonne bourgeoisie. Donnant, donnant. M. Poirier paie les dettes de son gendre, avec l'espoir que son gendre sera désormais une valeur négociable auprès du gouvernement. M. Poirier a des visées. M. Poirier aspire à la pairie. De sorte que, depuis M. Jourdain et Georges Dandin et autres riches et savonnés vilains, la situation s'est fort modifiée, et que M. le marquis ne s'en est douté aucunement. Le bourgeois ambitieux et le noble besoigneux ont fait tous deux une affaire, dont le ridicule les éclabousse également. Emile Augier n'avait pas, en vérité, à prendre parti pour celui-ci ou celui-là ; et c'est le triomphe de la composition dramatique qu'une comédie ainsi conçue et départagée avec une spirituelle impartialité.

L'équilibre en est l'intérêt. C'est un jeu de bascule, qui tantôt donne l'avantage à Poirier et tantôt à son gendre, selon que l'élégante et coupable insouciance du blason, ou les calculs sournois du million l'emportent. Pendant tout le premier acte, Gaston est le plus fin exemplaire de l'aristocratie distinguée, inerte, et capricieuse. Poirier fait le gros dos autour du gentilhomme, qui a pour lui «des familiarités qu'il n'a pas pour tous les autres domestiques ». L'un tient la scène, mais, déjà, l'on sent que l'autre tient la corde. « Il faut, dit le parvenu, être coulant en affaires. » Le second acte est encore indivis. Gaston joue beau jeu; mais Poirier a son plan de revanche. Le troisième consacre la victoire du beau-père, bien que le gendre se soit un instant joué de lui. Le quatrième enfin est à l'amour, qui remet l'un et l'autre à son plan et chaque chose à son niveau. Gaston aspire à faire le bonheur de sa femme et à devenir un époux digne d'elle ; Poirier rêve de faire le bonheur de son pays, et de lui donner un pair de France expérimenté. Cet équilibre ingénieux et discret apparaît encore dans la disposition des personnages. Tous les rôles sont doublés, comme pour adoucir les chocs. A côté de Poirier, Verdelet, un marchand de draps qui n'a pas tant aulné qu'il n'ait beaucoup lu, moins égoïste et plus doux ; derrière Gaston, le duc, un ancien camarade de fêtes, qui, au lieu de réparer son patrimoine par une mésalliance, s'est engagé dans un régiment d'Afrique et porte fièrement les galons de brigadier. Ils sont comme les confidents des protagonistes, destinés à prévenir les heurts trop violents, qui pourraient fausser la balance. Verdelet console Antoinette et retient Poirier ; le duc retient Gaston et console Antoinette. L'émotion dramatique ondule en un rythme sobre, souple, très classique, qu'accélèrent par instants les situations et combinaisons de théâtre.

L'exposition ne s'égare pas en discussions étincelantes et languissantes. C'est par leurs actions que ces caractères se font d'abord connaître. Et donc, M. Poirier, plusieurs fois millionnaire, a marié sa fille Antoinette à M. le marquis Gaston de Presles, authentiquement noble et ruiné. Le duc arrive, et Gaston, après l'avoir plaisanté sur sa casaque de soldat, le renseigne sur le mariage qu'il a fait, sur le trésor de beau-père qu'il croit avoir découvert, avec quelques mots sur sa femme, une pensionnaire ébaubie de sa métamorphose, et force détails sur la vie qu'il mène, la grande vie, comme autrefois. Il y a même un duel dans l'air, « un joli petit duel, comme dans le bon temps », à propos d'une madame de Montjay, une comtesse à tout faire. Après ces confidences, arrive Poirier avec son associé Verdelet. On lui présente le duc ; on le prie de veiller à l'installation d'Hector, de tenir aux ordres de cet hôte le coupé bleu, celui de M. Poirier justement, tout cela de belle humeur, et d'un petit air de supériorité sans brusquerie. Et l'on quitte Poirier et Verdelet pour visiter les chevaux : entre son beau-père et son arabe pur sang Gaston fait une différence. A ces superficiels froissements Poirier acquiesce, ronronne et ne souffle mot. Il se « rattrape sur Verdelet des familiarités de son gendre », sur ce clairvoyant Verdelet qui lui reproche faiblesse avant le mariage, platitude après, qui est le parrain d'Antoinette, qui a su s'en faire aimer au point qu'un père en serait jaloux, et qui pressent que l'avenir est gros du malheur de sa filleule et de la ruine de son associé. Poirier de dépit prend le *Constitutionnel*, et lit : « Encore un d'arrivé : M. Michaud, le propriétaire de forges, est nommé pair de France ! » Et voilà du même coup établi le bilan de la pièce, en partie double : d'une part, l'insouciance magnifique de M. le marquis, et de l'autre la sourde ambition de M. Poirier. Arrive Antoinette, à qui son bon Verdelet arrache quelques aveux. Ton mari s'ennuie, s'écrie Poirier qui a son idée. Qu'il s'occupe ! Qu'il ait une situation officielle ! Qu'il aille à la cour ! Il ne se réjouit pas, mais il n'est pas non plus attristé. Tout cela s'arrangera : et la pairie est au bout. Rentrent le duc et Gaston ; dans ce cadre de luxe prodigue et débourgeoisé, les personnages se détachent décidément avec leurs physionomies propres. Gaston a fait l'achat d'un tableau. Et devant ce tableau ils se groupent et se révèlent sous leur vrai jour. Tous l'examinent et l'apprécient, Gaston et le duc avec une élégance entendue, Antoinette avec une délicatesse de sentiment, Verdelet avec beaucoup de bon sens, Poirier avec la sentimentalité dédaigneuse et niaise du parvenu. Ainsi, l'exposition est rapide, complète, et impartiale ; dès la troisième scène la lutte s'engage entre l'ambition madrée et la légèreté aristocratique. Cela est limpide, souple et atténué.

Le second acte débute par un conseil de famille. C'est un siège en règle, maladroitement conduit par Poirier, où tous s'aventurent et se découvrent, pendant que le marquis s'échappe par une profession de foi commode en toute occasion. « Il n'y a que trois positions que mon nom me permette : soldat, évêque ou laboureur. Choisissez. » A-t-il raison, le fringant marquis ? Non. Et les autres ? Pas davantage. Emile Augier ne sacrifie personne, n'exagère rien. Il oppose les uns aux autres, sans forcer la vérité pour l'effet de l'antithèse. L'équilibre est loyal. Cette scène a fatigué Gaston ; le suivantes l'énervent. Poirier reçoit les créanciers de son gendre, et traite en homme d'affaires avec ces usuriers. Mais les Gobseck délèguent un d'entre eux auprès du marquis de Presles, qui apprend la ruse de son beau-père et la comédie qu'il a jouée, menaçant d'envoyer son gendre à Clichy plutôt que de rembourser les billets intégralement; et c'est Antoinette, la petite pensionnaire, qui entame sa dot pour désintéresser ces lamentables fripons. « Tiens; toi, je t'adore ! » dit Gaston. Et de ce mot si naturel naît une situation imprévue, qui va donner une impulsion nouvelle à la comédie et traverser les desseins de Poirier. C'est un brusque revirement. Gaston a les yeux dessillés; il enlève sa femme, l'emmène au bois, l'apprécie, est à la veille de l'aimer. La balance penche en sa faveur; le plateau chargé de son bonheur l'emporte. — Mais Poirier ne souffrira pas que son gendre gaspille la dot de sa fille. Le fruit modeste et nourrissant devient amer. Assez fait patte de velours, assez ronronné, assez temporisé. M. Poirier a l'étoffe d'un pair de France, et il tient à la conserver. On ne ruine pas M. Poirier. A louer, l'appartement de M. le marquis, l'écurie de M. le marquis, et le maître d'hôtel de M. le marquis. « Monsieur le marquis de Presles, on va vous couper vos talons rouges. » La guerre est déclarée.

Cependant Gaston se promène émerveillé de sa femme, qu'il a découverte, entêté des bouffées du printemps et des senteurs d'avril. Il a le cœur en joie. Il est parti pour aimer. Il est embarqué; il ne songe plus que fêtes grandioses, où Antoinette éclipsera toutes les autres, et madame de Montjay. Mais il a songé sans Poirier, qui arrive avec son plan de réformes. C'est la grande scène de délibération, le point culminant de la pièce. « Eh bien, cher beau-père, comment gouvernez-vous ce petit désespoir ? Etes-vous toujours furieux contre votre panier percé de gendre ? Avez-vous pris votre parti ? — Non, Monsieur, mais j'ai pris un parti. » Elle est faite de deux mouvements balancés. M. Poirier débute par le ton sec, cassant, décidé, jusqu'au moment où son gendre ayant, comme par mégarde, mis le doigt sur l'enclouure, il se livre, se découvre, glisse du ton décidé au ton radouci, puis modeste, et de la modestie à l'espérance, de l'espérance à la joie, de la joie à la convoitise, et de la convoitise à la déception et à l'humiliation. Il est joué ; il perd la partie, en attendant que la chance lui revienne, et que, par une symétrie de composition profondément comique, il reprenne avantage et gouverne ce petit désespoir au gré de sa rancune, dût le bonheur d'Antoinette, à peine ressaisi, s'envoler encore. C'est chez l'auteur un parti pris de ne point prendre parti, et d'opposer ces travers adverses jusqu'au dernier acte, à force égale. Les événements se précipitent, et des deux parts les sottises se multiplient. Gaston, qui venait de connaître sa femme, renonce au plaisir de la connaissance. Il se bat en duel demain. Il revient à madame de Montjay sur l'heure. Que dis-je ? Il y court ; il est en retard. Et ce n'est pas trop des deux confidents, le duc et Verdelet, pour ralentir la vitesse du drame, maintenir l'équilibre, et calmer les oscillations de la balance affolée. La victime de ce duel entre l'aristocratie et la bourgeoisie, c'est Antoinette, qui apprend son malheur, l'infidélité de son mari, reçoit une lettre de sa rivale à l'adresse de Gaston, la remet aux mains de son père, lequel ne se gêne pas pour la décacheter, heureux de tenir sa vengeance. Il la tient. Et il faudra que le gentilhomme s'humilie, qu'il consente les concessions refusées le matin même, qu'il capitule. Poirier exulte, froidement, diplomatiquement. Au besoin, il traînera M. le marquis devant les tribunaux. Il a une arme, il la garde ; il pense en user ; mais sa fille, pour la deuxième fois chevaleresque et vraiment marquise, reprend la lettre, la déchire, et inconsolable, inflexible, répond aux prières de Gaston : « Je suis veuve, Monsieur. » La victoire est à la bourgeoisie, en attendant qu'elle appartienne définitivement à l'amour.

C'est le but du quatrième acte. Poirier poursuit ses tracasseries : il a mis le château de Presles en vente, et s'obstine, pour bien venger sa fille et prendre sa revanche d'une certaine scène non oubliée, à empêcher tout rapprochement. Mais Verdelet et le duc veillent, dont l'honnête sagacité fait échec à la tactique sournoise du bonhomme, et relève les affaires du marquis. En dépit de Poirier, l'amour fera le reste. Gaston en est aux adieux. Il part demain pour entrer dans un régiment d'Afrique. Il contient son cœur trop prêt à s'humilier encore, Antoinette réprime le sien trop enclin à pardonner de nouveau. « Madame, il va se battre ! » — « Ah ! Tony, sa vie est en danger ! » Poirier arrive à temps pour rattraper la vengeance, qui lui échappe. Un duel ? Pourquoi ? Pour qui ? Pour Mᵐᵉ de Montjay. Et recommencent les opérations stratégiques du bourgeois offensé, qui s'acharne sourdement à parfaire le malheur de sa fille et le scandale de sa maison. Avant de pardonner, Antoinette exige une preuve d'amour, qui coûte à un gentilhomme dont le cœur est bien situé. Gaston fera des excuses à M. de Pontgrimaud, son adversaire, ou elle ne le reverra plus. Et Poirier de s'évertuer aux insinuations perfides, et Gaston de se débattre dans les angoisses d'un légitime orgueil, et Verdelet de démasquer Poirier, et le duc de presser Gaston, dans une scène rapide, mouvementée, graduée, rythmée, et tranchée net par un cri de femme, un cri de nature et d'amour, qui bouleverse le théâtre, fait jaillir l'émotion bienfaisante et décisive, une trouvaille dramatique qui est la plus claire intuition du cœur humain : « Et maintenant, va te battre ! » Cela vaut le « Qui te l'a dit ? » d'Hermione, ou le « Sortez ! » de Roxane. Ici Émile Augier marche de pair avec les plus grands. Et tout s'arrange. Le Pontgrimaud a pris les devants et envoyé une lettre d'excuses, écrite à plat ventre. Verdelet a racheté sous main le château de Presles : vous devinez l'usage qu'il en pense faire. Quant à Poirier, il est aujourd'hui ce qu'il était hier : M. Poirier. « Nous sommes en mil huit cent quarante-six ; je serai député de l'arrondissement de Presles en quarante-sept, et pair de France en quarante-huit. » Et ainsi, Emile Augier rétablit l'équilibre un moment compromis dans le tumulte des passions, sans sacrifier ni les caractères aux situations, ni les situations aux caractères, ou plutôt par un sacrifice suprême de toutes nos modernes misères et convoitises que l'amour, d'essence divine et de sereine poésie, éclaire et domine de haut.

Telle est la charpente de cette pièce, devenue classique avant la mort de l'auteur, et classique surtout par les qualités de la composition. Grâce à ce goût de l'équilibre et du rythme théâtral, à ce sens de la sobriété qu'Emile Augier a hérités des maîtres, grâce aussi à cette heureuse et discrète faculté de combinaisons scéniques, dont il a enrichi et rajeuni son système dramatique, il a échappé à la tentation de la caricature ou du mélodrame, à l'attrait d'exalter l'aristocratie aux dépens de la bourgeoisie, ou inversement. Son génie est bourgeois, mais d'abord observateur et impartial. D'autres ont pu concevoir autrement le dessin d'une œuvre dramatique. Tout chemin mène aux chefs-d'œuvre. On a pu même regretter qu'il n'ait pas plus nettement marqué de quel côté penchaient ses préférences. Je le loue et l'admire, au contraire, pour n'avoir pas donné dans l'erreur de ceux qui veulent à tout prix voir dans Philinte ou Alceste la vertu même, amollie ou bafouée. Alceste a son ridicule, et Philinte le sien ; M. Poirier n'est pas exempt de travers, ni Gaston de Presles de défauts. Or il est un système d'économie dramatique, qui se plaît aux contrastes tempérés, aux oppositions mesurées, aux peintures vraies sans exagération, également éloignées du grotesque et du larmoyant, — et qui date de la première représentation du *Misanthrope*.

Emile Augier s'en est inspiré, sans s'y asservir. Il y a su ajouter, après Beaumarchais et Scribe, plus d'ingéniosité dans l'invention, plus de simplicité dans les combinaisons et les situations, sans méconnaître le réalisme moderne, sans renoncer à la sobriété classique; et il paraît bien, en dernière analyse, que son art consiste à maintenir toutes les ressources de son génie sur le pied d'une composition loyale et harmonieuse. C'est sa formule.

IV

LE MARIAGE ET LE MÉNAGE.

Le plus heureux privilège du génie est d'apparaître à point nommé. Tels ces invités de marque, qui ne font leur entrée dans un salon qu'après que la compagnie est au complet, et lorsqu'ils ne risquent plus de se gaspiller. Scribe venait de perfectionner le métier dramatique, et de mettre enfin sur pied la comédie de mœurs; et la société française offrait une matière nouvelle à l'observateur, quand Emile Augier vint. L'heure était on ne peut plus favorable. Un esprit libéral et maître de soi, armé d'un sens droit et intrépide, pouvait réaliser pleinement sur le théâtre la réforme, à laquelle aspiraient confusément les indépendants du xviiie siècle, et dont Diderot, cet éventeur de voies et ce brasseur d'idées, avait ébauché la théorie incomplète et prématurée. *Le Père de Famille* est une pièce médiocre pour plusieurs raisons, qui tiennent au tour de tête de l'auteur, mais pour une autre aussi, dont il n'est nullement responsable. Ni la comédie de mœurs ni la comédie sociale n'étaient viables alors. Il imaginait, rebuté par les artifices de certains continuateurs de Molière de renouveler la formule et de substituer la peinture des *conditions* à celle des *caractères*. C'était trop et trop peu ; et surtout c'était trop tôt. Scribe devait ouvrir le bon chemin.

Ici nous touchons à l'originalité foncière du théâtre d'Emile Augier. Dans l'ancienne société, où règne une hiérarchie des classes très nettement définie, les travers et les ridicules sont plus personnels et les caractères plus tranchés. Chacun suit sa route, d'où il lui est difficile de sortir : noble, bourgeois, peuple sont des types distincts, qui ont leurs vices propres, sans subir à l'excès les mœurs de l'ordre prochain. Dans une société qui vit sur le pied d'égalité, où toutes les ambitions sont légitimes et tous les appétits déchaînés, l'action et la réaction des esprits sont universelles ; à ce perpétuel et enragé frottement les caractères s'usent, s'effacent et perdent une part de leur relief. Et les vices et les travers et les ridicules sont proprement l'expression des *milieux*, autant et peut-être plus que des individus. L'heure est arrivée d'élargir et de féconder la poétique de Diderot et de combler les lacunes de Scribe. Un écrivain dont le génie est fait de bon sens et de mesure, n'esquive pas la peinture du caractère, qui est l'homme même, mais il la complète et l'explique par l'étude du milieu dans lequel le caractère se développe et de la société où il s'agite. Et du même coup il renouvelle décidément le théâtre, pour avoir adapté ses facultés d'observation aux essentielles conditions de la vie moderne.

La Révolution, qui a déclaré les droits de l'homme, en a aussi décrété les devoirs. Du jour où fut proclamée l'égalité, la responsabilité de l'individu s'est accrue ; et, si la disparition des classes a préparé l'avènement du mérite personnel, elle a imposé à la fois l'obligation à chacun de se faire sa place au soleil et d'avoir une situation sociale. Après le règne de la noblesse, celui de la considération. Du moment que la dignité n'est plus héréditaire, il la faut conquérir. Après le règne de la considération, celui de l'argent. Et cette seconde révolution venait de s'accomplir, au moment où Émile Augier fixait son regard pénétrant sur ses contemporains. De nouvelles mœurs résultaient d'idées nouvelles, conséquences immédiates, et quelques-unes imprévues, des immortels principes de 89. Au moment où il aborde le théâtre, il est naturellement amené à dévoiler l'influence de ce moderne état des esprits sur les institutions subsistantes, dont la première est le mariage, qui est l'image réduite d'une civilisation, tout de même que la famille est la miniature de la société. Les dessous solides de son théâtre sont là, et non pas ailleurs. Et l'on pourrait donner pour épigraphe à son œuvre : *De l'influence de la Révolution française sur les mœurs domestiques et sociales de la bourgeoisie vers le milieu du XIXe siècle.*

Donc c'est assez ri du mariage, qui est la famille, qui est la base de la société : et voilà une tradition gauloise qui s'en va. Ni Rabelais ni les autres ne l'avaient mis en scène que pour se réjouir. Par deux fois Molière s'était aventuré dans les intérêts sérieux et critiques du ménage. Encore le bourgeois Chrysale, qui obéit à haute voix pour se donner l'illusion de l'autorité, n'est-il qu'une silhouette indispensable à l'économie de la pièce. Mais avec *Georges Dandin*, il s'engage de plain-pied dans l'étude des mal mariés. Il s'en aperçoit, et se détourne pour éclater de rire. La comédie de mœurs dégénère en farce du *Cuvier*. Molière se plie au goût du public. Autant on s'intéressait alors aux pathétiques angoisses de l'amour, autant les déboires du ménage étaient plaisants et drôles. Si Alceste avait été marié, je gage qu'il passait pour un brutal et Célimène pour une victime assez spirituelle. La *Mère coupable* de Beaumarchais est un symptôme inaperçu, et qui ne déroute pas l'accoutumance. Les romantiques ne font que renchérir sur la tradition, et le mariage passe un mauvais quart d'heure. Pour un observateur, la chose devenait moins plaisante.

Depuis que Panurge est l'égal de Pantagruel, il ne rencontre plus de Pantagruel qui le recueille et l'héberge en son domestique. Il tâche à forcer la fortune, et fonce dans la vie. L'insouciante et débordante gaîté n'est plus de mise dans une société où l'enfant, à peine hors du berceau, est instruit, armé pour l'existence, grandit parmi les soins pratiques, et à vingt ans s'étonne d'être lâché à travers le monde, avec le devoir de se débrouiller, ce qui revient souvent à embrouiller les autres. Si, au lieu d'avoir nom Panurge et d'être fils du hasard, il s'appelle Philippe Huguet (1), s'il a été couvé par l'ambition maternelle, s'il a fleuri et prospéré à l'ombre d'une demi-aisance, dont il sent la gêne à mesure que son esprit s'éveille, s'il a de l'activité, de l'avenir, du talent enfin, il n'est plus maître ni de sa personne, ni de ses sentiments, sous peine d'échouer au port. Son intelligence, tendue vers un but, déforme son caractère. Il sait ou il devine que l'amour est une non-valeur, s'il n'est une plus-value, qu'épouser une cousine pauvre qu'on aime, c'est murer sa vie, se fermer la carrière, et tenter Dieu, le Dieu moderne qui ne bénit que les capitaux. Et l'on conçoit qu'il hésite entre son cœur, dont il redoute les convoitises, et son talent, dont il escompte les bienfaits. Dans une société moins libre, il eût été plus indépendant ; insoucieux de sortir de son rang, qui est la médiocrité, il y eût vécu médiocre, marié jeune, sans appréhensions ni regrets ; il eût donné au monde des médiocres comme lui, et mijoté pour la classe moyenne une fricassée de petits bourgeois : ce qui est une philosophie tout à fait contraire au progrès, mais non pas au bonheur. Il est vrai que le bonheur est fait d'amour et de jeunesse, et que tout cela ne fait pas du bien-être. Et voilà comment les mœurs modernes oppriment les caractères et accumulent au seuil du mariage des obstacles qui ne

(1) *La Jeunesse.*

sont plus si plaisants. Et du même coup l'observation d'Emile Augier plonge si profondément et oppose avec une telle probité les arguments contraires, que nous sommes tentés de nous demander : « Qui a tort? Qui a raison? Celui qui écoute son cœur? ou celui qui parle d'expérience? » et qu'à entendre ces paralogismes modernes et utilitaires sur le ménage, on doute pendant quelques secondes de la simple nature, et de la société qui nous en fait douter. Oh! l'anxieuse morale qu'on nous a faite! Est-il rien de plus déchirant que cette confession d'une mère à son fils, cet aveu des petits calculs où s'use la passion, des menus désespoirs où aboutit un mariage d'amour?

> Ton père un jour rentra plus froid qu'à l'ordinaire,
> Et d'un air singulier regardant mes habits :
> « Prends donc plus soin de toi, me dit-il, tu vieillis. »
> Il venait d'entrevoir riche, heureuse et soignée,
> La femme qu'autrefois il avait dédaignée (1).

C'est la raison convaincante et révoltante. Qui des deux suit le bien, de cette mère, jadis jeune, elle aussi, enthousiaste, épanouie à l'amour, et que les soucis mesquins, les triviales angoisses du ménage ont fanée et desséchée ; qui était un caractère au sens le plus moral du mot, aujourd'hui assombri, effrité au contact des mœurs nouvelles; dont l'attitude, à la fois ambitieuse et humble, est l'image même de cette société qui l'a ainsi pétrie comme de cire et rapetissée; — ou de ce fils, que brisent ces lamentables conseils, parce qu'il est entamé déjà par les exigences de la vie sociale, contre lesquelles à peine a-t-il commencé à lutter ; qui sort de cette scène amoindri et plus fort, je veux dire mieux fortifié contre les affections naturelles, qui sont autant d'empêchements à parvenir? Encore une fois, la vérité est-elle du côté de la raison? Et ne saisissons-nous pas la portée du regard d'Emile Augier et la me-

(1) *La Jeunesse.*

sure même de la comédie qu'il a prétendu écrire ? Qu'importe Philippe ? Il est le premier venu, qui a du cœur et du talent, de même que Mme Huguet est une mère tendre et désabusée. Ce qui importe autrement, c'est qu'à une époque de progrès et de lumière, une mère en puisse être réduite à faire ces aveux et son fils à les écouter. Ce qui m'intéresse et m'émeut, et ce qui fait la grandeur morale de l'œuvre, c'est que l'amour puisse être discuté, et l'union de la jeunesse à la jeunesse combattue. Ce n'est pas trop de l'éclat des derniers vers, pour nous tirer d'un doute pénible, pour nous rappeler que si les mœurs fléchissent les caractères, c'est que ces caractères-là n'étaient point trempés, et qu'il y a quelque chose de pire que les entraînements enthousiastes de la passion et de la jeunesse, c'est à savoir les sophismes rancuniers d'une expérience ombrageuse. Philippe épouse Mathilde, et j'en suis bien aise. Mais tout de même l'alarme a été chaude. J'ai craint qu'il ne donnât raison aux autres, à ceux qui prennent leurs époques avec le cœur, qui retardent l'échéance, et réservent leurs jeunes années pour faire fortune avant de faire souche. Cependant, les années passent ; l'amour disparaît ; ils se sont enrichis, ils épousent une femme, qui a une dot qu'elle dévore, qui entame avec condescendance le capital du mari, jusqu'à ce que les fondements craquent, et que la maison *Fourchambault* s'effondre dans la faillite. Marié trop tard, M. Fourchambault, à une femme trop riche. Trop de son siècle, M. Fourchambault ; il a passé à côté de la vie, non par manque de cœur, mais de caractère. Si la foi d'Emile Augier dans le bonheur de la famille n'était pas si chaude et robuste, la clairvoyance de ses observations serait presque décourageante.

Quant au roman de Cathos, cette société pressée et pratique l'abrège et taille dans les longueurs. Le pays de Tendre est rayé de la carte ; il est annexé au *monde connu des anciens.* Où est le temps du *Grand Cyre* et de l'*Astrée?* A présent, les filles pauvres ont à peine l'espoir d'être aimées ; les riches n'en ont même pas l'illusion. A se voir recherchées à l'envi par les coureurs de dots, elles sentent tout le pouvoir qu'ont « les beaux yeux de leur cassette », et dévorent l'affront. Leurs prétendants se déclarent tout de suite ; ils ne souffrent point de remise ; ils ne veulent pas manquer leur coup. Il pousse de bonne heure à ces jolis millions une manière de scepticisme méprisant et raisonneur, qui n'est pas pour éveiller l'âme à l'amour. « Quel malheur pour une statue d'être en or et non en marbre ! Tu es un objet d'art, toi ; moi, je suis une pièce d'orfèvrerie ; je ne vaux pas ma dot ; la matière surpasse le travail ; mes petites perfections, qui m'auraient peut-être valu une place dans la maison d'un homme de goût, ne m'empêcheront pas d'aller à l'hôtel des Monnaies (1). » Et elles y vont, au bras d'un homme qui a regardé la dot, puis la femme, ou la dot et l'âge des parents, et que cette enquête amoureuse a convaincu. Elles se marient, les unes parce qu'Émile Augier est un brave cœur, qui a rattrapé par le pan de l'habit celui qu'elles ont distingué et lui a dit de si jolies choses à l'oreille qu'on s'est laissé rapatrier ; d'autres parce qu'elles se contentent d'un chaperon, d'un associé responsable et maniable à leur gré. Celles-ci consentent à mettre en ménage leur fortune et leurs volontés, qu'elles réservent également. On dit de l'épouseur qu'il a fait *un beau mariage.*

Il n'a pas toujours fait un beau rêve. Car les difficultés dont la bourgeoisie a hérissé les abords du mariage, semblables aux pointes de fer dont elle protège ses potagers, aux tessons scellés dans la maçonnerie dont elle défend l'accès de ses quasi-châteaux, ne cèdent pas à la vertu du sacrement. Dans les murs, hors des murs,

---

(1) *Ceinture dorée,* I, 3.

le fiancé pauvre, le mari pauvre est un intrus. Et c'est le cas de Pierre Chambaud, un jeune savant de génie et de cœur, qui s'aventure dans un galion, dans une galère. Attiré chez un M. de La Palude, qui a plus de titres nobiliaires que scientifiques, et tout ensemble aspire à l'Institut et à la main d'une riche voisine, Mme Bernier, Pierre, dans les loisirs du laboratoire, est présenté à Mlle Clémentine Bernier, dont il devient amoureux. La science chôme un peu. Mais autour de lui l'intrigue ne chôme pas. Un marquis de la Roche-Pingoley, qui n'est ni savant, ni demi-savant, mais homme d'esprit, songe aussi à réparer sa fortune en donnant son nom à la veuve millionnaire. Cependant Clémentine, qui ne croit guère à la sincérité des hommes, et pas davantage à leur génie, épouse Pierre Chambaud, pour épouser, et surtout pour qu'il y ait au moins un mari dans la maison, un intendant un peu supérieur, qui veillera sur les propriétés et suivra ces dames dans le monde. A un savant peut-on être meilleure et moins demander? Je vous dis que cette héritière frôle le romanesque. Alors Emile Augier nous introduit dans le ménage, et d'un regard pénétrant nous en révèle les intimités. Voilà donc Pierre marié, amoureux, isolé et négligé dans un milieu qui n'est pas le sien. Voilà donc La Palude et Pingoley qui font le siège de la belle-mère ; voilà donc l'entourage qui le prend de haut avec l'heureux parvenu, dont La Palude exploite le savoir et Mme Bernier utilise la complaisance. Voilà donc qu'il goûte tous les charmes de la *vie domestique*. « Et quand même? lui dit la bonne dame. Ne fallait-il pas vous attendre à un peu d'envie, et beaucoup de réserve? Votre avènement (l'euphémisme est délicat) est trop récent pour être déjà à l'état de fait accompli. On se tient sur la défensive, on vous attend, et c'est tout simple. Parce que vous étiez pauvre hier, êtes-vous en droit d'exiger qu'on se jette à votre tête aujourd'hui ? » Tout cela est répété au jour le jour, avec quelque détachement, sans un mot de trop qui donne prise à la révolte. Cela est peint. Pour Clémentine, elle vit à côté de son mari, parallèlement.

Et Pierre, qui revoit son camarade Michel, éclate et lui découvre ses blessures. Le beau mariage, c'est l'humiliation de tous les jours. Il ne lui manque qu'une livrée. Il l'aura. On le costume, le savant; on le traîne au bal et à la mascarade. Il ne travaille plus. Est-ce qu'on travaille, quand on est riche? Est-ce qu'on a du génie sans ridicule, quand on est si bien marié? « Ce n'est pas en François Ier qu'il faut m'habiller ; c'est en Cadet-Roussel, c'est en Jocrisse! Sais-tu ce que je suis pour les amis de ces dames, pour leur monde fashionable ? Un mari subalterne, un chaperon, un porte-éventail! Je leur fais l'effet, dans l'exercice de mes privilèges maritaux et domestiques, d'un laquais en galanterie avec sa maîtresse. Et moi-même, quand il faut entrer dans leurs salons et subir leur politesse dédaigneuse, je me prends à envier les drôles galonnés, dont le service, du moins, ne dépasse pas l'antichambre ! » Le baron de La Palude, ce noble grimaud, lui a manqué de respect : c'est à Georges Dandin de faire doucement des excuses. Il voudrait revenir à ses études : il y a une affaire de fermage en litige quelque part, et dont la solution sera plus utile que celle de ses problèmes. Et puis, on ira en Italie. Se plaindra-t-il de voyager ? Ces dames raffolent de l'Italie, à présent qu'elles ont un cicerone. Michel a momentanément besoin d'argent. L'auteur ne nous fait grâce d'aucune rancœur, mais avec précaution et sans brutalité. On laisse entendre à Pierre qu'il devra sans éclat renoncer à des amitiés besoigneuses, qui ne sont plus de son monde. Quoi encore ? Les plus intimes délicatesses de ce favori à rebours passent pour défaillances du tact ; ses scrupules même tournent contre lui. Pingoley compromet Mme Bernier par des assiduités et des propos hasardeux. Il en revient quelque chose à Pierre, qui s'en émeut et prétend y mettre bon ordre. De quel droit, s'il vous plaît ? Il n'est même pas admis à la privauté de soutenir l'honneur d'une maison, qui n'est point sienne.

MADAME BERNIER
« Chez qui sommes-nous donc ? Chez vous, ou chez moi ?

PIERRE
Dès qu'il s'agit d'honneur, chez moi.

MADAME BERNIER
Il n'y a que mes amis qui soient ici chez eux. Souvenez-vous-en, et ne le prenez pas de si haut.

PIERRE
Je le prends comme il convient.

MADAME BERNIER
A vous peut-être, mais pas à moi... En vous acceptant pour gendre, je n'ai pas entendu me donner un maître.

PIERRE
C'est un laquais qu'il vous faut ?

MADAME BERNIER
Non, mais un homme modeste, qui se rappelle ce qu'il me doit.

PIERRE
Vous avez dit un mot de trop, Madame. Puisque ma femme ne l'a pas relevé, son silence me délie envers elle, comme je l'étais déjà envers vous. C'est moi qui sors d'ici pour n'y jamais rentrer, moi à qui votre insolente fortune aura du moins enseigné le prix de l'indépendance et de la pauvreté (1). »

Le beau du théâtre, la force vive du talent d'Emile Augier, c'est que l'observation en est si pénétrante et sincère, que lorsqu'il s'empare de la crise, on ne songe plus ni au théâtre, ni au talent, ni aux situations ; son réalisme n'est plus seulement le mensonge artiste de la vie : c'est comme la vie même qui apparaît ramassée, en pleine lumière, sans effort, sans transports ; c'est l'âme d'une époque et d'une société qui se révèle.

(1) *Un Beau mariage*, III, 10.

Il se retire, Georges Dandin; et puisqu'il n'a pu occuper son cœur, il va exercer son génie. Au dénoûment, on le voit avec son fidèle compagnon d'études, le bon Michel, dans une grande chambre blanchie à la chaux, dont toutes les vitres sont brisées. Un fourneau est devant la fenêtre; au milieu de la scène, un cylindre de fonte, cerclé de fer, suspendu sur deux fourches. A gauche contre le mur, un autre cylindre éclaté. Çà et là des instruments de chimie. Cela veut dire qu'il a trouvé la liquéfaction du gaz carbonique, qu'une première expérience a failli lui coûter la vie, à lui et à son ami, qu'il va tenter la seconde, et que le chaperon, l'intendant, le parvenu, le mari pauvre, qui n'avait ni l'élégance de La Palude, ni la naissance de Pingoley, fait des découvertes lui-même et n'achète pas sous main celles d'autrui, s'expose froidement à la mort, lui qu'on croyait homme à fuir un duel, et qu'il est capable de vivre et de se faire tuer pour ses idées, emportant la blessure de son amour déçu et qui saigne encore. Ce Dandin est un homme supérieur au monde qui l'a dédaigné, cela va sans dire, mais à sa femme même, qui s'humilie, revient à lui et reconnaît son maître. Enfin, ce n'est plus un beau mariage, mais il est meilleur. Et pourtant, que serait-il advenu, à voir comme tout roule, si Pierre n'avait été qu'un honnête homme, courageux et fort, intelligent et modeste, et si, pour prendre sa revanche sur les armoiries des Pingoley, sur les distinctions honorifiques et l'entregent des La Palude, sur la morgue superficielle et bourgeoise des Mme Bernier, sur le scepticisme millionnaire et avantageux des Clémentine, il n'avait eu que du cœur, à défaut de génie? Je crois que nous marivaudons.

Nous en sommes à mille lieues. Les mœurs ont fait du chemin; Emile Augier n'a pas craint de les suivre jusqu'au bout sur ce terrain du mariage, qu'il a premièrement choisi. Et nous arrivons à la pièce la plus honnêtement réaliste, la plus cruellement morale, la

plus audacieuse et la plus vraie, une belle œuvre et une
bonne action. Il est là au complet, comme dit le marquis
du bonhomme Poirier, avec son observation aiguë et
son bon sens courageux, et il est dans son milieu, ce
milieu de petite bourgeoisie, « dans ces régions où
le luxe n'était pas encore descendu avant nos jours (1). »
Après que fut établie l'égalité des droits, il était fatal
que la classe moyenne aspirât à l'égalité des conditions.
Et comme la condition se juge à l'apparence, un souffle
d'immodestie s'est déchaîné sur ces petits bourgeois, à
qui l'aisance économe ne suffit plus pour aller de pair
avec la noblesse. Les femmes surtout, parmi cette pro-
miscuité de rivalités orgueilleuses, furent bientôt en
proie à la passion de paraître, pour être. La coquetterie
s'exaspère jusqu'à la fureur ; et le train et les équipages
sont convoités par elles avec concupiscence. Supposez
un brave homme, laborieux et doux, dont le seul raffinement est une secrète volupté qu'il éprouve à se sacrifier
pour les autres, un patriarche de la basoche, qui est
resté maître clerc dans une étude de notaire à Paris,
afin d'amasser et assurer la dot de sa filleule, et qui,
après avoir établi sa chère Thérèse, se marie lui-même
par bonté d'âme, par un besoin irraisonné de dévoûment, à une orpheline pauvre, dont il ne veut que dorer
la vie. Faites un effort et imaginez que cet homme
modeste et bon a eu le malheur de prodiguer les réserves de son amour vertueux et presque paternel à une de
ces natures perverses, une de ces forcenées du luxe, que
ni la raison ne saurait préserver, ni le cœur attendrir.
Concevez encore, si vous le pouvez sans révolte, que
cette Séraphine, pour qui Pommeau s'épuise à un travail
de forçat, qui monte à cheval, qui court les grandes
soirées et les petits théâtres, a glissé froidement de la
coquetterie dans l'adultère ; et que cette créature, qu'il
a tirée de la misère et dont il a fait sa femme, non

(1) Préface des *Lionnes pauvres*.

seulement le paie d'infamie, mais porte le déshonneur chez l'enfant d'adoption, cette Thérèse tant aimée, à qui elle ravit le bonheur, et dont elle accapare le mari ; — et dites si jamais plus noire et sincère peinture fut faite d'un mariage fatal, d'une erreur vertueuse et pitoyable, et qui ne se répare point !...

Vous n'y êtes pas encore. L'observation d'Emile Augier plonge plus profondément dans le trou fangeux des mœurs contemporaines ; et il en retire un sujet d'une autre envergure que le commun hasard d'une femme insensible et pervertie, qui s'y noie. Il étale la plaie de la prostitution dans l'adultère ; il perce et dévoile, sans faiblir, mais sans rien exagérer, le secret de ces ménages bourgeois, dont une fée industrieuse, et non plus du tout la modeste parcimonie de nos grand'mères, défraie les splendeurs et le bien-être que le monde a renoncé à mettre sur le compte du bon marché et des occasions rares, dont Paris a le monopole ; de ces ménages prospères sans enfants, où le mari sue, prenant sur son sommeil, une dizaine de mille francs, pendant que dame Séraphinette dépense ostensiblement le double ; où se paient « dix centimes les petits pains d'un sou », et puis « un sou les petits pains de dix centimes. » Ce n'est pas le gentil ménage Marneffe, où l'égoïste inertie de l'un est indulgente aux faiblesses avisées de l'autre. C'est le ravage des mœurs dans la maison, dans la vie, dans l'âme d'un honnête homme. C'est l'empoisonnement progressif d'une existence infime et supérieure, obscure et dévouée. Pommeau n'est pas uniquement frappé dans son affection ; il est mortellement atteint dans son honneur ; il boit la honte de cette créature. Et ne sentez-vous pas que voilà une pièce d'une autre portée que le vaudeville du vieux mari trompé ou le drame banal d'une femme qui tombe d'étage en étage, avec précaution ? Ici encore, c'est la société qui est mise en cause ; je ne dirai pas que Séraphine est la victime, mais assurément elle est l'inconsciente et monstrueuse adepte de l'erronée morale, au bruit de laquelle, toute petite, elle fut bercée. « Quels enseignements ai-je reçus, moi ? Que m'a appris ma mère ? qu'il faut être riche pour être heureux. Que m'a appris le monde ? qu'il faut être riche pour être considéré. — Les plaisirs et le luxe sont les dieux qu'on nous prêche de parole et d'exemple. » Aussi l'auteur s'est-il bien gardé de peindre la dépravation graduelle de Séraphine et de poursuivre l'intérêt physiologique, au lieu de s'attacher à l'intérêt social de son œuvre. Il ne s'est point fourvoyé à en déplacer l'axe, ni à en dénaturer l'émotion. Les plus fortes scènes sont des scènes de mœurs dramatiques ; et c'est pourquoi, en un sujet aussi scabreux, le réalisme est sobre, et presque édifiant. Le pathétique naît de la misère morale et de l'involontaire déchéance de ce malheureux Pommeau, et non pas de l'audace des situations ni des mots amers ou croustillants. Ne cherchez pas ici des « tranches de vie » découpées dans les spirituels dialogues de l'alcôve ; c'est la vie même, la vie secrète qui se complique peu à peu des mille embarras du luxe de la *lionne pauvre*; c'est la porte ouverte aux figures louches, aux marchandes équivoques, aux billets renouvelés, aux complaisances onéreuses, aux angoisses des échéances, aux familiarités de la domestique, à la souriante insolence des amis riches et entreprenants, et à la reconnaissance du Mont-de-piété ; c'est, dans la demeure d'un homme probe et disqualifié, des froufous de toilettes tapageuses, des chuchotements de chiffres, des soupirs d'amour vénal et froid, des protestations à voix basse d'un dévoûment intéressé et de désirs à plein tarif. Il en mourra, le bonhomme, « réduit à ne plus compter avec la chute, tant la faute disparaît derrière l'énormité de la honte », doublement outragé dans ses illusions, deux fois percé au fond du cœur ; il en mourra après avoir pardonné, pardonné son désespoir, sa dégradation, pardonné l'irréparable chagrin de Thérèse, et encore offert inutilement la rédemption d'une vie réparatrice à cette Célimène de tripot, qui a la peur du désert nu, qui ne serait pas tendu de soie, et quitte le domicile conjugal pour distraire son dépit dans un théâtre du boulevard. Il en mourra, sans avoir le courage de la maudire, à quoi bon? avec une vague conscience intérieure, que cette femme si coupable est pourtant une malheureuse, une dupe scélérate de la vie à rebours. Il en mourra, emportant dans la tombe le secret de son âme désemparée, le désarroi de sa vieille morale courageuse et simple, et comme une crainte effarée que cette misérable n'ait dit vrai : « Quand on n'est pas riche, on ne se marie pas ! »

Tout à l'heure, en présence des obstacles dont la société moderne a obstrué le seuil de la famille, la raison indécise entre les attristantes maximes de l'expérience et l'enthousiasme inconsidéré de la jeunesse, s'est un instant troublée. « Qui a tort ? Qui a raison ? » Mais devant les déplorables conséquences d'une union si noblement formée, et déchirée si brutalement, le cœur épouvanté ne se demande même plus à qui la faute. L'exemple de Séraphine suffit à nous instruire...

V

L'ARGENT.

Au centre de Paris, sur une place à la fois retirée et passante, au milieu d'une enceinte que protège une haie de fer, s'élève un monument de style composite, qui a la majesté solennelle et glacée d'un temple. Et, en effet, c'est un temple. A des heures invariables, la foule des fidèles y accourt empressée, fiévreuse. A la hâte dont elle gravit les degrés, on devine que là se célèbre une religion, qui a son culte. Sous le péristyle séjournent les profanes, qui ne sont pas encore officiellement initiés aux mystères, et dont la foi est mal affermie. C'est la secte des *pieds humides*. A l'intérieur du sanctuaire règne un tumulte fanatique. Les offices ne souffrent ni le silence ni le recueillement. Les rites sont tout en gestes et vives démonstrations; les pratiques bruyantes, les prières vociférées. Vous n'y verrez les croyants ni agenouillés ni prosternés; ils vont et ils viennent; ils se coudoient, se jettent un regard entendu, une parole rapide, et se bousculent autour d'hommes vêtus comme eux (la religion d'une société égalitaire), et qui semblent pourtant les prêtres de l'endroit, à la façon dont ils poussent des cris qu'ils notent sur de petits parchemins. Ce ne sont ni des pontifes, ni des flamines : on les nomme coulissiers, ou quelquefois agents de change. La langue parlée dans la *corbeille*, qui a remplacé le chœur, est simple, brève, incisive. Hausse, baisse, report, déport, liquidation en constituent le fond; quelques noms propres, aisés à retenir : *Rente, Consolidé anglais, Rio-Tinto*, mariés à des chiffres infiniment variables, en sont l'ornement. Un cadran domine l'assemblée, et, marquant la succession des heures, fixe l'ouverture et la clôture des cérémonies. Ce temple a été élevé par notre siècle à la Fortune, la Grande Déesse. Sur le fronton se détachent six lettres d'or : BOURSE. Là se tient le marché de l'argent; là se joue et se disperse la richesse sur un coup de dé, sur une nouvelle vraie ou fausse, fausse le plus souvent. Et là aussi, aux jours de grandes fêtes, alors que les courtiers se reposent et que se taisent les affaires, devrait être représentée gratuitement la meilleure partie du répertoire d'Emile Augier, comme autrefois aux peuplades de la Grèce s'ouvrait l'amphithéâtre immense et s'animaient les légendes nationales d'Eschyle, de Sophocle et d'Euripide, en même temps que la comédie satirique d'Aristophane.

L'égalité n'est qu'un vain mot, si elle n'est pas l'égalité des mérites. C'est bien ainsi que l'entendit la bourgeoisie à son début. Mais où trouver un plus exact étalon du mérite que celui de la fortune laborieusement acquise et accumulée avec intelligence ? C'est une manière de noblesse, dont les titres sont au porteur, « qu'on ne doit qu'à soi-même », et qui n'a nul besoin d'aïeux. Ces quartiers-là ont sur les autres l'avantage d'embellir régulièrement la vie. Les âmes singulières peuvent dédaigner cette aristocratie ; mais elle est une force qui s'impose et ne se discute pas ; on en peut contester les origines ; sa puissance est hors d'atteinte. Elle ne relève que de la conscience ; et la conscience est faible, comme la chair. Il faut être très certain de sa vertu et très confiant en l'avenir pour dépriser la fortune sans ridicule ni fanfaronnade. Emile Augier venait à son heure. Où qu'il tournât ses regards, il rencontrait la question d'argent. La science, l'industrie, le commerce avaient pris un développement immense. Les chemins de fer mettaient les quatre coins de la France en contact. Et comme la vapeur était paresseuse, on inventait le télégraphe ; et comme le télégraphe était un peu lent, on fondait la Bourse. L'argent se reproduisait lui-même, dédaignant les longueurs du travail, et le capital vivait d'une vie propre, séparé de la véritable *richesse*. L'argent se remuait, se brassait, intriguait, agiotait, dans une société nouvelle, avec intempérance. Il faisait échec à la jeunesse, et commençait à ravager les consciences. Le monde de la finance était un terrain vaste et glissant, où Emile Augier, guidé par son bon sens hardi, prit fortement position. Il s'y établit, lui premier, d'une telle assurance qu'il a dévoilé avec acharnement tous les méfaits, toutes les tyrannies de la fortune, les concessions de l'honneur, les capitulations de la morale, les dangers suspendus sur la famille et sur l'Etat, et avec une opiniâtreté si clairvoyante que dans les scènes du présent il n'a que trop souvent lu les misères de l'avenir.

Ses attaques ont précédé celles de Ponsard, qui doit à ses deux pièces *l'Honneur et l'argent*, *la Bourse*, le renom d'avoir porté le premier coup. La vérité est que la première de ces comédies date de 1856, postérieure de deux années au *Gendre de M. Poirier* (1854), et d'une à *Ceinture dorée* (1855). Et puis, Emile Augier ne s'est pas arrêté à mi-chemin; il a dénoncé les vices et les ridicules de cette aristocratie intolérante et improvisée. Il a révélé la plaie sociale. Il a fait paraître que l'argent est comme la parole, capable de grandes actions et de petites infamies. Il arrive à la fortune de finir par celles-là; mais il se peut qu'elle commence par celles-ci. Où la conscience est seul juge, la prescription ne se marchande point. Emile Augier a secoué ferme ces consciences assoupies, et leur a crié bravement : « Le fleuve entier est impur, quand la source est empoisonnée. »

Ici la lucidité de l'observation a quelque chose en soi de noble et d'héroïque, sans fracas. Il affronte l'Argent dès le début de sa carrière; il le prend au collet, il multiplie les attaques, il le marque au fer rouge. La violence de la satire, qui n'est pas dans son humeur, témoigne hautement combien son regard indigné voyait loin dans l'avenir. La morale tout entière de son œuvre est en joie, l'honnêteté de sa nature en révolte. Le Jean Giraud de M. Alexandre Dumas est comme isolé dans son théâtre. Il est partout dans celui d'Emile Augier; il a tous les âges, toutes les audaces, toutes les naïves impudences, et de l'orgueil, et de la morgue calculée ou béate. Partout il se heurte à ce dicton : « Bonne renommée vaut mieux que ceinture dorée », qui est une maxime consolante aux humbles, sinon réparatrice. C'est une galerie de portraits plus fouillés et poussés, à mesure que la bourgeoisie s'enfonce dans son vice triomphant. Poirier est ambitieux, mais sa probité avisée est encore irréprochable. Roussel est déjà un inconscient fripon, un doux écumeur. Il n'a jamais volé son prochain, ni violé la loi : il a pressuré l'un, et tourné l'autre. Brave homme, au demeurant, le meilleur père du monde, à qui manque seulement la pauvreté, pour qu'il ait toutes les vertus. Il n'est pas un scélérat. Il a oublié. Il ne se souvient plus du bon vieux temps, des filouteries légales, de sa jeunesse infatigable, employée aux vilenies rémunératrices, au détournement des ruisseaux qui font les grandes rivières. Il a jadis dépouillé ses actionnaires avec intelligence : je veux dire qu'il a gagné son procès. Et depuis, sa conscience s'est endormie sur le mol chevet d'une sérénité inoffensive. S'il était seul au monde, rien ne troublerait sa dignité. Mais il a une fille en âge d'être pourvue. — Or, par une singulière contradiction des préjugés de notre époque, ce sont les enfants qui supportent le poids de ces spirituelles erreurs. Cruel est le catholicisme moderne. Lorsqu'Adam eut quitté le Paradis terrestre, il se fit agioteur; et tout alla bien, jusqu'au moment où il s'agit de marier son fils et sa fille, qui, à l'époque du procès, n'étaient pourtant pas nés. Émile Augier n'écrit pas le roman, mais l'histoire même de l'argent. — Cette fille, accomplie de tout point, s'éprend d'un M. de Trélan, gentilhomme sans fortune, un de ces exagérés du sens moral, qui mettent l'honneur plus haut que tout, un de ces fanfarons de délicatesse, qui refusent de bénéficier, aux dépens d'un frère, d'un testament olographe, un de ces coureurs d'idéal, qui n'ont que mépris pour les coureurs de dot, un don Quichotte enfin. Et Caliste restera fille. On parle volontiers d'états d'âme aujourd'hui. Émile Augier a écrit des pièces plus fortes que *Ceinture dorée*. Il n'a jamais mieux fait voir l'obscur travail de l'argent dans la conscience du bourgeois enrichi. Roussel a des poussées de fierté triviale, de probité hautaine, des sévérités d'appréciation sur le compte d'autrui, et un si tranquille et sincère oubli d'autrefois, que cela peint l'homme, le bonhomme paterne et perverti. Le poison s'est assimilé; il l'a dans le sang; il n'en souffre plus. Tels ces bons vivants atteints d'une diathèse chronique; ils ont fait leur paix avec le mal, ils vivent commodément avec lui; au premier jour, ils seront étonnés et révoltés d'en souffrir encore.

« Les bras m'en tombent! C'est un échappé des Petites-Maisons; le meilleur est d'en rire. Voilà que je ne suis pas un honnête homme maintenant, moi qui ai trois millions! Il est drôle, ce monsieur! J'avais le droit pour moi, entendez-vous! Je me suis toujours conformé aux lois de mon pays. Je suis en règle; si vous n'êtes pas content, allez vous promener, idiot! Le voilà bien fier de n'avoir pas volé son frère. Mais en vous donnant ma fille, pauvre diable que vous êtes, je faisais une action aussi belle que vous en déchirant le testament; plus belle même... car je ne vous devais rien, et vous deviez quelque chose à la voix du sang, au droit éternel! Ma parole! Il y a des gens pour qui l'on n'est honnête homme qu'à la condition de mourir pauvre. — Mais c'est ma faute; j'aurais dû vous juger d'abord pour ce que vous êtes, pour un don Quichotte, un imbécile qui se croit obligé de renoncer au bénéfice de la loi! Ce testament était légal, comme je le disais à ma fille; la probité vous permettait d'accepter. C'est l'orgueil qui vous l'a défendu. Libre à vous de faire fi de moi. Je ne me soucie pas du respect d'un homme qui n'a pas respecté les dernières volontés de son père, qui foule aux pieds les sentiments les plus sacrés de la famille. Je suis bien enchanté de ne pas vous avoir pour gendre... »

Mais l'indulgence de Roussel pour son passé finit par s'aigrir, à la réflexion. Tout à l'heure Trélan était un idiot; à présent, c'est l'avocat qui est un brigand, l'infâme avocat qui a enlevé l'affaire.

« C'est évident, j'ai spolié mes actionnaires, il faut dire le mot. Comment ai-je pu pour cette misérable somme?... Je la trouverais aujourd'hui dans la rue, que je la ferais placarder sur tous les murs! Quand je pense qu'alors je me suis cru dans mon droit!... C'est la faute de ce brigand d'avocat, qui m'a gagné mon procès. »

Il rendrait volontiers une partie de sa fortune pour jouir de l'autre en paix.

« Comment faire maintenant? Je suis vraiment bien malheureux! La considération qui se dérobe sous moi!... Ma fille qui peut d'un instant à l'autre s'apercevoir de quelque chose... *Je donnerais la moitié de ma fortune* pour avoir perdu ce maudit procès... Brigand d'avocat! »

Enfin, grâce à Dieu, qui protège les bons pères et les filles accomplies de tout point, il a le bonheur d'être ruiné par un coup de Bourse ; et Caliste épouse Trélan, parce que le théâtre d'Emile Augier est plus moral et conciliant que la vie et la société qu'il représente. Cette pièce jeune et encore optimiste est le point de départ d'une observation moins accommodante. Trois fois l'auteur s'est repris à dénoncer ces léthargies de la conscience calme et souriante autant que la surface d'un lac tranquille ; mais au fond se détache un imperceptible point noir, qui, un jour, grossit et s'obscurcit, enfle et soulève en une bourrasque la surface unie du lac tranquille et souriant comme certaines consciences. Après Roussel, Charrier des *Effrontés;* tous deux effacent au dénoûment la tache qui souille leur honneur ; ils font le sacrifice de leur fortune, ils se repentent, ils ont le courage de redevenir honnête homme. D'autres meurent dans l'impénitence finale.

Après les angoisses d'une conscience, le bouleversement d'une maison. *Maître Guérin* est avec les *Lionnes pauvres* la pièce la plus sombre d'Émile Augier. Toutes les fois que la *famille* est en jeu, sa droiture ne fléchit point aux adoucissements. La question d'argent fait rage dans l'esprit et le cœur de M° Guérin. Cet officier ministériel est un honnête fripon : il connaît la loi. De sa femme il a fait son esclave, de sa servante sa maîtresse ; il jalouse la gloire et la carrure de son colonel de fils ; et, au fond, il regarde en pitié tous ces gens-là ; il est plus fort qu'eux ; il sait d'expérience combien honnêteté, honneur, chauvinisme, uniforme, médailles, ferblanterie, affections de famille, combien tout cela est au-dessous de l'argent, dont la jouissance est âcre, et la puissance mène à tout. Le reste, selon le mot d'un ancien, n'est que jeu d'osselets dont on amuse les enfants des hommes. M. Guérin n'est pas un Harpagon ; c'est un madré, un ambitieux, un Poirier campagnard et retors. De son chef-lieu de canton il a jugé son siècle. Il est entré avec cautèle et finasserie dans ce mouvement, qui aboutit à la ruine du sens moral, au savoureux triomphe de l'égoïsme, à la dislocation de la famille. Ici encore l'honneur et l'argent sont aux prises; mais ils ont formé deux camps. Depuis longtemps M° Guérin n'éprouve plus de lutte intérieure.

Dans le parti contraire et la maison voisine se trouve une héroïne modeste, qui a nom Francine, et dont le père est un quasi-homme de génie. Au cours de ses rêveries ambulatoires, M. Desroncerets a fait je ne sais combien d'inventions plus ingénieuses les unes que les autres, et qui le mettront sur la paille. Il se jette à corps perdu dans la mécanique; pour y subvenir, sa fille place sa dot à fonds perdu. A corps perdu, à fonds perdu, tous ces gens-là se perdent avec un désintéressement qui fait les affaires de M° Guérin. L'inventeur est sur la piste d'une méthode universelle, philanthropique, admirable, une clé de la lecture à l'usage des enfants du peuple, la *Statilégie*. Il ne lui reste plus qu'à l'expérimenter, à ses frais. Par-devant M° Guérin, notaire, il vend en cachette le seul bien qui lui reste, ce château de Valtaneuse, où sa femme est morte, et qui a vu grandir sa fille. Le tabellion n'a pas étranglé sa dupe: mais il a fait un marché louche, une vente simulée, *à réméré*, avec l'assistance d'un homme de paille, pour mettre son honorabilité à couvert. La scène est émouvante, rapide, chiffrée, entre le vieillard maniaque et le procédurier retors. « Et pour écarter l'apparence pignorative qui pourrait résulter de la simultanéité de ces deux actes, nous antidaterons le premier de quinze jours, si vous le voulez bien (1). » Emile Augier ne force aucun trait. M° Guérin met dans ses actes très réguliers par la « fôôorme » une correction

(1) C'est ici que M° Guérin trompe son client. Il antidate l'acte de vente de 15 jours, pendant que l'autre l'écoute à peine. Il pourra le prendre de court. i, 5.

captieuse. Mais parmi les clauses de style, et de quel style! au milieu des chiffres fictifs et des dates illusoires, dans cette sage succession des paragraphes alignés et embrouillés comme les articles du Code, notez que cet homme froid en affaires est fermé pour jamais aux affections naturelles. Cet accapareur est encore un dissolvant. « On dirait que votre fille vous fait peur? » dit-il à Desroncerets, pour le piquer au jeu. Il ne trouve pas mieux; il ne pourrait trouver mieux, étant un homme d'argent, c'est-à-dire un homme qui compte et ne sent point. Toute cette comédie n'est si forte que parce qu'elle dévoile impitoyablement d'acte en acte, par le développement des caractères et l'enchaînement aisé des situations, cette funeste influence qui rompt les liens de la famille, qui met une tante aux prises avec son neveu, un père avec sa fille, un fils avec son père, et contrarie sournoisement la nature par des menées, dont l'honneur et le cœur font les frais.

Qu'une veuve coquette et son beau neveu se brouillent au moment de recueillir la succession litigieuse de l'oncle défunt, cette tactique déployée à l'assaut d'un héritage est déjà une assez triste chose: et c'est presque le sourire de la pièce, l'ombre lumineuse qui fait valoir les touches plus vigoureuses et sombres. A côté d'eux, je vois un officier berné par les intrigues de son père et les avances irrésolues de la veuve, et là-bas, dans le château vendu hier, une petite fille qui se croyait aimée, et qui repaît son chagrin dans le secret de son âme, quand elle est seule, entre elle et Dieu. Et c'est la moindre souffrance qu'elle endure. L'argent lui réserve d'autres déboires et des sacrifices plus pénibles que celui de ses chères espérances. De la petite âme si tendre la vie fait une raison pratique; de la douce Francine la tarentule de Desroncerets fait un homme d'affaires. Que dans cette famille déjà éprouvée par la mort, dans l'isolement à deux, qui par la communauté des souvenirs unit plus étroitement les affections ; que dans cette demeure attristée, où le père est l'orphelin, l'enfant choyé, caressé, surveillé, tandis que la fille n'est que sollicitude et tendresse, avec une expérience déjà maintes fois déçue, à vingt ans ; que, parmi les attentions du dévoûment filial, les effusions de la gratitude paternelle, la discorde éclate soudain, la voix s'élève, la tempête se déchaîne soulevée par un tourbillon de folie ; que la malheureuse qui a sacrifié sa fortune, mutilé son cœur, coupé derrière elle toute retraite vers l'espérance, soit contrainte, pour assurer les derniers jours de l'implacable et bon maniaque, à lui manquer de respect, comme si elle n'avait point d'âme, à étaler devant témoins un amour entêté de l'argent, de cet argent qu'elle méprise et qui la torture : n'est-ce pas la plus pitoyable révélation des misères morales, dont ce mal moderne peut empoisonner les joies intimes et la consolante sérénité du foyer, où ont accoutumé de s'asseoir, serrés l'un contre l'autre, un vieillard qui adore son enfant et l'enfant qui en soutient et réjouit la vieillesse ? Emile Augier n'a pas reculé devant cette lamentable scène à faire ; elle est poussée, graduée, rythmée, d'un tact sûr, d'une raison ferme, avec un sens délicat des saintes douceurs, qui font le charme du dévoûment, et une colère contenue contre les brutales nécessités dont les malins prennent leur parti bravement. « Les affaires sont les affaires. » Je ne sais rien de plus pathétique sans artifice et de plus réaliste sans cruauté que le tableau final de cette scène, où l'héroïsme et la charité courbent la tête, où Francine cache sa figure dans ses mains, reniée par son père, qu'elle s'obstine à préserver de l'indigence, en proie à la honte du devoir accompli, à la terreur de laisser échapper son secret, maudite par l'un des deux hommes qu'elle aime, humiliée et condamnée devant l'autre. Non, je n'ai nulle part ailleurs, dans tout le théâtre contemporain, éprouvé une émotion plus complète, plus désolante et vraie.

Cependant M⁰ Guérin veille, comme le juif Shylock. La tempête qu'il a déchaînée fait un retour sur sa maison. Il avait acheté le château de Valtaneuse pour le revendre avec bénéfice à cette frivole veuve, dont il a découvert que son fils était épris. Comme la politique l'attire, il voit d'un œil favorable ce projet d'union. La veuve d'un sénateur n'est point à dédaigner pour un député futur. Le mariage du fils ouvrira la carrière au candidat. Dans quelques heures il possédera le château. Il a compté sans le neveu évincé de la succession et déçu dans ses prétentions à la main de Mme Lecoutellier. Celui-ci avertit Desroncerets du coup préparé par le notaire, — en présence du colonel et de la bonne Mme Guérin. L'inventeur perd la tête; Louis Guérin est indigné, et sa mère, dès longtemps façonnée à consentir à tout, a enfin l'audace d'être étonnée. Desroncerets a vingt-quatre heures devant lui. Qu'il parte pour Strasbourg! Il a un ami, qui, en ce cas si grave, ne se refusera pas à le tirer d'embarras. Et il est prêt à partir, quand M⁰ Guérin vient le trouver, sous couleur de l'avertir à son tour que l'échéance est arrivée, flatte sa manie, use le temps, écoute confidences et commentaires à propos de la *Statilégie* refondue et remaniée, accueille, sans prendre d'engagement formel, une autre demande d'argent, et le quitte en toute amitié, quand l'heure du train est passée. « Comme il voulait m'entortiller ! Ah ! les hommes ! Tous les mêmes !... Poussez votre cheval, mon bon ami ; il est distancé par votre dada ! » Et il retourne à son étude, M⁰ Guérin, la tête haute, le cœur dispos, propriétaire assuré du château de Valtaneuse, demain beau-père d'une femme du monde, après-demain député de son arrondissement.

Il rentre chez lui, calme, au sein de sa famille, où commence le remue-ménage de la bataille entre l'honneur et l'argent. Il comparaît devant le tribunal de son fils et de sa femme, deux innocents, dont il tâche à satisfaire la curiosité par des subtilités et des

« distinguo », qui ne satisfont que la loi. Mais le tribunal s'obstine à ne pas être convaincu, au fond. « Le fond! oh! oh! le fond! Apprends pour ta gouverne que le seul moyen d'avoir une règle fixe dans ce monde, c'est de s'attacher à la forme, car les hommes ne sont d'accord que là-dessus. » Et d'arpenter le théâtre, furieux. Le duel s'engage sur le terrain de l'honneur, à armes inégales. Car M⁰ Guérin ne comprend plus. Cela ne lui entre pas en l'esprit, qu'on puisse être plus loyaliste que la loi, et n'être pas loyal. Et cela, en effet, est un sentiment très simple et primitif, en somme, qui n'est devenu délicat et raffiné que depuis que les Turcaret, les Guérin et les Benoîton ont pullulé en ce monde. Au-dessus de la probité, il y a l'honneur; au-dessus des trente-six morales, la morale. Au nom de la morale le colonel repousse enfin les avances de Mᵐᵉ Lecoutellier et déjoue les calculs de son père. Pour sauver l'honneur, il signe des billets à Brénu, l'homme de paille, et demande la main de Francine. C'est la guerre civile dans la demeure de l'honorable fripon. Il en oublie la fôôrme, injurie Desroncerets, Francine, et sa femme trop longtemps passive, qui cette fois relève l'outrage. Louis paraît en grand uniforme, juste au moment où Guérin la menace de lui faire réintégrer le domicile conjugal entre deux gendarmes. « C'est à ma mère que vous parlez? » — « Mêlez-vous... (A part.) S'il croit m'imposer... » — « Je ne veux pas que tu sois martyrisée plus longtemps: je t'emmène. (A son père.) J'ai tout entendu de ma chambre. Rendez grâces au ciel que je n'aie pas été instruit plus tôt. » — « Mais, colonel, il me semble que vous le prenez de bien haut. » — « C'est que vous n'êtes pas habitué à me voir debout. Viens, maman... Invoquez la loi, si vous l'osez. » Et voilà où aboutit cette grande soif de la richesse: à la désorganisation d'une famille, dont la mère est une bonne âme, le père un homme actif et intelligent, trop l'un et l'autre, le fils un homme de valeur et de caractère, d'une famille où le bonheur se fût installé comme chez lui, s'il eût pu y vivre dans la compagnie de ce que vous savez.

L'honneur est un vieux saint que l'on ne chôme plus.

« Echinez-vous donc, conclut Me Guérin, à édifier une fortune ! » Si, au lieu de s'y échiner, il s'y fût seulement exercé, il eût terminé sa vie, non dans un château, mais dans sa petite étude, ou peut-être même de la façon qu'il avait souhaité, député, sénateur, que sais-je ? ou plus tranquille encore, entre sa femme et ses petits-enfants, avec, au-dessus de sa tête, le portrait de son fils en uniforme de général, et dans le cœur la satisfaction appréciable du devoir accompli et de l'aisance qui se peut avouer. Au lieu de cela, il est seul à son foyer déserté, avec sa fortune et sa servante, qui n'honoreront sa vieillesse ni l'une ni l'autre, avec le château de Valtaneuse qu'il n'habitera jamais, par crainte des revenants, et, à sa table, pour charmer sa solitude, le gars Brénu, le père de Françoise, l'homme de paille. — Ah ! maître Guérin !

Mettez maintenant cette convoitise dans l'esprit d'un forban parisien, qui remplace l'avidité cauteleuse et l'ambition matoise de l'usurier de village par une cupidité effrontée et décidée à parvenir ; et vous aurez l'idée du fléau que la fortune, dévoyée en de certaines mains, peut déchaîner dans le conflit des intérêts et des mœurs modernes. Ce n'est plus seulement le ferment qui désorganise la famille, c'est le cancer qui ronge la société. La pièce des *Effrontés* a plus d'envergure. Emile Augier élargit son observation ; il sort du cercle domestique, et poussant le réquisitoire du bon sens aux limites extrêmes, montre qu'avec l'honneur du foyer la sécurité de l'Etat est en jeu, la société elle-même se trouve menacée dans ses essentiels principes, qui sont l'honnêteté individuelle et le respect d'autrui. Nous aurons plus loin l'occasion d'étudier le caractère de Vernouillet. Qu'il nous suffise de noter ici qu'il est, au moment où écrit l'auteur, le type le plus perverti de nos mœurs financières et le plus redoutable des hommes d'argent résolus à dominer. Le voltigeur de Louis XIV, le vieux marquis d'Auberive, a un peu raison : c'est déjà trop. La Révolution a supprimé les castes, hormis celle de l'argent, qui semble condamnée à ne pouvoir jamais serrer ses rangs ni exclure les coquins. C'est un monde positif, une aristocratie d'esprit pratique et calculateur, qui absout le passé et n'est sévère qu'au passif. « Quatre-vingt-neuf s'est fait au profit de nos intendants et de leurs petits; vous avez remplacé aristocratie par ploutocratie : quant à démocratie, ce sera un mot vide de sens, tant que vous n'aurez pas établi, comme ce brave Lycurgue, une monnaie d'airain, trop lourde pour qu'on puisse jouer avec. »

La conclusion dépasse l'exorde. Ce qu'il faudrait rétablir, ce n'est pas tant une monnaie plus lourde, qu'une conscience publique moins légère, un courage d'opinion, un syndicat des laborieux et des modestes, une caste de l'honneur qui fût assez confiante pour rejeter les fripons, faire face aux pirates et aux écumeurs, effrontés ou insinuants, tout de même que dans les clubs l'affichage disqualifie et stigmatise les tarés. Mais il y a mille raisons pour qu'un Vernouillet force la consigne et dérobe la considération. La première est que l'aplomb suit la fortune, à moins qu'il ne la précède et ne la suppose. La complaisance des braves gens est une lâcheté ou une candeur dont ils sont pareillement dupes. Vernouillet a bien eu son procès, et il l'a gagné, quels que soient les considérants. Payez de mine; ayez l'air d'oublier; le monde oublie, ou en a l'air. « L'effronterie, voyez-vous, dit encore le marquis d'Auberive de La Rochefoucauld, il n'y a que cela dans une société qui repose tout entière sur deux conventions tacites : *primo* accepter les gens pour ce qu'ils paraissent; *secundo*, ne pas voir à travers les vitres, tant qu'elles ne sont pas cassées. » Celles de Vernouillet ne sont que fêlées ; cela se répare avec de l'esprit. Et il en a, du meilleur, je veux dire du plus avisé, qui achète l'opinion pour la vendre ensuite, au numéro ou à l'abonnement, par chronique ou feuilleton.

Du même coup Emile Augier mettait le doigt sur la plaie de notre époque. Si la presse, aux mains d'honnêtes gens, est une sorte d'enseignement public et quotidien, on ne songe pas sans effroi à ce qu'elle peut devenir en des griffes scélérates. Vernouillet lui-même, une fois possesseur d'un journal est un instant effrayé de sa puissance, sur l'honneur ! L'intuition est de génie. Quelle vue intérieure du présent et de l'avenir ! Et que cela dépasse la superficielle ironie et les plaisanteries au kilog du vaudeville politique, qui a nom *Rabagas* ! Tout coup vaut. Charrier, un brave homme, dont la conscience sommeille, a eu aussi son procès. Il donnera à Vernouillet l'étreinte d'abord refusée, devant témoins. Après cela, le moyen d'être plus fier ou courageux que Charrier, surtout si le journal apporte dans ses plis la paix ou la guerre, l'Académie ou le scandale. M. d'Isigny et Henri Charrier lui-même donneront la main à Vernouillet, et aussi le bras. L'homme taré triomphe : il n'a même plus besoin de l'effronterie, qui est une arme de combat ; avec quelque réserve et un désintéressement calculé, il fait sa rentrée dans les familles et dîne à la table d'un ministre. Le voilà installé dans l'Etat, où il est une force, et bientôt assis au foyer, où il est un parti. C'est encore *Ceinture dorée* et *Maître Guérin*, et c'est autre chose qui se développe parallèlement, sans effort : les attaques frappent plus haut, et atteignent les mœurs sociales en même temps que les domestiques. Vernouillet, maître des hommes, n'a plus qu'à gagner les femmes : leur connivence sera sa consécration. Etrangères à la mêlée des intérêts, elles sont plus clairvoyantes ou moins bénignes. Ne soyez pas étonné si, pour lui barrer le passage, l'auteur a choisi la marquise d'Auberive, qui vit séparée de son mari, et entretient avec le journaliste Sergine une liaison discrète que le monde tolère. Elle ne paraît point qualifiée pour prendre en main les intérêts de la société ? Réfléchissez-y davantage, et reconnaissez le génie scrupuleux et réfléchi d'Emile Augier. La marquise est reçue partout, et presque digne de l'être. Toute sa conduite prouve que si elle avait rencontré Sergine plus tôt, elle l'aurait épousé. Mais sa situaton n'en est pas moins équivoque, encore qu'entourée de respect ou de complaisance : et ce sont les situations équivoques des marquises qui ouvrent les salons aux Vernouillet. Il ne s'y trompe pas, et cherche d'abord à gagner celle-là. Pour épouser la fille, il lui faut l'appui de cette noble et honorée marraine. Et il ferait beau voir que la noble marraine ne capitulât point comme les hommes, puisque comme eux elle a un secret public à ménager. Cette fois, Vernouillet s'est trompé. Il a confondu l'honneur de la race avec la probité de l'argent. Il les a traités du même air, et l'effronterie ne lui réussit pas. Il est seul compromis par sa chronique *du chien compromettant*. La marquise le démasque, et le vieux voltigeur, le mari, après s'être amusé de lui, l'exécute. Il était temps que Louis XIV descendît de son cheval, car derrière ces complaisants ou ces effrontés j'ai eu la vision d'Iphigénie sacrifiée à la déesse Fortune, d'un ministre dupé, du public exploité et de la société saignée à blanc par ce fieffé coquin. J'entends dire que cette vision n'est qu'un rêve, et que la comédie a vieilli. Et il est vrai que le téléphone a supprimé l'usage de quelques tirades. Et il est constant que le marquis d'Auberive est mort, et morte avec lui son ironique et respectable naïveté. Et il est assuré que Sergine aussi n'est plus jeune, qu'il s'est réfugié à l'Académie française, que le *Courrier de Paris* insère plus rarement ses articles, et à correction ; qu'il n'a plus le genre de talent qu'il faut pour faire le grand reportage, la colonne financière, ou la gazette des tribunaux, et qu'à son âge on n'est plus si « gourmand »…..

Mais la question d'argent n'a pas vieilli. Mais haute en couleurs, et brossée en pleine pâte est la peinture qu'en a faite Emile Augier. Il y a dépensé son observation vigoureuse, son robuste talent, sa rude et opiniâtre honnêteté, qui atteint par endroits à la prescience. Non qu'il ait goûté un plaisir amer à pousser la satire ou forcer le trait. Il n'y a là-dessous ni envie ni rancune. Quand il a rencontré l'occasion de montrer les services que peut rendre la fortune charitable et irréprochable, il ne l'a pas manquée. Dans *Lions et Renards*, c'est une jeune fille enthousiaste des grandes œuvres, qui met sa bourse à la disposition d'un explorateur ; et ici même, dans les *Effrontés*, c'est le marquis d'Auberive qui, séparé de sa femme, lui apporte les cent mille francs dont l'a dépouillée le pirate, et comble la brèche sans phrases. Seulement, ce sont les gens de vieille richesse qui, dans ce théâtre, se servent de l'argent pour faire le bien. Et nous n'avons pas encore vu tout le mal que font les autres à nos mœurs et à nos esprits.

VI

LA CONTAGION.

« Doucement, maître Roblot ! dit Jean de Thommeray. Le magicien, ce n'est pas vous, c'est Paris ! C'est la fournaise où tout flambe à la fois, le cerveau, le cœur et les sens, où les préjugés fondent comme cire, où l'esprit pétille, où l'argent ruisselle, où le plaisir déborde (1) ! » — Ainsi parle un jeune homme de vingt-cinq ans, débarqué à Paris depuis six mois, en proie à cet enchantement vertigineux, à cette ivresse capiteuse des plaisirs goûtés sans mesure et de l'argent conquis sans effort, dans la fièvre de la spéculation et du jeu. Et c'est tout justement la *contagion*. Nulle part Emile Augier n'a exprimé avec plus de nerveuse ironie cette crise, qui ravage la raison, dessèche le cœur, et déracine en nous ce qu'il y a de plus adhérent et de meilleur, c'est à savoir quelques sentiments très primitifs qui nous font hommes, et que les âmes simples appellent des croyances, tandis que les esprits forts les nomment des préjugés.

L'argent n'a pas de préjugé ni d'odeur; et il est réfractaire au sentiment. Sentir vivement et s'enrichir vite font deux; l'un fait tort à l'autre. Enrichissez-

---

(1) *Jean de Thommeray*, III, 1. Dans *Gabrielle*, III, 2, Emile Augier avait débuté par faire l'éloge de la province.

> ... On dirait, à vous entendre tous,
> Que les départements soient des pays de loups !
> Je vous jure, Monsieur, que ce sont des contrées
> Habitables à l'homme et point hyperborées ;
> Les naturels n'ont pas le cerveau plus transi
> Et l'esprit ne s'y perd ni plus ni moins qu'ici.

Dans *la Jeunesse*, V, 1, il pose le problème social et moral de la vie des champs.

> Belle morale ! — Eh bien, c'est ainsi qu'à Paris
> Sont contraints de penser les plus sages esprits;
> La cause ? Encombrement des carrières civiles!
> La cause ? Emportement de nos champs vers les villes...

Et plus loin, dans la même scène :

> ...Rien ne coûte ici des choses de la vie ;
> Notre table est toujours abondamment servie ;
> C'est la chasse qui paie avec la basse-cour ;
> Nous avons neuf chevaux, des chevaux de labour,
> Si tu veux, mais qui vont encore à la voiture,
> Et même n'y font pas trop mauvaise figure.
> Nous avons cinq valets, valets de ferme, soit,
> Mais dont le dévouement à rien n'est maladroit.
> Le pain se fait chez nous, et chez nous la lessive ;
> Et la terre est si bonne envers qui la cultive,
> Qu'elle nous donne encore, outre tous ses produits,
> Notre provision de bois, de vin, de fruits.

C'est comme une ingénieuse adaptation de Virgile, ...

vous ! Le jeu du cœur est un jeu à la baisse, qui se liquide toujours à perte. De son temps, Turcaret avait compris tout cela, et que l'indifférence est une arme puissante aux mains d'un beau joueur, et que, pour gagner à coup sûr, il n'est que d'étouffer les battements cardiaques, d'être sourd aux lamentations de la misère larmoyante, et de se débarrasser de la criaillerie. M. Turcaret, s'il avait eu plus de distinction et d'assurance dans la démarche, devançait son siècle de cent cinquante ans. Mais il avait été commis : cela se voyait trop. Et puis, il était féru de gentilhommerie; il avait pour elle du respect ; il n'était pas encore de plain-pied avec elle : c'est sa faiblesse. A présent, il usurpe un titre à petit bruit, sans superstition, et uniquement pour avoir ses entrées partout; et, s'il n'est pas bon gentilhomme, il est un gentleman accompli : c'est une sage précaution qui lui évite mille déboires. Est-il en galanterie avec la Baronne, il conduit cette opération aussi froidement que toutes les autres; et, lorsque vous le verrez soutenir de ses deniers l'équipage de sa noble maîtresse, veuillez croire qu'il n'est ni naïf ni frivole, qu'il y trouve son compte, que la dame fait partie de son train, et que cet accessoire de son luxe est une garantie de son crédit. A ces fortunes bâties en l'air, et qui n'ont pas d'assises, une façade au moins est indispensable, qui est l'élégance et le genre. C'est par là que la contagion a prise d'abord sur les âmes neuves. Ce luxe, cette vie dorée, d'un goût parfait ne sont-ils pas d'une troublante séduction ? Et qui se défendrait, au fond de soi-même, de n'en avoir été un instant ébloui ? La splendeur intimide. Ce premier sentiment ne cède qu'à la réflexion, et après que de cette richesse on cherche l'origine ou l'on contrôle la solidité. Le luxe est une amorce à badauds, qui sont les honnêtes gens. Les financiers de la vieille école, les Roussel, les Charrier, n'en font pas étalage, parce qu'ils vivent sur la routine, leur situation étant d'ailleurs stable et reconnue pour telle. Oubliez le procès, et ils ont l'air de braves négociants, que les affaires n'ont pas trop gâtés. C'est la finance assise. Mais celle qui est debout, qui s'escrime aux convoitises, aux angoisses du jeu, à la fièvre de la cote, celle-ci a tout changé, pour aller plus vite. Elle s'arme d'élégance et d'aplomb, et, comme elle a renouvelé ses mœurs, elle a aussi rajeuni son style : car elle a un style, qui n'est ni fleuri, ni sublime, ni tempéré, mais bien moderne. Il est le luxe de la conversation. Et ce luxe, ainsi que l'autre, couvre la marchandise. C'est proprement la création d'une langue spéciale, qui excelle à déguiser toutes les vilenies, toutes les capitulations de conscience, toutes les tortueuses infamies de la richesse improvisée sous les brillants dehors d'un scepticisme utilitaire, ironique et froid, quelque chose comme la philosophie sarcastique de ces joueurs, qui chaque jour mettant au hasard l'honneur avec le reste, ont trouvé plus ingénieux et commode de le bafouer que de le sauver. Ce séduisant appât de la contagion s'appelle *la blague*.

« Blague, dit Lucien de Chellebois, qui en est un peu entiché, est un mot français. S'il n'est pas encore au Dictionnaire de l'Académie, il y sera, parce qu'il n'a pas d'équivalent dans la langue. Il exprime un genre de plaisanterie toute moderne, en réaction contre les banalités emphatiques dont nous ont saturés nos devanciers (1). » Vous entendez que ces banalités emphatiques sont, à n'en pas douter, ces vieux mots de devoir et d'honneur trop ressassés, et certaines maximes d'une morale falote : « Croissez et multipliez. — Travaillez, prenez de la peine. — Il ne faut pas juger des gens sur l'apparence. — Ni l'or ni la grandeur ne nous rendent heureux. — Mourir pour la patrie est un si digne sort qu'on briguerait en foule une si belle mort. » — Et il faut avouer que tout cela est vieillot et

(1) *La Contagion*, I, 2.

fané, et mérite qu'on s'en moque pour s'en affranchir. D'où la blague.

La blague encore est une manière de pyrrhonisme reluisant et sec, à la portée d'un chacun. Elle représente le triomphe de l'esprit sur la conscience. Elle a sur la langue des moralistes l'avantage d'être plus limpide et rapide. Elle repose sur deux maximes qui se complètent réciproquement. La première est qu'il ne faut rien prendre au tragique; la seconde, qu'il n'y a de sérieux que l'argent. Ce scepticisme a le privilège d'être simple, s'adresse à un objet précis, et comporte des applications universelles. Soumise, comme toute chose en ce monde, aux variations de la mode, la blague tantôt s'exaspère jusqu'au pessimisme, et tantôt se répand en une gaîté impitoyable. Mais le fond est le même. C'est le doute provisoire, complaisant, aucunement méticuleux, et qui fléchit au temps sans la moindre obstination. Elle consiste, pour en prendre la manière en la définissant, à exalter Sardanapale, le grand incompris, ou Néron, ce dilettante méconnu, à célébrer, en joyeuse compagnie, les joies de la famille et les douceurs du foyer, à dire d'un honnête homme qu'il est un héros, de Plutarque, un parangon de la vertu des vieux âges, et de Brutus qu'il étale une âme antique avec la candeur du monde naissant. Elle est le maquillage des consciences défraîchies ou surmenées : par excellence, article de Paris.

Or la blague opère le charme le plus irrésistible et immédiat de la contagion, avec ses airs de suprême distinction et de hauteur. Emile Augier l'a rencontrée sur son chemin dès le début de sa carrière, et il n'a cessé de la démasquer et de la combattre par le ridicule. Déjà, dans le *Gendre de M. Poirier*, le gentilhomme viveur, qui a trafiqué de son titre pour réparer ses brèches, blague le galon de laine et le brigadier chauvin. D'un trait l'auteur indique ce qu'il devait développer plus tard avec acharnement.

Les jeunes gens, victimes désignées de cette séduisante duperie, ne sont pas pour la plupart si profondément entamés par ce scepticisme, qu'ils ne le puissent secouer à l'occasion. Ils renoncent à ces trésors d'esprit, quand ils rompent en visière à la compagnie des fripons qui les exploitent. Ils reprennent pied en eux-mêmes. D'autres mettent le temps à s'en débrouiller, enfoncés qu'ils y étaient, comme en un bain de boue très aristocratique ; pour d'autres enfin, il est trop tard : ils se sont jetés à l'eau, la blague à fleur des lèvres, et ils se noient, à moins d'un miracle, tel qu'on en voit seulement au théâtre. « Vous croyez donc à la famille, vous autres ? dit Jean de Thommeray. A l'amour ? au désintéressement ? au sacrifice ? » — « Oui, nous y croyons, et la preuve, c'est que nous croyons à la patrie, et nous nous dévouons pour elle. Depuis nos désastres, as-tu entendu d'un seul d'entre nous une raillerie contre les grandes vertus ? » — « Si votre scepticisme n'était que sur vos lèvres, il fallait m'avertir. Il est trop tard maintenant, c'est fait. N'en parlons plus. » — Parlons-en, au contraire, puisqu'aussi bien Emile Augier s'y est repris à deux fois pour peindre les funestes effets de ce scepticisme adroitement utilisé par les hommes d'argent, puisqu'il a écrit deux comédies en cinq actes sur le même sujet, comme si le premier coup n'avait pas porté, et qu'au lendemain de 1871, il n'a pas craint d'attribuer nos désastres à ce fléau de nos croyances et de nos mœurs, et de faire, si j'ose dire, la preuve de la *Contagion* par *Jean de Thommeray*. Dans la première pièce il en avait surtout montré le progrès ; dans la seconde il en a plutôt dénoncé les résultats.

Tenancier est un brave homme, qui a gagné beaucoup d'argent, et qui ne s'étant pas pressé, a pu demeurer honnête. Son fils, qui vit en gentilhomme, avec des coulissiers, est de la jeune école. C'est ce père « vieux jeu » qui définit la contagion avec une pointe d'emphase que je lui pardonne, et qui est de son âge, depuis que les jeunes gens blaguent et ne déclament plus.

« Les grands mots représentent les grands sentiments, et du dégoût des uns on glisse facilement au dégoût des autres. Ce que vous bafouez le plus volontiers après la vertu, c'est l'enthousiasme, ou simplement une conviction quelconque... Vous n'allez pas plus haut que l'indifférence, et tout ce qui vous dépasse vous semble un pédantisme. Ce détestable esprit a plus de part qu'on ne croit dans l'abaissement du niveau moral à notre époque. La dérision de tout ce qui élève l'âme, la blague, puisque c'est son nom, n'est une école à former ni honnêtes gens ni bons citoyens. »

Tenancier la définit ; d'Estrigaud, l'homme fort, l'homme trempé, l'homme moderne, la répand. Il a mis la main sur Lucien ; il ne serait pas éloigné de s'établir chez la sœur, une jeune femme, veuve avec des enfants, une fortune et un titre, qui vit avec son frère, partant accessible à la contagion. Il a endoctriné l'un pour séduire l'autre. Il a sourdement ménagé ses intérêts et ses plaisirs en minant et modernisant la conscience de son jeune ami. Il l'a pétri, initié, orné de ses maximes et il le croit de taille et d'humeur à protéger une cour discrète pour l'autre motif. Le maître avait trop présumé de l'élève, qui n'a pu encore secouer tous les scrupules et préjugés d'un atavisme bourgeois et tenace. Enfin Lucien regimbe, dès qu'Annette est en question. S'il s'agissait de la sœur d'un ami, parbleu, il serait suffisamment stylé pour en rire ; mais de la sienne, que diable ! Et c'est une scène infiniment curieuse que celle qui met en présence le maître et l'élève, et nous découvre les insinuantes menées de la contagion. « Le monde vit de sous-entendus, mon cher. Il y a une foule de circonstances, dans lesquelles un homme de bon ton doit fermer les yeux, tant qu'on ne l'oblige pas à les ouvrir..... » — « Sais-tu que tu es horriblement immoral ? » Oui, il paraît que d'Estrigaud est immoral, l'homme « plus grand que nature », le type de toutes les élégances, l'arbitre du goût, l'ami rare, « la lame d'acier dans un fourreau de velours. » Il l'est, et Lucien s'en aperçoit, et n'allez pas croire que le néophyte lui en tienne rigueur, au moins.

Des leçons il recueille la fleur, les paradoxes brillants et avantageux, qui n'atteignent que les sœurs d'autrui. Semblable au Bourgeois gentilhomme, Lucien succombe à la vanité de se sentir supérieur aux braves gens qui l'entourent ; il répète les conférences de d'Estrigaud ; mais il les redit d'un certain air, qui est délicieux à voir, et sans s'y embrouiller. En disciple dévoué, il avait pris sur soi d'annoncer à Pyrrhon lui-même une mésaventure fâcheuse. « Navarette te trompe. » — « Est-il possible ? » — « Avec ce petit drôle de Cantenac. » — « En es-tu bien sûr ? » — « Si tu veux des preuves.... » — « Merci, mon cher enfant. Ou je le sais, ou je l'ignore. Si je l'ignore, tu troubles inutilement ma douce quiétude ; mais si je le sais, regarde-toi dans la glace. » Ainsi répond d'Estrigaud, d'un ton paternel et tendre, éludant avec autorité une question indiscrète, qui, au fond, touche au mystère de son élégance et de son bien-être. Décidément, c'est un homme fort. Lucien aussi s'applique à le devenir. On lui dit que d'Estrigaud fait le possible pour compromettre Annette. Et Lucien de sourire imperceptiblement, de dresser la tête, d'allonger le bras, d'ouvrir les doigts, par un geste familier au Maître. « Mon bon, ou je le sais, ou je l'ignore. Si je l'ignore... » — « Je te l'apprends. » — « Oui, mais si je le sais, regarde-toi dans la glace. » — « Si tu le sais, c'est toi que je regarde, et entre les deux yeux..... Allons ! Voilà encore que je donne dans le panneau ! Je me couvre de ridicule comme toujours... Mais, franchement, pouvais-je m'attendre à une charge, quand il s'agit de ta sœur ? » Ainsi profitent les pires enseignements. Un mot, un geste à effet, un certain air de tête, on ne résiste pas à cette douceur de prendre une attitude. L'amour-propre s'y intéresse, qui est le plus sûr agent de contagion. Et de deux victimes, au lieu d'une. Lucien est depuis longtemps entamé Emile

Augier nous révèle à présent le galop de cette fièvre à travers l'âme d'un travailleur, d'un naïf, d'un ingénieur qui rapporte d'Espagne, où il a fait merveille, une grande idée à laquelle il compte intéresser Paris, d'un barbare tout neuf sur cette aimable dépravation. Il ramène avec lui une sœur, à qui il tient lieu de père, et qu'il installe chez les Tenancier, aux côtés d'Annette, chez ces vieux amis.

Donc voici un homme laborieux, intelligent, qui a passé sa jeunesse dans les écoles et sur les chantiers de Madrid, ignorant d'une certaine vie, et qui, avec la candeur des esprits sérieux, a l'habitude, quand on lui dit : il pleut, d'entendre qu'il pleut en effet. Au pays de la contagion, c'est un sauvage, un contre-maître. Et de croire qu'il va mener son projet à bien, par la seule force de sa foi et de sa volonté, pour la gloire de sa patrie et l'honneur de son nom, serviteur à la vertu hottentote ! C'est un homme à débarbouiller. « Ah ! çà, dit-il en revoyant Lucien, tout le monde s'embrasse, excepté nous, c'est injuste. » — « Dans mes bras, sur mon cœur », répond Lucien. La blague. Tenancier l'accueille, offre l'hospitalité à la jeune fille, cordialement. « Pardonnez, cher Monsieur, à ma reconnaissance de ressembler à de l'ahurissement », dit André confus. — « Bien rédigé, ami Chauvin... All right ! » repart Lucien. La blague. C'est elle qu'il rencontre partout à son abord. Il s'y fera. Tout le monde s'occupe à le former, Lucien par amitié, les amis de Lucien par intérêt. L'un en veut faire un homme civilisé ; les autres le civilisent pour en faire une dupe. Et il progresse à pas de géant, comme tous les timides qui jouent d'audace. Il y a plaisir à lui rendre la main, à le dresser en haute école, selon la méthode de Sardanapale. Après quelques exercices préalables, il est presque en forme. L'entraîneur en personne peut l'entreprendre.

D'Estrigaud, qui a perdu à la Bourse, a besoin,

pour surnager, de cette affaire du Canal de Gibraltar. Il la revendra aux Anglais, et paiera ses différences. Le canal ne sera jamais percé? N'importe, si l'idée est payée assez cher. Il faut donc venir à bout des scrupules de l'ingénieur, et faire au plus vite table rase de ses inélégants préjugés. Le temps presse : il n'y a point de remise. D'Estrigaud l'introduit d'emblée chez Navarette, « dans le temple même de la blague. » Toutes mesures sont prises pour vous l'engager gaîment dans le parti des rieurs et des affaires. Les invités pétillent d'entrain ; les invitées étincellent de verve ; une flambée de *vie à côté* ; tous tarés, mais avec tant d'esprit ! La fête commence par des calembours, qui sont les hors-d'œuvre de la blague, et cela va rondement, jusqu'à l'ivresse de la raison, où sombrent les révoltes et les pudeurs de conscience. « Bravo, Monsieur de Lagarde ! » — « Qu'est-ce que vous avez tous à m'anoblir ? » — « Ne fais donc pas ton enfant du peuple ! » L'œuvre de démolition va bon train et mène grand tapage. Tous sapent en sablant, et sablent en sapant. André se démantèle sous la pioche, qui crevasse ses croyances, une à une, dans un fou rire général dont les éclats nerveux l'entêtent. Autour de lui pleuvent, drus comme grêle, les mots du jour, les nouvelles à la main, les coqs-à-l'âne d'opérette ; la blague est déchaînée, ravageant les rengaines du sentiment et les fondements de la morale qui s'effondrent avec fracas. « Messieurs, je demande grâce pour l'amitié. » — « Pourquoi pas aussi pour l'amour ? Vous croyez encore à ces vieilleries-là ? » — « Il ne faut pas ? Non ? Je le veux bien. » Toute la scène est la plus folle et spirituelle bacchanale de cette contagion qui infecte les âmes. Cependant le chef du chœur guette sa victime, propose son marché, et tient enfin son affaire et sa dupe. André s'entraîne à redire la leçon mot à mot, sur la parole du maître, de même que les enfants des écoles scandent les phrases apprises, avec une émulation d'enthousiasme factice. Il vend son entreprise, son honneur, tout enfin, dans la suprême illusion de sauver sa sœur d'un esclandre sournoisement machiné. Il s'égare en des subtilités qui sont les derniers faux-fuyants, l'agonie d'une conscience éperdue. « Que feriez-vous à ma place? » — « Je ne déclamerais plus. » — « Oh! c'est bien fini. » — Et fini aussi de ressembler à un honnête homme, d'avoir des idées de génie et des rêves de gloire, de vivre modestement sans amertume, sans fièvre, dans l'attente d'un légitime succès ; fini de déclamer, mais aussi de produire, de faire lentement et opiniâtrément œuvre profitable : désormais tout à la blague, au luxe d'origine équivoque, aux émotions malsaines et stérilisantes, au maniement chanceux de l'argent, au jeu, à la Bourse !

Emile Augier n'a pas voulu que ce naïf, ce robuste fût terrassé. Une crise terrible et salutaire, le nom maternel jeté dans ce chaos, l'en arrache; il se reprend enfin, et rentre, par un violent effort, en possession de lui-même. « Adieu, Messieurs ! *Conscience, devoirs, famille*, faites litière de tout ce qu'on respecte. Il vient un jour où les vérités bafouées s'affirment par des coups de tonnerre. Adieu ! Je ne suis pas des vôtres. » L'auteur n'avait prétendu qu'à révéler le mal à la mode, à l'analyser et le décrire, et sous les apparences de la verve, à découvrir cette plaie infectieuse. Il a fait voir aussi par un pastiche étourdissant, combien vide et perfide est ce scepticisme, et l'élégante banalité des lieux communs qu'il exploite, de ces paradoxes à outrance, de ces aphorismes superficiels et faciles d'une morale à côté, ou plutôt qui est l'envers et la parodie de l'autre. Cette comédie de la *Contagion* était un premier engagement contre les maîtres de la blague, une passe de finesse, de brio et d'esprit. Peut-être même en avait-il mis trop, avant l'heure propice. Il ne fut pas compris.

Avec *Jean de Thommeray*, il revient à la charge. Mais il adopte une tactique différente. La victime de la *blague* est au premier plan, dessinée d'une main minutieuse et ferme. Moins d'esprit, et plus de psychologie ; moins de pastiche, mais une étude serrée et graduée des dégâts que fait la contagion dans une âme jeune et bien située. Le moment n'était que trop favorable, cette fois, pour en produire la saisissante peinture.

Jean est l'aîné des fils du comte de Thommeray. Il appartient à une vieille maison bretonne, dont les traditions d'honneur sont séculaires, et où règne le culte de la famille et de la patrie. Riche, le comte a épousé une jeune fille pauvre. « La comtesse pourrait dire en quelques mots l'histoire de toute sa vie : elle a été l'unique amour d'un honnête homme qu'elle a uniquement aimé. » Voilà pour la famille. De cette union sont nés trois fils. Depuis le grand-père, qui fut un vendéen, tous les enfants mâles servent leur pays sans lui rien demander ; ils s'engagent à dix-huit ans, partent pour l'Afrique et reviennent soldats. « J'ai fait comme avaient fait mon grand-père et mon père, dit Jean ; mes frères ont fait comme moi, et nos fils feront comme nous. » Voilà pour la patrie. Depuis son retour, il vit au château paternel, fiancé à Marie, qui l'aime comme son futur époux, et qu'il aime, lui, comme une sœur. Mais il est parfois à l'étroit dans le manoir héréditaire ; il court par monts et par vaux, cet Hippolyte breton, pour obéir à je ne sais quel besoin de vivre qui le pousse, pour secouer les vagues désirs d'une existence moins paisible. Tout le premier acte est un tableau calme de la vie familiale, avec une fraîche scène d'amour tendre, comme les sait écrire Emile Augier, quand il s'abandonne à rêver idylle et poésie. Marie s'est aperçue que, depuis un temps, Jean est distrait et triste ; affectueusement, doucement elle s'en inquiète. Et il s'explique : il l'aime, mais l'immuable sérénité des jours lui pèse un peu ; il l'aime bien, mais il entreprendrait d'un bon cœur un voyage, pour rompre cette monotonie continue; il l'aime enfin, et il la rassure, la bonne petite sœur, mais tout bas il s'avoue qu'il s'ennuie au logis. Et justement dans cet austère gîte, tout à l'attente de revoir ce même jour les deux cadets qui reviennent du régiment, tombe une Parisienne capricieuse et coquette, madame de Montlouis, que Jean intéresse par sa mine sauvage et qui le ravit par son élégance raffinée. Cependant les frères arrivent; et la *famille* de Thommeray fête le retour des enfants de la *patrie*.

Envoyé à Paris pour se distraire, Jean a embrassé Marie au départ et lui a engagé sa foi de revenir bientôt. Jeune, trempé par une éducation virile, soutenu par des traditions de noblesse séculaire, celui-là semble être à l'abri de la contagion; et voilà l'homme sur lequel nous allons en étudier les rapides et détestables ravages. La comédie suit le fléau, à toute vitesse. A Paris, Jean a retrouvé madame de Montlouis. Leur passion a pris naissance du contraste qui les séparait. Il la voudrait moins coquette; elle le désirerait plus moderne; et à mesure qu'il se modernise, elle l'aime jusqu'à la douleur, avec le cuisant regret de l'avoir voulu tel. Et il se détache d'elle à mesure qu'il est davantage ce qu'elle a voulu. Elle l'a lancé dans la société que fréquente M. de Montlouis, abandonné à la compagnie des coulissiers, des joueurs et des agioteurs, confié à la direction d'un pied-plat de bas étage, qui fait tous les métiers, faute d'avoir trouvé le bon, et, dévoré de l'envie de s'enrichir, accapare Jean comme un fétiche et se charge de le déniaiser. Il en fait bientôt un dilettante, un homme fort; il le lâche au sein du plaisir; il l'y guide; il l'y suit: les hasards de la fête et de la Bourse s'empressent de les mettre sur le pied d'égalité. De Marie il n'est plus question dans les déjeuners somptueux que donne Jean à ses amis du turf; de madame de Montlouis il ne se soucie plus guère ; de la famille, du vieux château tapissé de lierre, et de la lande, où retentit vainement le rappel du biniou, il n'a même plus souvenance.

Le comte et la comtesse viennent l'arracher à Paris, puisque Paris ne veut point le rendre. Ils arrivent dans le fringant hôtel pendant une de ces fêtes intimes où la blague sévit avec rage, où l'argot fait fureur, où crépite en fusées un dialecte assez différent du patois bas-breton. Le père s'est retiré triste, songeant à la petite Marie, qui là-bas attend et se désole. Mais les mères ont la persévérance et le courage ; et les honnêtes femmes pratiquent la solidarité du cœur. La comtesse revient seule dans cet endroit maudit ; c'est la scène capitale de l'œuvre, la lutte de l'honneur et de la contagion. Tous les dessous de cette vie s'étalent, sans imposer à la droiture instinctive et butée de cette mère, qui devine plus qu'elle ne comprend, et qui supplie sans déclamer. Tout y est : le luxe, le jeu, la Bourse, le monde moderne, la femme, le mariage d'argent, le mépris de l'amour et de la famille. C'est de l'observation condensée, et comme la synthèse dramatique des convictions, auxquelles l'auteur a consacré son œuvre et sa vie.

« Je vis des idées de mon époque, comme vous avez vécu des idées de la vôtre : voilà mon crime. Si vous consultiez le carnet de mon agent de change, vous m'y verriez en bonne et nombreuse compagnie. Le temps n'est plus des patrimoines lentement accrus et transmis religieusement ; on n'amasse plus la fortune. » — « On la ramasse. » — « Pas dans la boue, croyez-le bien. Je ne suis pas tombé si bas que vous l'imaginez. » — « Soit, mais tu tombes de si haut ! » — « Du haut des illusions dans la vérité. » — « La vérité ? Il n'y a rien de vrai que nos croyances, et ne vois-tu pas que les tiennes ne sont plus à la hauteur des nôtres, quand tu places l'argent sur l'autel où nous plaçons l'honneur ?... » — « Je viens de refuser une dot d'un million cinq cent mille francs. » — « Tu l'accepteras demain. »

Il l'acceptera. La parole donnée à Marie, les prières maternelles, les supplications de madame de Montlouis, que les dieux ont décidément trop punie, sont impuissantes à le retenir sur la pente où il glisse. De l'amour il tombe dans le vice, et au terme de la glissade est la chute suprême prédite par la comtesse et ménagée par Roblot : le parjure, le mariage aux écus, l'association d'un Thommeray à une Jonquière et Cⁱᵉ. Par deux fois il recule ; il prend du champ pour mieux sauter. Et il en arrive, le sauvage d'hier, le Breton, le « Mohican », à recevoir une leçon d'une fille, à paraître très petit garçon devant la femme qui l'a dévoyé, et qui rachète sa faute par la souffrance qu'elle endure, à mentir à M. de Montlouis, à courber la tête devant un chacun, devant maître Roblot, qu'il traitait jadis à la cavalière, devant un courtier de vingtième ordre, un maître Jacques du plaisir, un « pied humide », lui, Thommeray, fils de Thommeray, gentilhomme ! Ruiné sur un coup de Bourse, il vend son nom à la fille d'un agioteur véreux. Mais la déchéance n'est pas complète. Après avoir oublié sa famille, il déprise sa patrie. Il renie les deux cultes qui l'ont bercé. La guerre éclate, et lui, soldat d'Afrique, fils et petit-fils de soldats, il reste à Paris, pendant que tous ses amis s'en vont faire leur devoir. Roblot lui a proposé une affaire magnifique et tout à fait française. « Il a flairé que le siège fera la fortune des marchands de comestibles... Il paraît que le beurre se vendra au poids de l'or. Il y a là un million à gagner. » Il en aurait le courage, si papa Jonquière n'avait ajouté aux conditions du mariage celle d'un départ prudent. — Pour être millionnaire, il n'en est plus à une concession près. Heureusement les Bretons défilent, biniou en tête, commandés par le comte de Thommeray ; et Jean, qui « demande à bien mourir après avoir mal vécu », rentre dans l'honneur et dans le rang. Une contagion lave l'autre.

Ce dénoûment n'a pas été sans offenser quelques délicatesses. Et je suis d'avis aussi que le théâtre se doit astreindre à une scrupuleuse réserve sur de certains sujets, que l'idée de patrie et de patriotisme souffre mal les défilés et parades sous les frises ; et je confesse que je sens toujours en moi monter quelque révolte au spectacle de l'uniforme et du panache étalés à la lumière crue de la rampe. Je comprends les Athéniens qui condamnaient un de leurs poètes, pour avoir renouvelé le souvenir d'une défaite en représentant la prise de Milet. Et, ceci dit à seule fin de satisfaire l'ami Chauvin qui, par ce temps de théories infernales ou de plaisanteries faciles, se cache et se recroqueville au fond de moi, j'ajoute qu'à une chute si profonde (c'est à celle de Jean que je pense), il fallait une réparation exemplaire ; que l'auteur avait mis le doigt sur une des raisons intérieures de notre malheureuse débâcle ; que pour nous la faire toucher du doigt à notre tour, il n'était rien de mieux que d'émouvoir par un tableau discret la petite fibre tant décriée, mais qui vibre encore ; et qu'après tout, ayant exposé avec force et développé avec une impitoyable rectitude d'esprit les effets de la contagion moderne, il avait peut-être le devoir, au dénoûment comme au début de la pièce, d'identifier la famille à la patrie, de faire paraître, une fois de plus, qu'elles sont solidaires, et que renier l'une mène à trahir l'autre.

Il n'est pas impossible de suivre jusqu'au bout le fil d'une même pensée dans la comédie sociale, qui a pour titre le *Fils de Giboyer*. A présent que nous avons atteint à l'extrême limite où s'est portée l'observation d'Emile Augier, nous comprenons qu'il se soit vivement défendu d'avoir écrit là une pièce politique, au sens courant du mot. Contre certains politiciens, à la bonne heure. « Qu'il eût été un doctrinaire politique consultant, répondait récemment M. Gréard à M. de Freycinet, cela était fait pour nous intéresser et peut-être même un peu pour nous surprendre (1). » La remarque est

(1) Discours académique de M. O. Gréard, prononcé le 11 décembre

pleine de suc. Mais un vieux libéral, de bourgeoise bourgeoisie, avec quelque chose — tout de même — du dogmatisme de M. Poirier, il l'est de naissance, par destination, par tempérament, et par honnêteté. Il n'est la dupe ni des hommes ni des mots, des hommes qui étalent à crédit une foi morte, des mots qui ont perdu leur sens, vaines étiquettes sur des stoles vides. Ici encore, c'est une contagion qui mine les croyances, un scepticisme professionnel, de pacotille et d'intérêt, qui agite ces manœuvriers de salon, de coterie, de ressentiment et d'intrigue :

> Ces gens qui par une âme à l'intérêt soumise
> Font de dévotion métier et marchandise,
> Et *pensent rattraper* crédit et dignités
> A prix de faux clins d'yeux et d'élans affectés...

Et par un contraste profond, une loyauté d'observation inattaquable, l'homme qui représente, en ce milieu où se joue la comédie de la foi, des idées et des convictions, le principe moderne ; le seul qui ait des idées, des convictions, et une foi à lui, en fait litière pour vivre de sa plume et bâcler les déclamatoires litanies des autres. Son heure n'est pas venue. Son fils instruit, enthousiaste, jeune, et qui croit à l'avenir, qui est l'avenir même, en est encore réduit à recopier des discours contradictoires, en attendant que son mérite conquière l'indépendance, et que se lève l'aube du lendemain. Il faut plus d'une génération pour affranchir les petits des intendants et des portiers. Il faut surtout qu'ils échappent à la contagion du moyen âge acharné, mais incrédule. Quant aux autres, ils sont impuissants, parce qu'ils sont indifférents, parce que leurs croyances se sont usées aux menus dépits, aux mesquines rancunes, aux velléités de pouvoir, aux machina-

1891, et dont il me serait indécent de dire tout le bien qu'en pensent les admirateurs d'Emile Augier.

tions d'un égoïsme aveugle et entêté, parce qu'ils personnifient les différentes variétés du scepticisme clérical, gouailleur chez le marquis d'Auberive (qui, depuis les *Effrontés*, s'est un peu gâté et barbouillé parmi la politique de chambre), ambitieux et emphatique chez Maréchal, tandis que Couturier de la Haute-Sarthe promène de salon en salon son irrésolution influente, et que dans l'eau bénite et trouble la baronne Pfeffers cherche à pêcher un mari, dont le nom et la fortune réchauffent et commanditent sa religion. Cependant la blague pontifie, s'évertue, s'insinue, de la salle à manger au boudoir et du boudoir au Parlement. Elle descend dans la rue. Elle exerce en plein air. Elle est moins dégagée d'allure que celle prêchée par d'Estrigaud ; elle s'efforce à la tradition ; elle se repaît des Pères de l'Église. Mais elle est moderne, quand même, si elle n'est pas aussi fringante. Elle est de son siècle bourgeois par la recherche de la parure et de l'effet. Elle est peuple, aussi, quand il le faut. Déodat la démocratise et la teinte d'argot pour les masses. « Il roule le libre-penseur, tombe le philosophe, tire la canne et le bâton devant l'arche », et les badauds des porches font cercle autour du saltimbanque. « C'est un mélange de Bourdaloue et de Turlupin ; la facétie appliquée à la défense des choses saintes : le *Dies iræ* sur le mirliton ! » et la vente du journal s'accroît, et la lecture en est une pieuse douceur à tous prudents hypocrites, sages fielleux de toutes oppositions, qui dégustent chaque matin, à jeun, ce breuvage selon la formule, dans l'assouvissement de leur haine impuissante et de leurs ambitions refoulées. « Des mots, des mots, des mots », dit Hamlet. Des articles de Déodat, ou des discours de Maréchal, vanité des vanités, déclamation vulgaire ou ampoulée, ramas de grandes phrases sans idées intérieures, où le zèle s'excite à froid, s'exalte en un mouvement enragé pour le lecteur de la rue, s'épanche en des intonations graves que prolonge encore la ligne du geste, pondéré, sérieux, spécieux et prédicant à la tribune, d'où la blague tombe psalmodiée, solennelle, presque sainte. « Eh ! messieurs, soyez-en bien convaincus, la seule base solide dans l'ordre politique, comme dans l'ordre moral, c'est la foi !........... »

VII

LES CARACTÈRES.

L'observation des mœurs contemporaines est la force vive et la propre originalité du théâtre d'Emile Augier. A la comédie de caractères ou d'intrigue il a substitué, après Scribe, la pièce morale ou sociale avec une opiniâtreté courageuse en son temps, et qui serait encore démonstrative aujourd'hui. L'équilibre organique du théâtre en a été un peu modifié. La peinture des milieux domine véritablement cette œuvre puissante, dont le principal acteur, partout invisible et présent, est le siècle avec ses erreurs, ses convoitises et ses préjugés bourgeois. Cette comédie venait à point ; elle est, je le répète, l'expression même d'une époque où toutes les classes prenant contact davantage, les individus ont perdu de leur personnalité, les caractères de leur relief, émoussés par l'universel frottement des mœurs. Mais cela ne suffit pas à expliquer l'impression qu'on éprouve, lorsqu'après avoir étudié les questions qui s'agitent en cette œuvre, on s'avise d'étudier les personnages qui y sont mis en mouvement. Cette impression est complexe, et assez délicate à démêler.

C'est à la fois le sentiment de la perfection souvent approchée, d'une peinture réaliste et tempérée, d'une composition mesurée et sobre, avec, aussi, des traits ou des types d'une étonnante vigueur. Et pour peu qu'on y songe, voici qu'on y découvre encore des personnages d'une touche discrète et audacieuse en même temps, qui d'abord estompés se détachent en impétueuse saillie. Et puis, tout se mêle, laissant d'une part le souvenir de procédés classiques, de figures agréables et reposées, celui de caractères plus tranchés et d'une teinte encore douce, tandis que de tous les coins du théâtre se dressent des types hardiment campés et rudement brossés, d'une facture très moderne. Et puis types et caractères se fondent en des nuances infinies, comme dans la vie qui serait concentrée et ordonnée. En sorte que, si vous cherchez à distinguer après une étude d'ensemble les grandes créations de ce théâtre, aussitôt Poirier, Olympe Taverny, Giboyer, d'Estrigaud, maître Guérin, Saint-Agathe, Séraphine Pommeau s'emparent de votre mémoire. Puis, doucement occupent votre esprit Franz Milher de la *Pierre de Touche*, Philippe Huguet de la *Jeunesse*, André Lagarde de la *Contagion*, Jean de Thommeray et Bernard des *Fourchambault*: c'est presque la vigueur des autres, avec un charme différent, qui est une certaine abondance de cœur ingénue et facilement surprise. Mais s'il est question de cœur, de droiture, de sentiment, voici que plusieurs autres, presque tous les autres apparaissent comme dans un défilé patriarcal, les soutiens de la famille, les braves gens inoffensifs, et presque toujours victimes, jusqu'à ce qu'ils triomphent par la force même du bon sens et de la morale ; les pères dévoués, qui vivent à petit bruit, avec l'intime volupté d'être sur la terre pour le bonheur des autres, les Pommeau, les Tenancier ; les amis fidèles, qui sont un peu pères, les Spiegel, les Michel ; les bonnes mères, comme Mme Guérin, et les dignes femmes, comme la comtesse de Thommeray, sans compter les jeunes filles tendres et attristées, comme Philiberte, héroïques comme Francine Desroncerets, innocentes et désabusées comme Fernande Maréchal. Et vous réfléchissez qu'Emile

Augier, qui est le poète de la famille, a peut-être voulu que ces derniers fussent les premiers, et qu'il est au moins étrange qu'ils s'insinuent dans votre mémoire seulement à la suite des autres, et à leur tour. Et vous avez tort (1).

La qualité maîtresse d'Emile Augier réside en la sûre possession de soi et de toutes ses facultés. Aussi bien cette complexité dans la composition des figures n'est qu'apparente et à la surface. En réalité, il est classique par le dessin des personnages comme par la conduite même de l'œuvre : il a la sobriété, la mesure, et il use de la logique sans abus. Ce qu'il cherche surtout, après la vérité de l'observation, c'est l'harmonie de l'exécution : elle paraît discrètement dans la peinture des caractères. Étudiez l'anatomie morale de Pommeau ou de Thommeray, du bonhomme Roussel, ou de Giboyer, vous y trouverez la même construction mesurée, serrée, un développement gradué nettement indiqué par des traits qui se détachent de proche en proche, et qui achèvent le dessin. Aucun ne va droit devant lui, avec une exacte rectitude, comme dans le théâtre de M. Alexandre Dumas; mais ils vont, se mêlent, se coudoient, reçoivent l'influence d'autrui, exercent la leur et gardent leur physionomie propre. Ils ne subissent ni ne recherchent les situations ; ils les font simplement, et s'y engagent naturellement. C'est encore Molière, avec des oppositions moins accusées, quelque chose de plus uni, de plus fondu dans l'ensemble : la diversité foncière de tous ces personnages est que des vices et des mœurs qui les dominent et les régissent, les uns sont imbus, les autres déjà atteints, et plusieurs imprégnés à peine ou résolument détachés. Les premiers sont presque tous devenus des

(1) Il est trop évident qu'il est impossible d'étudier les caractères de ce théâtre en les rangeant sous la rubrique : *Hommes et femmes*. Ce serait précisément trahir l'effort de composition qu'a constamment déployé Emile Augier.

types, les seconds forment la transition entre les plus insolents et séduisants exemplaires de la contagion moderne et les autres qui représentent la famille avec ses antiques sentiments et ses classiques traditions. Faut-il s'étonner que les Vernouillet, les d'Estrigaud se détachent en haut relief, et semblent animés d'une originalité plus séduisante, ayant pour eux la nouveauté du vice à la mode, l'éclat de l'impertinente élégance, et tout le charme justement opposé aux humbles et modestes vertus de la vie médiocre ? Modeste, aussi, est l'attrait de la vertu au théâtre ; elle n'inspire qu'un enthousiasme réfléchi et des sympathies assez calmes. Le vice, certes, est plus brillant, et bénéficie de la curiosité qu'excitent les dessous de l'époque et des mœurs. Il était fatal que Vernouillet devînt un type, sans être pourtant composé d'une autre méthode que Pommeau, qui est un caractère. Et l'admirable en cette affaire, c'est précisément l'artiste sobre et scrupuleux qui a réduit l'observation à une parfaite mesure ; qui a dessiné d'une même main précise et attentive la réalité morale et immorale, sans forcer le contraste ni creuser un abîme entre l'un et l'autre; qui a représenté les honnêtes gens et les vicieux du jour avec même souci de la vérité sans exagération ; qui a, par surcroît, tracé des caractères intermédiaires et indécis, avec toutes les nuances délicates et partout indiquées de l'honnêteté qui impose certaines contraintes au vice et du vice qui effleure de son atteinte l'honnêteté même. Car tout cela est le génie d'Emile Augier ; tout cela se confond dans le grand courant des mœurs modernes, qui circule partout dans son œuvre, qui en fait l'unité, la vérité, et la vie.

Dans la famille bourgeoise, les pères sont communément des financiers, sans être des ganaches. Ils tiennent pour le principe d'autorité, sans réussir toujours à le maintenir. Même dans les familles de vieille roche, il s'est singulièrement adouci, et l'on peut voir dans le

Mariage d'Olympe que le marquis de Puygiron pardonne assez aisément à Henri sa mésalliance, et que sans trop de rigueur le comte de Thommeray envoie son fils à Paris pour le distraire. Les banquiers ne sont guère plus rigides. Tous, en somme, sont assez enclins à passer l'éponge, à réprimander un peu haut, pour dissimuler leur indulgence. Chrysale a fait école. Ils sont de braves gens, qui, ayant eu l'esprit d'amasser une fortune, ne mettent point d'opiniâtreté à s'en reprocher l'origine, ni d'excessive rigueur à en contrôler l'emploi. Tous bons pères, un peu faibles. Roussel de *Ceinture dorée* gâte sa fille : rien n'est trop pour elle. Tenancier promène les bébés de la sienne ; Charrier aime aussi Clémence, pour laquelle il rêve un avenir doré. Venus à Paris en sabots, il leur sourit que leurs fils se chaussent de souliers vernis, cambrés et pointus. Ils sont capables de sacrifier leur fille par bonté d'âme ; pour leur héritier ils ont une sévérité complaisante. Il faut bien, après tout, qu'ils tiennent un rang et prennent du plaisir, ces quasi-gentilshommes, nés du grand financier de Paris. Juste une fois l'an, l'autorité reprend ses droits, à l'échéance. C'est une liquidation amiable et solennelle. La cérémonie commence sur le ton grave et s'achève sur le mode plaisant. « Tu es fâché contre moi, qui ai fait des lettres de change ; mais moi, je ne le suis pas contre toi, qui les as payées. » Henri retourne à ses plaisirs, et Charrier à sa caisse. Au fond, le bonhomme éprouve du contentement d'avoir un sacripant du bel air ; il a de l'argent ; son fils aura de l'argent ; sa fille épousera de l'argent, à moins d'un cas..... Alors, Charriers et Tenanciers s'exécutent, quoi qu'il leur en coûte ; et ils paient leurs dettes comme celles de leur étourdi de gentleman. Ils ne sont ni des effrontés ni des fripons : ils sont pères et banquiers.

Dans un théâtre élevé à la gloire de la famille, les mères sont nombreuses. Leurs travers et leurs préjugés y sont tracés d'un crayon plus discret que jamais ; mais à larges et belles touches, sans donner dans la fausse sentimentalité mélodramatique de M. Victorien Sardou, l'auteur a représenté l'amour maternel capable d'héroïsme et de dévoûment, sans éclat, sans attitude, sans tirades larmoyantes et suspectes. A côté des marquises de Grandchamp, mères aveugles et qui ont des préférences, des Mmes Bernier, mères faibles et vaniteuses; des Mme Maréchal, — une Gabrielle sur le retour, — qui sont plutôt des belles-mères, ni belles ni le reste, il y a les mères sans épithète, qui incarnent l'autorité respectée et capable de toutes les tendresses, comme Mme Fourchambault, l'humilité radieuse, vouée à toutes les sujétions et passive avec félicité, comme Mme Guérin. Noble femme, Mme Fourchambault, qui consacre sa vie à racheter une erreur de jeunesse, et après s'être tout entière attachée à la fortune de son fils, qui est à la fois son orgueil et sa honte, l'espoir caressé de sa vieillesse et le vivant souvenir de sa faute, l'oblige à sauver l'homme qui l'a trompée, elle, renié, lui, et à reconnaître enfin ce père, qui n'a pas eu le courage de légitimer son enfant. « Il le faut, je le veux, tu le dois », dit-elle de sa hauteur, puisant la force et l'autorité jusque dans l'aveu de son malheur. Mais dès que l'honorabilité du père, même parjure et marié ailleurs, est en question, c'est aussi la dignité du fils, même abandonné, même oublié, qui est en jeu. Est-ce qu'une mère se résout à cela ? Est-ce que cet homme n'est pas le père de son fils ? Est-ce que ce fils de sa chair et de son âme n'est pas tout pour elle ? Est-ce que l'honneur de ce fils peut courir des hasards avec celui de ce père encore innommé ? Est-il enfin pour cette femme un sacrifice trop coûteux à sa fierté, une souffrance trop cruelle à son cœur meurtri, pourvu que d'une confession, si pénible qu'elle soit, elle pare à une autre déchéance, qui, atteignant même par ricochet son Bernard, serait plus intolérable cent fois que la sienne propre ? Les beaux sentiments ! Et puisés aux sources vives de l'humanité ! Emile Augier excelle à l'analyse de cette sainteté douloureuse et modeste, de cette passion qui se concentre dans le souvenir et s'efforce à la réparation. Il y dépense plus de sensibilité vraie que d'éloquence et d'éclat. C'est la simple vertu de Mme Fourchambault ; c'est la résignation pathétique et modeste de Mme Cavérlet.

C'est le charme secret d'une autre figure, qui m'émeut encore davantage, d'une vieille paysanne, en bonnet rond, en robe de toile, qui se dissimule et s'efface, et dont je veux forcer la réserve, au risque de troubler sa contenance. Ah ! la bonne vieille que Mme Guérin ! Qu'elle a entre toutes une belle âme, cette ménagère timide, qui fait fonction de domestique parce que la domestique ne fait pas métier de servante, qui a des recettes pour le soufflé, qui est humble, prévenante, trottant menu, se coulant à la dérobée, et qui sent en elle quelque chose de grand, de démesuré, d'inattaquable : l'amour de son fils, le commandant, le colonel ! Pour lui elle souffre en silence l'indifférent mépris de M. Guérin, les privautés de Françoise, et tout enfin, tout ce qui n'est rien auprès du sentiment qui console, récompense, et illumine son cœur. Elle respecte son mari par réverbération ; elle reconnaît en lui le père de son grand homme. De l'époux autoritaire et ingrat elle supporte mille avanies, avec une conscience disciplinée, par déférence pour son officier, son supérieur, qui est aussi celui de M. Guérin. Son amour fait son orgueil et sa force intimes. Au reste, elle vit si modeste et retirée, qu'il lui faut faire violence pour l'isoler et l'analyser un instant. Mais prenez garde qu'un caractère comme celui-là est autrement observé et vrai que toutes les larmoyantes raisonneuses de drame ou de mélodrame. « Ta, ta, ta, ton fils ! Ne dirait-on pas ? Ce n'est pas un génie non plus, ma mère. » — « Pas un génie ! Colonel à trente-trois ans ! » — « D'abord il n'est que lieutenant-colonel. » — « Mais tu sais bien qu'en parlant à un lieutenant-colonel on dit : colonel. » Ah! la bonne, la bonne vieille ! Voyez-vous comme elle se redresse, comme elle est tout près d'approcher la main de sa coiffe pour saluer M⁰ Guérin militairement. Elle apprend qu'il va revenir, ce fils; et la voilà toute bouleversée... « Si je l'avais vu là, tout à coup, devant moi, je crois que j'aurais eu une suffocation. » Il est là; elle veut l'embrasser : elle s'arrête avec effroi. Elle a découvert au front une égratignure inaperçue des autres. Elle a de bons yeux, madame Guérin, des yeux de maman. Et elle rit, et elle pleure, cajolée par son fils, rabrouée par son mari. Mais elle est trempée à toute épreuve.

Louis s'est laissé prendre à la coquette magnificence de la châtelaine voisine, Mᵐᵉ Lecoutellier, qui l'encourage d'abord, puis le rebute. Mᵐᵉ Guérin l'apprend et s'en désespère. Elle ne peut supporter l'idée d'un chagrin ou d'un affront pour lui. Elle n'a pu voir sans frémir son colonel rentrant pâle, jetant son chapeau, cachant son visage dans ses mains, pendant que de grosses larmes coulaient entre ses doigts. Elle a deviné tout de suite, la chère femme, que la mère faisait tort au fils, que la paysanne éloignait la grande dame. Jusqu'ici elle a vécu de patience et de soumission ; un sacrifice ne lui coûte guère. Elle va la trouver, la dame. Et cette paysanne, qui est une mère, a le dévoûment ingénieux et l'instinct de toutes les délicatesses. Se sacrifier n'est rien ; il faut rendre le sacrifice acceptable et même séduisant pour la mondaine Mᵐᵉ Lecoutellier. Non seulement elle disparaîtra sans bruit; elle a mieux ; elle imagine un alibi, qui est une concession raffinée à ce monde, dont elle flaire et flatte la sottise. « Vous direz à vos invités : ma belle-mère est à sa terre de Frémineau. » Frémineau est une trouvaille de la bonne femme aux abois; Frémineau n'écorche pas trop les oreilles; elle vivra dans sa métairie, et vous direz: elle est dans sa terre de Frémineau. C'est tout simplement un trait de génie, qu'elle a rencontré au fond de son cœur. Et de quoi n'est-elle pas capable, s'il s'agit d'assurer un mariage qui est mieux de son goût et qu'elle avait dès longtemps rêvé? Lorsque Louis a reconnu son erreur, après qu'il a découvert et déjoué les menées équivoques de M⁰ Guérin, renoncé à la main de Cécile pour demander celle de la douce Francine, au moment où il est ruiné, déshérité, chassé, elle est femme à se redresser enfin sous la menace, à juger son mari, à révéler d'un mot tous les affronts dévorés et l'endurance de cet amour maternel, qu'elle renfermait précieusement, et qui était sa dignité. Et elle se retire fière sous l'œil qui jadis la courbait d'un regard, au bras de son fils en grand uniforme, qui est tout pour elle, et sans qui tout ne lui est rien. C'est la supérieure beauté de ces passions muettes, qu'elles apparaissent dans leur splendeur, dès qu'elles cessent de se contraindre. C'est aussi un rare mérite chez un écrivain dramatique, que de deviner ces caractères et de les mettre en leur vrai jour, avec une délicatesse de sentiment et d'expression, qui les effleure sans les effaroucher. Ah! la bonne, l'excellente bonne vieille que Mᵐᵉ Guérin!

Cette touche discrète est si bien dans le jeu d'Emile Augier qu'à plusieurs reprises il a esquissé des portraits d'époux, dont le cœur n'a pas une ride, et qui se reposent du sentiment de l'amour sur celui d'une douce et réciproque affection. Il se plaît à peindre les crépuscules. Le marquis et la marquise de Puygiron se donnent du vous devant la compagnie, comme Oreste et Pylade, jusqu'au détour du chemin, qui les isole dans la vie, et leur permet de se tutoyer affectueusement. Le comte et la comtesse de Thommenay, plus jeunes, laissent une impression de tendresse sereine. Plus jeunes encore, Hubert et Mathilde (dans la *Jeunesse*), sains de cœur et d'esprit, s'abandonnent à l'amour comme à la vie, répandant autour d'eux un parfum de bonheur loyal, sans mélange, ni raffinement. Et il est vrai que leur passion n'est ni compliquée, ni mystérieuse, ni exaltée.

> Je rapporte à ma femme heureuse et souriante
> La fatigue des champs saine et fortifiante,
> Et, riche le matin, le soir plus riche encor,
> Sur mon frais oreiller j'admire mon trésor...

Mais cet amour si simple et rustique n'est-il pas un peu bien artificiel et de convention? Les jeunes femmes de ce théâtre sont-elles des caractères vrais et vraisemblables? Est-ce donc ainsi qu'on aime? avec cette rectitude, et presque cette exactitude ménagère? Sont-ce des femmes, ou des idées abstraites, des maximes de la vie domestique, coiffées, avenantes, relevées de colifichets, des jouets articulés et brevetés avec la garantie de la raison pratique et de la saine morale? Gabrielle, Antoinette, Camille (1) ont-elles connu l'amour? « Vous voyez bien, disent les romantiques, qu'elles s'y essaient trop prudemment. Elles s'engagent avec infiniment de sagesse dans une manière de sentiment, où entrent un peu d'orgueil et de jalousie, un goût réfléchi pour la ligne droite et l'existence régulière, et beaucoup de diligence à surveiller leur cœur comme à écumer leur pot. » — Et les romantiques n'ont pas tort, Emile Augier ayant voulu réagir contre cet idéal d'amour fatal, d'amour indépendant, d'amour exalté, de la « force qui va. » — Et les réalistes sont venus, qui ont déclaré : « Il s'agit bien d'honneur, de famille, de fierté, quand il s'agit de la bête de l'Apocalypse. Ces épouses-ci ne sont bonnes qu'à faire d'honnêtes femmes. » Et ils ont trop raison (2). Emile Augier a observé la femme dès une époque et en des milieux où le mal romantique n'était pas encore irréparable. Qu'il en ait vu la menace, tout son théâtre le

---

(1) *Gabrielle, le Gendre de M. Poirier, Paul Forestier.*
(2) V. *Notre Étude* d'Alexandre Dumas fils, v, *les Femmes.*

prouve ; qu'il en ait observé les progrès, je n'en veux pour preuve que *Gabrielle* et les *Lionnes pauvres*. Mais la vérité est qu'il a surtout rêvé pour la femme *bourgeoise* un idéal de passion honnête et familière, très acceptable et accessible. Il avait trop de sens pour ne pas comprendre les déplorables effets de l'adoration niaise dont notre société grisait et dépravait l'idole ; il avait le regard trop attentif, pour ne pas percer les apparences de cette superstition improvisée par notre vanité de parvenus. Et sans violence, il a signalé l'erreur et indiqué le remède.

Même les femmes qui en ont été victimes, hormis pourtant Olympe et Séraphine, sont des figures empreintes d'une tendresse qui rachète la faute, qui la paie d'une souffrance inavouée. Les plus irréprochables ont conçu l'amour à la façon d'un devoir mutuel et d'un délicieux contrat. Elles ont apporté dans le ménage la fortune, la jeunesse, et une droiture de cœur, qui tient à leur éducation et à la compagnie dans laquelle elles ont grandi. Nées dans la classe moyenne, elles en ont les qualités moyennes. Elles ne sont pas lyriques? M. Charrier ni M. Pommeau ne l'étaient, qui les ont élevées. Elles sont douées d'une certaine faculté de raison et de prévoyance, qui les préserve des romanesques aventures? *Nunc erudimini...* C'est que, toutes petites, elles ont appris à voir, à compter, à raisonner, plus isolées dans l'hôtel du banquier, leur père, que la fille du peuple en sa mansarde ou les princesses dans leur palais. Et si, par-dessus le marché du reste, Emile Augier leur a prêté le charme de l'honnêteté, la franchise du cœur, quelques préjugés un peu fanés, qui assurent leur foi dans le mariage, et que les Dandins de la blague s'empressent à rajeunir ; s'il leur a conservé une fierté de caste naissante, qui les met à l'abri — pour un temps — des molles complaisances ou des agréables concessions, je dis qu'il a essayé, génie fait de bon sens et de probité, de créer des caractères de femmes, qui fussent de leur siècle et de leur milieu, avec une sensibilité discrète qui nous aurait dû suffire, pauvres sots que nous sommes, et qu'elles tiennent de son fond de nature, de son tempérament, à lui. Elles sont toutes en ces quelques lignes du *Gendre de M. Poirier.* Le reste n'est que nuances, plutôt que différences.

« A la bonne heure, vous n'êtes pas romanesque. » — « Je le suis à ma manière ; j'ai là-dessus des idées qui ne sont peut-être plus de mode, mais qui sont enracinées en moi comme toutes les impressions d'enfance. Quand j'étais petite fille, je ne comprenais pas que mon père et ma mère ne fussent pas parents ; et le mariage m'est resté dans l'esprit comme la plus tendre et la plus étroite des parentés. L'amour pour un autre homme que mon mari, pour un étranger me paraît un sentiment contre nature. Il y a le revers de la médaille. Je suis jalouse, je vous en avertis. Comme il n'y a pour moi qu'un homme au monde, il me faut toute son affection. Le jour où je découvrirais qu'il la porte ailleurs, je ne ferais ni plainte ni reproche, mais le lien serait rompu : mon mari redeviendrait tout à coup un étranger pour moi... Je me croirais veuve. »

Ainsi parle Antoinette, la petite pensionnaire ébaubie, qui se révèle en son orgueil de femme, avec ses pudeurs de jeune fille. C'est tout juste la transformation, le point de maturité qu'Emile Augier a touché d'un tact délié, dans presque tous ses caractères féminins, ce mélange de candeur et de jugement, de tendresse et d'amour-propre, de naïveté confiante et de jalousie ingénue, qui dévoile dans la femme les chastes délicatesses de l'enfant. Ces préjugés la rattachent à la jeunesse et l'affermissent dans la vie. C'est le fond de l'âme ; et tout cela s'harmonise sous les dehors d'une grâce aisée et simple. Peut-être la femme moderne ne s'est-elle sentie si compliquée que depuis que nous le lui avons trop dit. Et il se pourrait que le dernier mot de l'énigme ne fût pas pour nous flatter.

Pareillement, les souvenirs d'enfance ont fait de Thérèse Lecarnier une femme (1). Pupille de Pom-

(1 *Les Lionnes pauvres.*

meau, elle a été élevée, dotée, mariée par le brave homme que les sacrifices attirent. Elle a épousé un avocat, M. Léon Lecarnier, qui lui a donné un fils, et ces trois êtres, le bienfaiteur, le mari et l'enfant, sont la trinité de son cœur, de sa religion, de sa foi. Quand elle apprend que son époux la trahit et la ruine, son orgueil et sa raison se révoltent. Elle n'est pas de grands sentiments. Elle est honnête et rien de plus. Cela représente en son esprit l'attachement au devoir, au foyer, une conscience droite, un peu étroite et bourgeoise, sans doute, et qui conçoit l'amour comme un engagement qui lie, au même titre que bienfait reçu. Et bourgeoise elle est dans son premier transport ; dans sa honte d'être victime entre quelque colère d'être dupe. Mais le second mouvement est d'une femme en qui persiste l'amour filial des premières années. Ce sentiment naturel l'élève au-dessus du vulgaire ; son cœur s'épure ; son amour blessé cède à l'affectueuse pitié, et lui donne le courage de se taire. Elle méprise son mari, moins qu'elle n'adore son tuteur. « Le moment venu, entre lui et vous, dit-elle posément, je n'hésiterais pas. » Elle hésitera cependant à l'heure de la crise, parce que, si elle est fille, elle est mère aussi, parce que l'enfant, c'est l'avenir et l'espérance, partant le devoir le plus fort. Et tout de même Camille Forestier, élevée dans un milieu plus artiste, trahie par Paul, trahie par sa tante, tombe du haut de son amour et de ses croyances naïves. Et, comme elle est plus jeune, elle en meurt sur ce seul reproche, qui évoque toute sa vie d'autrefois : « Moi qui vous aimais tant, Léa ! » Et décidément, c'est cette fleur de jeunesse qu'Emile Augier cherche à préserver dans ses caractères de femmes, et qu'il enveloppe d'une poésie douce et sereine. Il les a pris, ces exemplaires d'une génération qu'on craint de voir entièrement disparaître, en des milieux de lui connus, où la grand'mère portait encore le bonnet. Il ne les a pas habillés de la sainte mousseline ; mais il les a doués de raison et de sensibilité point du tout lyriques, fatales, ni analystes, et de cette fraîcheur de toute l'âme qui se conserve au sein de la femme par les souvenirs d'enfance que l'homme ne gâche pas, et la pratique des devoirs domestiques. Et je veux croire qu'Emile Augier les a peintes comme elles devraient être, et M. Alexandre Dumas telles qu'elles sont.

Les jeunes filles sont précisément les cadettes de leurs aînées. L'écrivain montre les qualités de leur cœur, plutôt qu'il n'en analyse le mystère.

Une seule fois, il s'est ingénié à deviner l'énigme, à lire le secret de ces fronts candides ou attristés, à noter le menu travail psychologique de la genèse d'amour. Et il a caressé ce joli pastel de Philiberte. Laide ou belle ? Qui le sait ? Ce n'est pas elle d'abord, l'enfant craintive et défiante, avec sa timidité de pauvre chien battu, qui prend tout de travers les hommages qu'on lui rend. Puis, la femme perce cette enveloppe un peu gauche, écoute les compliments de toute l'avidité de son innocence sauvageonne, et elle est heureuse, et elle est nerveuse, et elle est méconnue de celui qu'elle a rebuté tout à l'heure par une soupçonneuse modestie. Mais enfin les déclarations qu'elle entend lui sont des révélations ; elle sait ; elle croit ; elle s'épanouit.

Elle est charmante ! Elle est charmante ! Elle est charmante !

Comme à son autre sœur, Agnès, l'esprit lui est venu avec l'amour : et la grâce a suivi l'un et l'autre. Mais de l'amour Molière, comme tous les grands classiques (1), n'étudie que les symptômes extérieurs et les effets ; tandis qu'Emile Augier en suit curieusement

---

(1) Il faut excepter La Bruyère, qui dans le conte tout psychologique d'Émire (fin du chapitre des *Femmes*) suit et résume la tradition du roman. Cf. *La Princesse de Clèves*.

l'insensible progrès, et ouvre, sans s'y engager davantage, une voie nouvelle à M. Edouard Pailleron (1).

Le plus souvent ses jeunes filles sont à la fois douces et résolues, avec un bon sens de famille, à qui peu de chose échappe. Elles rêvent, mais dans la vie d'ici-bas qu'elles s'emploient à fléchir à leur gré, sans fermer les yeux, ni s'abandonner à la pure fantaisie. Si l'ambition, la question d'argent ou l'effronterie viennent froisser leur rêve, elles se résignent avec courage à la réalité, parce qu'elles ont le cœur vaillant et l'esprit droit. Et cela leur donne un charme assez poétique, aussi éloigné du romantisme que du romanesque, et proche voisin de la commune vérité. Ne parlons plus des filles trop riches, dont la fortune a tué les illusions; n'insistons pas davantage sur deux ou trois caractères pris de profil et à peine esquissés, qu'une éducation maladroite ou trop moderne a dotés d'une impertinente niaiserie. C'est, par exemple, Dorothée de la *Pierre de Touche*, qui épouse son cousin Conrad pour l'uniforme bleu de ciel ; Clara Jonquière, dans *Jean de Thommeray*, entichée de noblesse, instruite de sinoples et de merlettes, farcie de mots anglais, et qui dit du bout des dents : « Non, papa, je n'ai pas flirté »; Blanche Fourchambault, qui se marie pour faire une fin, tout comme si elle était monsieur son frère, avec qui elle vit d'ailleurs sur le pied de franche camaraderie, dont elle reçoit toutes les confidences, et de qui elle emprunte quelques tours de blague et les vocables courants de l'argot.

La jeune fille selon le cœur d'Emile Augier n'est ni si sotte ni si délurée. Elle aime naturellement, comme le calice de la fleur s'épanouit ; elle aime de toute sa jeunesse, souvent contrariée par les exigences de la vie telle que la société l'a faite ; elle aime enfin dans

---

(1) Cf. surtout la *Souris*, qui est d'une inspiration très voisine. — V. *Notre Étude* d'Edouard Pailleron, IV, *Les Jeunes filles*.

un monde où l'imagination s'arrête à des horizons limités, se heurte à des murs d'airain, et ne trouve plus assez de champ pour s'égarer en des transports lyriques. Elle est douce, sans être trop sentimentale, sérieuse sans mélancolie, franche sans impertinence, et résolue sans entêtement. Elle est telle que Dieu et l'époque bourgeoise l'ont façonnée : sensible, mais clairvoyante, pourvue de courage et de raison. Elle ne s'épuise point aux songes creux ; elle n'est pas non plus une banalité de salon, ni la poupée du répertoire, qui dit : papa et maman. Elle se réserve, et connaît son cœur. Elle en fait le bilan, comme son père fait sa caisse. Et si cette jeune fille ne vous semble pas jeune à vos souhaits, l'honneur en revient au siècle d'argent, qui escompte l'amour au taux de la dot, à 3 ou à 5 0/0. Cela même est d'observation ; et il est visible qu'Émile Augier s'est appliqué à les peindre telles, sans que la jeunesse y perdît toute sa grâce et sa fraîcheur. Elles sont aimables, par un dévoûment obstiné, comme Francine Desroncerets, par la secrète résignation, comme Maïa des *Fourchambault*, par le charme d'une âme patiente et simple, comme Clémence des *Effrontés*. Tout cela n'est peut-être pas le mystérieux délice de l'amour virginal. Ce ne l'est même point. Et c'est plutôt quelque chose, en plus radouci et contenu, comme le séduisant mérite et les sérieux appâts que Corneille aurait pu prêter à ses héroïnes, s'il eût vécu à notre époque.

Quelle brave petite fille que Clémence, et qu'elle est bien née, cette Charrier bourgeoise ! Elle a vraiment quelques traits de la Pauline du vieux tragique, elle en a hérité la raison et le cœur. Et Fernande, la hautaine fille de monsieur Maréchal, en qui l'admiration fait naître l'amour, n'est-elle pas de la même lignée ? N'est-ce pas elle qui fait cet aveu : « J'ai vécu dans une souffrance au-dessus de mon âge, une souffrance d'homme, non de jeune fille. Il s'est livré dans ma tête des combats qui ont, pour ainsi dire, changé le sexe de mon esprit. A la place des délicatesses féminines, il s'est développé en moi un sentiment d'honneur viril : c'est par là seulement que je vaux. » Elles ont grandi dans la maison d'hommes positifs ; elles ont un peu vu, un peu réfléchi, beaucoup aimé leur bonhomme de père, et, quand l'heure du sacrifice a sonné, elles sont résolues. « Il y a autre chose que l'amour, disent-elles uniment, dans la vie d'une honnête femme. » Et il faut croire qu'il y a autre chose, puisque tout l'attrait de ces honnêtes femmes et de ces jeunes filles réside dans les vertus solides et accessoires, qui aident à supporter l'amour moderne. Ainsi va le monde, disent les optimistes, qui en prennent leur parti, ayant passé l'âge d'aimer. Emile Augier a été plus attentif à ces peines. Il a eu le regard assez pénétrant, et la main assez légère pour effleurer la poésie intime et un peu triste de ce sentiment que la société contemporaine a effarouché et perverti, bridant le cœur des vierges et détraquant celui des femmes.

Il y a réussi, parce qu'il était né pour la peinture de ces abnégations simples et un peu effacées. Il était naturellement incliné par son goût pour la morale domestique, par son penchant à la psychologie modeste, par son besoin d'observation précise et d'expression mesurée, par une sensibilité saine et sobre qui ne larmoie ni ne déclame, à déposer le meilleur de soi dans ces caractères d'honnêtes gens, hommes et femmes, qui vivent au sein de la famille, instinctivement bons et plus étonnés qu'atteints par les mœurs récentes. Mais le flot de ces mêmes mœurs lui apportait d'autres personnages, qu'il dut dessiner avec plus de vigueur, sans jamais se complaire à la violence, sans se départir, malgré la tentation du succès, de la sobre harmonie, qui est la caractéristique de sa pensée.

VIII

LES TYPES.

Les plus directement exposés à l'influence des mœurs modernes sont les jeunes gens. Sans cesse alternant entre la sérénité calme de la famille et l'existence agitée du dehors, ils affrontent le vice avec la superbe insouciance de la force neuve et du sang qui bout. Ils s'engouent de tout ce qui leur paraît supérieur ; pour eux tout ce qui brille est or, et tout ce qui est or, le travers à la mode, le langage du jour, la philosophie de demain, jette à leurs yeux un éclat qui les éblouit. Toutes les fois qu'ils reviennent s'asseoir au foyer, ils y sont les naturels intermédiaires entre la modernité attractive de la haute vie et la morale grand'mérisée de la maison. Ils ont des banquiers naturels qui sont pétris d'indulgence, des sœurs veuves, qui apprécient la liberté et ne demandent qu'à être initiées aux mystères de l'indépendance ; des sœurs en âge d'être mariées, qui attrapent les demi-confidences, et s'intéressent aux révélations de la Terre promise.

D'autres, qui n'ont ni le loisir ni la fortune nécessaires au plaisir ou au dilettantisme, sont en proie à la fièvre de la lutte, aux impatients désirs, aux soudaines obsessions, et devant le tourbillon qui les fascine leurs yeux se noient, leurs consciences se troublent. Le spectacle du vice en belle posture leur donne un vertige. Ils ont derrière eux un passé d'honneur, de travail, d'enthousiasme, où ils puisent plus d'orgueil que d'espérance : proie facile à l'appel de la morgue brillante et parvenue. Ajoutez quelques femmes isolées, ennuyées ou dépareillées, trop jeunes pour la société dans laquelle elles ont vécu, trop femmes pour renoncer à paraître, assez tendres et belles pour plaire, et d'une condition qui leur ouvre toutes les portes : vous comprendrez avec quel art Emile Augier a fait la sélection de ces truchements, de ces caractères de transition, qui sont à mi-chemin entre les vertus domestiques et les élégances de haut goût, encore retenus par les préjugés de l'éducation et la droiture de l'esprit, et déjà sollicités par les parangons du positivisme sceptique et utilitaire, par les raffinés agents de l'immoralité, qui menacent l'intégrité de la famille et en sapent les traditions. Et d'une vue d'ensemble, vous découvrez la solide composition, qui relie toutes les figures de ce théâtre, qui les mêle sans désordre, les manœuvre sans artifice, sur un terrain neutre, tel que le salon cosmopolite de la haute banque, image raccourcie et condensée de notre bourgeoise féodalité.

Tous ces rôles ont un trait commun : ils valent mieux que leurs paroles, et souvent que leur conduite. Ils ont des scrupules de conscience très tenaces, dont ils se moquent plus aisément qu'ils ne s'en défont. Les femmes d'abord, qui, égarées par un coup de tête ou de fantaisie, ouvrent aux coquins les rangs des honnêtes gens, ont des regrets et des révoltes qui leur donnent droit à l'indulgence et au pardon. Il y a un abîme entre elles et Séraphine, de même qu'une barrière se dresse finalement entre André Lagarde et d'Estrigaud. L'auteur les a traitées avec quelque douceur, les abaissant juste assez pour étaler la puissance du vice, sans couper toute retraite derrière elles. Il les fait voir victimes du luxe, de la mode, de l'ennui, de la tolérance mondaine, de la morale affaissée, prêtes à succomber, déchues même ; mais il trouve jour, ou peu s'en faut, à les tirer d'erreur et les réhabiliter, ou à peu près. En vérité, c'était une mesure difficile à observer, et que la vie contemporaine, moins artiste ou moins bénévole, ne garde pas toujours. Elles forment un cortège troublant et un peu contrit, Gabrielle, Annette

Galeotti, la marquise d'Auberive, Léa de Clers, esseulées, d'esprit inquiet, d'humeur curieuse, de cœur sensible, ou de sens imprudents, qui importent dans le salon familial la contagion des garçonnières. Elles y trouvent un soutien en la personne de leur frère, qui fait chorus, instruit par les mêmes docteurs de sagesse, stylé par les mêmes arbitres de toutes les élégances.

Tous bâtis sur un modèle unique, ces Clitandres sont un composé de candeur et d'indifférence, de bon sens et de paradoxe, d'enthousiasme et de scepticisme, d'honnêteté fougueuse et de dépravation factice : ils s'éveretuent avec constance à mortifier en eux la bonne nature. Quelques-uns y réussissent pleinement. Témoin ce Franz Milher, de la *Pierre de Touche*, dont nous voyons qu'un héritage imprévu et des conseils habilement semés dessèchent le cœur et tarissent le génie. Mais tous ne trébuchent pas dans une grandeur si misérable. Leurs fluctuations de conscience sont comme le ressort de la comédie, qui tend ou détend le jeu de l'intrigue. Du vice ils n'ont souvent que le vernis, qu'il suffit de gratter au dénoûment. Variables selon la température et l'atmosphère qu'ils subissent, ils sont toujours d'après d'autres, alternativement conquis à la vérité, qui est la jeunesse, la foi, l'honneur qui bouillonnent et grondent intérieurement, ou alléchés par les sophismes d'une morale pratique et aventurière. C'est Philippe Huguet, dont la jeunesse se consume d'ambition ; Lucien de Chellebois, qui rougirait de ses bonnes actions, si rougir n'était une inélégance ; Léopold Fourchambault, un gandin qui a du genre au point qu'on croirait qu'il manque de cœur ; l'ingénieur André, qui traverse la fournaise, où quelque plume périt ; et Jean de Thommeray, le plus poussé de ces caractères flottants et dont il serait difficile de dire s'il est bon ou méchant. Il est l'un et l'autre, comme tous les jeunes gens de ce théâtre, entre le *côté cour* qui est le foyer de famille, et le *côté jardin*, où règnent les brillants exemplaires du luxe équivoque, de la fortune louche, de l'ambition effrénée, ou de la blague meurtrière, les Olympe, les Séraphine, les Vernouillet, les d'Estrigaud, qui donnent la main par-dessus les autres aux Poirier, aux Giboyer et aux Saint-Agathe. Et ainsi le tableau n'offre point de trous, et la composition est en parfait équilibre.

Oui, ils sont là six ou sept, qui résument leur époque, qui en incarnent les concupiscences et en recèlent les maladies sociales. Et ce que j'en admire davantage, je l'avoue, ce n'est pas, certes, qu'ils soient bientôt devenus ces *types* qui illustrent une œuvre et un nom. On est encore plus étonné et ravi que l'écrivain leur ait fait leur part, à force de goût et de souveraine raison; qu'ils n'aient pas envahi la scène par le privilège même de leurs faux brillants et de leur modernité; qu'ils ne l'aient pas encombrée de leurs machines et de leurs paradoxes à effet ; et, pour tout dire, qu'ils se tiennent dans les limites de la comédie de mœurs, sans échouer au mélodrame, qui cependant faisait ravage. Il y a là beaucoup de loyalisme et de vérité profonde. C'est surtout en présence du vice triomphant qu'il est sage de croire à l'universelle loi des compensations, et reconfortant de suivre l'assurée démarche d'un esprit, qui dénonce le mal avec une audace contenue, également exempt de complaisance pour son public et pour son talent. Ils sont six ou sept, qui dominent le théâtre de tout le passionnant attrait des mœurs qu'ils personnifient, mais atténué, estompé par la conscience clairvoyante et l'observation philosophique d'un honnête homme, qui ne s'aveugle point sur de fragiles splendeurs. Ils n'en perdent rien de leur relief, même refoulés au second plan. Qui dirait que Tartufe est devenu un type populaire, au prix de cette forte sobriété, qui est de génie, ne nous étonnerait pas autrement.

Encore Emile Augier s'y est-il presque toujours repris à deux fois pour refondre et retoucher la seconde épreuve d'une planche déjà tirée. Nous avons vu qu'Olympe Taverny était d'un dessin forcé (1), et qu'il y a des réserves à faire sur ce portrait de courtisane épousée, qui a la nostalgie de la boue. Aussi dans cette galerie d'originaux est-ce la figure qui a vieilli davantage, après qu'eut disparu la mode des rédemptions romantiques. Cette peinture de ton sur ton, de blanc sur noir, n'a pas résisté aux effets du temps. Mais Séraphine Pommeau en est l'immuable réplique. Cela ne « bouge » point, comme disent les spécialistes. Cela est saisi sur le vif, enlevé en pleine pâte, d'un pinceau vigoureux et prudent. C'est la femme d'hier, l'idole improvisée et pervertie par la fureur du luxe, dépravée à froid, la belle bête de père et mère inconnus, qui déploie à la parade des actions superbes, toute frémissante du murmure flatteur des maquignons. La tentation était grande de suivre le progrès de cette dépravation graduelle ; ce réalisme ingénu et mélodramatique a valu à d'autres des triomphes discutables. Emile Augier ne s'y est pas laissé prendre. Séraphine se révèle à nous, nette en ses contours, décidée en sa démarche, sans remords, sans fierté, sans amour, avec la ligne et l'impudeur d'un marbre où rien ne bat. Et c'est pour l'avoir prise au point précis de sa chute, où la manie du luxe dévoile cette absence de cœur, cette inconscience, cette matérielle ignorance du sens moral, que l'auteur a créé sa Célimène bourgeoise, à lui, la Célimène des petits ménages cossus, sans enfants, en commandite. « Le plaisir et le luxe sont les dieux qu'on nous prêche de parole et d'exemple : quand nous les adorons, on nous traite de monstre. Monstre, soit !... Chassez-moi donc !... Je ne suis pas embarrassée de moi. »

M. Poirier n'est pas un monstre ; j'ai peur qu'il ne soit même pas une exception. Son égoïsme est aigu,

---

(1) V. Ch II. *L'évolution de son théâtre*, p. 11.

mais bonhomme. Moins frivole que le bourgeois de Molière, il a un but, il a son plan ; s'il est féru de noblesse, c'est par surcroît, ou plutôt par intérêt, pour rehausser et servir son ambition. « Encore un d'arrivé! » Voilà le cri de son cœur. Il est un vieil ambitieux. Il l'est avec passion, avec délices, foncièrement, extérieurement, de face, de trois quarts, de profil ; rien de la caricature. L'histoire de son moi est proprement une Restauration. Longtemps emprisonné, il s'est évadé, dilaté, élancé vers les brillants espoirs et les vastes pensers. M. Jourdain, au fond, était un brave homme, quoiqu'il eût l'air d'un grotesque. M. Poirier a l'air d'un brave homme ; il est digne, décoratif, modeste, et il est plein de superbe ; il a la mine ouverte, et il est concentré : il a toute la mine de ce qu'il n'est point. D'en faire une charge à la Gavarni, rien n'était plus aisé. Il est le type supérieur du bourgeois enrichi, madré, personnel, vaniteux, et point sot. De la rue des Bourdonnais transplantez-le dans une officine de tabellion compagnard : ses idées se rétrécissent, claquemurées dans un horizon plus étroit ; ses défauts s'exaspèrent ; c'est Maître Guérin. M. Poirier est un faux libéral ; il a l'autorité finaude et intransigeante du boutiquier parvenu. C'est son vice. Il se fait centre. Sa fille, son gendre, Verdelet, tous ne sont à ses yeux que des associés inférieurs et innocents, qu'il tourne à ses fins. Il n'est pas avare ; il est négociant. Il consent aux sacrifices utiles, et ne rogne sur les frais généraux et la réclame qu'au moment où la raison sociale menacée l'oblige à réduire ses visées. Le marquis est une valeur, qu'il achète à la hausse, quand elle est négociable, et qu'il liquide à perte, dès qu'elle n'est plus de rapport. Et comme au fond de l'égoïsme fermente toujours un levain d'orgueil, après avoir hasardé le bonheur de sa fille en un mariage de convenances personnelles, il brûle d'en assurer le malheur par une séparation qui venge son amour-propre joué. Esprit court, mais obstiné, d'une intelligence vive, mais spéciale, qui croit s'entendre à tout, qui peut prétendre à tout, sec et vain, mais non pas sans mérite ; respectueux de soi, dédaigneux des autres, ferme sur le passé et confiant dans l'avenir, M. Poirier reste le représentant d'une époque où la richesse a poussé de l'épaule la noblesse, pour la remplacer au pinacle et s'y tenir.

La sûreté du goût et du talent n'est pas moindre dans la peinture des *Effrontés*. D'abord Vernouillet.

Quand Scapin mourut, le subtil artiste de duperies laissait un fils, Crispin, gentil drôle, de gaîté un peu folle, mais de naissance et de sentiments suspects. Crispin engendra Frontin, un valet de hasard, aux doigts crochus. De la même lignée naquit Figaro, qui s'institua tribun, pour être quelqu'un. Il ne manquait pas d'esprit ; il en faisait surtout. Il fit même souche d'hommes d'esprit, comme lui, qui en eurent davantage, ou du moins l'eurent plus positif et le laissèrent fructifier. Les petits Figaro, les rejetons de M. Figaro portèrent leurs gages à la bourse, et dépouillèrent la livrée. Tel est l'arbre généalogique de Vernouillet. — Au reste, rien de M. Poirier. Vernouillet n'est pas un parvenu : ce qui implique peines, labeurs, patience et longueur de temps. Il n'est même pas un homme qui se pousse. Il est un homme pressé. Il s'improvise et s'impose par un coup d'éclat, dût l'éclat fêler les vitres. Que sont morale, honneur, famille, patrie pour un homme de cette trempe, qui a par devers soi la complicité de la fortune ? Le moyen de jeter cette espèce dans une comédie de mœurs, sans que le traître et industrieux coquin chavire dans le drame ou le mélodrame ? Vous ne connaissez pas Emile Augier... Faire de Vernouillet un escroc en passe d'arriver à tout, même à prendre l'allure d'un honnête homme, cela était neuf et vu. Oh ! que cela était vu ! Mais le trait du génie, comme dit l'autre, est d'en avoir fait un *effronté*, c'est-à-dire justement le contraire d'un homme courageux et conséquent dans ses audaces.

L'effronterie est une attitude. Elle procède par boutades ; si elle a l'œil provocant, c'est qu'elle craint à tout coup de le baisser. Elle est quelque chose comme de la défiance surmenée. L'extraction de Vernouillet lui pèse, et lui courbe le front au premier échec. Un homme de cette origine est capable de toutes les témérités, parce qu'il ne saurait retomber au-dessous de l'étage d'où il s'est élevé ; mais à la première passe grave, le voilà désemparé, parce qu'il est mal né, parti de trop bas, parce qu'il a du sang de faquin dans les veines, et qu'il est hanté des coups de bâton endossés par ses ancêtres. En vain il s'habille en gentleman ; le veston est moulé ; mais le moule est d'un laquais. Dès le premier choc, c'est une aubaine pour lui de rencontrer un marquis, un vrai, qui le redresse, le remette en selle, et lui fasse la leçon. Mais attendons la fin. Et en effet, le personnage est double. Il a repris de l'aplomb, l'arrière-petit-fils de Frontin ; il a du flair et de l'ingéniosité, le petit-neveu de Figaro. Ce n'est pas une imagination médiocre que d'acheter un journal pour faire l'opinion au lieu de la subir. Il se met en tête de singer le désintéressement, et de refuser la subvention ministérielle pour consolider son crédit. Repousser les présents d'Artaxerxès, c'est le piquer d'adresse. C'est fort bien joué. Pour rentrer en grâce auprès des hommes, il a l'idée de conquérir les femmes ; il veut être digne, ce forban ; et sa dignité ne saurait être consacrée que par un riche mariage, qui l'installe confortablement dans le monde. Bravo, mon cher, on n'est pas plus habile. A seule fin d'obtenir la fille, il flatte le père, cajole le fils, s'intrigue et s'insinue auprès de la marraine, une noble dame un peu compromise, mais reçue partout. Le coup est d'une rare sagacité, et les cartes filées supérieurement.

Mais prendre une marquise par l'argent, supposer qu'elle s'achète ou se vend comme l'opinion publique, et, si elle se fâche, se fâcher gauchement, se venger bassement, et l'afficher dans le journal à côté de mademoiselle Tata ; M. Vernouillet, je marque une école. Fi ! Que cela est maladroit et mesquin ! C'est le manant qui reparait, et qui triche au jeu de l'effronterie. Elle ne réussit pas, votre chronique scandaleuse. Le scandale vous éclabousse. La gente dame offensée, qui a de la race, s'aligne en plein salon et vous porte un coup droit. Et l'on dirait que vous, qui manifestement n'en avez point, vous faiblissez, M. Vernouillet, et que Scapin n'est pas à l'aise devant la marquise. Prenez garde, vous vous enferrez, vous vous exécutez vous-même. Votre riposte est brutale ; et la brutalité envers les femmes n'est de mise que dans votre monde. Vous êtes, dites-vous, enchanté de ce duel, qui sera votre brevet de gentleman, et de ce bras en écharpe qui fait rêver les petites filles. Mieux raisonné ; on vous retrouve. Encore une fois, vous avez de l'esprit, j'en conviens, mais qui n'est pas de qualité. Car voici que vous faites faute sur faute. Après avoir indisposé la marraine, voici que vous pensez réduire l'opposition du frère par le rappel d'un article d'antan, le souvenir du procès Charrier, d'un procès identique au vôtre, et qui vous donne bien de l'assurance. Comment n'avez-vous pas prévu que le père, qui n'est pas un effronté, cédera aux instances de son fils, dont il a fait un gentleman plus accompli et chatouilleux que vous, et qu'on réparera l'honneur, quel que soit le sacrifice ? Décidément votre nature n'est pas à la hauteur de votre imaginative, et les épaules vous démangent. — Et décidément, aussi, je démêle à présent les diverses nuances de ce type complexe et moderne, qui sont les atténuations morales du rôle et l'intuition profonde d'un atavisme consolant. Que deviendraient les honnêtes gens, si les effrontés n'avaient leur déchet ?

Cet autre est franchement un gueux. Aussi est-il plus populaire. On l'appelle Giboyer. Il descend de Patelin et de Panurge ; la Révolution l'a rejeté comme une épave. Il a cruellement subi les bienfaits de l'instruction : Pic de la Mirandole déclassé. Il n'est guère autre chose dans les *Effrontés*. Fils de portier, doué d'une rare intelligence, il fut envoyé à Paris, enfant prodige, destiné aux plus beaux succès scolaires. Il fut exploité par un « marchand de soupe », et finit par retomber sur un pied dans une officine littéraire et hebdomadaire, la *Bamboche*, à quarante ans, « le gousset vide et le corps usé jusqu'à l'âme. » C'est le pendant de Vernouillet, — avec cette différence, que l'un a fait ses études à balayer le cabinet d'un agent de change, étant plus pressé, et aussi plus pratique ; et que l'autre a eu un temps l'illusion qu'un demi-savoir mène à tout, et que la souplesse des aptitudes supplée à la direction de la volonté ; l'un confiant dans la force de l'argent, même mal acquis, l'autre dans la supériorité de l'instruction, même bâclée et incomplète ; l'un effronté, l'autre bachelier. Des deux lequel est le plus dangereux ? L'avenir le dira. — Mais Giboyer aussi a sa tare ; il est bon fils. Laissez-le vieillir : il sera bon père. C'est un vice du sang, une manie de sentimentalité qu'il a héritée de Figaro : le grand-père était tribun, celui-ci est socialiste, mais d'un socialisme théorique et critique plutôt qu'efficace (encore Figaro), irrité contre les abus plutôt qu'éclairé sur les remèdes, de belle humeur caustique comme Panurge, fertile en expédients comme Patelin : l'espèce d'hommes la plus misérable et la moins haïssable, quand elle s'avise d'être honnête à sa façon, et de joindre à une certaine naïveté foncière et très intérieure une effronterie fanfaronne et sceptique. Le mal que peut causer ce produit d'un siècle de lumières, dont l'esprit, la plume sont à vendre, Emile Augier l'avait indiqué dans les *Effrontés* ; il l'a fortement marqué dans le *Fils de Giboyer*.

Là ce gueux, ce forban de lettres, ce corsaire du journalisme, cette intelligence factotum, capable de composer le plus bel ouvrage humanitaire, et d'écrire les pires insanités, de s'élever aux plus hautes conceptions et de plonger dans les plus infâmes besognes, de penser et de spéculer en philosophe et de sombrer dans les bas-fonds des industries vaseuses, de concevoir le plus libéral discours sur les réformes de l'enseignement, et de brocher à talent égal la diatribe contradictoire; là, heureusement, Giboyer est un père, un père d'élite, qui se repaît et se grise de sacrifice, qui noie les vilenies de son existence dans les rêves et les vœux qu'il forme pour ce Maximilien, à qui il a donné de l'instruction solide et de l'honneur immaculé, « comme si ça ne coûtait rien », en qui il compte revivre d'une vie respectée et glorieuse, digne d'effacer « jusqu'au souvenir de la sienne ». Là cette figure s'agrandit singulièrement; elle a un relief incroyable; elle s'assombrit et s'embellit à la fois. Elle est la plus étrange contradiction qu'ait pu révéler une époque positive, un chaos de clartés et de ténèbres, la contrariété vivante de l'instruction poussée à ses pires conséquences et de la nature qui répare bonnement les méfaits de l'esprit. « C'est la courtisane qui gagne la dot de sa fille. »

Quand Rabelais eut rencontré Panurge, ce spirituel bandit, il l'affubla d'un costume ridicule et lui chaussa le nez de grotesques lunettes, pour lui donner un air inoffensif et rassurer son monde. Lorsqu'Emile Augier découvrit Vernouillet et Giboyer, d'abord il en eut peur; et, pour réconforter les honnêtes gens, à l'un il donna l'âme d'un laquais, à l'autre le cœur d'un père.

Quant à M. de Saint-Agathe, il l'a, hélas! affligé d'une bosse, d'un dôme rond, exhaussé, dévié, au beau milieu de la colonne vertébrale. Cette bosse est le point de départ de sa carrière, « le point de mire de toute sa vie », le point d'arrêt de son avancement dans la légion, où il a pris du service et ne sera jamais que soldat. Il appartient à cette compagnie qui a sa tête à Rome, et ses membres partout. Il est de cette association mystérieuse qui hantait l'imagination des bourgeois de 1850, et qui inspire à Emile Augier une terreur secrète. La cause de son affiliation est une rivalité d'enfance, et non une vocation respectable, quand elle est sincère. « Votre rival à vous, c'est notre frère l'évêque. Sa brillante destinée a toujours été à la fois votre rêve et votre cauchemar. Mais autant il est beau, éloquent, sympathique par sa loyauté, autant vous, vous n'êtes rien de tout cela (1). » Il est précepteur du jeune vicomte de Valtravers, dans une famille qui a des accointances avec la maison succursale d'Uzès. Humble, modeste, il n'a pas de besoins ; il fume peu, et seulement quand les dents le font souffrir. Il est souple, cauteleux, insinuant, diplomate, à moins qu'il n'y ait nécessité qu'il prenne un ton impérieux. Il sait à propos mettre en pratique la maxime d'Onuphre, dont Basile a fait l'apologie. « Une petite calomnie, moins que cela, une légère médisance lui suffit pour ses pieux desseins ; et c'est le talent qu'il possède à un plus haut degré de perfection (2). » D'ailleurs il désarme, sitôt que les gens ont fait leur soumission. Il a des euphémismes confits en douceur. Il se rétracte en toute humilité ; il avait mal entendu le propos qu'il a redit de léger ; il déplore béatement « la médisance de ses oreilles. » Il n'est ni trop sévère ni pas assez sur la moralité de son élève, selon les cas de sa conscience et les exigences de ses projets. Catherine de Birague, dont il recherche la main pour Adhémar et les millions pour la Compagnie, n'aime pas les ingénus. Avec la grâce du Ciel sa discipline s'humanise; et voici l'exorde du spirituel sermon qu'il adresse au fiancé récalcitrant, au fougueux Chérubin, qu'il dirige : « Quand je dis : grâce

---

(1) *Lions et renards*, I, 6.
(2) La Bruyère. Chapitre de la *Mode*. — *Onuphre*.

au Ciel, Monsieur, c'est que je reconnais un dessein de la Providence dans des égarements passagers, qui sont peut-être le chemin du cœur où vous êtes appelé à rapporter la lumière. Poussez donc plus avant dans cette voie mystérieuse ; revendiquez le détestable honneur d'un duel... » C'est l'homme le plus minutieux, le plus informé, le plus calme, et le plus doué de logique. Il excelle à prendre les gens dans ses filets par persuasion ; et il a une éloquence si convaincante, qu'il suffit de l'entendre un quart d'heure pour reconnaître qu'il débrouille le chaos de votre vie mieux que vous-même, qu'il en connaît les moindres détails, surtout ceux qu'on tenait le plus à cacher, et qu'il pratique le pardon des pires erreurs, dont le repentir s'affirme par une entière capitulation. Dirai-je qu'il est incapable d'abuser de sa victoire et de ses dossiers, au delà de ce qu'exigent les intérêts d'Uzès, dont il est le plus dévoué et le plus modeste serviteur ? Si vous demandez à cet homme à quoi il tient ici-bas, il vous dira qu'il aime Dieu et son prochain ; mais vous êtes simple d'esprit, si vous croyez que cette aliénation de la volonté, ce renoncement plus que chrétien sont exempts de passion, de jouissance et d'orgueil. « J'immole mon esprit et ma chair à l'omnipotence de l'Ordre, qui est *mon assouvissement*; et quand on me portera en terre après une vie d'obscurité et de privations, le monde ne se doutera pas que ce cadavre sans nom a fait des orgies de pouvoir, qu'il a *senti passer dans ses os les plus âcres voluptés du despotisme !* » Et cela est dit d'un ton doux, détaché, inoffensif et irrévocable. Ici la peinture est si déliée que ce type s'est un peu effacé derrière la figure plus populaire et romanesque du Rodin d'Eugène Süe, et celle plus séduisante et moderne de l'immortel baron d'Estrigaud.

Il n'y a qu'un baron, — et je soupçonne qu'il est de fraîche date — ; mais il y a deux d'Estrigaud, dont l'un fait pendant à l'autre, à moins que ce ne soit le même, retouché, adouci, plus rassis et mûr. Nous avons vu le premier, à propos de la *Contagion*, dans tout le charme de son insolence et l'éclat de sa prestigieuse immoralité. Il a fait son entrée devant nous, brillant, pimpant, souriant, vêtu à la dernière mode ; puis nous l'avons retrouvé chez lui, meublé avec luxe, galant avec les femmes, un peu haut avec les hommes, imperturbable débiteur d'aphorismes ultra-modernes, qu'il frappe en médailles, et dont il favorise le cours au mieux de ses intrigues et de ses intérêts. Il est un maître des belles manières, de la séduction et de la *blague* distinguée. Il se couche à dix heures pour être reposé à deux heures du matin, et gagner au cercle tout ce qu'il veut. Il joue à la Bourse sur les indications d'une actrice, Navarette, qui lui transmet les renseignements du coulissier Cantenac, pour qui elle a d'intelligentes bontés. Un ingénieur arrive à Paris avec une idée, qui peut être une fortune. Il l'attire dans son demi-monde, qui est un coupe-gorge. Il a un jeune ami, dont il a fait son élève, assuré que ses enseignements vont droit à la sœur, qu'il recherche par caprice d'abord, pour son salut ensuite, et pour cause de déconfiture. Et cet homme est terrible, à mesure qu'il est plus séduisant. Et à celui-là aussi, à ce raffiné docteur du vice, qui a de la tête assez pour tenir tous ceux qui l'approchent sous sa dépendance, le terrain finit par manquer. Ce caractère, ce tempérament a deux faiblesses. Il est premièrement dupe de sa haute immoralité, et trouve en Navarette une petite femme très moderne aussi, et plus rouée que lui. Et puis, mon Dieu, oui, Emile Augier a la foi que toutes ces espèces manquent de cœur, d'Estrigaud comme Vernouillet, Vernouillet comme d'Estrigaud, et que l'orgueil de cette philosophie triomphante n'est que fumée et vaine apparence. Celui qui déclarait à tout venant, le front serein, que le jour de sa ruine serait celui de sa mort, ne songeait qu'à excuser par des phrases un train de vie d'origine louche et d'une probité douteuse. Déclarations, déclamations. D'Estrigaud perd à la Bourse, et il n'a que le courage de se survivre. Il mène sur le terrain des gens qu'il veut tuer, et il a la prudence de leur laisser croire à un duel pour la forme ; il s'abaisse à jouer un rôle, et consent à tomber en pâmoison pour une blessure imaginaire : la vérité est qu'il concède moins au respect humain qu'au respect de sa vie. Il n'est pas si crâne, le baron. La société, avertie et édifiée, n'a qu'à se tenir en garde.

Le d'Estrigaud de *Lions et Renards* a pris de l'âge, et il a l'expérience des chutes. Il ne considère plus le mariage comme un pis-aller, mais comme un capital à réaliser de suite et sans hasard. Il aspire sourdement, lui aussi, aux millions de Catherine, et contrarie les desseins de M. de Saint-Agathe. Il est devenu plus cauteleux dans ses démarches ; il exerce une séduction plus insinuante et enveloppante. Il ne songe plus à attirer chez lui la femme qu'il a visée. Il se rencontre au théâtre avec elle, dans une loge d'amis, se fait présenter, offre ses hommages, saisit ce prétexte d'une visite, et apporte lui-même, par une attention délicate et stratégique, un objet, un livre, un souvenir, un rien précieux. Il compromet Catherine discrètement, obliquement, pour l'épouser finalement. Il ne dresse plus d'embuscades avec la leste décision d'autrefois. Il cerne la place, il creuse ses tranchées, il trace ses parallèles. Il a en soi l'étoffe d'un général. S'il échoue à Paris, il sera plus heureux à Rome. Il faut lire la scène diplomatique entre Saint-Agathe et lui (1), pour juger combien il s'est assoupli, assagi, plus adroit et moins cassant. C'est le même procédé de retouche à l'estompe. Et il est vrai qu'à présent je crains ce type davantage. Il incline à l'hypocrisie, comme Don Juan. Il calomnie, comme Basile. Il fera sa retraite chez les bons Pères :

(1) *Lions et renards*, IV, 7.

c'est la suprême ressource de l'intrigue aux abois. Vaincu par l'austère sang-froid de la robe courte, il renonce au monde, qui le quitte, au luxe, qui se dérobe sous lui, à la pauvreté, qui le menace et qu'il redoute. Quand le diable devient vieux, et qu'il n'est pas trempé contre les vicissitudes, il prend un biais, qui a l'air d'une résolution : il se fait ermite. « Assez d'erreurs et de scandales ! Mes yeux se sont ouverts, je renonce au siècle. » — « Merci, général. » — « Oh ! dans dix ans. » — « Peut-être. »

Et voilà donc ces caractères, qui personnifient au plus haut point les vices du milieu de notre siècle, et qui sont devenus à bref délai les types de ce théâtre. Non qu'Emile Augier fût porté de nature à peindre avec plus de complaisance les perfides dehors d'un positivisme de pacotille. Au contraire, il n'a pas eu trop de son regard acéré, de son talent difficile, de son goût sûr et diligent pour percer à jour le néant de ces âmes fastueuses, pour fondre et refondre le trait de ces splendeurs maquillées, pour réduire à sa valeur le clinquant de ce scepticisme agioteur et le remettre en sa place, pour maintenir l'harmonie de son œuvre et conserver à sa comédie la véritable portée morale et sociale, qui en est le premier et le dernier mot, pour défendre enfin l'intégrité de la famille, qui est le rempart des honnêtes gens, et renseigner sur ses propres excès la société contemporaine, issue de la Révolution.

IX

L'ÉCRIVAIN.

Avec Molière, Emile Augier est le seul auteur dramatique qui ait écrit d'une égale supériorité en vers et en prose. Son style poétique, dont il se servit surtout à ses débuts, est nourri des grands modèles. S'il est excessif de prétendre, comme on l'a fait, qu'il ne s'éleva d'abord guère au-dessus des pastiches de Regnard et de son maître, il est juste de reconnaître que son vers ne s'affranchit pas tout de suite de l'imitation. Et je ne dis pas seulement qu'il s'est sans hâte dégagé de la poésie classique, dont il était imprégné, mais aussi de la tirade romantique, dont la forme et la couleur — sinon le lyrisme et la poétique même — n'ont pas laissé que de le séduire. Si parfois, dans *Paul Forestier*, on rencontre des vers comme celui-ci :

> Tudieu ! quelle gaillarde aux tentations promptes !

on trouverait dans l'*Aventurière* quelques couplets à la Musset :

> Ventrebleu ! Plus je bois et plus ma soif redouble !
> Regarde-moi ce jus, l'abbé, ce jus divin,
> Que le monde a nommé modestement du vin !

et jusque dans le *Joueur de flûte* quelques morceaux qui ont, à défaut de l'envergure, l'éclat de Victor Hugo ou d'Alexandre Dumas :

> Tout un monde invisible à mes yeux a brillé :
> Monde de volupté, de parfum, de lumière,
> Dont l'éclat rayonnait autour de ta litière,
> Monde resplendissant, aux jours d'été pareil,
> Dont ta fière beauté me semblait le soleil !

Mais parmi ces imitations mêmes, il est aisé de reconnaître la marque propre d'Émile Augier. Il a de l'imagination, de la fantaisie ; il est riche, somme toute, en sensations poétiques ; mais d'abord il est poète dramatique, c'est-à-dire que sa période prend de soi et d'emblée l'allure du théâtre, qui est un rythme démonstratif, et non pas, comme chez les lyriques, l'infinie variété des rythmes. Il a, sans effort, le mouvement qui convient à la scène, et sa tirade s'y plie sans révolte, comme par un don de nature. Émile

Augier a eu ce don dès le début. Il possède le rythme dramatique, peut-être moins uniforme et émietté, moins arrêté en ses contours que celui de Molière, aussi net d'ensemble, et toujours dans le train de la scène. Cette professionnelle qualité de son style poétique se fortifie encore dans la prose.

Joignez qu'il a, sinon inventé, du moins mis en valeur avec obstination la poésie bourgeoise et modeste. La philosophie de son théâtre l'y inclinait. Mais cela encore était assez nouveau et osé après le lyrisme exalté de Hernani, à côté même du classicisme éloquent et indiscret de Ponsard. Toute une école est sortie de là, qui a ses partisans et ses renommées (1). C'est la poésie des humbles, le chant des joies domestiques, des intimités, des honnêtes misères, du travail, du ménage, de la campagne, de la province et de la banlieue, l'hymne familial des peines récompensées, de la vie régulière, et de l'avenir consolidé.

> J'ai quinze mille francs chez Lassusse, dix mille
> Chez Blanche, hypothéqués sur sa maison de ville.

Le « luxe d'un garçon » et le « machin au fromage », qui firent bondir M. Vacquerie à la première représentation de *Gabrielle*, sont les exagérations concertées d'un auteur jeune, et qui fondait un genre dont l'audace ne nous bouleverse plus aujourd'hui. Et c'en était une pourtant que d'écrire, à cette époque, des pièces en vers, où l'on chiffre, où l'on mange, où l'on vit simplement, et d'ajouter l'épice de la rime à celles du pot-au-feu. Il a le sens du bien-être, l'amour du gîte, le rayonnement d'une belle santé physique et morale. On peut lui reprocher quelques vers prosaïques ou d'un esprit entortillé :

> Permettez à vos pieds, Madame, qu'on se jette.

(1) *François Coppée, Eugène Manuel.*

ou encore :

> Je m'appelle *Michel*, et quand on ajoute *Ange*,
> C'est qu'on veut me gratter où cela me démange.

Mais on ne saurait lui dénier la faculté de sentir vivement le bonheur calme, et de l'exprimer dans une langue puisée à la bonne source, populaire et savoureuse. Par ce côté, il rappelle Regnard ; si son style est moins pur quelquefois, il est de la même venue, jaillissant, résonnant, abondant en images familières, en digressions exquises, en vers qui pétillent et perlent comme les vins mousseux. Et surtout, il a le précieux don du rire, même en vers, de ce rire sain et prolongé, à la façon de nos ancêtres, de ce rire débridé qui secoue corps et âme. Relisez cette variation sur le bâillement, qui est pourtant le symptôme contraire, où l'écrivain se joue avec la franche gaîté d'un style alerte et d'un bel estomac.

> C'est très contagieux le bâillement, marquise,
> Lorsque le bâilleur peut bâiller avec franchise.
> Un jour mon héritier bâillait, et par dedans
> Me montrait le pâlis de ses trente-deux dents :
> Ah ! me dis-je en bâillant moi-même à claire-voie,
> Ces trente-deux dents-là laissent tomber leur proie.
> J'étais vaincu, marquise, et me mis à chercher
> A quelle blanche main je pourrais m'accrocher.

Et puis, avec cette santé intellectuelle, cette fantaisie honnête, cette richesse d'images simples et de tours aisés, il avait tant de verve naturelle, de sensibilité délicate, de clairvoyance dans l'observation, que j'avoue le préférer encore, lorsqu'il est délibérément moderne et qu'il écrit en prose.

Son goût y est plus pur. Il n'a le loisir de s'attarder ni aux jolies choses ni aux digressions agréables. Il est plus maître de lui, parce que son sujet est là, qui le ravit, qui le saisit, qui le presse, qui lui coupe les velléités de s'amuser aux mille gentillesses de la fantaisie. Quand d'Estrigaud paraît, le moyen de flâner parmi les délices de la garçonnière ou de dénombrer les curiosités de l'armoire aux médailles? Alors le rythme dramatique s'accélère en un mouvement rapide, serré, qui ne s'arrête ni aux à-côté ni aux bagatelles du développement. Le principal mérite de cette prose est dans l'ordonnance unie et la composition sévère, presque austère du sujet. On sait qu'Emile Augier fixait et arrêtait dans son esprit, avant de prendre la plume, jusqu'aux moindres phrases de ses comédies de mœurs, se reposant sur la mémoire du soin d'élaguer ce qui était de trop. Il y paraît. A chaque fois que se fait une reprise de ses grandes pièces, les coupures concernent des allusions démodées ou des tirades qui datent : mais il est de ceux dont on ne retranche rien, sans nuire à l'ensemble. Cette solide précision est plus que du talent : la probité du style se règle sur celle de la pensée.

De là vient qu'il n'a besoin, pour atteindre à l'effet, ni des crudités téméraires ni des audaces concertées. Nulle intempérance de langage; nul réalisme, au sens aujourd'hui si commode du mot. Dans les scènes les plus poussées de la *Contagion*, des *Lionnes pauvres*, vous ne relèverez aucun trait de méchant goût, aucun mot de derrière les coulisses. L'ordre même et la suite des pensées donnent au tableau toute sa couleur et tout son relief. C'est la marque d'un art supérieur, où la forme n'a toute sa valeur que parce qu'elle disparaît. Ceux qui s'élèvent contre l'abus du style, au théâtre, ont raison mille fois, à la condition d'en user ainsi avec le mouvement et la pensée.

Au fait, Emile Augier n'a pas, à proprement parler, de style. Je ne l'entends pas comme ses détracteurs. A part quelques tirades un peu rédigées, dans lesquelles la déclamation est relativement nécessaire, il laisse la parole à ses personnages et se garde de les faire écrire. Il a plus de force que de grâce, plus de naturel que de brillant. Et comme il possède tous les genres d'esprit, il lui manque précisément l'esprit d'auteur. A peine trouverait-on quelques mots deci delà, qui accusent la complaisance d'un écrivain en coquetterie avec son public. L'excès est rare, tant la verve est jaillissante. Autour d'une table de célibataires en liesse, dans la *Contagion* et *Jean de Thommeray*, il jette les confetti de la verve à pleine poignée, sans compter, de la pire et de la meilleure, en prodigue qui a observé de près ces promiscuités de la gaudriole et du plaisir. M. Poirier a une façon d'être spirituel, qui n'est pas celle de Gaston de Presles, lequel n'a pas encore le flegme de d'Estrigaud. Ils blaguent également, mais chacun selon sa nature et dans sa condition. M. Poirier donne dans la trivialité, Gaston prend le ton gouailleur, et d'Estrigaud affecte l'ironie dédaigneuse et blasée. Ce sont nuances délicates. « Vous saurez qu'il y a plus de cervelle dans ma pantoufle que sous votre chapeau », dit le boutiquier enrichi. Amas de substantifs, mauvaise humeur. Avec quelle finesse pincée le gendre se joue, à son tour, des prétentions artistiques de son beau-père, et détaille, et distille la moquerie ! Quant à d'Estrigaud, il frappe ses maximes à son effigie, avant de les mettre en cours. « La sœur d'un ami m'est aussi sacrée que sa femme.... ni plus ni moins. » Cela s'appelle n'avoir pas de style ; croyons-en Beaumarchais, qui s'y connaissait assurément, s'il n'y réussissait pas toujours.

Cet essentiel soin de la composition, cet instinct du mouvement dramatique, soutenu d'une verve impersonnelle et variée, suffisent à expliquer qu'Émile Augier n'ait jamais bronché dans les narrations ou les théories, qu'il coupe, anime, lance dans le train du théâtre, et qui reflètent en passant l'image des caractères. Je sais un récit, le plus joli du monde, qui se débite parmi les fusées du rire, qui s'interrompt, se poursuit, se reprend, se rattrape d'une bouche en l'autre, et s'achève enfin sur les lèvres de celui qui l'a commencé. L'aventure, au fond, reste la même; mais chacun collabore suivant son tour de tête et sa fantaisie. C'est le modèle des narrations dramatiques, — et syndiquées (1). D'un art égal il sait faire passer la thèse ou le point de morale à débattre dans l'économie même de la pièce, tant y a que tous y participent et s'y intéressent selon leur humeur ou leur éducation. Témoin les discussions où intervient Giboyer. Et il enlève pareillement d'une main légère tous les morceaux de coquetterie ou de diplomatie, dont il est indispensable qu'aucun mot ne s'écarte, sous peine d'entraîner et de dévoyer l'ensemble. Rien de plus achevé, en ce genre, que la scène des *Effrontés*, dans laquelle Henri fait sa cour à la marquise. Rien de direct, tout oblique et parallèle; l'allusion voile et décèle l'intention; et pas un mot, pas un geste qui ne trahisse la complexion entreprenante d'un des partners et l'humeur un peu lasse et curieuse de l'autre. Aucune réplique ne s'en détache : tout n'y est qu'acheminement discret, et d'une logique très détournée. Quant à faire paraître sur le théâtre, à décrire par le menu et pourtant à grands traits les séductions du vice, les oscillations de la conscience, les capitulations de l'honneur, c'est le triomphe de l'écrivain dramatique, qui n'écrit point. Toutes les nuances dégradées y prennent leur valeur, y sont en leur vrai jour, sans empâtement ni recherche; la scène est filée d'un art imperturbable : cela est uni et définitif.

De sorte que le style d'Emile Augier se pourrait définir d'un mot connu et légèrement modifié : *l'ordre et le mouvement dramatiques qu'il a mis dans ses pensées.* Il est proprement une désillusion pour les esprits un peu courts ou les goûts très modernisés, qui cherchent avant toute chose les mots à effet, les phrases vécues, les audaces faciles et qui déconcertent, — dont on dit

---

(1) *Jean de Thommeray*, III, 1.

d'un air entendu (et à peine dédaigneux pour les éducations vieillottes qui y répugnent) qu'elles sont vivantes, et poignantes, et saignantes. Ceux-là ne trouvent pas ici leur compte et demeurent déçus par cet art supérieur à l'artifice, et ce style qui s'efforce uniquement à la vérité et à l'harmonie de la pensée. Et enfin, c'est, pour tout dire, chez l'écrivain comme chez l'homme, une indiscrétion de bon sens et d'honnêteté, poussée jusqu'au génie.

J'ai dit : *génie*, et ne m'en dédis pas. Au moment où Emile Augier vient à peine de disparaître, il serait outrecuidant de présager ou de prévenir les arrêts de la postérité. Nous sommes encore trop intimement liés à la société qu'il a observée et à l'époque qu'il a peinte, trop directement soumis à leurs préjugés et à leurs influences, pour prononcer sans appréhensions sur les parties de cette œuvre qui sont de marbre, et immortelles. Mais d'ores et déjà peut-on dire ce qui constitue le génie d'Emile Augier, ce qui a fait de lui un classique, avant même qu'il fût mort.

« J'ai gardé de ma naissance, déclare un personnage du *Post-Scriptum*, un fonds de bonne humeur, dont la vie n'a pas encore pu triompher. Il est vrai que j'ai une santé athlétique, mauvaise disposition pour la mélancolie. » Emile Augier a été un esprit sain, l'un des plus sains peut-être de ce siècle. De là lui viennent deux qualités essentielles au caractère français, et qui sont les solides assises de notre littérature : le bon sens et la gaîté. C'est en vain que nous entreprenons, à de certaines périodes, de nous exercer à la sensiblerie, à la mélancolie, au pessimisme : il nous est malaisé de faire violence à notre nature et de nous assimiler ces germes exotiques, qui ne rencontrent pas en nous un favorable terrain. La mode passe, notre tempérament reste. Avec nos airs légers, évaporés, nous ne sommes qu'un peuple de bon sens, foncièrement heureux de vivre. Qu'y faire ? On ne s'amende plus, quand on a tant de siècles sur les épaules. Et par ces deux mérites, qui ne lui ont point coûté, Emile Augier se rattache à la grande tradition des écrivains de race, des Rabelais, des Molière, des Regnard. Il est classique de famille.

Classique, il l'est aussi par l'équilibre et la probité de son esprit, par son idéal de raison et de clarté, par une tendance à voir nettement le mal, à l'observer avec pénétration, à le révéler sans faiblesse ni tristesse, et avec mesure, à en rire enfin pour n'en pas pleurer.

Il est classique même, parce qu'il représente, à l'époque précise — et peut-être provisoire, n'importe — de son avènement, une classe de notre société, qui depuis trois siècles n'avait fait que croître et grandir, tant qu'enfin de rien qu'elle était elle devint tout, et pensa devenir davantage. Il a montré la bourgeoisie triomphante, avec ses qualités moyennes et solides, — intelligence, activité, probité, — et ses excès de pouvoir et ses impatiences du succès, et son ambition démesurée, et ses vues un peu étroites, — âpreté au gain, morgue de la fortune, tolérance pour l'argent, d'où qu'il vienne, où qu'il aspire; — et il a eu assez d'honnêteté pour opposer les vertus aux vices sans sacrifier aux lions du jour les braves gens, assez de décision pour démasquer les uns et rappeler aux autres que « l'opulence est un état difficile à exercer; qu'il faut y être acclimaté pour la pratiquer sainement » (1). Il est sur la scène le plus bel exemple de ce que ce tiers état régnant a pu faire voir de raison forte et de bon sens courageux : et cela même est son génie. Dans quelque deux cents ans, lorsque le temps aura passé sur son œuvre et poursuivi les destinées de notre société, les éditeurs mettront en vente, revu, corrigé, accompagné d'un commentaire historique et de notes morales et philologiques, le *Théâtre classique d'Emile Augier, bourgeois de Paris.*

(1) *Pierre de Touche*, I, 1.

ALEXANDRE DUMAS FILS

I

LA DAME AUX CAMÉLIAS. — DIANE DE LYS.

J'imagine que M. Alexandre Dumas a dû pâtir quelquefois, à force de s'entendre appeler : l'auteur de la *Dame aux Camélias*. Car il l'est, définitivement pour le gros public, qui n'y entend pas finesse, irrémédiablement pour quelques esprits malins, qui proclament que cette pièce est un chef-d'œuvre unique : ce qui, dans leur pensée, ne veut pas dire incomparable. Jadis même, J.-J. Weiss entreprit de montrer qu'à chaque pièce nouvelle l'auteur s'allégeait d'une de ses qualités natives, et qu'il ferait sagement de revenir à la *Dame* de ses débuts. Et cela, juste à l'époque où M. Dumas, qui par un heureux accident avait pris pied sur le théâtre avec éclat, avait l'audace d'y chercher une autre voie, de la frayer obstinément, et donnait *Diane de Lys*, le *Demi-Monde*, le *Fils naturel*, à des intervalles raisonnés et réguliers. D'où j'induis, sous toute réserve, que de ce souvenir, si brillant et durable qu'il ait été, l'écrivain a dû être parfois gêné et incommodé, comme d'une exagération flatteuse, qui deviendrait avec le temps un aveugle préjugé.

Loin de moi le dessein de rabaisser *Marguerite Gautier*, et ce drame vibrant d'ardeur et de jeunesse, avec des accents d'une sensibilité naïve et des traits d'un réalisme un peu romanesque et ingénu ! En vieillissant l'ouvrage a bien gardé l'air des belles choses, toute la mine d'un chef-d'œuvre inconscient, qui révélait des dons prodigieux, — mais pas ceux peut-être que l'auteur devait développer surtout. Ce coup d'essai était un coup de maître, — mais d'un maître assez différent de celui que nous apprécions aujourd'hui. N'est-ce pas plutôt son second début qui est le véritable ? Entendez par là que le critique, au moment d'étudier l'œuvre et de définir le talent de M. Alexandre Dumas, est mieux renseigné par *Diane de Lys*, drame très inférieur assurément, mais plus réfléchi, déjà plus concerté et concentré, et beaucoup plus gros de l'avenir. C'est proprement l'aînée de ces pièces à l'apparence diverse, mais dont il n'est pas une qui n'accuse la même main, et si fortement, si manifestement, que du *Fils naturel* jusqu'à *Francillon* il n'en est pas une aussi, qui, dès le premier acte, ne soit signée et ne proclame l'auteur. N'est-ce pas lui qui se déclarait, dans une de ses préfaces, assez partisan de l'anonymat au théâtre? Cette modestie même ne lui est pas permise.

Le plus curieux est que de ces deux œuvres, celle qui a jailli spontanément, sans effort, la *Dame aux Camélias*, ne révèle pas le dramaturge, à beaucoup près, autant que l'autre, *Diane de Lys*, où les marques d'inexpérience éclatent aux yeux, et qui est pourtant la première de ses expériences. Cette fois, se dessine en ses tendances générales le système de l'écrivain. Il est vrai que la victime désignée tombe en soupirant encore: « Ô ma mère ! » Laissez faire le temps, et les autres apprendront à tomber plus simplement, avec une logique résignée et une discrétion presque mathématique. Enfin, si la *Dame aux Camélias*, de l'aveu même de l'auteur, ne prouve rien, absolument rien, pas même qu'il soit quelquefois honnête d'épouser une courtisane, ni surtout que M. Dumas doive plus tard écrire les *Idées de Madame Aubray* ou *Monsieur Alphonse*, déjà *Diane de Lys* incline à faire la preuve de quelque chose, à démontrer avec quelque rigueur... si peu que ce soit, ne fût-ce que l'aveuglement de la passion et les droits de la légitimité.

Et peut-être, après tout, le public ne s'y trompe-t-il pas autant que je disais tout à l'heure. S'il se plaît au drame sentimental du début, surtout lorsqu'il a l'occasion d'y applaudir une comédienne de talent, il n'ignore pas que M. Alexandre Dumas est avant toute chose ce qu'il apparaît déjà dans *Diane de Lys* : un homme de théâtre et de doctrine, un dramaturge et un penseur. Sur le premier, il semble que l'opinion soit fixée ; à l'égard de l'autre elle est plus flottante et indécise. Peut-être le moment est-il venu d'en justifier les arrêts et d'en fixer les incertitudes.

II

LE SYSTÈME DRAMATIQUE.

Il faut le dire sans tarder. Jamais écrivain dramatique n'a fait plus délibérément ce qu'il voulait faire, n'a mieux su ce qu'il faisait. L'art de M. Dumas est réfléchi, conscient de ses moyens et de ses procédés, et repose sur une science approfondie du métier et de la part qui lui revient dans l'œuvre théâtrale. « Pour être un maître dans cet art, il faut être un habile dans ce métier » (1).

On veut qu'il procède de Sedaine et de la Chaussée ; on a raison, si l'on entend qu'il leur a emprunté la

---

(1) Préface du *Père prodigue*.

conception des drames bourgeois, dont il est d'ailleurs vrai de dire qu'il l'a transformée au point de la rendre méconnaissable. S'il fallait absolument lui trouver des maîtres ou le rattacher à une tradition, je citerais plus volontiers deux autres noms parmi les principaux praticiens de la scène : Scribe, qui en a perfectionné les adresses, et Corneille, qui les a en partie inventées. De l'un il s'est assimilé l'habileté, l'ingéniosité, le coup d'œil et le tour de main : il a forcé tous les secrets du prestidigitateur. Dans le sac à ruses il a su faire un choix conforme à son tempérament. Mais il faut remonter jusqu'à Corneille pour saisir, à son origine, cette entente du *métier*, ce goût de la composition, de l'unité, de la force, cette âpreté de logique, d'une irréductible logique, ce besoin de la progression inexorable, cette impérieuse sympathie pour les caractères rigoureusement dessinés et les passions rectilignes. De son grand ancêtre il a encore hérité l'incessant désir de faire neuf et surprenant, l'audace dans l'originalité, la sérénité dans l'exécution qui brave le scandale, un instinctif penchant au mélodrame et certaine coquetterie dans les tours de force, avec je ne sais quelle complaisance à les expliquer et recommander au public, pour en bien faire valoir tout le prestige. A l'exemple de Corneille, il était fait pour ce métier, — et ce métier pour lui. De toute éternité « il était écrit dans le grand rouleau » que tout son talent, tout son esprit iraient au théâtre, qu'il ne les détournerait jamais vers un autre objet sans péril ; qu'il écrirait dans sa jeunesse des romans qui ne demanderaient qu'à devenir des drames ; qu'il naîtrait pour la scène, « comme on naît blond ou brun » ; et que, par une dernière analogie avec Corneille, il y serait brun toujours : c'est-à-dire ferme en son propos, obstiné dans le raisonnement, implacable en ses déductions, audacieux jusqu'à la fin de sa carrière, et seulement plus artificieux dans ses hardiesses, plus tacticien dans ses témérités, à mesure qu'il aurait davantage son métier dans la main. De là vient qu'il a pu écrire des pièces très contestables, mais aucune qui manque de force ou d'intérêt, et dont la représentation ennuie. Le métier l'a toujours soutenu, souvent sauvé, rarement égaré. Et ce point, dans la comparaison avec son immortel devancier, est à son avantage.

Il arrivait au théâtre après son père, lequel y avait dépensé dix fois plus de dons et d'éminentes qualités qu'il n'était nécessaire pour y réussir. Ayant pu juger de près la merveilleuse organisation de l'homme, il fut sans doute amené à conclure que, si le succès avait été inégal ou incertain, c'est que le système dramatique était défectueux. Il s'en fit donc un autre.

Il a vu clairement et d'emblée que le théâtre est un coin à part dans la littérature, et que les conditions matérielles où il vit, et dont il vit, le soumettent à des exigences très spéciales, dont la première est la composition. « L'auteur dramatique, qui a le plus à dire, doit tout dire de huit heures du soir à minuit, dont une heure d'entr'actes et de repos pour le spectateur (1). » Il a vu du même coup que la prodigalité y est un défaut plus fâcheux qu'ailleurs, la clarté y étant plus que partout ailleurs une loi essentielle et primordiale. Restait à trouver le système de composition, qui répondît aux exigences du lieu, du public et des sujets auxquels il avait dessein de l'initier. Les romantiques avaient gaspillé leurs ressources avec une éblouissante insouciance ; il commence par ramasser les siennes avec une industrieuse énergie. D'autre part, le drame bourgeois qu'avaient entrevu ses prédécesseurs du XVIIIe siècle, ne cadrait évidemment plus avec la formule de Molière. Pour peindre une autre société, et surtout pour la mettre aux prises avec elle-même, avec ses habitudes, opinions, illusions, il veut un moule nouveau

---

(1) Préface du *Père prodigue*.

où il puisse verser la nouveauté de ses idées. Il institue (je ne dis pas qu'il invente) la pièce à thèse, la comédie sociale, non plus telle que l'entendait Emile Augier, chez qui l'idée se dégage de l'équilibre mesuré des forces, mais l'œuvre dramatique, qui vise un côté précis des mœurs contemporaines, qui s'empare d'une contradiction entre les mœurs et la loi, d'une antinomie entre la morale et l'opinion, entre le devoir et la coutume, qui la jette toute vive sur le théâtre, en déduit les conséquences, les additionne par $A+B$, multiplie la scène par la scène, comme $2 \times 2 = 4$, et vous laisse au dénoûment devant la preuve que l'opération est exacte, et que préjugé, opinion, loi sont tout justement l'erreur. La conception était originale, et s'adaptait heureusement aux exigences du métier dramatique.

Le raisonnement et la logique, outre qu'ils supposent le bon sens et comportent la lucidité, sont beaucoup plus puissants sur la foule qu'on ne serait *a priori* tenté de le croire. Tout raisonnement serré entraîne avec soi non seulement la persuasion, qui est une force, mais l'action, qui est le drame. Tout raisonnement en forme, fût-il seulement spécieux, frappe l'esprit ; tout ce qui en a l'allure réussit presque immanquablement dans le discours public, à plus forte raison sur le théâtre, où il est renforcé de l'illusion scénique et du mouvement qui s'y fait. Et puis, comme dit Figaro, cela vous a toujours l'air d'une pensée. Mais que cette dialectique s'attaque à une situation actuelle et vivante, qui contient en germe d'autres situations émouvantes et pathétiques, ne voyez-vous pas qu'elle est le ressort de la pièce, le signe visible et continu de la composition, le fil conducteur de l'action et de la parole, grâce auquel l'idée première ne s'égare ni ne se dérobe entièrement, sans cesse apparente en un jour favorable, parmi les événements qui se précipitent et qu'elle dirige ? Ajoutez que la contradiction, qui est au point de départ, agit déjà sur le public plus fortement que l'antique et classique contraste ; que les contraires se développent en une opposition savamment graduée, et que voilà une déduction aisée qui glisse, au dénoûment, vers une conclusion à peine imprévue, et presque, et plutôt nécessaire. Tout cela paraît clair, uni aux yeux du spectateur, et permet de risquer en sa présence bien des aventures, sous le couvert de cette logique régnante, dont il convient décidément de ne pas trop médire. Notez enfin que, si ce procédé dramatique intéresse le public, il lui ménage en outre d'agréables surprises, le flatte intérieurement, et le ravit au sens complet du mot.

La logique n'est pas précisément la qualité dont nous abusons dans la vie. Pour peu que vous poussiez M. Dumas, il vous déclarera qu'un des deux sexes, non pas le sien, mais l'autre, y est à peu près réfractaire. De sorte qu'on se sent meilleur à suivre ce raisonneur adroit, intrépide, qui se laisse deviner et même devancer avec un art infini. Le plaisir du spectacle, la lutte pour l'idée bénéficient des demi-étonnements, des satisfactions intimes, des impressions inattendues, bientôt pressenties, maintenant toutes naturelles, et qu'on est tout fier d'avoir si logiquement prévues. « Oh ! oh ! Où allons-nous ? Cela se voit. Cela peut arriver. Je l'aurais parié. J'en étais sûr ! » Si vive et intense que devienne l'émotion au cours de la scène, ou à la fin de la pièce, on est pris dans l'engrenage, il n'est plus temps de se défendre, sur l'heure du moins, puisque cela est si proprement déduit, et qu'il semble à présent inévitable d'en être venu à ce point. Oui, c'est une flatteuse erreur que d'être ainsi conduit d'incident en incident, avec la conviction que la ligne droite est le plus court chemin ; que d'être confirmé dans la bonne opinion qu'on a de s'y être engagé à la suite de l'auteur, et même un peu avant lui, sans inintelligence. Cette logique est donc une force et un charme. Le délicat est que, loin de dominer toujours, elle consent parfois à se dérober, triomphante sans affectation, souveraine avec quelque modestie.

Au regard du métier, elle a d'autres avantages que M. Alexandre Dumas sait bien. C'est d'abord la nécessité (car il n'y a que nécessité et peu ou point de contingence en cette façon de comprendre le théâtre) de définir nettement le sujet et d'en prévoir les extrêmes conséquences : en sorte que l'auteur est moins occupé du point d'où il part que du terme où il veut atteindre. Et cette compréhension est d'autant plus limpide que la pièce est plus osée. Il est trop évident que M. Dumas ne choisit pas un sujet à cause d'une scène ou d'un rôle qui le séduit, mais pour le sujet même et la conclusion décisive. Prenez garde que cette lucidité dans la conception, cette vaillance dans la dialectique marquent ce système dramatique d'une singulière originalité. Dans le théâtre de Molière et dans celui de demain peut-être, le dénoûment est une concession beaucoup plus qu'une conclusion, un point final que l'auteur ajoute par habitude ou par déférence, et parce qu'il se fait temps d'aller dîner ou dormir. Mourir ou se marier en scène, cela s'appelle pareillement faire une fin. Au reste, ni Regnard ni Molière ne tiraient vanité de leurs dénoûments, et je ne pense pas que M. Henry Becque lui-même tienne davantage aux siens. Pour M. Alexandre Dumas, la fin est véritablement une fin, la raison même du raisonnement.

« On ne doit jamais modifier un dénoûment. Un dénoûment est un total mathématique. Si votre total est faux, toute votre opération est mauvaise. J'ajouterai même qu'il faut commencer sa pièce par le dénoûment, c'est-à-dire ne commencer l'œuvre que lorsqu'on a la scène, le mouvement et le mot de la fin. On ne sait bien où l'on doit passer que lorsqu'on sait bien où l'on va (1). »

Or nul ne sait mieux que lui où il va, et comme où il va, il n'y fait jamais sûr, et qu'il n'est pas homme à

(1) Seconde préface de la *Princesse Georges*.

craindre le danger, au contraire, nous saisissons l'essentielle nouveauté de ce théâtre, qui est l'art de conclure, ou, comme dit l'autre, l'art des préparations. En effet, vous entendez de reste qu'il ne s'agit pas de pousser devant soi, tête baissée, sous le prétexte que la ligne est droite ou que le calcul est exact. Le raisonnement a des étapes et la déduction des moments, qu'il faut imposer au public, avant de l'entraîner à la conclusion. Car, en face de cette rectitude, le spectateur se trouve à peu près dans la posture de Sylvanie sur la poutre ronde et longue, à quatre mètres au-dessus du sol, et quelquefois plus haut. Seulement, s'il a les yeux rivés au but, il veut voir, lui, où il met les pieds : il craint les culbutes. Chasser la crainte et prévenir les culbutes, là est encore le secret du métier.

Et là aussi, dans ces sagaces et minutieuses précautions, éclate le talent de M. Alexandre Dumas. Est-ce assez dire que, si la pièce converge toute au dénoûment, la scène amène la scène, et d'un art tel qu'on la pressente sans le prévoir ? Il excelle encore à jeter ces préparations dans le mouvement du drame, sans en retarder la progression continue, quand il lui plaît ainsi. Pour y réussir, il a dû modifier l'exposition classique, que Scribe avait à peu près respectée. Toutes les « semences » de la pièce, selon le mot de Corneille, ne sont plus réservées au premier acte, qui ne contient que les renseignements indispensables et immédiatement exigibles. Ecoutez avec attention : vous happez au vol deux ou trois répliques, prémisses essentielles du sujet. L'action s'engage. Plus la pièce est scabreuse ou délicate, plus l'affaire menace d'être chaude, plus ce premier acte est net en ses indices, rapide d'allure, étincelant d'esprit. Car l'esprit est encore une précaution dramatique : il rompt la glace, il égaie le départ. Voulez-vous pas que le spectateur s'aperçoive combien la route est dangereuse, et qu'on se met en campagne avec plus de préparatifs qu'à l'ordinaire ? Témoin ces expositions du *Demi-Monde*, de l'*Ami des Femmes*, des *Idées de Mme Aubray*, de *Denise*, et de *Francillon*.

Mais cette préparation générale, qui suffit à répandre la lumière sur l'ensemble, est impuissante à faire par avance entrer dans les esprits l'attente et le désir des trois ou quatre scènes, qui seront comme le moyen terme de la déduction. C'est peu d'éclairer et d'orienter le drame dès le premier acte. Il n'est pas un moment de l'action, je dis un de ceux qui décident du dénoûment, que l'auteur n'éclaire et ne ménage avec même scrupule et pareille dextérité. De là, aux II, III et souvent IV actes un mot, une phrase, un couplet, qui font l'office de jalons sagement espacés. C'est le tracé de la route, et l'on se retrouve. Alors, d'un geste l'auteur relie tous les fils en sa main, et les personnages s'embarquent bravement dans la scène à faire. Faut-il citer en exemple la confession de Jane dans l'*Ami des Femmes*, et redire de quel tact elle est insinuée, et avec quelle sagace crânerie M. Dumas s'engage dans cette impasse ? « Imbécile ! » murmure Jane. L'imbécile disparaît, de Ryons demeure, et voilà le moment arrivé.

DE RYONS (*près de la cheminée*).
« ... Ou je suis un imbécile, moi aussi, ou nous allons voir quelque chose de curieux. »
JANE (*qui a marché fiévreuse, etc...*)
Alors, c'est ça l'amour sérieux, l'amour pur, l'amour éternel ?
DE RYONS.
Mon Dieu, oui (1). »

Souvent même, et c'est ici le cas, préparer la scène n'est rien ; la faire accepter est autrement délicat. L'auteur n'est pas de ceux qui escamotent la situation équivoque, et que le trait final, s'il est un peu « raide », effraie. Et c'est, à l'instant suprême de la crise, une adresse d'insinuations lumineuses, de réticences révélatrices, qui fait merveille. « Ah ! bonté divine, s'écrie

(1) *L'Ami des Femmes*.

de Ryons, moi qui croyais avoir tout prévu avec les femmes, je n'avais pas prévu celle-là ! » Quoi encore ? Celle-là, c'est cela, précisément, cela qui coûte à dire, cela qui brûle les lèvres de cette femme-enfant, et qui met sa pudeur aux abois, cela dont nous commençons à nous douter avec quelque malaise, et dont nous sourirons tout à l'heure, lorsque doucement gagnés à le comprendre nous pourrons l'écouter sans répugnance, cela qui est toute la pièce, toute la scène, le mot croustilleux de la cruelle énigme. « On vous sauvera, *Mademoiselle !* » Ce n'est pas tout. Regardez-le d'un peu plus près encore, ce mot habilement ménagé, lancé à mi-voix sous le rideau à demi baissé : il n'est pas là seulement pour terminer l'acte ; il le résume. Et c'est toujours ainsi ; il semble que l'auteur les trouve sans peine, ces décisives transitions, qui sont comme la nervure du drame. Où le trait ne suffit pas, il a, au détour du III° ou du IV° acte, des scènes à lui, vibrantes, ramassées, vigoureux raccourcis de ce qui précède, qui projettent une obscure clarté sur la fin qu'on attend.

Surtout dans les pièces en trois actes, cette science du métier, cette possession de soi, cette excellence du système dramatique est admirable : décision dans l'attaque, rapidité de l'action, rigueur de déduction, effort sans cesse tendu vers le dénoûment, scrupule artificieux des préparations, netteté radieuse et poignante. M. Alexandre Dumas traite le public comme Scapin fait Géronte, prestement : zeste ! le sac est ouvert, et zeste ! le bonhomme bouclé, sans oublier aussi la petite fête des coups de bâton. A peine est-il sensible par-ci par-là qu'il appuie légèrement du genou sur la poitrine pour serrer le nœud : le tour est joué. Etouffez tant qu'il vous plaira, mon doux public : mais de crier et regimber, c'est trop tard. Vous êtes lié. — Et c'est un plaisir très lucide, qui naît de cette maîtrise d'exécution appliquée à cette rectitude du développement, une sensation, parfois aiguë, de force adroite et de glorieuse logique.

Il est vrai que le danger du système est la sécheresse et l'excessive tension, surtout aux pièces en cinq actes, qui veulent ampleur et matière. M. Alexandre Dumas ne s'y est point trompé. Sa concision n'est pas aride ; sa dialectique est sans austérité. Elle ne rebute pas la parure ; elle ne répugne aucunement aux jolies choses. Cette rigueur s'assouplit quelquefois ; cette concision s'étoffe sans empâtement. Son œuvre abonde en agréables détours, en à-côté délicieux. Je cite pour mémoire le caquetage des petits pieds dans le train de Strasbourg, et ces « deux larmes, deux vraies larmes, qui descendaient lentement, et tout étonnées, comme des larmes toutes neuves, qui ne savent quel chemin prendre sur des joues de vingt ans » (1). Vous trouverez sans peine vingt autres poétiques digressions, de cette veine discrète et attendrie. Que dis-je, digressions ? Bien plutôt précautions raffinées et coquettes d'un homme qui sait le théâtre, qui connaît son public, indispensables agréments d'un art qui doit plaire, légères et délicates broderies, qui font corps avec le tissu, en rehaussent l'éclat et relèvent le dessin. Et ces gentillesses, dont il faut savoir gré à l'auteur, tiennent toujours si étroitement à l'œuvre même, et l'agilité des doigts ouvriers est telle qu'il semble qu'on ne saurait rien retrancher sans regret et sans dommage. « Tout ce qui se meut autour de ma thèse, tout en devant contribuer à en rendre la solution évidente, est de moins grande importance, et mon ingéniosité y est admise (2). » Le moyen pour le public de ne la pas admettre, de ne pas céder à ces avances, de n'en être pas séduit et enveloppé, — pendant que poursuit ses étapes l'inflexible Logique jusqu'aux plus extrêmes conclusions, dont je ne me

---

(1) *L'Ami des femmes.*
(2) *Edition des comédiens*, IV, 167. Notes de *l'Ami des femmes.*

défends que plus tard, quand les chandelles sont éteintes, le dialogue refroidi, dans une lecture solitaire et réfléchie, alors que je ne suis plus sous le charme impérieux de ce système dramatique puissamment concerté.

III

LES CARACTÈRES.

Dame, mon cher, dit Olivier de Jalin à Raymond de Nanjac, vous n'êtes pas comme tout le monde... Vous avez des raisonnements de boulet de 48... Nous ne sommes pas familiarisés avec ces caractères tout d'une pièce, nous autres Parisiens habitués à nous comprendre à demi-mot. »

Sur ce théâtre, dont j'ai essayé de définir la formule, des figures vigoureusement dessinées se peuvent seules mouvoir, et pareillement soumises à la logique qui y règne. Tous ces personnages aspirent à leurs fins, comme le Cid au combat. Ils sont des énergies, des volontés, des tempéraments, des caractères absorbés par un objet et concentrés vers un but, des forces intelligentes ou aveugles, passionnées ou abstraites, qui vont. Et qui vont d'autant plus vite, que la pièce est plus solidement construite. Ils ressemblent plus ou moins à ce grand diable de Clarkson, quaker à haute pression, et qui ne perd point de temps aux subterfuges ou préliminaires. Si ces forces suivaient des voies parallèles, notre monde qui roule si rapidement, dévalerait d'un train d'enfer. Mais elles se rencontrent. Les chocs sont terribles, les accidents inévitables. Joignez que cette conception des caractères dramatiques, habilement renouvelée, est par surcroît un assez fidèle reflet de la vie moderne, ou tout au moins de l'idée que nous en ont faite les plus récentes théories (quelques-uns disent : sophismes), et l'influence croissante du positivisme dans notre société. C'est encore la lutte du devoir et de la passion, mise au point, et accommodée au goût de notre époque. Mais, les maximes et les sentences abstraites s'y incarnent en de véritables personnages, qui ont un rôle, et qui s'appellent la *Loi*, l'*Opinion*, la *Conscience*, la *Fatalité*.

Ces notions, ces idées générales s'animent, prennent un corps, ont une silhouette, et le relief de caractères vivants et agissants. Parfois même elles sont les protagonistes, douées d'une rigueur et d'une intransigeance égale à celles des comparses, qui sont les hommes, types d'actualité. « La princesse de Birac, c'est l'*Amour*; elle pardonne. M. de Terremonde, c'est la *Passion* ; il tue. » Et de même Claude, c'est la *Conscience*, Cantenac la *Fatalité*, le comte de Lys la *Loi*, Sternay le *Préjugé*, Lebonnard la *Dialectique*, et Mme Aubray tout l'*Évangile*. Il y a là une manière d'anthropomorphisme très moderne et dramatique. Le Code n'est plus seulement un recueil de textes ; il est né de l'homme ; il est homme; il est dogmatique, autoritaire, étroit, borné, de chair et d'os comme celui dont il émane, et qui est d'intelligence courte comme lui. Vous pensez bien que ces personnages sont pour le spectateur d'une clarté parfaite, arrêtés en leurs desseins et entêtés dans leurs volontés. La Loi meurt, mais ne fléchit point ; l'Opinion est exclusive et aveugle ; la Fatalité, implacable perpendiculaire ; la Passion, dégradation lente et irrésistible ; pour l'Amour, il est éternel par essence et définition ; il est l'énergie du cœur, qui ne dévie point, que rien n'enraye, pas même la mort. « Vous n'avez pas aimé, si vous n'avez pas cru qu'après la vie vous alliez aimer toujours, éternellement jeune, éternellement beau, l'être que vous avez aimé sur la terre, soit qu'il vous ait devancé, soit qu'il doive vous suivre dans la mort (1). » C'est la logique des âmes. A mesure que M. Alexandre Dumas a été plus sûr de soi, il a imprimé plus d'unité à ces caractères à la fois abstraits et réels, à ces entités sans parties et qui pourtant respirent, et qui sont les chefs d'emploi de son théâtre. Tels, descendus dans la mêlée, les dieux du vieil Homère donnent et reçoivent les coups, et foncent en avant.

Le reste est à leur image. Diane, la Baronne d'Ange, Mme Aubray, Denise, Francillon, Olivier, Raymond de Nanjac, le duc de Septmonts, tous savent ce qu'ils veulent, et le veulent furieusement, tous jusqu'aux plus légers et inconstants en apparence, presque effacés à l'arrière-plan. Est-il amitié plus opiniâtre que celle du Duc dans *Diane de Lys*, résignation plus obstinée que celle de ce pauvre Guy des Haltes dans l'*Étrangère*, amour plus résolu au long espoir et à l'éternelle attente que celui de Rébecca dans la *Femme de Claude*? Est-il une fiancée plus décidée et plus confiante que la petite Hermine du *Fils naturel*? « Mon oncle, vous savez l'anglais ? » — « Oui. » — « Que veut dire ce mot : stiffness ? » — « Il veut dire : persévérance, petite rusée. » Ils n'ont pas tous la persévérance ; mais chez tous l'unité morale est intacte et transparente. Il est véritable que plusieurs parmi les protagonistes paraissent un peu plus ondoyants ou compliqués. Palpez-les, grattez-les : ils vivent de la même logique et de la même unité, quelquefois plus dissimulée ou intérieure, mais qui jamais ne gauchit. Il y a, dans leurs façons d'agir, des raffinements de dialectique plutôt que des défaillances. Et voilà peut-être la meilleure explication de l'autorité que M. Alexandre Dumas a si rapidement conquise sur le théâtre. Les caractères les plus complexes qu'il y ait portés, s'y développent rigoureusement, face au public. Personne mieux que lui, sans

---

(1) Préface d'*Une visite de noces*.

altérer l'harmonie générale d'une pièce, n'a su maintenir en son vrai jour la partie d'une figure qu'il veut frapper d'une lumière crue à la fin. Parmi les revirements et les progressions de la scène, les événements et les intérêts divers, chaque personnage demeure identique à soi, et se tient. Les résolutions se suivent, se contrarient, sans se contredire absolument. Il y a un point de psychologie morale, qui est l'individu même, qui suffit à l'expliquer ou à le démasquer, et que M. Alexandre Dumas ne manque pas d'éclaircir au début, et de rappeler toutes les fois qu'il en est besoin. On lui a reproché d'avoir altéré la physionomie de Césarine, femme de Claude, en imaginant cette conversion passagère, ce recours à Dieu, cette prière faite à mi-voix, du bout des lèvres, et à laquelle Dieu lui-même n'a point pris garde. Sa réponse est pour nous édifier sur les procédés de son dessin.

« Après avoir exploité les mœurs, les lois, les sacrements, la nature, elle va essayer d'exploiter l'église, et, comme il lui faut un moyen de reprendre son mari, qui va devenir célèbre et riche, elle appelle le prêtre, à qui il est interdit de révéler la confession au magistrat, mais à qui il est permis de donner l'absolution à la coupable en dehors du mari, et elle lui demande conseil. L'absolution et le conseil la soulagent et l'enhardissent. Elle n'a d'ailleurs avoué que le nécessaire et elle revient assez tranquillement à ce foyer conjugal qu'elle avait résolu de fuir; elle y revient, lorsque le complice sur lequel elle comptait, lui manque; elle y revient pour reprendre des forces et le point d'appui dont elle a besoin; ce n'est pas du repentir, c'est de l'hygiène (1). »

En d'autres termes, c'est une glissade, comme disait le vieux Corneille, dont elle se relève aussitôt. Le rôle y gagne un air de scélératesse plus cynique et d'unité plus profonde. Talent dramatique au premier chef que cette force de réflexion, cette puissance de coordination, qui président à la peinture de ces caractères; car il est la garantie d'une émotion consciente, unie,

---

(1) Préface de la *Femme de Claude*.

graduée, d'une sorte de bien-être intellectuel et pathétique, prémices du succès.

Mais ne soyez pas étonné que cette manière de traiter les passions *more geometrico*, qui a tout de suite subjugué le public, ait soulevé dans la critique d'amères protestations. J'en distingue au moins deux causes. La première est que M. Alexandre Dumas s'est évertué d'abord à forcer sa manière pour l'imposer. Sa logique a commencé par être brutale, et sa mathématique effrénée. Le système était trouvé ; il ne manquait à l'auteur que d'être plus sûr de son métier et de lui-même, pour l'appliquer avec discrétion ; la ligne A B est restée droite, la perpendiculaire n'a pas dévié ; mais la main s'est faite plus souple et le crayon plus habile. Au trait rectiligne et un peu sec il a substitué, aux bons endroits, le pointillé, le fil délicat et ténu des transitions morales.

Et puis, il existe au théâtre certaines scènes traditionnelles de *déclaration*, de *confidence*, de *brouille*, de *réconciliation*, où les personnages de M. Alexandre Dumas ne pouvaient évoluer selon l'antique usage. Il lui était impossible de changer les caractères ; il modifia les scènes. L'Académie avait autrefois crié au scandale, quand Rodrigue, bousculant un peu les convenances, s'en venait trouver Chimène sous son toit et lui arracher un aveu. La critique cria à l'invraisemblance, le jour où une jeune fille du *Demi-Monde* confessa sans détour et de plein cœur l'existence dont elle vivait et les douloureux enseignements que son innocente raison en pouvait recueillir. J.-J. Weiss n'y tint plus. Il s'était déjà senti froissé en ses plus intimes délicatesses, lorsque Henriette Sternay, sans grimace ni réticence ni prétérition, confiait à Jacques l'erreur de son passé, qu'elle regrette sans la déplorer, mais dont elle veut surtout empêcher loyalement les conséquences morales, parce qu'elle raisonne en honnête homme, et que, ses résolutions une fois prises, elle est assez honnête femme pour les pousser à bout avec une pleine droiture. Et Weiss d'écrire :

« Vous connaissez, Monsieur, certaines situations nées de l'indifférence d'un mari et de l'oisiveté d'une femme... » — En méditant ce morceau comme il le mérite, on a le grand secret de M. Dumas et la raison pour laquelle il ne connaît point d'obstacles. Il supprime les transitions morales ; la nature n'a pas pour lui de nuances, ni le cœur humain de timidité. Où seraient dès lors les obstacles ? Tenez pour certain que, s'il avait eu à écrire la déclaration de Phèdre à Hippolyte, Phèdre dont les yeux n'eussent été facilement étonnés ni du jour ni d'autre chose, eût soupiré le résumé biographique suivant ou quelque autre fleurette analogue : « Thésée voyage, nous sommes seuls, je vous aime. » Et les fervents de M. Dumas se fussent récriés sur un style aussi énergique (1). »

La boutade est spirituelle plus que le raisonnement n'est impeccable. Tenez pour certain pareillement que, si Corneille, et non Racine, avait traité la même scène, il l'eût déduite plutôt que filée, que l'aveu aurait sans doute été direct, fatal, et peut-être sublime, et que c'est pécher contre la logique que de condamner le système dramatique de M. Dumas au nom d'un autre diamétralement opposé. Encore une fois, c'est ici exagération de jeunesse, inexpérience aussi d'un écrivain, qui plus tard ne donnera plus dans la faute d'engager en une scène décisive et prématurée un caractère un peu vague et de contours flottants. Mais à la brusque franchise de Marcelle comparez l'audacieuse ingénuité de Lucienne dans *les Idées de M*^{me} *Aubray*, au « résumé biographique » d'Henriette la confession sincère de Jeannine (2) et l'héroïque aveu de Denise ; et dites si l'intempérance même de la rectitude et cette ferveur de logique n'y font pas le plus grand effet. Ces femmes ni ne s'attardent aux pudeurs obliques ni ne se dérobent par l'éloquence des soupirs ou des larmes : même droiture, même décision, mais préparée, mais enlevée

---

(1) J.-J. Weiss, *Le théâtre et les mœurs*. M. Alexandre Dumas fils, 156 sqq.
(2) *Les Idées de Madame Aubray*.

d'une main magistrale. Et que l'unité morale des personnages ait renouvelé certaines traditions du théâtre, ce n'est pas le plus curieux de l'affaire.

Aux caractères féminins, plus mystérieux et ondoyants, il semble que l'agilité psychologique de Racine ou le lyrisme romantique se plient et s'adaptent avec plus de grâce et de vérité. Or, si, en ces trente dernières années, les femmes ont eu un peintre attitré et un directeur austère, celui-là est sans conteste M. Alexandre Dumas. N'a-t-il pas écrit en un jour de polémique agacée ? « Mon délit, le voici. J'ai pénétré dans le temple, j'ai dévoilé les mystères de la méchante déesse, j'ai trahi le sexe.... j'ai déshabillé la femme en public (1). » Lui aussi, il s'est insinué dans les fêtes secrètes de Cérès, et il en a rapporté une manière de philosophie, qui est en accord parfait avec ses procédés dramatiques. Il a été convaincu de bonne heure qu'après des siècles de civilisation l'énigme, le mystère de la femme n'est un mystère que pour les myopes et une énigme que pour les aveugles ; que, si un éminent jurisconsulte a dit de l'homme criminel : cherchez la femme, il est aussi vrai de dire de la femme coupable : cherchez le premier homme ; que de celui-là se déduisent les autres par une progression fatale et encore mathématique, et que la femme qui tombe, mystère ou énigme, subit la loi de la chute des corps. Il est un moment précis où le cœur n'est plus de la partie, où la sensation prend le dessus, où l'inconsistante femme est rivée à sa passion, et suit une manière de logique non encore définie, quelque chose comme de la logique sensuelle.

« Demandez à ces femmes déclassées comment elles ont dégringolé du mariage dans la galanterie et du respect dans le mépris ; elles vous raconteront toutes, si elles sont sincères, et elles sont toujours sincères, quand la sincérité peut leur être une excuse, elles vous raconteront toutes ce que Mme de Morancé raconte : l'idéal dans le pre-

(1) Préface de l'*Ami des femmes*.

mier, le dépit dans le second, la galanterie dans le troisième, le laisser-aller dans le quatrième, la curiosité de la sensation et finalement le libertinage dans les autres (1). »

Plusieurs sont des mères ou des saintes avec acharnement, et jusqu'au fanatisme. Et celles qui ne sont rien de tout cela, sont des femmes, comme la princesse Georges, comme Catherine (2), qui s'obstinent dans leur premier amour, trompé ou méconnu, contrarié ou maladroit, mais irréductible et finalement exaspéré. Logique encore, logique toujours, un peu tourmentée, qui défie parfois la parfaite raison, mais non pas la rigueur du développement : logique dramatique au plus haut point. Ainsi tout se plie à la souveraineté de la formule.

IV

LE RÉALISME ET L'OBSERVATION.

Le Demi-Monde.

Outre la science raisonnée du théâtre, M. Alexandre Dumas a le don, qui est une vue particulière des hommes et des choses, la *vue en scène*, si je puis ainsi dire. Appelez-la vérité, réalisme, sens de la vie, cette faculté est propre à l'auteur dramatique. « C'est un caprice de la nature, qui vous a construit l'œil d'une certaine façon, pour que vous puissiez voir d'une certaine manière, qui n'est pas absolument la vraie, et qui cependant doit paraître la seule, momentanément, à ceux à qui vous voulez faire voir ce que vous avez vu (3). » Molière

---
(1) Préface d'*Une visite de noces.*
(2) *L'Étrangère.*
(3) Préface du *Père prodigue.*

voit Tartuffe sur le théâtre ; La Bruyère perce à jour Onuphre dans le cabinet : tous deux ont vu juste. En vain nous va-t-on répétant, en ces dernières années, qu'il suffit de regarder, d'écouter et de noter, pour observer et faire des pièces vraies. Suffit-il d'entendre, en bonne place, les *Huguenots*, l'*Africaine*, et *Sigurd* pour être musicien ? Imaginez le théâtre le plus libre du monde : je défie qu'on n'y soit sans cesse occupé à déranger et arranger la réalité. L'air de vérité est à ce prix ; tout de même l'actrice de vingt ans, qui tient un rôle de duègue, discipline l'indépendance folle de ses frisons sous l'austère bandeau de cheveux gris, et simule, à grand effort, le ravage des rides et l'outrage du temps. — Mais le théâtre de l'avenir ne confiera les rôles de duègue qu'à une duègue. — Mais si la bonne dame a ses rhumatismes...?

Nous sommes donc ramené à cette irritante question du réalisme théâtral ; et il nous en faut réjouir : car là aussi se voit à plein l'homme de théâtre qu'est M. Alexandre Dumas.

Entre la passion lyrique du romantisme, l'équilibre loyal d'Emile Augier, et l'ingénieuse industrie de Scribe il a pris position nettement. Il n'est point allé au réalisme par aventure. Il s'est d'abord orienté dans cette région que Balzac avait défrichée. Il a pointé vers les questions sociales, vers les irréguliers de la vie ; il y a découvert des infamies courantes et justifiées au nom d'une morale supérieure. Dans l'atelier du peintre Paul Aubry traînent encore quelques souvenirs de la fantaisie romantique. Mais dans le monde des pêches à quinze sous, dans le salon de Mme Durieu qui communique avec l'office, dans la mansarde de Clara, auprès du berceau du petit Jacques, c'est le réalisme qu'on respire, le réalisme moderne, dont il y a quelque outrecuidance à se prévaloir pour nous imposer avec fanfare la réalité fade et sans intérêt ou l'ordure écœurante et sans excuse.

Car il y a au moins deux choses, avec quoi il ne faut pas confondre le réalisme. D'abord l'esprit, l'esprit de mots, plutôt bas. Ces « tranches de vie » qui font la joie d'une coterie, où s'égarent quelques hommes de talent, ne sont que frasques et jactance d'esprit. Dans telle pièce d'hier, une jeune fille mise à mal par un homme déjà mûr prétend épouser un homme jeune qui endosse le passé. « Si tu consentais à l'abuser, dit le père, tu serais méprisable. » — « Non, mon père, puisque je ne serais plus méprisée. » Jeu de mots, affectation pure ; pour réalisme, non pas. M. Dumas, qui a tant d'esprit, a presque toujours rebuté celui-là. A peine en relèverait-on quelques saillies de jeunesse, du temps où il se plaisait volontiers à ébouriffer les fervents de Scribe. « Nous faisions de la grosse poésie, le soir, dit Aristide Fessard, du *Lord Byron au kilog* » ; ou encore : « Quand on aime une femme, plus il y en a (1).... » Mais ceci n'est que de la blague un peu épaisse et encore novice. Ce n'est pas là non plus le réalisme de M. Dumas. Le dramaturge en a guéri l'homme d'esprit. Lisez, je vous prie, dans l'*Édition des comédiens* les notes du *Demi-Monde*. Vous y trouverez deux traits que l'auteur a sacrifiés. Il y était dit de la baronne d'Ange : « Elle tenait jadis le haut du pavé à Bordeaux. » — « Sans doute parce qu'il n'y avait pas de trottoir. » Pas mal, le mot, mais trop d'esprit ; par suite faux et dangereux. Cela n'allait à rien moins qu'à ravaler Suzanne plus que de nécessité et par suite altérer la vraisemblance de cette ascension de la déclassée vers le demi-monde et peut-être le monde. Et le dramaturge de biffer. Dans la même pièce, une femme tenait ce propos : « Il est toujours vert, le marquis, comme les poireaux.... avec la tête blanche. » Pas mal non plus, ce qu'elle disait là ; seulement c'était encore trop. Il convient qu'il passe digne, sans

---

(1) *Le Fils naturel.*

être effleuré par le ridicule, ce vieillard, dont la parole est le suprême recours des honnêtes gens en cette aventure, et dont le passé ne doit pas être remué. L'esprit d'observation a eu raison de l'esprit. Mais M. Alexandre Dumas a conservé cent autres mots aussi risqués? Sans doute, mais utiles et lumineux, qui éclairent un milieu ou un caractère, et qui ne sont pas là pour la belle raison qu'un jour l'auteur ayant entendu quelque chose d'analogue, il est juste qu'à notre tour nous en ayons le régal. Plusieurs femmes caquettent au salon, après dîner, pendant que ces messieurs s'attardent au fumoir. L'entretien tombe sur l'absente.... « Ils sont trois? » — « Y compris le mari. Mais le mari, c'est comme l'entresol dans les grandes maisons, ça ne compte pas (1). » Le coup est rude, même aux moins bégueules. Mais que pensez-vous, à présent, de ce salon? Vous étonnerez-vous, après cela, que, si les honnêtes femmes y tiennent de pareils propos, les hommes se laissent prendre aux autres, à celles qui ont le mot et la chose? Or, c'est tout justement le sujet de la *Princesse Georges*; et voilà du réalisme dramatique, et de l'esprit qui n'est point d'occasion.

Le réalisme qui n'est que de l'esprit prime toutefois celui qui n'en est même plus. Ils sont, de nos jours, quelques énergumènes, hantés par la gloire de Rétif de la Bretonne et décidés à renouveler la scène par les grâces de style du marquis de Sades. Mais satinbleu! comme jure le curé de M. Dumas, la chronique, la nouvelle, le roman s'ouvrent à leur ambition; pourquoi en vouloir au théâtre, essentiellement fermé à ce genre d'exploitation? Il reste dans la littérature un endroit réservé, presque unique, où une tenue presque décente est de rigueur, et vous l'affrontez avec des audaces vieilles comme le monde, des témérités de ruelles borgnes, et un prétendu réalisme qui n'est du réalisme

(1) *La Princesse Georges.*

que le plus étroit préjugé. — Hypocrisie ! Bourgeoisisme ! Vous l'avez parlé, ce langage, vous les avez ressenties, ces passions populacières, vous qui vous scandalisez en public, et ne consentez pas à vous connaître. — Mais quand je marcherais à quatre pattes, de quel droit m'imposer au théâtre, où je vais pour mon agrément, les saillies d'une verve grossière et les hallucinations de la crapule que je ne puis souffrir ? Je vais voir votre petite drôlerie avec ma famille, mes amis et moi-même. De quel droit nous faire croire que l'ordure nous réjouit ? Pour nous instruire ? L'instruction obligatoire ? Mais elle s'offre gratuitement sur le boulevard, où je cueille, sans bourse délier, des mots qui ont sur les vôtres l'avantage de n'être ni prétentieux ni travaillés. Si tout l'effort de ce réalisme tend à m'édifier sur les splendeurs du ruisseau, serviteur, vos places sont trop chères. Je cours chez Pezon voir des brutes, à peu près dressées, et qui ne parlent point.

Ce réalisme est duperie, parce qu'il est en lutte, je ne dis pas avec la morale, mais avec l'homme même. Molière le savait bien, qui cachait Orgon sous la table ; il savait que l'homme est un animal sociable, c'est-à-dire, je pense, très différent en société de ce qu'il est dans le tête-à-tête, et, s'il vous plaît, plus honnête sous le lustre et à la clarté des chandelles. Et M. Dumas aussi en est convaincu. Oh ! qu'il en est convaincu, M. Dumas, et que toute son œuvre pourrait servir d'exemple aux bruyants adeptes d'une brutalité commode et juvénile !

Personne n'a été plus audacieux ; mais personne n'a eu d'audaces plus concertées, avec plus de respect pour le public et une notion plus exacte de ce que le théâtre tolère. Il a atteint, comblé la mesure ; jamais il ne l'a dépassée. Et personne n'a mieux défini les limites exactes du réalisme hardi sans cynisme, et non jusqu'au défi.

« Aristophane et Shakespeare ont poussé la vérité du langage dans de certaines situations jusqu'à la crudité. Ont-ils jugé cette forme nécessaire à leur pensée ? Ou bien, sont-ils descendus jusqu'à un certain public dont ils avaient besoin ? En tout cas, est-ce pour cela qu'ils sont Aristophane et Shakespeare ?... *Le livre peut dire aisément tout ce que le théâtre dirait; la scène ne pourra jamais dire tout ce que dira le livre, pas plus qu'on ne peut toujours, quand on est trois, dire tout ce qu'on peut dire, quand on est deux. Au théâtre on est toujours trois* (1). »

Il n'y a point de théorie qui tienne contre cette maxime, et un dramaturge, soucieux de vérité, qui aime son art et qui connaît son métier, ne saurait s'y méprendre. Si son goût le trahissait, il serait redressé par son expérience et contraint à proscrire sans merci les crudités à bon marché.

Dirai-je toute ma pensée ? M. Dumas, qui est sans contredit, au sens général du mot, le plus réaliste d'entre les dramatistes contemporains, n'a jamais cru que le réalisme fût un but, mais il l'a tenu pour un moyen. Sur la scène la réalité n'est pas la vérité, pas plus qu'une pièce vécue n'est nécessairement une pièce vraie, étant d'une vérité relative, individuelle, et le plus souvent dénuée d'intérêt. La *Dame aux Camélias* et *Diane de Lys* sont, de l'aveu de l'auteur, des souvenirs d'aventures personnelles. Il suffirait déjà de voir ce qu'il ajoute à la réalité, pour se rendre compte qu'il lui a fait sa part. Il arrive tous les jours que de grandes dames, de très grandes dames s'éprennent par fantaisie d'un artiste de talent. Réalité banale. L'intérêt ne naît pas de cette équipée, mais des caractères qui y sont mêlés, de la passion qui les agite, et encore, si vous le voulez, de l'idée morale qui s'en dégage, en un mot de la vérité générale, que le *drame* comporte. La réalité n'est que l'*hypothèse* de la pièce, de même que le réalisme n'en saurait être que l'accessoire, quelque chose comme le décor de la pensée, un truchement

---

(1) Préface de l'*Étrangère*.

adroit, un trompe-l'œil engageant, qui intéresse le spectateur sans l'absorber. Elle est la reproduction extérieure et presque matérielle du détail d'actualité saisissante ; la vérité est la préhension profonde de l'humanité et de la vie même, que trop souvent dérobe l'apparente réalité. D'où il suit qu'une œuvre théâtrale, qui n'est que réaliste, risque de n'être que superficielle.

Un homme d'esprit, comme Racine, écoute la plaidoirie des avocats en renom; on en glose entre hommes d'esprit au cabaret ; on y souligne leurs tics, leurs gestes et tous leurs ridicules professionnels. De là naît une comédie infiniment spirituelle, et singulièrement réaliste, qui n'est qu'une satire à fleur de peau. Qui ne sent que sous ces robes à la romaine se cachent des intérêts autrement graves, et derrière ces gestes emphatiques se retranchent des caractères, des passions, une vérité autrement profonde? L'accompagnement y est; mais je n'entends point la mélodie. Dans l'œuvre d'Emile Zola, un homme n'embrasse jamais la femme aimée « qu'à la racine des cheveux. » Grand merci pour la précision! C'est la façon d'aimer qui importe ; le baiser n'a d'intérêt que s'il est le signe d'une certaine passion. A la racine ou sur les boucles, peu me chaud, et ce réalisme méticuleux... me ferait dire quelque sottise.

En revanche, relisez dans la *Question d'argent* la scène VIII du II° acte. René, qui aime Elisa, laisse entendre à sa cousine Mathilde avec beaucoup de douceur qu'elle ne doit point songer à lui. Cette déclaration à rebours est d'une observation originale et perspicace. Cependant Jean Giraud, l'homme d'affaires, qui ne perd pas son temps aux bagatelles, fait ses comptes et ses additions. Les deux jeunes gens ouvrent leur cœur en toute confiance et parfaite loyauté. Cependant l'homme d'argent calcule avec précision, sans lever les yeux. Et c'est comme une large phrase de jeunesse et de sentiment aux notes harmonieuses et discrètes, accompagnée du son des écus. « Ces amours-là passent vite ; ce sont les lilas de la vie ». L'écho plus grave répond, de l'autre bout de la chambre: « Timbre et courtage.... six mille quatre cent cinquante-deux francs quinze centimes. » — Mais ceci n'est que procédé? — C'est justement où j'en voulais venir. J'ai cité la scène, parce qu'elle est typique ; il en est d'autres où le réalisme de M. Dumas tient plus de place, mais où vous distinguerez aussi aisément qu'il n'y est jamais en soi ni pour soi, qu'il encadre le théâtre sans l'envahir, qu'il y est l'indice, le signe manifeste de la vérité observée et sur laquelle il s'agit par tous moyens de faire l'éclatante lumière, qu'il en est comme le spectre, ou mieux, la silhouette qui tire les yeux et frappe les sens, un procédé dramatique enfin, dont il faut plus que de tout autre user à bon escient et avec mesure, sous peine de s'arrêter à cette apparence d'observation et de se condamner avec forfanterie à l'impuissance.

C'est qu'aussi bien la vérité s'achète plus chèrement. Le réalisme n'est rien, s'il ne couvre des dessous solides et vivants. Pour un écrivain dramatique tel que M. Dumas, il en est du monde comme de la caverne de Platon : ces êtres qui passent, se démènent, gesticulent, et dont quelques auteurs, pensant être bien exacts et bien vrais, recueillent précieusement les gestes par procédé photographique, ne sont que des ombres. Il faut avoir en soi de secrètes raisons pour se résigner à être un Shakespeare d'ombres chinoises. L'homme d'un véritable talent a la vue plus longue. Sans faire fi de l'apparence, il en veut à la vie même. Il regarde autour de soi, il contemple son époque, il s'en rapproche et s'en éloigne pour s'en rapprocher encore ; comme le peintre fait son modèle, il en étudie les mœurs, et il prend sa position, d'où il concentre toutes les forces de son esprit, toute la vigueur de son regard à percer l'enveloppe humaine et à démêler ce qu'il y a là-dessous, ce qui vit et se ment là-dedans, le mystère de ces incertitudes et le secret de ces contradictions. Cela même est l'observation. Ainsi procèdent les vrais dramaturges ; ainsi, je pense, a fait M. Alexandre Dumas. Là est le don, l'intuition, la vue pénétrante de la réalité, la *vue en scène*.

« Je résolus, dit-il, de regarder la vie bien en face, de ne pas me laisser tromper *par les fictions et les apparences*... Sans morale de convention, mais aussi sans influence d'école, sans mot d'ordre de groupe, sans dépendance ni engagement d'aucune sorte, muni de cette gaité apparente qui est un permis de circulation à *travers les êtres superficiels et qu'il faut écarter pour aller où l'on va*, je partis résolument à la recherche, sur tout et sur moi-même, de cette vérité que j'étais décidé à dire, quelle qu'elle fût.. Je cherchai le point sur lequel la faculté d'observation, dont je me sentais ou me croyais doué, pouvait se porter avec le plus de fruit. Je le trouvai tout de suite. Ce point, c'était l'amour. C'était bien certainement là que la bêtise humaine se constatait le mieux... Il ne me restait plus qu'à trouver le lieu où je pourrais, moi, simple volontaire, porter les meilleurs coups. Ce lieu, je l'avais à ma disposition, c'était le théâtre, qui *m'offrait la mise en forme et en mouvement de ma pensée* devant des milliers de spectateurs... Ce qu'on appelle du nom générique d'amour prend des aspects d'une diversité infinie, intraduisible (en apparence peut-être) selon les types, les caractères, les habitudes, les traditions, les coutumes, les tempéraments, les circonstances, les préjugés, les milieux, les corps, les âmes et les lois. Or (voyez quelle coïncidence !) il se trouvait que le lieu que j'avais choisi pour parler de l'amour, ce cinquième élément aussi indispensable que l'air, l'eau, la terre et le feu, il se trouvait que ce lieu, le théâtre, est justement et exclusivement consacré à la représentation et à la glorification de l'amour (1). »

Et il se trouvait aussi (voyez encore quelle heureuse coïncidence !) que la rude secousse de 1789 avait à ce point ébranlé la société que tout ce qui avait été dit au théâtre sur l'amour pouvait être redit. Il se trouvait enfin que le résultat « des immortels principes » avait été le triomphe immédiat, dans le monde moderne, des idées positives, qui, si elles peuvent être considérées par le philosophe comme une importante acquisition

(1) Préface de la *Femme de Claude*.

de l'esprit humain, ne sont pas près d'apparaître au regard de l'observateur comme une source vive des sentiments altruistes, dont la fleur est l'amour. Avec la notion du devoir s'est développée celle du droit ; avec le sens du droit, celui de la personnalité. Or la sottise est toujours là, qui nous guette, qui entrave le progrès, qui fait dévier à l'exagération tous les efforts vers le mieux : et de tous temps la comédie a été le répertoire des sots, je veux dire des hommes. Ils avaient changé de lois ; ils ont changé de préjugés, faisant de la loi même un préjugé souverain, à leur profit. L'égoïté féconde et large s'est rétrécie aux mesquines ambitions de vivre pour soi, et la conscience du droit s'est pervertie en une casuistique intéressée, en une science accommodante d'éluder les responsabilités et de contourner les devoirs sous l'égide du Code civil ou pénal. Pépinière de ridicules bourgeois, inconscients, ou pervertis. — Connaissez-vous ce monsieur qui promène tous les jours une voiture de chez Ehrler et des chevaux de chez Drake, et dont les harnais dorés ont de si impertinents reflets au soleil ? C'est M. Jean Giraud, un nouvel enrichi, qui sait la loi. Et cette femme élégante qui sonne, droite et sans émotion, à la porte de cet entresol ? Une déclassée, qui n'a plus de préjugés. Et celle-ci, triste, vieillie avant l'âge ? Clara, une victime de l'opinion, une mère qui n'a pas de mari. Et cette autre, cette enfant grave comme une femme ? Une victime de l'égoïsme, celle-ci ; on l'appelle Denise, la cadette de Clara, vingt ans de moins. Et ce jeune homme, tiré à quatre épingles, et qui sourit divinement ? Vous ne l'avez pas deviné ? C'est lui, l'Amour, le mangeur de cœur, le coureur de dots, que la loi protège et que l'opinion encourage. Son père a fabriqué la loi, et lui, fait l'opinion. Loi, opinion, préjugé, morale mondaine, morale indépendante, morale absolue, tout cela se brouille et se contredit à plaisir. Voyez-vous se dresser devant l'observateur les types nouveaux de ce monde nouveau, qui s'agitent confusément, les yeux tournés vers le Palais de Justice? Et voyez-vous, dans ce brouhaha, la figure que fait l'amour ?

Chacun fait ici-bas la figure qu'il peut.

Les poètes, qui sont de grands fous isolés, continuent à le célébrer avec bien de la candeur. Cependant il est aux prises avec l'argent, le mérite personnel de la société moderne ; avec la hiérarchie des castes d'hier ; avec le sens dépravé de la liberté, qui confine à l'irresponsabilité ; avec l'égoïsme indépendant et sec, qui traduit la formule : « *is pater est quem nuptiæ demonstrant* » par : « serviteur au nouveau-né » ; avec la fureur du luxe et les passions magnifiques, achetées au comptant, liquidées à terme, qui sont l'élégance et le crédit des fortunes trop vite échafaudées ; avec la concupiscence, fille du luxe ; avec le déchaînement de ce positivisme à vilains ; et, comme la loi, le préjugé, l'opinion, la morale sont des armes à double tranchant qui se tournent contre lui, l'amour humilié ou découragé se venge par l'adultère coté à la Bourse : il n'y a pas de petits moyens. S'il se rencontre encore quelques bonnes âmes pour constituer des familles, avoir des enfants, les élever, les instruire et les marier à leur tour, c'est apparemment qu'il y a quatre-vingt-dix-neuf pour cent d'imbéciles, sans compter celui qu'on oublie toujours. L'amer levain d'observation fermente. Et voilà le *Fils naturel*, *Denise*, la comédie de l'abandon; le *Demi-Monde*, l'*Étrangère*, la comédie des déclassées ou des mal classées ; *Diane de Lys*, *la Princesse Georges*, *Francillon*, la comédie de l'adultère, sans compter *Une visite de noces*, qui en est la théorie, *Monsieur Alphonse* la rédemption, et la *Femme de Claude*, la prostitution. Et voilà les dessous solides, les vérités dramatiques, les cruelles antinomies, sur lesquelles repose ce théâtre, et qui en sont le mouvement et la vie. Et puis, si vous voulez voir réunies en une même œuvre l'originalité du sujet, la netteté et la puissance d'observation, l'adroite pratique d'un réalisme piquant, et qui dénote un sens exquis de la vie moderne et des fausses élégances, le tout combiné, coordonné, mis en scène, en mouvement, en relief avec cette science du métier que nous avons essayé de définir et cette faculté d'intuition que nous venons d'analyser, c'est encore au *Demi-monde* qu'il faut revenir, où le métier, la réalité et la vérité se mêlent avec art, sans théorie, ni brutalité.

La pièce a ce premier mérite que l'observateur y est tout à son avantage. M. Alexandre Dumas venait de découvrir une région nouvelle, qui manquait à la topographie parisienne et qu'il baptisait d'un néologisme qui fit fortune. Au cœur de Paris, poser le pied sur un XXIe arrondissement, non inscrit au cadastre, situé entre le *Faubourg* d'où il émigrait et le *Boulevard* qui commençait à empiéter, une contrée mitoyenne, une principauté indépendante, le demi-monde : « Quelle trouvaille ! J'étais en vue du demi-monde ! » Y entrer n'était rien, il s'y fallait orienter. C'était bien un pays neuf, sinon vierge, et qui datait du Code Napoléon. Depuis que le mari, armé de la loi, avait le droit de ne plus trouver plaisant le délicieux délit, — de sa femme, s'entend — et que la séparation était intervenue légale, judiciaire, imprescriptible, l'épouse de Sganarelle avait dû chercher asile. Or le monde fermait impitoyablement sa porte au scandale ou à l'imprudence qui avait oublié de fermer la sienne.

« La première a été cacher sa honte et pleurer sa faute dans la retraite la plus sombre qu'elle a pu trouver ; mais la seconde ? La seconde s'est mise à la recherche de la première, et, elles ont commencé à se consoler et à s'excuser l'une l'autre ; quand elles ont été trois, elles se sont invitées à dîner ; quand elles ont été quatre, elles ont fait une contredanse... »

La musique attire les jeunes gens ; on quitte le cilice, l'État dans l'État est constitué.

Quelque observateur superficiel, et qui n'aurait pas vécu dans l'intimité de tous les milieux parisiens, se serait contenté de ces traits généraux et aurait peint ce *Demi-Monde* sous les espèces d'une bohème plus relevée, faisant la fête, l'amour et des mots, des mots acérés et cruels, en souvenir de la splendeur passée et par dépit de l'avoir gâchée. Il écrivait une œuvre relativement vraie, encore neuve ainsi. Mais ce *Demi-Monde* n'eût été qu'une demi-pièce, issue d'une demi-observation. M. Alexandre Dumas a passé outre ; il s'est rendu compte que cette société à part, née du scandale, n'avait d'autres garanties contre l'isolement ou l'avilissement qu'une certaine régularité d'existence et de tenue, et que, par suite, s'il était une déchéance et un exil pour la plupart de ces femmes tombées de haut, il était un échelon et une transition pour d'autres parties de très bas. Plusieurs se sont faufilées par la complaisance des initiés (plus on est de fous, plus on rit), quelques-unes au moment où la séparation se plaidait, à la faveur du bruit mené autour de l'affaire, les consolatrices, les indulgentes, qui émergeaient des bas-fonds, qui aspiraient à monter, qui se sont accrochées vivement à ces mains de race tendues par un besoin de solidarité... ou d'argent.

Cette fois, l'auteur touchait à la vérité intérieure et dramatique : car les promiscuités imprévues sont, en notre vie parisienne, l'inévitable conséquence des situations irrégulières ; et désormais la pièce était en scène, éclairée d'un contraste éclatant entre ces femmes qui descendent le courant, à la dérive, et celles qui, pour le remonter, se cramponnent résolument au seul point d'appui qu'elles ont rencontré. Les unes s'enfoncent, à corps perdu ; les autres, — les drôlesses qui biffent leur passé d'un trait de plume, — épient le sauveteur naïf, qui au prix de son nom, de sa fortune et de son honneur, les arrache au vice et les conduise, bonne dupe, en sa maison. Il ne s'agit plus des petites fêtes où sombrent les petites vertus ; l'horizon du théâtre s'élargit ; et s'engage la lutte entre les innocents et les habiles, les candides et les tarés, sur ce champ hasardeux, et tout déchiré par les fondrières, qui s'appelle le demi-monde. Il ne s'agit plus d'entretiens piquants sur l'ottomane de la garçonnière, ni d'attentes soupçonneuses, ni d'entrevues anxieuses, ni du mari débonnaire ou féroce, mais des droits mêmes de la société qui sont en jeu, de l'intégrité même de la famille qui se serre et se ligue contre les ambitions frauduleuses, les vertus frelatées, les veuvages de contrebande, articles à treize, attrape-nigauds. Et comme d'un côté tous les moyens sont bons pour l'attaque, la question est de savoir si de l'autre on est suffisamment armé pour la défense, et si le monde est une place ouverte ou le demi-monde une impasse. La vérité ainsi agrandie s'accroît d'un intérêt d'inquiète curiosité, qui est le théâtre même, et se résout en une comédie d'intrigue, puisqu'aussi bien c'est sur le terrain de l'intrigue que commence ce duel incertain entre les honnêtes gens et une société équivoque, habituée aux expédients et à la tactique, armée de désirs sans scrupules et d'une artificieuse coquetterie qui a parcouru, dès longtemps, toutes les étapes du noviciat.

La vérité observée à fond a cela pour elle qu'aussitôt saisie elle apparaît sous toutes ses faces. Entre la femme déchue, qui en a pris allègrement son parti, et l'autre qui cherche le sien, qui prétend escamoter son origine et escroquer la considération, il y a des nuances et des états intermédiaires. L'ensemble du tableau se complète ; les valeurs s'y distribuent ; un air de réalité circule parmi tout cela, avec, à l'arrière-plan, la perspective fuyante de l'irrémédiable déchéance, au delà de quoi il n'y a plus rien que le théâtre puisse faire paraître. Là-bas, arrêtée sur le seuil, madame d'Ornan, une honnête femme trop sensible, que l'auteur avec un tact délicat a préservée de la première faute, mais qu'il a amenée si près, si près du demi-monde que je devine vaguement par où sont venues les autres ; et aussi, esquissée dans un coin de la scène, la jeune fille, Marcelle, produit naïf du milieu où elle a vécu, et où il s'en faut de rien qu'elle se perde.

Au second plan déjà, et dessinée d'un trait plus précis, la vicomtesse, ce reste de femme de qualité, qui a ruiné son mari et qui se débat dans une existence agitée et précaire, escomptant le mariage de sa nièce pour la sérénité des ses vieux jours. Enfin, presque au premier plan, dressée en relief, la Suzanne mariée, la Suzanne de demain, cœur sec, tête vide, qui avait pourtant, en un jour de chance, décroché le mari porte-respect, Valentine de Santis, — la nostalgie de la boue. Ainsi vont-elles de la toile de fond à la rampe, et de mari en amant, et d'amants en ruffians, qui se chargent de venger rudement les naïfs et les imprudents. Car ils y sont tous, eux aussi, depuis Hippolyte Richond, le Raymond d'hier, condamné par un sot mariage à fonder une famille d'emprunt, depuis le de Latour, qui a fréquenté ici par plaisir, puis par intérêt, puis par nécessité, l'un qui paie chèrement un coup de tête, l'autre qui ne paie plus ses coups de Bourse, jusqu'à Olivier, le plus honnête homme du monde, et très parisien, qui aux lacs que recouvrent les tentures fanées du logis laisse quelque plume. On lui a durement reproché son rôle en cette affaire ; il livre des lettres, et cela n'est pas bien. M. Alexandre Dumas l'a défendu au nom de l'honneur, avec une finesse un peu cauteleuse. Que ne le défendait il au nom de la pure vérité ? Qu'allait-il faire en cette galère, M. de Jalin ? N'était-ce point l'aventurer, son honneur, que de le promener dans ces terrains vagues, où il compromet la femme qu'il a sauvée, où il brutalise la jeune fille qu'il aime, et d'où il est ordinaire que le dilettantisme, ami des plaisirs faciles et des curiosités désœuvrées, ne se tire point sans dam? » Ne remuons pas trop tout cela, dira plus tard l'intègre Thouvenin, ce n'est pas net. La vérité, la vérité absolue, voulez-vous la savoir? Ce n'est pas de mentir au risque de sa vie et de son honneur pour sauver la réputation d'une femme, dont on a été l'amant, c'est de ne pas être l'amant de cette femme. » Et ainsi vérité absolue, vérité d'observation ne sont qu'une même vérité, se complètent et se confirment réciproquement, sans effort ni théorie, dans le *Demi-Monde*.

Quant au réalisme, il est partout en cette œuvre. Il est moderne et hardi; rien n'en est éludé, mais rien n'en est outré. Vous soupçonnez que les portes du salon de la vicomtesse donnent accès à d'autres chambres où se joue une autre comédie, où la tenue s'encanaille, où la correction se débraille, où se bisautent les cartes et se préparent les portées, où l'on prend rendez-vous, où l'on s'abandonne, où l'on est soi-même avec ses laideurs morales et ses embarras matériels et toutes les compromissions qu'ils entraînent. Eh bien, les portières sont soulevées, les portes s'entr'ouvrent, l'appartement s'entrebâille, jusqu'au cabinet noir, jusqu'à l'escalier de service, d'où monte le pas des huissiers et des recors. Il se répand une odeur de procès et de billets impayés. On flaire la saisie. Faites le tour de la table de jeu, mais soyez sage: c'est M. de Latour qui taille. Faites la cour à Valentine, mais soyez prudent: les propriétaires et les tapissiers de la rue de la Paix sont d'une exigence! Et songez que la couturière a doublé ses prix et réclame quelquefois ses notes. Ceci n'est plus de l'immatériel roman: le petit de Bonchamp, le comte de Bryade, M. de Casavaux, tous ces messieurs en savent quelque chose. Il est vrai que M. Alexandre Dumas a maintenant la main légère et que tout est indiqué sans lourdeur: c'est la couleur locale de l'endroit. Voulez-vous du réalisme plus moderne encore? On en a mis. Car, à tout prendre le réalisme le plus intransigeant n'a que deux faces, la question d'argent, et l'autre. L'autre y est, et traitée d'une touche habile. Un mot en dit plus que des répliques ou des tirades cyniquement analystes. « Où allez-vous donc dans ce costume ? » — « Je pars ». — « Quand ? » — « Dans une heure ». — « Pour ? » — « Pour Londres, et de là pour la Belgique ». — « Avec ? » — « Oui, on m'accompagne. » On m'accompagne, dernière concession, ultime réticence de la piaffeuse éperdue, le signal de la fuite, et le commencement des tristes besognes. Adieu la chambre à coucher de brocatelle jaune ! Est-ce aussi réalisme ce résumé biographique de cet homme condamné à une existence irrégulière, à son cœur défendant ?

« Après trois ans de chagrin, de solitude, de désespoir, pendant lesquels, si votre cœur avait trouvé un mot, une larme de repentir, je vous eusse pardonné, car je vous aimais toujours, après trois ans d'une vie misérable, j'ai acquis le droit de vivre comme bon me semble. C'est dans une famille de hasard, c'est dans un ménage d'emprunt que j'ai trouvé le bonheur que vous n'avez pas cru me devoir. Voilà cependant à quelle position étrange la faute de sa femme peut amener un honnête homme. »

Trouverez-vous dans l'étalage de nos misères, où se complaisent quelques jeunes gens, une confession plus lamentable et saisissante par ce qu'elle trahit de chagrins contenus, de peines dévorées, d'amertume intérieure, et de mâle fierté, et de courage simple, renfermé, sans ostentation ? Et n'est-ce pas la vie même, une tranche de la vie (pour parler une fois ce moderne langage), que l'explication digne et discrète du marquis de Tonnerins qui se rappelle sans fausse honte et rappelle sans forfanterie quelques heures d'intimité presque paternelle, mais qui ne souffre point que le nom de sa fille soit prononcé par certaines lèvres : un gentilhomme, en vérité, qui n'est pas un ermite, mais qui n'est pas non plus un vieux monsieur. Réalisme, oui ; mais réalisme sans outrance inutile, qui encadre la vérité psychologique, sans la déformer à plaisir avec des attitudes de défi, réalisme théâtral et scénique, quelque chose comme la toile de fond brossée à grands et larges traits. A cet égard aussi, le *Demi-Monde* est une belle œuvre.

Réalisme, observation, vérité, termes vagues en fin de compte, inventions normandes à l'usage des petites révolutions et des petites écoles : sans doute le grand bruit qu'on mène périodiquement autour de ces mots-là s'apaiserait bientôt, si l'on convenait un jour qu'il y a des pièces bien faites et d'autres mal, des vérités profondément vues et d'autres superficiellement, que la brutalité n'est pas toujours le signe de la force, ni le cynisme une marque de puissance et de pénétration, et qu'au-dessus de tout est l'Art qui se respecte, — et le public, le vrai public, que nul ne leurre impunément.

V

LES FEMMES.

M. Dumas a eu le courage, qui n'est point banal, d'être l'auteur des femmes de ce temps ; il s'est fait leur ami, lui aussi, par antiphrase, les aimant tout juste comme elles ne veulent pas être aimées, comme elles ne l'avaient guère été, au théâtre, en connaissance de cause, sans fermer les yeux aux défauts qu'elles ont acquis, ou qu'on a développés en elles avec bien de la constance ; ami clairvoyant, c'est-à-dire détestable. Et, comme il n'est ni myope, ni superficiel, ni timoré, il a trouvé quelques types féminins qui expliquent à la fois, en leurs raisons profondes, et notre époque, et la femme qu'elle a façonnée à son usage.

Dans un violent effort, un peuple peut bouleverser

ses institutions et changer la face du monde. Cela s'est vu. Il peut du même coup imprimer un vigoureux élan à la pensée humaine, à la science, et renouveler les bases de la société. Cela encore ne dépasse point ses forces. Mais ce qu'il ne saurait empêcher, ce qui semble de nécessité fatale, et dont le contraire se conçoit malaisément, ce qui ressort de nos mœurs modernes, ce que vous ne trouverez nulle part dans nos lois, une vérité de fait, à quoi d'abord on n'a point pris garde, c'est que l'égalité entre les hommes entraîne (pour un temps du moins) la toute-puissance de la femme. « Dès qu'elles seront vos égales, elles seront supérieures », disait le vieux Caton. Il eût mieux dit encore, s'il eût vécu en notre temps. « Depuis que vous êtes égaux, elles sont au-dessus de vous. » Et voici comme quoi.

Une société nouvelle est née, et parmi des fluctuations et quelques révolutions s'établit sur ses assises et se développe.

Aux classes fraîchement dirigeantes il faut la sérénité qui affirme le pouvoir, l'élégance qui l'excuse, et, s'il se peut, le charme qui l'impose doucement. La femme seule est capable d'être en même temps tout cela. Il leur faut le luxe, qui est le signe matériel d'une supériorité palpable, et qui affiche la science d'acquérir et le souci de dépenser. La femme. Il leur faut le stimulant des ambitions et des énergies, et l'aisance dans le triomphe. La femme. « Comme statue sur un socle ou comme dessus de fauteuil dans un salon, écrivait jadis M. Frédéric-Thomas-Graindorge, la femme est l'idéal ; comme épouse ou maîtresse, elle est souvent l'alliée, souvent l'adversaire, quelquefois l'ennemie. » Vous pensez bien que l'adversaire et l'ennemie n'apparaissent pas tout de suite. Mais la statuette sur son socle, — bientôt sur son piédestal — mais le meuble de prix, qui marque le goût et la condition du possesseur, mais l'alliée qui l'aide à parvenir, qui en proclame partout la valeur, et qui l'impose à force de l'exagérer, qui ne voit combien, dans une société égalitaire et qui s'essaye, ces considérations rehaussent le personnage de la femme et lui donnent du relief? Il suffit d'avoir habité moins de six mois une sous-préfecture et défilé dans le salon du premier fonctionnaire de l'endroit, pour en garder le sentiment aigu. Croyez que M. Jean Giraud n'avait pas si mal calculé, lorsqu'il mettait le prix à la main d'Elisa.

De cet auxiliaire si précieux, si glorieux, si bien allant le moyen de n'être pas un peu fier? On l'est, d'abord avec dignité, puis avec complaisance, et cela mène insensiblement à l'adoration publique, qui porte la femme au pinacle, la femme de la société moderne, qui attrape d'instinct les grands airs de la marquise ou de la comtesse, et prend leurs mœurs en prenant leur place. Chrysale parvenu, Chrysale fonctionnaire, Chrysale au pouvoir s'agite, parle ferme, — sauf chez lui; il a de délicieux moments d'un orgueil qui chatouille sa fibre; il est peuple, il est maître, et son épouse aussi, qui devient une femme admirable. Il rédige les lois, les lois du monde moderne, avec quelque égoïsme, et à son avantage; même il les improvise quelquefois: dont il est très capable. Seulement, il y a une chose qu'il oublie qui ne s'improvise pas: l'éducation de la femme qui s'est résignée à l'apothéose, et une autre qui ne se règle ni se limite par des sénatus-consultes: la toute-puissance dont il lui a fait prendre gentiment l'habitude. Elle n'a pas fait les lois; mais elle fait les mœurs. L'objet d'art, la statue adulée, cajolée, exhibée, et quelquefois maniée par les amateurs, a vu d'ensemble et d'emblée son rôle d'idole; elle s'est grisée d'encens; elle a pris les mots au pied de la lettre et sa souveraineté au sérieux. Et, comme pour avoir le maniement du monde, de la fortune, et soutenir avec discrétion le personnage difficile de divinité, il faut, outre la qualité de race et d'esprit, certaine faculté de raisonnement, que parmi les préoccupations, les agitations, les ambitions et les révolutions, on a justement négligé de développer en elle, elle s'est piquée au jeu furieusement, elle s'est lancée dans l'indépendance et l'irresponsabilité, à toute bride, sans autre règle que la divine passion, le divin illogisme, et les désirs, et les fantaisies et les caprices, qui sont tout son charme et toute sa force, comme on a, Dieu merci, pris soin de l'en convaincre. De là les inconsciences, les défaillances, les extravagances, les concupiscences, couvertes du nom magnifique d'Amour, et, au bout de tout cela, la lutte armée après l'adoration béate. C'est vous qui l'avez voulu, Georges Dandin, mon ami ; vos étonnements sont venus trop tard. Vous l'avez voulu tant et si bien, que la littérature s'en est mêlée, que vos poètes ont pris la tête du mouvement, et qu'à ce point de vue (à celui-là seulement) l'exaltation lyrique de la passion effrénée chez les romantiques a été la plus grandiose manifestation de votre ingénuité de parvenu.

La littérature s'en est donc mêlée, et l'on a pu contempler la Déesse dans l'épanouissement de son charme et la pleine assurance de sa domination. Plus sa passion était déchaînée, plus proche était-elle de l'idéal. Que dis-je ? Elle était l'idéal même, Doña Sol, ou Marie de Neubourg ; elle était tout le théâtre, et bientôt tout le roman, sans compter la critique, qui s'affinait, s'épurait, s'extasiait au contact de ces triomphantes délicatesses, de ces superbes délires de reines s'élevant d'un bond au-dessus de notre société moderne, et dans une flambée de passion parfaisant l'égalité et rapprochant les distances. Les rois n'épousaient plus les bergères ; mais les princesses se prenaient d'amour pour les bandits et les laquais, — par goût de l'indépendance et du contraste.

Alors seulement Chrysale, Dandin et Sganarelle s'émurent et songèrent. Et, piteusement, de se retrancher derrière la loi, qu'ils avaient rédigée ou apprise, à leur profit. Alors, par un brusque retour, la Femme-idole se heurta contre la Loi-rempart, mur d'airain des désillusions et des craintes masculines. Et voyez-vous l'amusant spectacle de l'adoration perpétuelle aboutissant à la lutte légale, tout le féminin aux prises avec le Code, la passion tant célébrée avec l'article du cas de légitime défense, l'Amour, l'Amour lui-même, oui, mesdames, brutalement étranglé par une formule aveugle, sourde, inexorable et imparfaite, arrêté net en son capricieux essor par le Droit impitoyable et froid? C'est à mourir de rire, comme dit M. Dumas, et la comédie est impayable, jusqu'à ce que le drame intervienne.

Quand l'égoïsme masculin regimbe, il rue. De l'arme défensive, le Code pénal, il s'est fait une arme offensive : il s'en est couvert d'abord pour défendre son honneur, et bientôt il s'en est armé pour entamer celui de ses victimes. La loi qui dit : « Tue-la », ne dit pas : « Tue-le », et la bonne raison, c'est qu'il en est l'auteur. Elle autorise la recherche de la maternité, mais non celle de la paternité, — et pour cause. De là les trompées, et les résignées, et aussi les passionnées, les lutteuses, et celles qui les vengent toutes, les déchaînées et les déclassées, celles qui ont bravement ramassé leurs jupes, sauté à pieds joints du haut du piédestal par-dessus le Code, au risque de se rompre les os. Et vous en pressentez maintenant le comique, non exempt de tristesse, qui ne va pas jusqu'au pessimisme, mais qui ne s'en tient pas aussi à l'indifférence béate et superficielle, qui ne s'arrête pas à l'air brillant et à l'élégance tumultueuse de la femme-joujou, que notre époque a ingénieusement perfectionnée...... comme le revolver. — Le mot est venu sous ma plume, et, décidément, je ne l'efface point, encore que le trait vous puisse paraître d'un goût douteux. C'est qu'en vérité ces types féminins de M. Dumas, alors même qu'il s'apitoie sur leur faiblesse ou leur éclatante folie, laissent l'impression bizarre de ces mortels bijoux, avec le brillant froid de l'acier et le frisson que donne une force aveugle et dangereuse à manier. En cela ces types diffèrent de la tradition classique. Oui, si Mauriceau est plus proche de Jourdain que de Poirier, sa fille est proprement une force, qui pousse droit à son amour, dont il faut que quelqu'un meure ; c'est le vibrion qui disparaît, hu, hu, mais ce pouvait être l'autre, oh! oh! aujourd'hui le duc de Septmonts, hier Paul Aubry. Et, en dernière analyse, de cette contradiction plus que jamais exagérée à notre époque, entre la femme adulée, divinisée sans mesure, et puis méprisée, déclassée sans merci, de ce culte du sexe qui aboutit à la lutte des sexes, naît dans le théâtre de M. Dumas un ridicule qui s'évanouit assez vite en des teintes plus sombres, et qui donne à certaines figures un étrange et saisissant relief; depuis la pauvre fille inconsciente, comme Clara, en passant par la femme qui suit aveuglément son cœur, comme Catherine, jusqu'à l'autre, celle qui ne suit que son instinct, la créature, non pas seulement légère, ou écervelée, ou indépendante, mais froide, perverse, et gâtée, la Sylvanie de Terremonde, et aussi la Passion mauvaise, l'être de destruction, la Bête de l'Apocalypse, la femme de Claude.

L'ennui est la maladie de l'idole, dont la béatitude serait parfaite sans lui. L'adoration continue lasse, parce que nécessairement elle se répète, et que, se répétant, elle s'affaiblit. Vous vous rappelez l'un des plus spirituels chapitres qui soient sortis de la plume de Gyp, dans la jolie satire *Autour du Mariage*. Paulette est trop célébrée, trop uniment, trop universellement ; cela est exécrable ; elle en est exténuée. Elle fait le tour du salon pour recueillir les aveux, une déclaration d'amour qui soit plus neuve, qui tranche sur les autres, qui la repose enfin de ce culte obstiné et obsédant dont elle est partout l'objet. Elle encourage, excite, amorce l'un après l'autre tous ses fidèles, qui tous d'un même élan, et sur le même ton, soupirent la même prière : « Je vous adore. » Cette fois, Paulette suffoque ; ils l'adorent, comme si c'était difficile ; ils l'adorent, comme si c'était nouveau ; ils l'adorent, tous, tous ; elle s'ennuie, avec rage. Elle est incomprise. Incomprise et ennuyée, ce sont les deux points du caractère de la femme moderne qu'a mis en lumière M. Dumas avec une impitoyable clairvoyance. C'était la conclusion nécessaire du lyrisme romantique, qu'il a dégagée d'abord, et d'où il est parti pour ses voyages à travers les joies féminines.

Diane de Lys s'ennuie. Elle n'a point d'autre raison à fournir à son amie pour excuser la première escapade, qui la pousse à un rendez-vous dans l'atelier d'un peintre. « Ne te fâche pas... Nous n'avions rien à faire ce soir ; j'ai pensé que cela nous distrairait un peu... Je m'ennuie tant ! » Je me trompe, elle en a une autre, qui est la même, et qu'elle répète à Maximilien : « Tenez, je suis contente de vous revoir, vous arrivez bien ; je m'ennuie à périr. » Elle a pris froid en naissant, elle aussi, dans cette atmosphère d'admiration officielle, qu'elle a respirée dès son premier sourire. Elevée en plein idéal, un jour elle retombe par le mariage dans la réalité. Résultat : une incomprise. Elle a épousé le comte sans enthousiasme, avec quelque curiosité d'une vie nouvelle, où elle serait adorée autrement. Le comte n'a su l'adorer que comme l'idole du jour, assez insignifiante, devant qui il s'est prosterné par bienséance. Quand il s'apercevra qu'il a affaire à une femme qui a un cœur comme les autres, il sera trop tard. L'esprit inoccupé aura lâché la bride à l'imagination ; l'amour, l'amour idéal (toujours l'idéal) donne à cette femme le vertige : consolation suprême et qui vaut qu'on lui sacrifie tout, avec frénésie. Notez que sa folie est consciente et que sa conscience est calme ; que si, forte du sentiment de son essence supérieure et de sa toute-puissance féminine, elle reproche assez justement au comte de l'avoir méconnue, puisqu'il n'a point su la conquérir, elle n'a, pour elle, aucun reproche à se faire, elle n'y songe même point, et sa bonne foi est entière ; il ne lui vient même pas à l'esprit de se demander si elle a fait effort pour être aimée, si, jeune et inexpérimentée, elle a daigné se servir de quelques-unes de ces ruses instinctives et irrésistibles dont la femme naît pourvue. Aphrodite, elle-même, quand elle descendait sur la terre pour donner un instant de bonheur au mortel qu'elle avait distingué, prenait beaucoup sur soi, la bonne déesse, et employait les philtres et multipliait les séductions. Mais Aphrodite était de ce temps-là, et Diane est du sien. Il faut voir le détachement avec lequel elle dit au comte : « Comment se fait-il que m'épousant, moi, qui étais jeune, sans volonté, sans parti pris, (sans parti pris n'est-il pas délicieux ?) moi, qui ne demandais qu'à subir l'influence d'un honnête homme, vous n'ayez pas employé toutes vos qualités à vous faire aimer de moi ? » Peut-être, après tout, eût-elle condescendu, la jeune fille sans parti pris, à être aimée de lui. L'important, en cette affaire, est que, par essence, elle mérite l'amour, sans se croire un instant obligée d'y tâcher dans l'état de mariage. Elle n'y a fait aucune avance ; elle n'a consenti aucun sacrifice ; il ne paraît point que l'idée même lui en soit venue ; et il est vrai que, par une logique très détournée, elle en consentira beaucoup d'autres, sans qu'il lui en coûte, pour courir après la passion vraie, celle d'un amant, qui n'est pas le mari, et dont elle craindra de toute son âme qu'il ne lui échappe. Ennuyée, incomprise, illogique ; un grain de raison, un atome de bon sens, cherchez-les dans ce caractère pourtant opiniâtre, qui est l'ébauche de la femme moderne, telle que M. Dumas l'a révélée au théâtre.

Mais la comtesse de Lys n'était pas encore entièrement dégagée de l'influence romantique ; et vous direz peut-être qu'elle est d'un poète, imaginée à plaisir. Jane de Simerose est née d'une observation perspicace et sans alliage. Je ne crois pas qu'en cette seconde moitié du siècle la scène ait éclairé une figure de femme plus complexe ensemble et plus vraie. Il faut s'y résigner : ce n'est plus l'illogisme, c'est l'absurdité même, exaspérée et consacrée par le monde où nous vivons. Je n'en veux d'autre preuve que la sympathie qu'elle excite dans son inconcevable déraison. Et il en sera encore quelque temps ainsi, jusqu'à ce que la société ait pris son parti d'enseigner à la femme que le bon sens est la qualité indispensable dans la vie, et que le bonhomme Chrysale, qui était peut-être un pleutre, n'est devenu un sot qu'assez tard, et de nos jours.

L'aventure de Jane (1) se résume en quelques lignes.

« Se marier par amour, se refuser à son époux par pudeur, se séparer de lui par jalousie, donner de guerre lasse son âme à un monsieur qu'elle connaît à peine, s'offrir, par dépit, deux heures après, à un individu qu'elle ne connaît pas, se compromettre avec deux hommes tout en n'adorant et n'ayant jamais adoré que son mari, avoir les chastetés d'une sainte, les allures d'une coquette, les audaces d'une courtisane, et revenir à son époux, calomniée, innocente, amoureuse et vierge, voilà des tours de force qu'une femme seule est capable d'accomplir...! Et il y a des milliers de femmes qui font les mêmes bêtises à l'heure où je parle, toujours au nom de l'amour et de l'idéal. »

Vous vous fâchez et vous dites que cette histoire elle-même est un roman ; alors, je vous préviens qu'il faut vous rendre à l'analyse. Car jamais M. Dumas ne l'a poussée aussi avant. Il ne vous laisse même pas une échappatoire par où vous dérober. Si encore cette jolie femme était une statue de marbre, elle serait un statue un peu curieuse, un peu perverse, mais de marbre, et très peu femme. Elle est de chair, ne vous déplaise, et de tempérament, française par son père, grecque par sa mère : « le sang d'Epaminondas tourmente ses

---

(1) *L'Ami des femmes.*

veines. » Alors, quoi ? — Alors, elle a été élevée, comme toutes ses compagnes, dans le culte de soi-même et de toute sa personne sacrée, dans la croyance à son règne et à la soumission du reste de la nature parmi les élégances d'une vie luxueuse, sans un pli de rose qui pût troubler sa quiétude en cette condition artificielle et cette surnaturelle posture. Elle a donc « une nature rebelle à toute espèce de domination », retenez ce point, et elle consent à être aimée, et elle se marie, non plus comme Diane de Lys, sans enthousiasme, mais par amour. Cherchez ce que peut être la première vision de l'amour en cette âme de vierge élevée dans un monde supra-sensible, et voici, j'imagine, par à peu près, ce que vous trouverez : l'éveil latent des sens, un désir vague d'un bonheur plus complet, plus parfait, plus intime, et aussi d'une extension de soi-même, d'une domination plus entière, d'une suprématie plus directe, plus consciente, quelque chose comme les premières sensations, encore confuses et déjà claires, de Galathée, au moment que la vie pénètre en elle avec la foi intime dans sa beauté souveraine, à la vue de Pygmalion prosterné. Toujours l'objet d'art qui s'anime, et du pays des rêves entre de plain-pied dans l'existence. On n'a oublié qu'une chose, c'est de l'avertir que le rêve, si loin qu'on le poursuive, est toujours inaccessible, et qu'il est la fiction de la réalité, et qu'il en est le charme, à la condition qu'il s'y plie juste assez pour l'embellir, sans la méconnaître. Recueillez ses impressions aux premiers frôlements de l'amour.

« Un jour, elle rencontre un homme jeune qui s'occupe d'elle plus que des autres jeunes filles, qui lui révèle ainsi qu'elle est une femme en âge d'être aimée. C'est le premier dont elle n'a pas envie de rire. Son cœur bat. Cet homme la demande à sa mère, il est agréé, il peut faire sa cour. *La nature, la poésie, la musique deviennent leurs intermédiaires.* De temps en temps un sourire, un serrement de main ; *le soir une rêverie douce ; la nuit un songe chaste, l'idéal, toujours l'idéal. Enfin, après une cérémonie religieuse, où les anges eux-mêmes sem-*

bient lui faire fête, l'enfant pieuse, romanesque, ignorante, se trouve livrée à cet homme qui sait ce que c'est que l'amour (1). »

Vous voyez quelle chute. Ce n'est pas seulement la pudeur qui s'effarouche, la chasteté qui se révolte, c'est la dispersion de tous les rêves effarés, c'est la ruine de tous les préjugés, c'est la conscience et la foi dans l'essence supérieure violées, c'est une première soumission nécessaire, inattendue, inimaginée, d'autant plus odieuse qu'elle apparaît comme un outrage et un sacrilège. Voilà le vrai. Et puis, le mari s'éloigne ; orgueilleux et impatient, il porte ailleurs l'offrande de cet amour que l'épouse a jugé indigne d'elle, et le temple est déserté, et la déesse, restée seule, qui n'entend plus de prières, comprend sa déchéance, et s'abîme dans les larmes. A présent, c'est son amour-propre qui souffre, c'est le monde qui s'est renversé d'un seul coup, sous ses yeux ; elle n'est plus qu'une idole abandonnée à sa faiblesse, de bois, de marbre ou d'or, mais déclassée dans l'Olympe où radieuse elle avait grandi. Elle voyage ; elle cherche en d'autres pays une religion plus épurée ; elle ne rencontre que des profanes ; elle commence à entrevoir que l'adoration des hommes ne va pas jusqu'au mysticisme, et, si elle ne regrette rien encore, elle s'ennuie, elle s'ennuie à mourir... elle est prête aux consolations, sans être résignée à la suprême épreuve, qui lui fait toujours horreur. Elle aiguille sur une autre voie à la recherche d'un idéal, où son essence supérieure puisse être respectée. Il apparaît enfin, l'adorateur fervent et dévot, humble et respectueux, qui ne parle point, qui exprime sa passion par lettres brûlantes, qui menace, pour son premier hommage, de s'offrir en holocauste. Cette fois, c'est bien l'amour, l'amour de l'âme, celui qui défie les suprêmes et ravalantes rencontres de la chair. Le temple s'illumine, la déesse renaît, exaltée et

(1) Préface de l'*Ami des femmes*.

triomphante. «...Ah ! si j'étais un homme, il me semble que je voudrais élever au-dessus de l'humanité tout entière la femme que j'aimerais.. » Enfin, elle se retrouve sur son piédestal, et ses illusions reparaissent ; et c'est l'assomption libératrice de la vierge vers les sereines splendeurs, d'où elle était un moment descendue. — «... Dire à une femme : « je vous aime », n'est-ce pas lui dire : « Je vous trouve la plus digne, entre tous les êtres, du sentiment le plus noble entre les sentiments ? Oublions la terre, supposons le ciel... » — Rien n'est plus, plus n'est rien ; elle seule a repris sa place, très haut, entre ciel et terre, plus près du ciel, bien entendu, d'où elle domine, d'où elle règne, immatérielle... Oui, c'est bien cela qu'elle avait rêvé, l'amour éthéré, et qui l'élève, et qui la transforme, et qui consacre sa beauté...

— « Je me sacrifierai, j'immolerai en moi tout ce qui ne sera pas digne de vous. Le temps, le monde, l'espace pourront se placer entre nous sans nous séparer et sans avilir cet amour, qui n'aura besoin ni de la voix pour se manifester, ni de la forme pour se convaincre. Tenez, je vous aime par-dessus tout; et je ne toucherais pas à un pli de votre robe. Est-ce cela ? » — « Taisez-vous, je vous adorerais. »

Ceci est un oubli, un lapsus de la Vierge immaculée, et pourtant femme ; le sang d'Epaminondas qui a fait un tour, un souvenir de l'enveloppe matérielle non encore entièrement dépouillée ; mais qu'elle est amusante ainsi, la petite déesse, dans cet élan vers l'Idéal, l'Idéal infini, (dont elle est le centre), et qui ne voit point que le séraphin agenouillé, en extase, dont elle accueille les vœux mystiques, est un gaillard au teint ambré, aux muscles d'acier, à la poitrine large, un athlète, et non un ascète, dont la prière est déjà une étreinte ! Seconde chute, plus brutale encore que la première. Cette fois, c'en est trop ; et ici apparaît, dans toute sa beauté, cette aptitude de la femme moderne à la déraison. Elle s'est refusée à son époux, elle a rêvé d'amour platonique, et son rêve tombe à plat devant les exigences d'un amant, qui est un homme ; et, dans un transport de colère, de désespoir, de dépit et de fierté outragée, elle se jette aux bras du premier venu (qui, par bonheur et par hasard, est un gentilhomme), honnête femme, avec un mensonge aux lèvres, vierge, sans autre désir que celui de se venger... de ses illusions, et de noyer ses aspirations éthérées. Bien lui prend que quelqu'un fasse la lumière dans son cœur, et la remette sur le chemin de son amour véritable, qui était le mari. Non, je ne crois pas qu'il y ait dans tout le théâtre contemporain de figure féminine plus complexe à la fois et plus simple, et qui donne plus à réfléchir sur la moderne apothéose de la femme, dont la société a fait un ange dévoyé, — ou pervers.

Car M. Dumas a voulu la sauver, celle-là. Mais supposez que l'amant soit un tacticien plus sceptique et plus habile. L'amour idéal sombrait dans l'adultère, et l'adultère se traînait dans la lassitude et le dégoût. En sorte que, si la vérité vous paraît ici éludée en ses conclusions extrêmes, il vous est facile d'y suppléer. Contemplez Mme Leverdet (1), quinze ans après la faute, ou Mme de Morancé (2), six mois après l'aventure : — l'une qui, à la recherche de l'oiseau bleu de ses rêves, a mis la main sur M. des Targettes, un second mari plus encombrant et matériel que le premier ; elle n'est point guérie, la bonne dame ; elle se dépêche d'espérer encore (car l'âge vient) qu'elle atteindra après une seconde épreuve sa chimère : seulement, par une plaisante contrariété, c'est l'amant qui venge la morale, par le seul fait qu'il s'éternise et qu'on ne s'en débarrassera point ; — l'autre, une touchante figure de curieuse et de désillusionnée, qui n'a trouvé dans l'adultère que les plaisirs inquiets de deux ou trois équipées, l'intimité glaciale des

---

(1) *L'Ami des femmes.*
(2) *Une visite de noces.*

chambres d'hôtel, avec, au bout, la haine de la femme et le mépris de l'homme pour conclusion, et la passion la plus brutale qui se puisse déclarer à une amante abandonnée, en guise de moralité, et par-dessus le marché du reste. « Ah ! que c'est ennuyeux ! » soupire Mme Leverdet. « C'est écœurant ! Pouah ! » murmure Lydie, en agitant son mouchoir, pour chasser le mauvais air. Pauvres femmes, qui n'avez point compris, ou qui ne comprendrez peut-être jamais (il est vrai que vous avez une excuse, qui est que personne encore n'avait eu le courage de vous le dire), que vous êtes femmes, souveraines et idéales par le désir que vous inspirez à cet amant édifiant et consolateur, mais que le premier rapprochement marque votre défaite, et que ce sera toujours une chute, l'être de raison devenant du même coup « disponible et instrumentaire ». Vestales avant, et le plus souvent incapables de repentir vrai et d'humilité rédemptrice, Bacchantes après.

La Bacchante est un second type, que M. Dumas a marqué de traits brûlants, au fer rouge, avec effroi et colère. Elle est la femme animal, l'instinct déchaîné, l'idole charmeuse et scélérate, d'une volonté opiniâtre et mortelle, le sourire aux lèvres. Bacchante vraiment, mais non pas celle que la plaisante imagination des Grecs aimait à représenter, le thyrse en main, les cheveux épars, au son des flûtes et des cymbales parcourant les montagnes de Thessalie, affolée, enivrée de plaisir, évohé, enragée de mouvement et de tapage, évohé, tant qu'enfin au hasard de la déroute, au détour du sentier odoriférant, pâmée, épuisée, demi-morte, elle s'abandonnait avec un éclat de rire aux rudes baisers des dieux sylvestres, des satyres velus, dans un suprême ravissement. Bacchante moderne, avisée, froide et calme, qui, parmi la fête, songe que les hommes sont faits pour « son plaisir, sa garantie ou son rachat », et que la toute-puissance poétique de la femme, avec ce culte officiel et cette religion d'État, n'a été inventée que pour l'assouvissement de son unique désir, qui est l'amour de soi, c'est-à-dire une avidité de luxe effréné, de jouissance impossible, de maîtrise et d'éclaboussure, une manie furieuse de sensations aiguës et de passion décevante. Elle ne s'abandonne ni ne se donne, toujours sûre d'elle, et dominante jusque dans la faute : elle possède, et n'est point possédée. Elle est d'un sexe à part. Elle est le flot fangeux de notre siècle, qui monte et envahit les maisons et la famille, sous le couvert de la fiction poétique et de la dévotion romanesque. D'en bas elle a vu là une légende à exploiter, un autel à conquérir, le plus fréquenté, le plus orné et le plus riche, et qui domine, au milieu de la nef, et celui de la Vénus pudique, et celui de la Junon égarée, hypocrite, ou désabusée, des demi-déesses, encore femmes, partant impuissantes et faibles. Au lieu de graver au frontispice du temple : « A l'épouse de l'âme, à la Passion pure et divine », elle a ciselé sur le marbre étincelant : « A la déesse aux cheveux couleur des blés, et aux lèvres couleur de sang. » Et au pied de cet autel merveilleux, où brûle un feu, qu'aucun déluge ne saurait éteindre, et qui exhale des parfums étranges et capiteux, apparaît un tronc d'or finement ouvragé, discrètement enchâssé, à la hauteur d'un homme qui se prosterne : « Pour les frais du culte. » Au-dessous de quoi M. Dumas a crayonné d'une main nerveuse : « A la sirène insoumise, frivole, féroce et vénale. »

Il est vrai que cette sirène émut d'abord sa sensibilité plutôt qu'elle n'arma sa colère. Il est manifeste aussi qu'il s'y est repris à plusieurs fois, avant d'enlever avec vigueur et vérité la figure de Césarine. Faut-il s'en plaindre, puisque la galerie des portraits n'en est que plus riche et plus variée ? Joignez que, grâce à ces retouches ou approches successives, nous avons le plaisir, sur ce point capital de son œuvre, de suivre le progrès de ses observations et comme la genèse d'un type définitif. Nous avons parlé plus haut, et à un autre point de vue, de Suzanne d'Ange (1), qui, malgré la netteté du dessin, était encore prise de profil. On lisait aux plis de son front l'ambition et la décision rusées; la frivolité se devinait par un retour sur le passé; la vénalité se marquait à peine d'un trait, et au dénouement. C'était plus et mieux qu'une esquisse, c'était déjà la créature vivante et fascinante, mais dans le demi-monde, à mi-chemin. Albertine de la Borde (2) en est une réplique, et comme la piquante silhouette, vénale, celle-là, qui fait argent de tout, avec des qualités de femme d'intérieur et d'industrielle prévoyante, à qui un homme entre deux âges peut confier les clés du linge, qui vous met un appartement sur pied et le possesseur sur les dents : la courtisane capitaliste, qui fait son stage dans la vie galante, fille de joie avant d'être dame de charité, à la fois la cigale et la fourmi. Elle épousera de Tournas, qui la ruinera, et dont elle aura une fille, qui épousera le comte de Terremonde et le ruinera pareillement. Cette fois le type est né; M. Dumas le tient sous son regard pénétrant, il l'enveloppe, il le projette sur la scène, et d'une vérité si ramassée, si concentrée, si saisissante, que je doute, en ce moment même, que la femme de Claude soit plus profondément vraie, quoique plus complexe, et l'étrangère plus vraiment troublante, encore qu'exotique et romanesque. Ce rôle de Sylvanie (3) n'a qu'une scène : il emplit le théâtre; qu'une tirade : il absorbe tout le reste; tous les autres personnages sont à sa remorque, déconcertés, aveuglés, ou désespérés. Elle opère sur les acteurs du drame précisément le charme indéfinissable qu'on nous dit qu'elle exerce sur tous les hommes. Elle accapare l'intérêt dramatique, comme

---

(1) *Le Demi-Monde.* V. plus haut Ch. iv, p. 154 sqq.
(2) *Un Père prodigue.*
(3) *La Princesse Georges.*

elle fait l'amour. Insoumise, cela va sans dire ; elle rayonne à froid ; elle fait le mal en souriant, d'un sourire qui grise, hautain et immuable, sans conscience, sans remords. C'est une force mystérieuse et dissolvante. « Quand je vois, dit Berthe, la comtesse avec son regard impassible, son sourire fixe et ses éternels diamants, il me semble voir une de ces divinités de glace des régions polaires, sur lesquelles le soleil darde et reflète ses rayons sans pouvoir jamais les fondre. » Frivole, c'est son unique passion ; elle a ruiné le comte ; le comte ruiné, elle enlève le prince ; le prince fléchit, elle se rabattra sur le petit de Fondette ; de Fondette mort, rassurez-vous, elle n'en vendra pas ses diamants. Vénale, est-il besoin de le noter ? Incapable d'une fantaisie désintéressée, incapable même de placer son amour à 3 0/0 ; il lui faut le taux usuraire, les liquidations au comptant, les gros morceaux et les grands coups ; vénale à ses amis, vénale à ses amants, vénale... J'aime mieux citer le reste, ne trouvant pas en moi le talent nécessaire à l'écrire honnêtement.

« ... Voulez-vous que je vous donne un détail, qu'on m'a assuré être vrai ? » — « Voyons. » — « C'est trop difficile à dire. » — « Puisqu'on vous l'a dit. » — « C'est que c'est mon mari qui m'a conté cela (l'imbécile !), et encore je n'ai compris qu'après. » — « Dites alors, nous sommes entre femmes, nous comprendrons tout de suite. » — « Eh bien, il paraît que la comtesse considère en effet sa personne comme une divinité équatoriale ou polaire, je n'en sais rien, et le lieu où elle repose comme un temple. Elle s'y enferme à clef, et quand le grand prêtre, son époux, veut faire ses dévotions, il faut qu'il commence par des offrandes... C'est ainsi qu'il s'est ruiné ! Quelle pitié ! »

Et féroce, avec délices, comme une créature indifférente et vaine, qui veut froidement ce qu'elle veut, que rien n'arrête, quand elle veut quelque chose, et qui ne craint rien, pas même ni surtout que le ciel tombe.

« Quand j'étais petite, je faisais de la gymnastique, et je n'ai jamais oublié ce que mon maître disait aux autres élèves, étonnées de me voir passer toute droite sur la poutre ronde, à quatre mètres au-dessus du sol (exercice que faisaient seuls les hommes, et pas tous encore). Savez-vous, disait-il, pourquoi M⁽ˡˡᵉ⁾ de Latour-Lagueau passe si bravement et si facilement sur cette poutre, ce qu'aucune de vous n'ose faire ? C'est qu'elle ne regarde pas où elle met les pieds, elle ne regarde qu'où elle va. Il avait raison. Quand on veut arriver quelque part, il ne faut pas regarder sur quoi l'on marche, il faut marcher ; on en est quitte pour ôter ses bottines en arrivant. »

Et ceci même ne la trouble point ; elle en a l'usage, les yeux fermés. M. Taine soutenait jadis cette opinion, qui parut irrévérencieuse en son temps, que toute Parisienne est, au fond, un hussard (1). Que pensa-t-il de Sylvanie, six ans après ?

Et que dire de la femme de Claude ? Qu'elle est une autre Sylvanie, et déjà l'étrangère, et qu'elle est peut-être le type le plus saisissant qui ait occupé la scène française depuis Tartufe. Bacchante, Messaline, insoumise, féroce, frivole, vénale, elle est tout cela, créature excessive en tout, et pourtant inachevée, puisqu'elle n'aimera jamais, quoi qu'elle fasse, fermée qu'elle est à la passion, et même au plaisir, malgré ses furieux transports de tête et ses prurits imaginaires. Plus en dehors que Sylvanie, plus chercheuse de sensations, elle se démène parmi les curiosités scélérates, moins déesse, mais polaire comme elle, avec une secrète rage au cœur contre cette glace du sang, qui est son désespoir, son mystère, et sa force. Elle donne la vie et la mort, à la hâte, et en souriant. L'autre ruine des princes, des comtes, des inutiles ; à celle-ci, belle d'une étrange et perverse beauté, il faut des débauches de triomphe, d'influence, de charme, de sorcellerie et d'envoûtement : elle s'en prend aux travailleurs, aux hommes de génie. Elle trouve une volupté âcre et irritante à manier et broyer de la substance cérébrale. Elle commet et confesse la faute, pour la sensation inquiète du pardon, pour l'avide angoisse d'être insultée, foulée aux pieds, et reprise : délire énervé de fille

(1) Frédéric-Thomas Graindorge.

perdue. Au demeurant, superstitieuse et lâche, et, dès que sa santé est atteinte, toute prête à se donner à Dieu, comme aux autres, et sous réserve de le trahir, comme un homme. Ce trait manquait à Sylvanie. La trahison l'attire et la fascine, au point qu'à l'instant où elle veut aimer, ses yeux s'éclairent d'une lueur fauve, et qu'elle montre ses dents « comme un loup ». Celui qui a souffert par une pareille femme, craint, plus que tout, chez elle, l'expression du repentir ou de la prière, qui accuse un crime ou présage une menace. Il appréhende toujours qu'elle n'ait encore une infamie à commettre, qui, cette fois, sera la dernière, peut-être, qui, en attendant, perce son cœur davantage, en quelque coin non encore meurtri. Après avoir percé le cœur, elle en veut à l'œuvre du cerveau, et elle trouvera jour à frapper les deux ensemble; il doit y avoir un moyen; il y en a un. Si Ruper a recueilli un enfant du hasard, à qui il a donné la science et transfusé le génie, qu'il aime, avec qui il travaille, et qui est presque de moitié dans ses patriotiques découvertes, elle affolera, pervertira, déshonorera l'enfant adoptif pour vendre l'invention. Vénale ne suffit plus, c'est voleuse qu'il faut dire : créature d'enfer, en vérité, que M. Dumas a dressée en pied sur la scène avec un effort de vision tendue, qui approche de la prescience, et contre quoi ne se récrieront ni les magistrats en charge, ni les jurés en exercice, mais quelques oisifs, titrés ou rentés, et ingénus, de qui l'égoïsme élégant fait la haie sur le passage de ces anges de rebut, leur prépare les voies avec distinction et ferveur, et n'est d'ailleurs pas près de s'émouvoir, tant qu'il y aura des cabinets de travail pour les autres et des cabinets de nuit pour eux. Et s'il leur plaît à eux d'être battus, évidés, ruinés, défendrez-vous à ces sages de s'empresser au-devant de Césarine, ou de courir aux *five o'clock tea* de l'étrangère ?

L'étrangère ! Troublante figure, qui semble résumer en soi toutes les autres, la bacchante avide et immaculée, un tour de force de la civilisation moderne, la Vierge du mal ! Bien des fois M. Dumas avait été tenté par ce phénomène exotique, indiquant d'un mot, au début d'une généalogie, le genre de ferment que le rastaquouérisme féminin sème dans nos mœurs et qui achève de les désorganiser. Étrangère, la comtesse de Simerose, par sa mère, qui était Grecque, étrangère la comtesse Savelli, qui, aimable et désirable, si elle se pouvait fixer à un honnête homme, quelque part, promène ses velléités d'amour et ses crises d'ennui entre Naples, Paris et Londres ; et encore Sylvanie, fille naturelle de lord Hatherbrok, et aussi la femme de Claude, dont les aïeux Teutons sont de très vieille lignée bavaroise. Oui, il paraît bien que, dès le début de sa carrière, ou à peu près, M. Dumas a distingué nettement le danger qu'apportent avec elles ces femmes qui n'ont ni patrie, ni foyer, libres partout, à grandes allures et d'une indépendance exaspérée, qui s'abattent sur les capitales toujours trop petites pour leur fièvre de mouvement et leur rage de domination.

Mais il n'y a qu'une étrangère, qui est devenue un type au lendemain même de la première représentation. C'est mistress Noemy Clarkson, originaire de la Louisiane ou de la Caroline du Sud, née quelque part et qui mourra je ne sais où, reine ou déesse (la divinité les obsède décidément toutes) dans une tribu de l'Afrique centrale, sur un trône d'ivoire surmonté de têtes humaines ou dans un temple de porphyre, où les Européens seront immolés en sacrifice. C'est une dompteuse américaine, qui domestique les hommes à la cravache, qui les dresse en haute école, impassible, impeccable, et intacte, et, la recette encaissée, les lâche en liberté, vides, nuls, encore sous le charme, et les renvoie à la prison, à la folie, au déshonneur, au meurtre, au suicide. L'étrangère n'est point vénale ; je veux dire qu'elle n'engage jamais sa personne. Il est vrai qu'elle fait payer le froufrou de sa robe et le parfum de ses cheveux. Haine des hommes, dédain des femmes, âpre soif de l'argent, et volonté sauvage, telle mistress Clarkson. Elle a un mari dont elle n'a jamais été la femme, mais dont elle est l'associée et la commanditaire. Elle ne l'a point aimé, il n'y a pas d'apparence qu'elle l'aime plus tard; elle l'estime pour son adresse au pistolet et son habileté commerciale. Le jour où il l'ajusterait de son revolver, elle serait fièrement émue, et capable de lui sauter au cou — sans récidive. Superstitieuse, d'ailleurs, joueuse résolue — ce qui n'est point contradictoire — et qui craint par-dessus tout la passion. Si elle éprouve jamais cette curiosité nouvelle, quelqu'un en meurt. Et peut-être est-ce caprice, peut-être passion; quoi que ce soit, malheur à ceux qui sont sur son chemin et lui font obstacle : la mort ne l'effraie ni pour autrui ni pour elle-même, « c'est un instrument comme un autre. » Ne dites point qu'elle est un type de fantaisie; ne voyez-vous pas bien qu'elle est femme, puisqu'elle s'éprend du seul homme qui se refuse à elle, et qui en aime une autre? Double lutte, double plaisir; l'impossible la tente. Désirs féroces, égoïsme meurtrier, jalousie implacable, et fureur de domination, tout est là. Ce n'est plus la bacchante, ni la guenon de Nod, c'est une divinité hautaine et infernale, la femelle de Set, dieu des ténèbres. Et le personnage est condensé, concentré avec une telle énergie, qu'ici encore il accapare la scène, efface les autres comparses, malgré l'effort constant de M. Dumas à lui mesurer la place. Quel dommage qu'à cette âpre observation il ait cru devoir ajouter une pointe de romanesque assez inutile, qui fait de la Vierge du mal une manière de misanthrope haïtien, apôtre de la race de Cham, missionnaire qui parcourt l'Europe pour prêcher l'abolition de la traite des nègres, une échappée rancunière de la *Case de l'Oncle Tom!* Mais le type est si vigoureusement enlevé que cela même ne saurait l'altérer ni l'obscurcir. Là, M. Dumas est arrivé à l'extrême limite de l'observation pénétrante et impitoyable, qui s'est exercée avec puissance et obstination à la peinture de ces charmeuses au sang glacé, de ces déesses froides aux cheveux roux, qui humilient les honnêtes femmes sacrifiées et désespérées, mais qui les vengent...

Mais quoi, toujours du sang, et toujours des supplices !

murmure Mme Leverdet très fort scandalisée. Où l'auteur a-t-il pris que les femmes de son temps soient ainsi faites ? En vérité, je ne me saurais reconnaître dans ces ouvrages, qui blessent les pudeurs les plus délicates de la femme. » — Aussi n'est-ce point la pudeur de Mme Leverdet qui est en jeu, mais le bonheur, mais la vie des pauvres filles désabusées, des épouses irréprochables et attardées dans ce monde, qui va bon train, et qui roule si vite, qu'on se demande quel frein pourra l'arrêter, et où aboutira ce culte irraisonné de la femme, dont la vraie femme, simple et aimante, est suppliciée. Car voyez, vous qui avez eu l'esprit de prendre sagement votre parti de toutes choses, la triste figure qu'elles font, les autres, celles que la raison, ou l'éducation, ou la bonne nature a préservées du piédestal, de l'autel et du temple, et le peu de place qu'elles occupent, à moins que pour se défendre elles n'en viennent aux moyens des drôlesses, quand elles ont le courage seulement de se défendre. La princesse Georges, pour qui la loi ne peut rien, arme le bras de Terremonde et cause la mort d'un innocent. Son mari lui revient, à la bonne heure ; mais le mouton bêlant reviendra aussi dans ses rêves. Voyez Francillon, victime de la plus sotte existence mondaine, voyez où la pousse le désespoir, et où elle sombrerait, si M. Dumas, par bonté d'âme, ne la retenait au bord de l'abîme. Tant mieux, mais je crains les suites. Et considérez aussi combien les honnêtes femmes sont effacées et ternes dans cette vie enivrante, où elles se sacrifient ; et cela encore est un signe du temps. Car ce qui est de toute nécessité, c'est que l'homme se rattrape des trahisons des coquines qui le trompent, sur la résignation des autres qui ont eu la candeur de l'aimer, et qu'où les premières sont toutes-puissantes, les autres soient humiliées et ravalées. Tout ce qui brille est or, dans un siècle où l'or seul est quelque chose. Et c'est aussi pourquoi il n'y a point de jeunes filles dans ce théâtre, ou si peu que rien. Elles ont toujours l'air d'y être déplacées, et profanées, comme dans le *Demi-Monde*. Et, en vérité, je me demande où M. Dumas aurait trouvé le contrepoids nécessaire à tenir son œuvre en équilibre, s'il n'avait, par un subterfuge que tout le monde lui pardonnera, projeté en avant de la scène quelques types de mères, non point optimistes et confiantes comme Mme de Périgny (1), ou diplomates et assagies, comme Mme de Thauzette (2), mais des mères qui ont vidé la coupe d'amertume, et qui, victimes de l'amour, se sont réfugiées dans l'amour maternel, modestes et repliées, comme Clara Vignot (3), repentantes et à jamais attristées, comme Mme de Montaiglin (4).

De ces victimes il a fait des figures sympathiques et imaginées avec quelque tendresse, qui nous remettent et consolent des autres, mais qui ne nous sauraient consoler ni de l'égoïsme candide de l'homme, ni de sa niaise superstition, ni de son ouvrage, ni de la femme moderne qui en est sortie, frivole, inconsciente, superfine, et divinement déséquilibrée. Tel n'est point l'avis de Mme Leverdet ; M. Dumas s'en était, je pense, un peu douté.

(1) *La Princesse Georges*.
(2) *Denise*.
(3) *Le Fils naturel*.
(4) *Monsieur Alphonse*.

VI

LES HOMMES.

« Vous vous connaissez donc aussi en hommes, vous ? » — « C'est si facile. » — « Qu'est-ce qu'il faut faire pour cela ? » — « Il faut fréquenter beaucoup les femmes (1). » C'est le mot de Rousseau dans sa *Lettre sur les spectacles* : « Voulez-vous connaître les hommes ? Étudiez les femmes. » Des unes on passe sans effort aux autres, que M. Alexandre Dumas n'a pas non plus épargnés. Il les a tous, ou presque tous, pris à l'époque précise où, l'éternel féminin encombrant ou entravant leur carrière d'hommes pratiques, positifs, et avides de jouir, ils ont eu la conscience très claire de leur sécurité et de leur bien-être menacés. Alors ils ont tenu la bride aux grandes passions. Ils ont subi le contre-coup du lyrisme romantique, qui leur apparut à quelque distance comme un enthousiasme fantaisiste et fâcheux. Songeant à point qu'ils avaient sous la main la Loi, la bonne et bienfaisante Loi, ils s'en sont emparés pour couvrir leurs bêtises ou leurs méfaits. Dans ses aspirations à l'idéal, Antony en veut désormais pour sa peine ou pour son argent. Quelques cœurs simples et attardés aux nuages bleus se rencontrent encore ici ou là, que l'auteur a laissés vivre pour la plus grande gloire de la justice et de la morale, curieux vestiges d'une humanité qui s'en va et d'une société tout à l'heure disparue. Et l'Amour ? J'imagine que, ne trouvant plus en ce monde les Valère ni les Clitandre, ni même les Almaviva, M. Dumas a eu la

___

(1) *L'Ami des femmes.*

bonté d'âme de créer les Montaiglin et les Girard, comme le grand plasmateur, vers le septième jour, pour se reposer de son œuvre. Elle est là, son œuvre; ils sont là, vivants et agissants, avec l'originalité de leur époque, et leurs tempéraments divers, les maris désillusionnés, séparés ou dépravés, les célibataires indécis ou endurcis, les séducteurs passionnés et sceptiques, les raisonneurs, les dilettantes, les analystes, les braconniers d'amour, les chasseurs de dots, égoïstes pareillement, et avec fureur : et c'est fini de rire.

Fini de rire des maris, d'abord. Vous vous rappelez l'étonnement que causa la bizarre fantaisie d'Émile Augier, qui se mit à plaider un jour, en vers, que le ménage a ses joies et sa poésie, et que l'amour légitime n'est pas de toute nécessité fade et rebutant. Le paradoxe était si fort, qu'il fut jugé digne d'un prix Monthyon.

C'était peu. Sganarelle avait mieux que la persuasion. Le pistolet du comte de Lys cassa les vitres; Terremonde (1), Claude revinrent à la charge, ébranlèrent le temple de la déesse, et jetèrent le désarroi dans les mystères qui s'y célébraient. Il est vrai que Claude est un homme de génie, et Terremonde un sanglier, deux monstres quasiment. Entre les deux il y avait place pour des figures d'une vérité moyenne et plus incisive : Hippolyte Richond (2), et surtout M. Leverdet (3), un type finement pris en sa mesure, un Rémonin marié, trompé, résigné; pour myope, je n'oserais le décider. Riez donc d'un homme qui a toute sorte d'esprit, et encore celui de dépister par son attitude la curiosité médisante ou railleuse! S'il a pris son parti, c'est avec bien de la finesse, certes; car n'est-ce pas une réelle supériorité que d'être au-dessus de ces choses-là, sans cynisme, avec quelque mahométisme ou mahométanisme ou scepticisme enveloppé de mys-

(1) *La Princesse Georges.*
(2) *Le Demi-Monde.*
(3) *L'Ami des femmes.*

tère, qui laisse beaucoup à penser et rien à dire. Et du même coup, reconnaissez que des Targettes est petit garçon auprès de ce philosophe, et que M. Dumas ouvrait une voie tant exploitée après lui. C'est l'amant qui devient ridicule, n'étant plus que le second mari : une quintessence conjugale, sans le mérite de la dignité même étudiée, de l'inertie même détachée, des révoltes qui n'ont point abouti, et d'un certain courage paresseux, qui n'est pas dénué de grâce. Cet égoïsme peut passer pour sagesse, et mérite au moins la sympathie, quand on le compare à celui de certains maris, plus élégants et fringants, et que M. Dumas, retenu par le seul respect de leurs victimes, a préservés de ce que vous savez. Le prince Georges est un affolé, le marquis de Riverolles (1), un niais qui a du monde : tous deux assez insignifiants, et qui jouent les utilités modernes. Quant au petit de Septmonts (2), comme l'appelle sa cousine de Rumières, chenapan de noblesse, tête vide, cœur froid, enragé de mode, endiablé de genre, et décidé à tout pour satisfaire ses caprices et ses vices, ah ! fini, fini de rire : il est bien l'égoïsme le plus finement pervers qu'ait jeté sur la scène le talent de l'auteur. Il n'a plus guère d'honneur, le petit de Septmonts, mais il a de la race joliment ; il y a en lui du petit marquis de Regnard, avec plus d'impertinence, de morgue et de dépravation. Il n'est point débraillé comme lui, mais il n'a pas non plus la suprême élégance de Gaston de Presles ; il s'encanaille au besoin, et noie ses déboires dans la crapule. Il s'est vendu au tiers état, en attendant qu'il soit en coquetterie avec Belleville. De ses traditions de famille il n'a guère conservé qu'une grande confiance en soi, une idolâtrie de toute sa personne et je ne sais quel brio chevaleresque dans les heures de folie, après minuit. De la chevalerie c'est tout

(1) *Francillon.*
(2) *L'Étrangère.*

ce qui subsiste. Cela vous a dans le privé des allures de tyranneau, et cela ne sait même plus se battre correctement ; cela se ruine avec entrain, mais, à bout de ressources, cela négocie son titre par l'intermédiaire de la colonie américaine, en attendant Tricoche ou Cacolet. On fait sauter la banque, mais, dans les mauvaises passes, on lorgne la cagnotte. Du gentilhomme il ne reste que la coupe du visage et de l'habit. Au demeurant, égoïsme prétentieux, odieux et sans aveu, gangrené jusqu'aux moelles, et heureusement incapable de faire souche. Cet amour de soi exaspéré jusqu'au mépris des plus élémentaires devoirs met en son jour la vaillance perspicace de M. Dumas, et marque nettement la différence qui le distingue d'Emile Augier, moins implacable, et de M. Pailleron, plus indulgent et doux.

Fini aussi de célébrer la passion aveugle, exaltée, mystique, ou fatale, qui recèle désormais un égoïsme d'une âpreté assez neuve, fait de convoitises, de désirs, de curiosité, d'indépendance ou d'ambition. Le respect est dans les paroles, qui sont devenues des formules ; mais le plus souvent il y a un cœur à divertir ou un tempérament à satisfaire, à moins que ce ne soit la vie à édifier, étayer sur une fortune toute prête. M. Dumas croit à l'amour ; nous avons vu combien il y croit, puisqu'il le veut éternel, au delà de la tombe. Il y croit, comme le panthéiste croit à Dieu. Mais il se défie des amants, de la passion libre, dégagée de l'estime, des devoirs et des responsabilités. Il se défie des « béliers qui vivent sur le pré communal », de régime, à leurs heures, rarement à leurs frais. Il n'a pas la moindre foi en ces enthousiasmes sanguins, en ces extases intéressées. Il est la hache des tirades flambantes, des prières mystiques, en l'absence du mari ou à l'écart des parents. C'est grande duperie que cette façon de mouvoir les lèvres, de frapper l'air et de produire des sons mélodieux. Musique de chambre, à l'usage des jeunes filles ou des femmes esseulées, et qu'ils exécutent en virtuoses, qu'ils ont au bout des lèvres et dans les doigts, les harmonieux égoïstes, les tziganes charmeurs, les Chantrin (1) autant que les Alphonse.

Chantrin n'est pas méchant ; je ne dirai pas non plus qu'il soit bon ; il est mieux : c'est un bon petit jeune homme, élevé par sa mère. Il a l'indiscutable mérite d'une barbe très soignée, et il épousera une dot. Ce poupon barbu et cosmétiqué est presque un idéal. Un peu moins éthéré déjà, Fernand de Thauzette (2), un Chantrin qui a vécu, assez mal, et qui, sur les conseils d'une mère expérimentée, songe à faire une fin. Il est bien le fils de sa maman, frivole et assagie sur le tard, ce bellâtre nul et satisfait, qui a perdu le sens moral dans une existence absurde, et qui n'a qu'une petite science, celle de tirer parti de sa voix, qui est douce, et de ses yeux baignés de langueur. S'il était une femme, dont peu s'en est fallu, il serait une Sylvanie ou une Césarine. M. Dumas a crayonné de quelques traits précis ces nigauds pervers et secs, sans cesse occupés à venger un peu trop les pauvres diables, à qui manque je ne sais quel tour du visage.

Mais laissons les écoliers ; venons aux maîtres égoïstes, aux cruels inconscients. Est-ce parce qu'il se rencontre dans une pièce contestable et de jeunesse, je trouve qu'on n'apprécie pas à sa valeur Charles Sternay (3). M. Dumas a tracé des rôles plus séduisants ou plus fouillés ; nulle part il n'a montré plus de sûreté dans l'observation, plus de prestesse dans l'exécution. Débarbouillez-moi cet homme-là d'un certain romantisme dont il s'est grimé, oubliez les grands gestes et les phrases à effet, et dites s'il n'est pas toute une époque, si rapprochée de nous que nous n'en som-

(1) *L'Ami des femmes.*
(2) *Denise.*
(3) *Le Fils naturel.*

mes pas sortis, où la passion frottée de positivisme a commencé à mettre la raison dans l'amour, j'entends la saine raison. Instruisez-vous, hommes pratiques, privilégiés de la fortune... Lui aussi, il a été élevé par sa mère ; et il faut avouer que la bonne dame a réussi. Elle en a fait un type, le type de l'homme moderne, d'une éducation complète, d'une activité suffisante, d'une sensibilité mesurée, né pour vivre sans trop d'ennui, ennemi des difficultés, préparé de longue main à un programme d'existence très acceptable, c'est à savoir l'amour libre dans la jeunesse, le mariage confortable à point nommé, sans élan, ni transport, ni fausse faiblesse, et un peu plus tard le sort de Sganarelle, mais sans éclat, ignoré du monde et de courte durée, tout comme il faut pour n'en point souffrir. Je vous dis qu'il est parfait. En outre, assez grand seigneur pour monnayer ses dettes de cœur, les liquider sans brusquerie, s'en donner quittance sans humeur ni remords. Au surplus, homme sérieux, capable de refaire sa fortune compromise, homme d'avenir, futur pair de France, s'il lui plaît, digne de gouverner ses contemporains, très obéissant à sa mère, et teinté d'un optimisme qui a du bon. Aucune volonté, certes ; mais une si belle intelligence de ses intérêts. Aucune affection ; mais de la candeur, et un cœur qui serait sensible tout de même, s'il lui était permis de l'être sans inconvénient et à son avantage. Ajouterai-je qu'il s'entend à jouer la pantomime de l'amour, qu'il en fait les gestes à ravir, et que seuls les sentiments vifs et profonds lui sont défendus ? Et croyez qu'il en aura sa récompense. La femme qu'il a délaissée l'aimera sans l'estimer ; celle qu'il a épousée ne l'estimera point, sans pourtant le haïr ; et ainsi, rien n'est excessif en lui, que l'amour et la considération qu'il a pour lui-même. Mais que de lamentable et moderne vérité dans ce frelon qui s'agite, inconscient et vain !

D'un étage plus bas est M. Alphonse. « Ce nom seul

trahit une dégradation morale d'un certain ordre, avec une vague odeur de féminin tout autour (1). » Mais encore, qu'est-ce donc que M. Alphonse ? Un homme qui voit la vie comme elle est, et qui a juré n'être la dupe ni des choses, ni des hommes, ni surtout des femmes. De mauvaise compagnie ? Pas précisément : il n'y est venu que plus tard, forcé par la concurrence à descendre d'un échelon, comme fit en même temps que lui le demi-monde. Pour l'heure, M. Alphonse est ce que les femmes appellent un jeune homme charmant, à l'œil vif, à l'éternel sourire, à la tenue irréprochable, avec du linge aussi net que ses dents et des dents aussi blanches que son linge, presque femme lui-même. Il a fait de l'égoïsme sa carrière ; il donne à aimer ; c'est une grande coquette qui ne s'attache point. Il faut le courtiser, et longtemps, le circonvenir par mille prévenances et quelques menus services, si l'on prétend à le fixer, quand on n'est pas de première jeunesse, ni jolie, jolie, ni très distinguée. Il est Célimène, mais plus moderne, avec plus de tempérament et moins de scrupule. Il joue de l'éventail, il excite la jalousie de ses soupirantes ; il s'en sert, s'en amuse : il est adorable et adoré. Il a une liaison sérieuse, qui lui permet de mentir avec délices, comme une femme. C'est une amie un peu mûre, ancienne servante d'auberge, aujourd'hui millionnaire, dont il a été recherché, accaparé, et qui lui promet le mariage. En attendant, elle l'aide paternellement ; un peu rougeaude, un peu exigeante, et d'une jalousie...! Mais la vie est si dure ! Et puis, elle l'épousera.

Seulement, il y a une tache. Épousera-t-elle la tache ? Il a dans un village voisin de Paris une enfant de six ans, le fruit de sa première faute, alors qu'il était presque sage, et qu'il fut aimé d'une jeune fille

(1) *Édition des Comédiens.* Notes de *Monsieur Alphonse.*

encore plus novice que lui. Il n'a pas la fibre maternelle très sensible. Que voulez-vous ? Il n'a jamais eu l'occasion de donner en amour : il a le cœur paresseux. Or, cette enfant le gêne. Il n'a pas le courage d'avouer sa faute ; il ne l'aura jamais. « Je vous le répète, si la femme que je vais épouser apprenait la vérité avant le mariage, le mariage serait rompu, et il faut que ce mariage se fasse ; et, si elle l'apprenait après, la vie serait un enfer. Elle est jalouse, même du passé. » Car elle le croit pur ; ne lui a-t-il pas soupiré qu'il n'avait jamais aimé ? Et, pour une fois, il n'a pas menti, n'ayant jamais aimé que lui-même. Il faut donc que ce mariage se fasse ; et, comme l'enfant est un obstacle, il faut qu'elle disparaisse ; il la ramène chez le père... chez la mère, veux-je dire, qui l'élèvera, qui s'en arrangera comme elle pourra. Pourquoi avoir surpris son innocence ? Pourquoi l'avoir trop aimé, sans ménagement ? Mais la mère est maintenant mariée. Elle contera une histoire au mari. Si elle se révolte, il escompte l'effet d'un certain sourire, un peu haut et vainqueur, qui l'apaisera comme autrefois. D'ailleurs, elle aime sa fille, elle est établie, elle ; l'avenir de l'enfant chez elle est assuré. Est-il juste que la faute partagée retombe sur lui seul, l'arrête au seuil de la fortune, et que pour s'être laissé aimer, il végète dans la demi-aisance, qui est la gêne pour sa coquetterie et sa beauté ? Oui, après avoir manqué son beau mariage, le type devait s'encanailler. Mais M. Dumas l'a saisi au point décisif de sa carrière ; il a révélé avec une amère ironie tout ce qu'il y a de féminin, de sensuel et d'avisé dans ce personnage, qui, ayant compris la femme moderne toute-puissante et fragile, s'est mis en tête d'être femme à son tour, d'intervertir les rôles, et de déposséder la déesse en la possédant, avec mêmes armes et ruses. Les grands dramaturges rencontrent un ou deux types qui sont l'expression exacte d'une époque, et dont le nom ne meurt plus : Molière a créé Tartufe ; Augier a peint Poirier ;

M. Alexandre Dumas a pétri M. Alphonse, le don Juan du positivisme.

Et voici les amants magnifiques, les héros d'amour, ceux qui planent en des régions supérieures, où ni les convenances, ni la dignité, ni la loi ne sont plus rien quand la passion a jeté son cri, les chevaliers errants qui redressent les torts de la Providence, qui vengent les cruelles erreurs de la mairie, les lyriques, les enthousiastes, les princes charmants du rêve et de l'idéal, âmes isolées, à la recherche de l'âme sœur, qui est en puissance de mari. Pour ceux-là les poètes n'avaient eu que des tendresses, et les femmes approuvaient fort les poètes. M. Dumas a fait sauter les masques ; les héros se sont évanouis. Il a domestiqué ces lions superbes, rarement généreux. Il a montré que ces grandes passions se réduisent souvent à un goût assez vif du plaisir défendu, à un penchant réfléchi pour les agréments commodes et au rabais, et que les plus sincères confondent volontiers amour-propre et amour, par un égoïsme inaliénable et une aptitude à se faire centre, alors qu'ils croient s'abandonner avec une fougue naïve et méritoire. Supprimez le mari : ces héros-là auraient bien de l'ennui parmi l'existence. Il est la garantie de leur indépendance, le modérateur de leurs folies, le désespoir de leur enthousiasme et le délice de leur vanité : chaperon détestable ou béni selon la température et la durée de la passion. Tant qu'ils en sont aux préliminaires, c'est Ruy Blas, c'est tout le romantisme, et avec quelle conviction !

> ... Je suis un malheureux qui vous aime d'amour.
> Hélas ! je pense à vous comme l'aveugle au jour.
> Madame, écoutez-moi ; j'ai des rêves sans nombre.
> Je vous aime de loin, d'en bas, du fond de l'ombre ;
> Je n'oserais toucher le bout de votre doigt,
> Et vous m'éblouissez comme un ange qu'on voit !... (1).

(1) *Ruy-Blas.*

Cela se dit à genoux, la main sur le cœur, les lèvres respectueusement tendues, en une posture qui fatigue, et qu'on ne saurait prolonger. On est écouté, on est vainqueur ; on se redresse ; on se fâche ; on est jaloux ; on se sent ridicule ; on est las ; le mari meurt ; c'est la mort du désir. Et ceci se dit à mi-voix, avec une articulation vigilante :

> Dans sa possession j'ai trouvé pour tous charmes
> D'effroyables soucis, d'éternelles alarmes,
> Mille ennemis secrets, la mort à tout propos,
> Point de plaisir sans trouble et jamais de repos... (1).

Adieu le romantisme ; c'est un diplomate qui s'épanche. Et la passion idéale, épurée, éthérée, et satisfaite s'évapore comme un feu follet, sans laisser d'autre trace qu'un peu d'errante lumière que le moindre souffle éteint. Morte, la passion lyrique, et morte la chevalerie, par une réaction violente, d'une dilatation du moi extravasée au cœur.

Ruy-Blas bâille ; Marie de Neubourg bâille ; des Targettes et madame Leverdet bâillent lamentablement. La mère a vieilli ; la fille a grandi ; le mari a pris le vice du bésigue ; la maison est devenue moins bonne ; l'estomac et le cœur sont las. C'est le soir d'un beau jour, le reste d'une exaltation effrénée. C'est aussi l'avenir, le lendemain qui attend l'amant mystique, l'époux de l'âme, le consolateur respectueux et dévot, qui d'abord ne veut rien, n'aspire à rien qu'à l'échange mystérieux et divin du cœur, homme rare, quelque chose comme un ange gardien qui s'appellerait de Montègre, et qui aurait le « teint ambré, la voix sonore et métallique, les yeux bien enchâssés dans l'orbite et tenant bien au cerveau, des muscles d'acier, un corps de fer, toujours au service de l'âme... » (2). On

---

(1) *Cinna.*
(2) *L'Ami des femmes.*

aurait dit d'un séraphin ; c'était un Hercule. Amour platonique, et Vichy. De Montègre est tout entier dans cette contrariété. Il est l'éternel sophisme du pur amour, qui tente et rassure les femmes neuves, curieuses ou égarées. Tartufe vivait trop grassement : c'est ce qui l'a perdu ; de Montègre a le foie trop gros : d'où ses erreurs. Il y a là une pointe de physiologie, qui n'est pas pour nous déplaire, tant que l'auteur n'en fait point abus. N'est-ce pas le plus tenace égoïsme d'amour que celui des sens, dissimulé ou inconscient ? Au mysticisme hypocrite ou sincère il faut le recueillement de la retraite et la sévérité du régime pour s'affermir en ses pieux desseins. De la meilleure foi du monde de Montègre proteste d'un amour infini, immatériel, et pense aimer comme un néophyte ou un martyr. La vérité est qu'il aime de tout son être impérieux et musclé, qu'au premier soupçon il est jaloux, au second odieux, capable de haïr aussi rudement qu'il adorait, son adoration et sa haine n'étant qu'orgueil et désir. Or, il est condamné à aimer toujours ainsi, de toute son âme, c'est-à-dire corps pour corps, avec une pleine conscience de sa supériorité sur les autres hommes, que, grâce à une persistante illusion, il met ailleurs que dans ses muscles.

Mais, diront les femmes, de Montègre est un *cas*. Soit ; mais de Cygneroi est un type, et qui, si je ne m'abuse, résume en soi les autres. Même je ne vois pas dans tout le théâtre contemporain un personnage d'amant d'une cruauté plus étalée, d'un relief plus saisissant, d'un égoïsme plus exactement mis au point de notre époque et d'un certain monde. Disons-nous, une fois pour toutes, qu'il erre en cette vallée de larmes une race d'hommes, dont la seule mission est d'attirer l'amour, éperdûment. Il faut le ragoût de l'adultère pour exciter leur fantaisie. Le mari mort, ils épousent ailleurs, en quête de sensations neuves et dont ils n'aient point à rougir. Rassurez-vous ; tout leur vient à propos, et selon les convenances: ils savent attendre. Maris ou amants, ils sont aimés pareillement, et leur sérénité n'en est point altérée. Capables d'une passion vraie ? Assurément, si elle flatte leur vanité. Et de même que de Cygneroi distingue deux choses dans l'amour, la sensation, dont il ne fait pas fi et dont il s'ingénie même à raffiner et renouveler les surprises, et le contentement de sa personnalité qu'il met plus haut que tout et qui seule lui donne l'absolu plaisir ; ainsi joue-t-il adroitement des deux morales, celle de Lovelace et celle de Prudhomme, qu'il pratique avec une égale aisance, avec une pleine connaissance de la casuistique mondaine, séparant d'une barrière infranchissable le respect, qui est une arme d'attaque, et l'estime qui est la sauvegarde d'une honnête retraite. Aussi est-il dur, très dur à l'égard des femmes qu'il a *respectées*, et qu'il *n'estime* plus. Il a des euphémismes très délicats, mais une austérité d'opinion accablante. «... On respecte les situations ; on n'estime que les caractères... Marie-toi demain avec une jeune fille bien pure, bien innocente, bien honnête, et tu verras le cas que tu feras immédiatement de toutes les femmes du monde, de tout le monde, et à tout le monde... »

Il est, dites-vous, la banalité même, changeant d'avis en même temps que d'état civil. Lovelace est mort, vive Prudhomme ! — Vous vous trompez, et j'en ai grand regret. Mais M. Dumas ne s'y est pas trompé, lui. Il ne se laisse pas prendre à l'apparente et spécieuse banalité. Il distingue que, dans cet idéal amant, Lovelace et Prudhomme sont si étroitement rivés l'un à l'autre que le divorce n'est pas possible : l'égoïsme de l'un perce sous la passion de l'autre. Prudhomme s'est installé dans l'estime par le sacrement, mais Lovelace curieux et pervers inquiète la respectabilité de Prudhomme. Cette *visite de noces* est une occasion unique de débrouil-

---

(1) *Une Visite de noces.*

ler cet ambigu. Le voilà donc marié, et jaloux, non pas de sa femme, la chère innocente, mais de sa maîtresse, rétrospectivement. Ceci est le tour de force, le trait du génie. Et au fond de cette jalousie qui se réveille et qu'on réveille, il y a tout juste ce qui était au fond de la passion d'autrefois : un égoïsme aigu, et une curiosité un peu blasée. Notez que tout cela tient en deux répliques, et se révèle en un mouvement comique, uniforme, et d'une souplesse infinie. «... Cela me fait qu'il y avait une portion de votre vie qui était à moi, pendant laquelle je croyais avoir été aimé de vous, et pendant laquelle vous me trompiez ; cela me fait enfin que vous vous êtes moquée de moi, et qu'après avoir été ridicule pour vous, je le suis pour moi-même... » Vous entendez de reste que Prudhomme ne pardonne pas ces déboires ; et il n'y a pour lui qu'un moyen de se tirer d'affaire sans confusion, c'est de recourir au pouvoir de Lovelace par une étroite complicité de l'orgueil déçu et de la sensualité aux aguets... « Amoureux ! amoureux ! Le mot est candide ! Je ne sais pas si je suis amoureux ; tout ce que je sais, c'est qu'il y a là une sensation, et qu'il n'y en a pas tant dans ce monde, d'agréables surtout, pour qu'on les laisse échapper. »

Mais cette perversion du sens moral ne serait pas analysée jusqu'au bout, ni cet égoïsme n'atteindrait son parfait développement, si le type en restait là. Il y aurait encore quelque vaillance, ou, s'il vous plaît mieux, quelque singularité à se jeter à corps perdu dans le chemin de traverse, dans une flambée du cerveau, après la satiété du droit chemin. Mais la maîtresse, dont on l'a fait jaloux, n'était qu'une honnête femme ; les amants qu'on lui prêtait et qu'elle avouait, imaginations, fausses confidences. Alors, oh ! alors Prudhomme se ressaisit et triomphe, et c'est justice. C'est justice, en vérité, qu'il soit heureux, qu'il soit aimé, qu'il ait beaucoup d'argent, beaucoup d'enfants et que son égoïsme s'épanouisse, mûrisse, vieillisse, et glisse dans la mort doucement, au sein d'une famille désolée qui ne vivait que pour son bonheur. Et cela est bien ainsi, puisque les gens heureux le sont de naissance et par une mystérieuse prédestination, surtout quand ils se gardent de gâcher leur béatitude par les faiblesses du cœur, l'esprit de sacrifice, le détachement et l'oubli de soi. Lovelace est bien mort, à présent, et vive M. Prudhomme ! Et à la bonne heure : car s'il est vrai que le comique de qualité supérieure consiste en la secrète contradiction qui est au fond de nous tous, et dans l'inconsciente manifestation des travers, des ridicules ou des vices que nous portons en nous, Cygneroi est un type de haute comédie, à la fois séduisant et trivial, élégant et plat, distingué et banal, et niais et sec et confiant en soi : mortel chéri des dieux et des femmes, qui témoigne hautement en faveur d'une Providence.

Nous touchons au terme de cette vivante galerie, et nous sommes dans le coin réservé aux Aristes. Car il faut bien qu'un peu de sagesse ou de vertu relative, un grain de bon sens apparaisse quelque part en ce spectacle de nos vices. Il était facile à M. Alexandre Dumas de choisir, pour nous guider à travers notre époque, des hommes d'un autre âge, philosophes par politique ou par ennui, des censeurs vieillis qui tombent aisément dans le ridicule d'être fâcheux. Sachonslui gré de n'avoir pas cédé à la tentation. D'autres sont moins scrupuleux. Mais notre auteur, qui est un homme de théâtre, sait trop que ces stoïciens sont toujours froids et un peu *cadavres* sur la scène. Il a trop le don de la vie et de l'observation pour recourir à ces revenants qui moralisent, et dont la foule s'amuse volontiers. A ces types vivants il a opposé une demi-sagesse, qui est un mérite rare et moderne, imbue du vieil honneur, mais imprégnée aussi de toutes nos élégances. Il a créé des Philintes d'actualité, capables d'un dévoûment où ils goûtent quelque charme, y trouvant l'estime de soi et la preuve flatteuse qu'ils voient clair et juste, avec, encore, une nuance d'égoïsme (le positivisme a mis aussi sa marque là-dessus), mais affiné, discret, sagace, et qu'il faut deviner. Leur principale vertu est une expérience exempte de tristesse, un don de perspicacité indulgente plus qu'attendrie. De manière que l'observation, qui est la force vive de ce théâtre, est encore la vertu de ceux qui y font le personnage de moralistes attitrés. Plus tard, M. Alexandre Dumas et Olivier ont pris de l'âge, l'âge de Thouvenin et de Rémonin précisément.

A toutes les époques un peu troubles et de transition, dans un certain monde surtout, où le luxe et le bien-être n'aident guère à réfléchir ni à penser, la clairvoyance est un à peu près de vertu, un rudiment de sagesse. Il est clair que ce fut la première maxime de M. Dumas. Il a pris en pitié les imbéciles, comme il dit, et fait état de la sagacité. Maximilien, le cousin de Diane de Lys, ne passera jamais pour un homme austère ; mais il est la première ébauche de cet homme du monde, *l'honnête homme* du siècle, à qui de bons yeux tiennent lieu d'évangile, et que le sens de la vue préserve des précipices et met en garde contre les petites infamies. Diplomate, élégant, satisfait de sa personne, juste assez pour être entreprenant sans ridicule, il serait déjà le Parisien affiné et presque moral, je ne dis pas sévère ni héros de vertu, sans une étourderie parfois impertinente que son âge excuse, — et aussi l'époque de romantisme finissant, où il est né.

Olivier de Jalin et de Ryons (1) sont plus compliqués et plus modernes, au point qu'ils ont pu en même temps révolter des délicats comme M. Weiss, réjouir des philosophes tels que M. Taine, sans répugner aux menues coquetteries pessimistes

---

(1) *Demi-Monde*; *l'Ami des femmes*.

de M. Bourget. Je ne serais même pas étonné qu'à force d'entendre formuler sur eux des appréciations si diverses, l'auteur lui-même eût fini par les voir dans un lointain propice au mystère, et qu'au moment où il écrivait les notes de l'*Édition des comédiens*, il les eût étudiés avec les yeux d'un savant, à travers les lunettes de Rémonin.

En vérité, c'est toujours Maximilien, mais retouché et rapproché de nous. Il faut en convenir : Olivier de Jalin n'est pas du tout un sage, — mais un gentleman, qui a de l'expérience, avec une pointe de philosophie assez accommodante, de la sensibilité un peu, et un peu défiante, de la franchise et de l'esprit, quelquefois trop, à supposer que l'impertinence soit un défaut dans ce monde qu'il fréquente, et une connaissance, poussée jusqu'à l'érudition, de la vie parisienne et des femmes qui passent. Honnête homme, point vulgaire, aucunement victime de la folle du logis ni de cette banale illusion qui s'appelle trop communément amour. Il a été libre très jeune ; il a profité de sa liberté très vite ; il a eu d'assez bonne heure le sens du moi ; les petites passions l'ont amené aux petites remarques, dont il s'est fait une petite morale. Il n'est d'ailleurs ni misanthrope ni misogyne, et il a le cadastre parisien dans la tête. Dilettante? Presque. Égoïste? À peine ; c'est-à-dire qu'il ne s'égarera point dans le pays de Tendre ; mais soucieux de son honneur, au détour de la vie, sans rancune ni enthousiasme, avec une probité d'âme, qu'il a préservée dans ses aventures. C'est pourquoi il épousera une pauvre jeune fille isolée dans ce demi-monde, bellement, en gentilhomme qu'il est, par une certaine compassion, qui aura peut-être quelque peine à devenir de la passion, mais qui sera certainement un amour loyal et doux, à l'user. C'est l'expérience qui le sauve, qui le fait bon, non pas d'une bonté supérieure ni théorique, ni évangélique : ni Ariste ni Aristide, mais honnête homme, et de son temps. — Pareillement moderne et observateur est de Ryons, avec quelque chose de plus aigu : de même race, de même esprit, et parisien par excellence...

« Je vous reconnais parfaitement, a écrit de lui l'auteur. Vous avez de l'esprit beaucoup, trop quelquefois ; mais vous êtes observateur, vous avez de la finesse, de l'induction et de la déduction. Seulement, vous avez été mal élevé... Vous êtes allé trop jeune chez Ellénore, qui vous a pris votre montre. »

Est-ce à dire qu'il en ait gardé rancune à la vie et à la fille, et que son idéal « ne puisse s'incarner en aucune femme, fille de la femme? » C'est le pousser au noir par un effort d'analyse, et l'attirer au piège d'une doctrine, qui n'était pas encore de mode en ce temps-là. A-t-il même un idéal? Je le soupçonne d'être à la fois plus pratique et moins ambitieux. Il a conscience de sa valeur (oh! pleinement) ; il estime assez haut le cœur qu'il donnerait, s'il lui arrivait de le donner, et qu'il se contente d'amuser et de distraire pour ne le pas mettre en hasard. Mais ni distractions ni amusements n'altèrent sa perspicacité. Il a percé à jour la femme contemporaine ; il l'a consolée, mais il l'a jugée. Egoïste, celui-là? Si peu que rien. Pessimiste? A son âge, avec sa santé, et parmi l'existence qu'il mène, vous n'y songez pas! Dilettante? Avec délices, et aussi sans sécheresse de cœur. Il épousera mademoiselle Hackendorf, parce qu'elle est jolie et modeste, et qu'il a du goût ; à moins qu'au dernier moment il ne se ravise, parce qu'il a de l'esprit, et qu'il en sait long sur la modestie du siècle. Il me semble que voilà le trait le plus original et pénétrant du caractère, et que l'auteur l'a indiqué d'une main légère et sûre, et qu'on ne saurait trop admirer de quel art réfléchi il a su garder la mesure entre le scepticisme fanfaron, qui n'est que fausse élégance, et l'outrecuidance vaine, qui est le contraire de l'esprit et du goût. C'est un prêtre laïque, a dit plus tard M. Dumas; mais pratiquant, et dont le culte ni n'absorbe ni ne décourage la foi raisonneuse, quoique sans hérésie. Il admire la beauté des mystères, et il se défie des miracles. Il ne sera jamais un martyr, sans être pourtant rebelle aux coups de la grâce. Sa religion est un peu positive, un peu oscillante, mais il ne l'abjure point. Et il me semble, en effet, qu'il est assez voisin de l'état psychologique de ces prêtres, puisque prêtre il y a, que les idées libérales ont garantis du fanatisme, sans leur enlever la suprême croyance à la Bonté et à la Charité, qui est le tout de leur vie. Aussi bien, il sauvera madame de Simerose comme Olivier a sauvé madame de Lornan, par amour de l'art, ou, si vous craignez les grands mots, avec la pensée de faire une bonne action sans gaucherie, et pour l'honneur de la science qu'il a acquise, et qu'il a seulement le défaut de professer. — Lebonnard, qui ne dogmatise point, est un de Ryons exquis ; il connaît mieux l'homme, s'il connaît moins la femme. Sa science est plus désintéressée : partant, exempte du moindre pédantisme. Lebonnard est exquis : il est croyant sans défaillance, et savant sans ostentation. Ce n'est pas lui qui de professeur mondain aura jamais l'ambition de devenir professeur au Collège de France. Les lauriers de Rémonin (1) ne l'empêchent pas de dormir.

Celui-ci a vieilli dans le célibat et les livres. Il a des théories ; il a des tics de métier ; il a des manies, et même des marottes, n'ayant jamais vu la vie qu'à travers les vitres de son laboratoire. Cette fois le type s'alourdit ; les autres causaient ; il disserte, il enseigne ; et enseigner, c'est rabâcher. Il a fréquenté l'hôpital ; il a des idées fixes ; il fait sa leçon d'amphithéâtre, et il la redit pour ses amis, dans le tête-à-tête ; il promène en société, avec son officielle assurance, ses cornues, ses réactions, et ses précipités. D'ailleurs dilettante

---

(1) *L'Étrangère.*

plus que les autres : et c'est un mauvais signe que d'être en même temps dilettante et savant. Cela conduit à fausser la vérité, à observer les types à travers des théories, et non plus à tirer les types de l'observation. Rémonin est un observateur pénétrant; mais il a inventé un système du monde, un système universel, qui répond à tout, et qui par suite n'est qu'une déviation de la vérité.

Et voici que terminant le chapitre consacré aux *Hommes* de ce théâtre, et rencontrant au bout de la galerie ce théoricien cher à l'auteur, il me vient un scrupule. J'ai été séduit par l'habileté, conquis par la vigueur, attiré par la puissance d'observation du dramaturge, et je suis en retard avec le penseur, la doctrine et les *Idées* de M. Alexandre Dumas, qu'il met plus haut que tout le reste. Et je ne m'en excuse pas plus qu'il ne faut.

VII

LES IDÉES DE M. ALEXANDRE DUMAS.

Et donc, M. Dumas a ses Idées, comme madame Aubray, et non pas seulement des idées de pièces — qui ne sont jamais banales; — mais d'autres, moins originales peut-être, et qui sont morales, scientifiques ou religieuses. Il ne lui a pas suffi d'être un dramaturge supérieur; il a voulu apparaître sur le théâtre comme un penseur, un savant, et un évangéliste.

Sur ses drames il a greffé ses Idées et enrichi ses observations de théories. On n'y saurait contredire de parti pris; car il me semble qu'il y aurait autant de puérilité que d'ignorance à condamner *a priori* la « pièce à thèse » de M. Dumas, comme s'il en était l'inventeur. Il connaît trop les maîtres pour ne pas répondre qu'il y a une thèse dans la plupart des grandes comédies de Molière, qu'elle se développe même par un raisonnement en forme au 1ᵉʳ acte de *Tartuffe*, que le xviiiᵉ siècle n'a point répugné à ce genre, et qu'ainsi lui-même n'a fait que suivre l'exemple de ses prédécesseurs. Seulement, ce qui chez eux n'était qu'une tendance est devenu chez lui une méthode. Il a pensé que la représentation des mœurs et des vices d'une société, à l'aide de personnages vivants et agissants, était condamnée désormais à la banalité ou à l'impuissance, que le spectacle n'en laissait à l'esprit du spectateur qu'une impression superficielle et artiste, si je puis dire, et que l'écrivain pouvait avoir plus noble et plus haute visée que de se traîner à la remorque de son temps, et d'en refléter l'image plus ou moins déformée. En un mot, il a entrevu assez vite le théâtre civilisateur, qui joint la leçon à l'exemple, et qui impose ses conclusions.

« C'est ce que j'appelle le *théâtre utile*, qui ne veut pas se contenter de faire rire et pleurer, qui veut faire réfléchir aux risques et périls de l'auteur, et qui va jusqu'à interroger la conscience et troubler la quiétude des gens, qui, sur la foi d'idées reçues, de mœurs faciles, de lois incomplètes et insuffisantes, se déclarent et même se croient les plus honnêtes gens du monde (1). »

Et plus loin :

« Autrement dit, nous devons nous faire plus que moralistes, nous faire législateurs. Pourquoi pas, puisque nous avons charge d'âmes ? »

Législateurs. — C'est peut-être beaucoup : car je me défie des lois d'exception, dont la nécessité est démontrée par des personnages d'exception, tels que ceux d'un drame, pour vivant et vécu qu'il soit. Mais

(1) Préface du *Fils naturel*.

enfin il n'y a aucune raison sérieuse pour rejeter d'emblée cette conception du théâtre utile ; et il y aurait, au contraire, autant de naïveté à lui objecter la formule de l'art pour l'art, qui, en vérité, ne signifie pas grand'chose, que d'impertinence à renvoyer dédaigneusement M. Dumas à ses tréteaux, qui, après tout, sont aussi glorieux que d'autres. Reste pourtant à contrôler la valeur de ses Idées : car il est manifeste que tant vaudra la doctrine, tant vaudront l'œuvre et la salutaire influence qu'elle prétend exercer. Et cela fait, encore faudra-t-il établir que cette œuvre même en est sortie plus vraie, plus vivante, plus morale, et plus parfaite. Car notez que le théâtre utile est à ce prix. Autrement, à quoi bon perdre en plaisir ce qu'on ne gagne pas pour sa propre édification ?

Je ne ferai pas à M. Dumas l'injure de lui dire que sa doctrine manque d'Idéal : au contraire, elle en a plusieurs, ou du moins son Idéal s'est modifié à deux reprises, et à ce point que je me demande s'il a vraiment une doctrine. Remarquez que je ne songerais même pas à poser la question, si j'avais affaire simplement à un dramatiste, mais qu'elle se pose d'elle-même, puisque dans chacune de ses pièces il y a toute une part ostensiblement faite à cette prétention. Or, j'entrevois assez distinctement quelques problèmes juridiques ou moraux qui s'agitent sur son théâtre ; mais je ne suis plus très assuré qu'après des réquisitoires semblables il ait pris des conclusions identiques. Ces variations du penseur, qui ne seraient peut-être que variété de ressources chez un dramaturge ordinaire, me laissent à présent indécis et troublé. J'ai peur que l'homme à Idées et l'homme de théâtre ne soient un peu défiants l'un de l'autre, quand il s'agit de M. Dumas, et souvent frères ennemis.

Et d'abord, son premier Idéal, le premier en date du moins, celui de la justice souveraine et de la loi réformatrice. — M. Dumas a proclamé à intervalles réguliers, surtout dans la première moitié de sa carrière, l'égalité des droits de la femme, qui, si je ne m'abuse, implique l'égalité des devoirs. D'autre part, à des intervalles aussi réguliers d'ailleurs, il nous peint cette même femme comme un « ange de rebut, incomplet, disponible et instrumentaire. » Mais ce sont, dites-vous, des pièces différentes par le sujet, les personnages, et quelquefois le milieu d'où l'observation est prise. Je comprends ; et je vois que M. Dumas s'en tire par un aveu très dégagé. « …. Si j'ai dit cela, écrit-il, j'ai dit une sottise. » Sans doute ; mais quel fonds puis-je faire sur une doctrine qui change de maxime en même temps que de sujet, ou de salle de spectacle ? Vérité au Gymnase, erreur à la Comédie-Française. Il paraît bien que le législateur n'est pas très ferme en son propos, et que le penseur contredit ou désavoue assez lestement le dramaturge. Car, encore une fois, et il nous le faudra répéter, c'est du penseur seul qu'il s'agit en ce moment ; l'habileté de l'homme de théâtre ne peut plus être mise en doute. Et c'est grâce à cette habileté, qui est admirable, que les dénoûments de l'un ne sont pas toujours conformes aux arguments de l'autre ; et il est visible que le préfacier lui-même, le troisième Sosie conciliateur, n'est pas toujours à l'aise pour les mettre d'accord. Il arrive qu'en des sujets analogues la conclusion diffère, pour des raisons de technique nettement vues et déduites. Mais quelle gêne pour le législateur, et quelle diversité dans la doctrine ! M. Dumas a beau s'insurger et raisonner, et compendieusement énoncer, expliquer : son procédé de discussion est toujours le même, et, en vérité, il ne saurait être autre. Quand le penseur est en défaut et la justice du législateur boiteuse au dénoûment, il en appelle aux exigences de la scène, à la logique dramatique, voire même à la Fatalité, qui est dans la tradition de son art, j'en conviens, et qui est un moyen scénique, je le reconnais ;

pour une maxime de légalité souveraine et d'équité supérieure, je n'oserais pourtant l'affirmer avec lui.

Par exemple, il ne convaincra personne, étant donnée cette thèse que la faute du mari est identique à celle de la femme, et que la loi doit prévoir toutes deux également et y apporter même sanction, qu'ici la femme doit être frappée et là le mari épargné; il ne persuadera personne qu'il entre dans les desseins de la justice immanente qu'où le prince Georges a péché, c'est l'innocent mouton, le pauvre étourdi de Fondette qui doit périr. Si l'on n'avait pris soin d'invoquer, tout le long de la pièce, les lois, les justes lois, ou plutôt d'incriminer nos lois aveugles et imparfaites, j'apprécierais en toute candeur ce dénoûment qui satisfait, après tout, à la justice relative du théâtre, qui termine une pièce malaisée à clore, et je m'en irais sans défiance, profondément remué par un magicien de la scène. Mais, au nom d'Idées supérieures, on m'a fait entrevoir que notre législation est incomplète, que contre des fautes pareilles pareil recours est rationnel et immédiatement exigible; et voilà ce qu'on me donne à la fin, pour contenter le désir de justice absolue qu'on a éveillé en moi, et telle est la solution philosophique qu'on me propose, qui est un leurre du raisonnement, si elle est un prestige de l'art! — Mais il suffit que le public quitte le spectale, irrité, agité, averti. — Mais, outre que chaque pièce lui apporterait utilement une nouvelle assurance en la foi que la précédente lui avait prêchée, outre qu'il profiterait à l'ensemble de l'œuvre didactique de représenter une série d'Idées conformes, et non point une suite d'argumentations divergentes, il est surtout et par-dessus tout désavantageux à une doctrine, si doctrine il y a, de varier avec l'atmosphère du sujet et la température de la pièce. Dans mon trouble, je crains qu'on ne se joue de moi; et c'est en vain qu'on prétexte, pour me rassurer, toutes les nécessités de la composition théâtrale.

Il en est une au moins, immédiate, celle-là, et contre laquelle l'auteur s'est pourtant élevé quelquefois. Le théâtre donne à l'argumentation un tel relief que la conclusion en est inévitablement prise au pied de la lettre. Ici encore, voyez le malentendu entre le législateur et le dramaturge. La logique de la scène aboutit à un point qui dépasse de beaucoup la logique de la morale. Et, comme au cours du drame l'auteur a pris mille soins pour identifier l'une à l'autre, ou masquer les défaillances de l'une par les adresses de l'autre, il se trouve qu'une conclusion extrême et pathétique est prise par nous pour la quintessence de la morale ci-incluse, pour un postulat de la doctrine, tandis qu'elle n'est que le dernier terme d'un raisonnement formel et d'une déduction dramatique. Le comte de Lys tue l'amant et épargne la femme. Claude tue la femme, et épargne l'amant. Tue-le! Tue-la! Spectateur, ravi par le mouvement de la pièce, en proie à l'émotion qui s'y développe si victorieusement que je me sentirais capable, moi aussi, de supprimer la coquine, je souscris à cette exécution et j'y applaudis volontiers; mais instruit par l'auteur que c'est vraiment la justice divine qui s'accomplit, que j'assiste à l'œuvre meurtrière d'un Idéal supérieur, je réfléchis (le penseur l'a voulu), et je me dis qu'à tout prendre, cet Idéal n'est pas aussi supérieur qu'il en a l'air, qu'il répugne même à la plus simple conception de la justice terrestre, et aux plus vagues sentiments d'équité instinctive et innée en moi. Et je remarque encore qu'il y a là-dessous quelque casuistique offensante pour la raison, que le comte ne tue point Diane, parce qu'il l'aime, et que Claude tue Césarine, parce qu'il ne l'aime plus. — Mais Césarine est une voleuse. — Où a-t-on pris que le vol soit puni de mort? — Mais Césarine est plusieurs fois adultère. — Que ne s'est-il décidé plus tôt? Où est le flagrant délit?... Et je songe enfin que voilà une morale étrangement civilisatrice, singulièrement édifiante et réformatrice

que celle qui enseigne alternativement ce précepte :
tue-le ! tue-la ! M. Dumas répond que le « tue-la n'est
que le total mathématique des erreurs de la loi », et
non un précepte ni un enseignement. Je vois ce que
c'est : à savoir une déduction logique, dramatique,
qui, pour venger la morale, la viole ; et j'ai grand'peur
qu'ici surtout il ne soit plus légitime d'admirer cette
science du théâtre que de se rendre à cette prescience
d'une justice humanitaire, et par trop rudimentaire
aussi.

Joignez que le réalisme scénique ne va pas sans
une certaine altération du vrai, et que particulièrement
le système dramatique de M. Dumas pousse l'unité et
la logique à ses limites extrêmes. Au point de vue
du spectacle, c'est une force incomparable ; au point
de vue philosophique, c'est pure illusion. Légiférer sur
la scène ressemble à l'erreur d'un Gulliver, qui aurait
prétendu appliquer à Lilliput des lois destinées à régir
des géants. Le monde du théâtre est un monde de
géants, à la formation duquel concourra toujours,
pour une bonne part, l'imagination ; un monde vu d'un
certain biais, soumis à la rigoureuse déduction dans
l'œuvre de M. Dumas, et qu'un sage équilibre tient en
suspens dans celle d'Emile Augier. Or, je vous le
demande, la logique absolue et exaspérée ne risque-
t-elle pas d'être une maîtresse d'erreurs dans notre
monde, à nous, où presque tout n'est qu'opinion, incer-
titude et probabilité ? M. Dumas choisit son point de
départ à son gré, pousse droit devant lui, supprimant
tous obstacles sur son passage, et arrivé au but,
quelquefois au delà, il respire, s'essuie le front, et
dogmatiquement, froidement, du ton d'un législateur
qui a bien travaillé, nous dit : « Voilà le vrai. Voilà la
déduction nécessaire et proprement faite. Tout le reste
n'est qu'hypocrisie ou fausseté. Là aboutit mon raisonnement ; là gît la morale absolue. » D'accord, s'il est
prouvé qu'une telle morale existe autre part que sur le

théâtre, et à supposer qu'elle soit préférable à la nôtre, ce qui n'apparaît pas également dans toutes vos conclusions.

Car il arrive à M. Dumas, trompé par l'optique de la scène, de prendre ses raisons pour des entités, et des mots et des gestes à effet pour des vérités nécessaires. Il crée un personnage, l'agite, le pousse par les épaules, et s'écrie : « Celui-ci est de trop! » Il est de trop dans la pièce, peut-être ; dans la vie, il est tel ou tel, rarement si mauvais, presque jamais si bon. C'est l'excellence du système dramatique qui donne l'illusion d'une pensée forte ; c'est l'absolu imaginaire qui se substitue à la réalité avec intransigeance. Ajoutez que les raisonnements les plus rigoureux, toujours saisissants et spécieux sur la scène, ne laissent pas que d'aboutir, appliqués à l'ondoyante équation de l'existence, aux résultats les plus faux. Tout n'est que nuances ici-bas, beaucoup plus que dialectique ; et la loi elle-même serait un vain mot, si elle n'était autre chose qu'une formule, la plus extensive et applicable au plus grand nombre possible de cas relatifs et circonstanciés.

Enfin l'Idéal civilisateur de M. Dumas me semble pécher plus gravement. A qui prétend éclairer et réformer la société, une première obligation s'impose de voir d'une vue plus large et non pas d'un ou deux postes d'observation, ce qu'est cette société même, et de l'embrasser d'ensemble, en toutes ses parties constitutives, et encore de faire porter l'effort de la pensée et de la réflexion sur les milieux qui la dirigent, l'agitent ou la menacent, au moment même où certains symptômes la montrent compromise. Je dis seulement : compromise, pour ne pas trahir mon auteur. Lorsqu'Emile Augier entreprit de peindre les vices et les erreurs de son temps, il vit d'emblée que notre état social était dominé par la bourgeoisie, fraîche au pouvoir, partant sujette aux excès, aux travers et aux vices ; et dans ces salons bourgeois, terrains neutres, où se coudoient aristocrates impénitents, financiers véreux et politiciens aventureux, il promena son regard et cueillit ses observations. M. Dumas, qui prétend à remanier la société, nous peint le monde des « inerties distinguées (1) », un monde dont l'influence est tellement languissante, que l'individualité même en a presque disparu, un monde que M. Pailleron a fixé juste à point pour en montrer l'impersonnalité dans le ridicule. C'est le prince Georges, c'est de Riverolles, gentilshommes désœuvrés, qui ont un peu moins de poids dans les destinées de notre société que leur groom ou leur cocher, une compagnie élégante et indifférente, confinée dans un faubourg hermétique, un lot d'inutiles et d'impuissants, le résidu de la vieille société française, qui doucement abdique. Et c'est d'où il tire ses exemples, et sur quoi il fait fonds pour édifier son idéale législation de l'humanité moderne. S'il ne s'agissait de M. Dumas, on crierait au snobisme.

Entre-t-il dans un milieu bourgeois, il lui faut des hommes de génie ou des américains : ce qui pour lui semble être la même chose. Juste une fois, dans *Denise*, il a mis en présence André de Bardannes et Fernand de Thauzette sous l'œil de Thouvenin, qui représente le Tiers-État. Encore est-ce l'existence de château qu'on mène dans cette usine, après avoir ailleurs fait la fête. Toujours l'exception prise pour la règle, et un certain Paris pour la France contemporaine. Un autre jour, un jour d'heureuse inspiration, sans doute parce que dans l'œuvre dont je parle l'âme même de l'auteur s'agite intérieurement, il a rencontré l'occasion de plaider pour les misérables, qu'il aime au fond, s'il ne les connaît guère. Il tenait un sujet actuel et social, de haute morale cette fois, et de longue portée, et tout à fait conforme aux préoccupations du législateur et du monde moderne : le *Fils naturel*.

(1) Le mot est de M. Jules Lemaître, dans le *Député Leveau*.

Clara Vignot, séduite par un viveur, moitié grand seigneur, moitié peuple, a un fils. Ce fils grandit. Vous pensez qu'il va grandir dans la pauvreté, dans la classe où il est né, se heurter à toutes les difficultés de la vie, et traîner partout la tare de son origine ; alors, vous comprenez que l'auteur réclame une loi pour ces déshérités qui n'ont pas demandé à naître ; et vous vous attendez à une peinture un peu sombre de ce peuple, qui souffre, qui monte, qui n'était rien, et qui devient tout. Le bon billet que vous avez ! Le fils naturel croît dans l'opulence, avec la particule et 25,000 livres de rentes. La vie lui est aisée, à souhait, prodigieusement. Fortune, noblesse, génie, tout conspire à son bonheur. A vingt-trois ans, il est un savant, tel que vous le voyez ; il a écrit *des* livres sérieux, à vingt-trois ans : il est un fils presque *surnaturel*. Il ne lui manque qu'un nom propre : la belle affaire ! Il est riche : il y mettra le prix. Il est supérieur : il y mettra le temps. Mais il est pressé de prendre femme, et les négociations ne vont pas toutes seules. Mon Dieu, jeune homme, tout le monde a passé par là, sans être fils naturel. Décidément, je vous trouve heureux, moi, presque trop heureux. J'attendais quelqu'un aux prises avec la vie ; et c'est un millionnaire qui apparaît, bercé par elle, admiré de tous, un gaillard charmant et triomphant ; et, dans ma désillusion, il ne s'en faut de rien que je lui en veuille un peu (moi qui ne suis ni riche, ni diplomate, ni génial, ni recherché des ministres, ni adoré des femmes), de sa tare originelle, qui est une séduction et un prestige de plus. — Mais, répond M. Dumas dans l'*Edition des Comédiens*, que le fils naturel soit pauvre, ou non, l'intérêt n'est pas là. — Mais, où donc ?

Et le malheur est que cette objection, que j'ai reprise à l'endroit d'une pièce, d'ailleurs intéressante en soi, et qui n'est pas sans beautés, vaut contre toute cette partie de l'œuvre, contre toutes ces idées moralisantes ; et que cette doctrine réformatrice, fût-elle cohérente, conséquente, pratique et sagement mesurée en ses conclusions, c'est-à-dire vraiment une doctrine, perd beaucoup de sa valeur, dès qu'on s'aperçoit que Paris y absorbe le royaume, qu'un coin de Paris dès longtemps silencieux et clos s'y substitue à la société moderne, autrement vivante, agissante et attirante au regard d'un moraliste, qui serait, ailleurs que sur le théâtre, un législateur et un penseur.

« *Plus que personne*, écrivit un jour M. Dumas dans la Préface de la *Visite de Noces*, *nous sommes convaincu que, si l'on a composé avant nous, et si l'on doit, après nous comme de notre temps, composer des milliers d'ouvrages sur l'amour, c'est qu'on ne sait pas et qu'on ne saura jamais à quoi s'en tenir sur ce sentiment d'affection aussi varié et aussi uniforme, aussi fixe et aussi mobile que l'humanité même, dont il est le mobile et l'éternité.* » Cela est fort bien dit, et l'on y sent l'expérience un peu attristée de l'observateur, qui a épié les transformations de ce sentiment propres à son époque et au milieu qu'il a fait vivre. Mais le penseur intervient ; l'Idée apparaît. La vie de la scène, la sanction du théâtre ne lui suffit plus : il lui faut un autre titre à l'admiration étonnée de ses contemporains. Ses théories morales se fondent à présent sur la science ; son Idéal, le second, se brouille de préoccupations physiologiques ; il applique à l'amour la notation chimique et la formule du chlorure de calcium. Avec beaucoup d'originalité, de mesure et de finesse il avait dessiné jadis son personnage de Montègre, un hercule platonicien. Mais il était écrit là-haut que le penseur renchérirait toujours sur le dramaturge, impatient des nuances que l'autre saisit d'instinct, et avide d'ériger en théorie les observations que l'homme de théâtre attrape au vol, par un don de nature.

Ses gens à la science aspirent pour nous plaire.

Et voici que la passion, ondoyante, diverse et si malaisément saisissable, devient matière de docte savoir et de chimie usuelle. La bibliographie du théâtre s'enrichit. Aux traités d'économie politique, de géologie que Jacques Vignot (1) composa dans l'adolescence, au Projet sur la conscription civile de M. de Cayolle (2), que feuillette, en ses chastes loisirs, la studieuse Mathilde Durieu, à l'Histoire illustrée des Inventeurs célèbres s'ajoutent les Manuels de Gynécologie, une nouvelle Physiologie du Mariage et la Psycho-chimie de l'Adultère. Les poètes, ces fous de poètes, chantaient jadis l'Art d'aimer. Les moralistes écrivaient un chapitre sur les femmes. Les écrivains dramatiques mettaient en scène les amoureux du temps, avec leurs vices et leurs ridicules, et, s'ils étaient assez pénétrants pour en voir l'influence sur l'époque, ils ne se piquaient point d'en expliquer les *précipités* ni la *cristallisation*. M. Dumas fait comme eux, et aussi bien, lorsqu'il suit la pente de son naturel génie. Mais il a créé de Montègre : dès lors, la physiologie le hante, la chimie le tourmente, la physiologico-philosophico-chimie l'obsède.

Car, avec sa ferveur de logique, M. Alexandre Dumas ne s'arrête jamais à mi-chemin : il aborde une science, il les prend toutes d'assaut, il les met à sac. Il combine, triture, alambique, décompose tous les éléments. Il guette les réactions ; il opère lui-même, sur la scène, dans son laboratoire, au milieu de ses cornues, qui ont la forme du cœur humain. C'est Faust, c'est Méphistophélès, c'est l'alchimie moderne de la Passion. Que dis-je, l'alchimie ? N'allez pas croire au moins qu'il se perde en de vaines recherches ou s'égare en des spéculations chimériques. Il est, à lui tout seul, la Grande Encyclopédie positive : Charcot, Berthelot, Pasteur. Les plus récentes découvertes n'ont point de secret

(1) *Le Fils naturel*.
(2) *La Question d'argent*.

pour lui ; et plus que sa science j'admire sa réserve, et je m'étonne que la gloire d'Edison ne l'ait pas encore tenté. J'aurais goûté l'électricien Clarkson à côté du chimiste Rémonin. — Spécialiste des maladies du cœur, il les a décrites longuement ; après les descriptions, les abstractions ; après la culture et l'observation des bacilles, l'explication bacillaire de l'amour. Le poëte Shakespeare, au terme de sa carrière, dans une envolée de fantaisie, s'élevait jusqu'au domaine impalpable des génies de l'air, des Ariel et des Caliban. M. Dumas, qui est un penseur, aboutit aux vibrions. C'est donc ainsi qu'on aime... et vous comprenez de reste l'universelle portée de ces théories, et que les « bouillons de l'âme », dont parle Mathurin Regnier, sont proprement bouillons de cornues, tout grouillants de virgules, végétaux infiniment petits, aux formes ondulatoires. En ce chapitre il est traité des passions, et particulièrement de l'amour, d'après le principe des ferments.

Il faut d'ailleurs se rassurer : le microbe s'attaque seulement à des âmes toutes neuves, que la civilisation n'a pas trop entamées, celles des ducs, des princes, ou comtesses, qui, comme chacun sait, sont très rapprochées de l'état de nature et de l'époque des cavernes. Dans la bourgeoisie, le peuple, chez les paysans de Beauce, et les Bas-Bretons, il n'a pas encore paru, ou du moins M. Dumas a négligé de l'observer. On prévoit un bel avenir pour ces idées scientifico-morales et philosophico-chimiques, et les expériences seront peut-être un jour tentées sur des hommes, qui ne seront ni ducs, ni princes, ni comtes, ni députés.

Arrivé au terme suprême de la science, où toutes les sciences aboutissent et se confondent, M. Dumas a passé outre. Il s'est tourné vers la Religion, qu'il a trouvée encore vaine, et vers Dieu, le Dieu des chrétiens, à qui il a parlé, qui lui a répondu, et dont il a soumis les réponses à son exégèse dramatique. Pour la troisième fois l'Idéal de l'auteur s'est modifié. Il s'est humanisé, voilé de larmes, versant enfin dans les cœurs une émotion plus pure.

Mais est-ce un Idéal chrétien, qui laisse une impression vraiment chrétienne ? J'ai peur que M. Dumas n'altère toutes les Idées dont il s'empare. Il les façonne pour le théâtre ; il les pétrit comme de cire, tant qu'enfin il n'en subsiste qu'un peu de matière déformée et trop rudement modelée par ses mains impitoyables.

Toute la morale chrétienne repose, si je ne m'abuse, sur deux essentielles vertus, dont elle a enrichi le monde : la Charité, et l'Humilité. — « Aime ton prochain comme toi-même. » — « Les premiers seront les derniers. » — Toute sa beauté, toute sa grandeur viennent de là. La Charité — qui est le fond du dogme, sublime invention ou divine révélation, qui se trouva résumer soudain et formuler d'un mot les aspirations encore vagues et pourtant convergentes de l'antique philosophie ; la Charité, dont Christ mourant sur la croix pour racheter les fautes des hommes, est le symbole grandiose ou le mythe édifiant. Et aussi l'Humilité, — dont le même Christ fournit le premier exemple, alors qu'il résigne aux mains des hommes sa volonté et sa vie, sans regret et sans effort ; l'Humilité qui fait paraître combien tout ce qui est l'humaine créature et vient d'elle n'est rien, et que seul est grand, seul est considérable ce qui émane de Dieu. Prise en sa source même et dans le mystère de la Rédemption, cette morale a pour caractère un héroïsme simple, et pour principe l'esprit de sacrifice, d'abnégation, de renoncement.

M. Alexandre Dumas, qui connaît *Polyeucte* et qui le cite volontiers, n'a pas manqué de voir, éclairé par son instinct du théâtre, tout le parti qu'un écrivain dramatique peut tirer de la Foi et de ses sublimes effets. Le sacrifice l'a tenté, aussi bien que Corneille, parce que c'est une crise violente et un déchirement de l'âme : et comme il n'est pas timide en ses intellectuelles convoitises, le sacrifice religieux était peu : il l'a voulu dogmatique et probant. A propos ou à côté de l'Évangile il a déduit ses équivoques sophistiquées et ses dilemmes intrépides. Ses personnages font plus de sermons, plus longs et quintessenciés, certes, avant de tuer ou de pardonner, que Jésus n'en fit à ses disciples, avant de mourir. Et ils pérorent et ils s'écoutent, ce qu'il n'est point établi que Jésus ait fait. Leur Foi est officiante et solennelle, mais combien éloignée de l'humilité chrétienne, qui voit, qui sait, et qui croit. On n'imagine point sans effroi M. Nicole et le grand Arnaud, de purs et vrais chrétiens, ceux-là, occupés à lire la *Femme de Claude*, *M. Alphonse* et les *Idées de Mme Aubray*. Mais je me figure sans peine leur piété surprise, leur âme étonnée, et la pitié profonde que soulèveraient en eux l'immense orgueil de ces justiciers et de ces rédempteurs, et le fastueux abus qu'ils font des saintes Écritures.

Ce qui manque donc, et d'abord, à l'Idéal chrétien de M. Alexandre Dumas, c'est une certaine mesure, humaine encore, d'humilité. Il serait si beau, Montaiglin (1), s'il absolvait simplement, sans imposer les mains, et sans psalmodier : « Créature de Dieu, être vivant et pensant, qui as failli et qui as souffert, qui te repens, qui aimes et qui implores, où veux-tu que je prenne le droit de te punir ? » Il est dans une situation si pathétique et puissamment conçue par le dramaturge, si seulement il ne prenait pas d'attitude ! Il était si vigoureusement enlevé sur la toile de fond, ce commandant dont le courage s'est affermi, dont le cœur et l'esprit se sont épurés au spectacle du firmament, dans les longues soirées de quart, entre la mer et Dieu ! Cette réplique un peu solennelle et guindée ne lui échappe pas ; cette bénédiction est voulue. Si Montaiglin oublie, à un moment précis, d'être l'âme simple et bonne qu'il est, habituée au devoir, et coutumière du sacrifice, s'il

---

(1) *Monsieur Alphonse.*

se dresse, le brave marin, et revêt la chasuble et promène par-dessus les fidèles prosternés le lourd ostensoir d'or, s'il cesse d'être un homme vrai, un beau modèle d'humanité moyenne, de modeste et chrétienne miséricorde, c'est qu'il accomplit un sacerdoce, c'est qu'il est « *dans sa fonction totale*, dans sa destinée éternelle », c'est qu'il « s'est dégagé des contingences sociales, qu'il s'est mis dans l'absolu, où il s'est constitué homme, c'est-à-dire médiateur chrétien », c'est « que cet homme marche dans la vie une main pleine de châtiments, l'autre pleine de pardons (1). » Si vous n'aviez pas compris, au moins avez-vous entendu. En vérité, on vous le dit : ils sont dans leur fonction totale (voir la théorie des nombres), médiateurs chrétiens, (style d'encyclique), dans leur destinée éternelle, tout cela entre neuf heures et minuit, sur la scène du Gymnase, où ils gesticulent, articulent, vibrent, prêchent et bénissent, dégagés de toutes les contingences sociales et théâtrales. Ils sont plus que les représentants de Dieu sur la terre : ils l'ont supplanté pieusement.

Quant à la Charité, pensez-vous la trouver au fond de ces exagéreurs, de ces dialecticiens extrêmes en tout, comme l'esprit qui les agite et les inspire ? Pour eux non plus que pour lui il n'y a de nuances ni dans le monde religieux ni dans la vie morale. Ils pardonnent de la même manière qu'ils condamnent, avec la rigueur d'un syllogisme qui conclut. Or, je le demande, est-il rien de plus contraire à l'idéal chrétien que cette impassibilité dans l'absolu, alors que le beau, le sublime de la morale chrétienne apparaît au contraire en une justice flexible, de sentiment et d'indulgence plutôt que de vengeance imprescriptible ou d'aveugles rémissions ? Et lorsqu'on réfléchit qu'au nom d'une même Loi, interprétée avec même rigueur, mais en sens contraire, Raymonde est immédiatement pardonnée, et Césa-

---

(1) Préface de *Monsieur Alphonse*.

rine (1) frappée sans recours, n'a-t-on pas le droit de dire, malgré l'inégalité de la faute, que c'est une justice hallucinée ou impulsive qui pardonne et qui frappe, le sophisme exaspéré de la Foi qui rend ces arrêts, tout le contraire de la Foi naïve et douce, qui s'est insinuée en nos cœurs, à l'école du prêtre, au catéchisme, au confessionnal, que nous fréquentions petits enfants ? Ces contradictoires et brusques sanctions m'effarouchent et ne laissent en moi qu'une impression désolée d'éloquence scolastique et tendue, qui, pareillement sûre de soi dans la thèse et l'antithèse, manierait la parole de Dieu et compromettrait le dogme avec l'enthousiasme déclamatoire d'un rhéteur habitué à la controverse. « Il m'a semblé tout à coup, dit Claude, *que vous me donniez l'ordre de substituer ma justice à votre justice*, et d'armer ma main de votre glaive redoutable. Me suis-je trompé, mon Dieu, ai-je empiété sur vous (2) ? » Est-ce un chrétien, mes frères, qui ose parler ainsi, face à face avec Dieu, et n'entendez-vous pas l'autre langage de Celui qui s'offre en sacrifice pour racheter les fautes et non pour les frapper ?...

La parole de l'Évangile est humble et charitable, et non pervertie par le raisonnement. Claude l'ignore, Mᵐᵉ Aubray elle-même la méconnaît. Que le drame qui porte son nom, soit construit et conduit à merveille ; qu'allégé des sermons qui s'y espacent et des prétentions qui s'y étalent, il mette en lumière un cas de conscience pathétique et développé de quel tour de main ! encore une fois, cela n'est plus en question. Faut-il dire que le quatrième acte est en soi un chef-d'œuvre, et vaut une belle tragédie ? J'y consens, d'autant plus volontiers que ce drame est proprement une tragédie en prose, du genre sacré ; mais chré-

---

(1) *Monsieur Alphonse*. — *La Femme de Claude*.
(2) *La Femme de Claude*.

tienne, assurément non. Madame Aubray n'a pas l'esprit chrétien.

Le caractère est empreint d'une grandeur plus indulgente et modeste, cette fois, et plus proche de la foi sincère, naïve et un peu étroite ; mais je tiens que l'auteur abuse de l'Evangile contre une femme sans défense et que sa thèse heurte et déconcerte une âme élue. Elle viole les droits les plus naturels et l'affection la plus sacrée, même dans le dogme catholique, grâce à un paralogisme qui impose par le respect de l'Ecriture, dont on se réclame et que l'on torture outrageusement. A cette heure, la logique est fantaisiste; la déduction à outrance pèche en ses prémisses et gauchit aux conclusions. M⁰ᵉ Aubray est une sainte femme, qui a fondé une œuvre en faveur des filles repenties, qui prêche le pardon universel, et qui le prêche d'exemple par ses mœurs et son austérité sans ostentation. Elle a un fils, docteur, élevé dans les mêmes principes, en âge d'être pourvu, à qui elle destine la fille de son ami Barantin... à moins qu'il n'aime ailleurs. Le talent est de l'avoir fait amoureux de Jannine, une jeune femme qui a un enfant, qui a été séduite, qui persiste à voir le père par intervalles, et qui, inconsciente, vit des ressources qu'elle en reçoit. Cet homme s'est marié à une autre femme ; et il continue à remplir son devoir d'homme correct, sinon d'honnête homme. Tous ces personnages sont vus avec une acuité de regard et mis en scène avec une maîtrise incomparables. C'est toujours la même chose et l'on ne saurait trop insister. Donc le théoricien s'en mêle et le théologien prophétise ainsi qu'il suit :

« Il résulte nécessairement de la Loi qu'une mère comme M⁰ᵉ Aubray ayant un fils comme Camille, se déclarant chrétienne et l'ayant voulu chrétien, si elle rencontre cette brebis égarée qu'on nomme Jannine, devra la recueillir et la ramener au bercail. Et s'il arrive que son fils chrétien aime cette pécheresse repentante, cette mère doit encore, sous peine de renoncer son Dieu et que son Dieu la renonce, unir par le mariage la repentante et le chrétien, puisque ce Dieu ne permet l'amour que dans le mariage. Et, si c'est un sacrifice pour elle, elle doit d'autant plus l'accomplir, puisque quiconque ne porte pas sa croix ne peut être disciple de Jésus. Et si cette chrétienne n'agit pas de la sorte, *elle sera au-dessous de cette pécheresse,* puisqu'elle doit non seulement abandonner toutes les autres brebis pour celle qui est perdue, mais encore son père, sa mère, ses frères, ses sœurs, ses enfants pour suivre son Dieu, qui proclame le pardon au-dessus de la vertu (1). »

Il y aurait quelque perfidie à argumenter contre ces lignes de la préface — qui ont tout l'aspect d'une mosaïque disparate et, au premier examen, semblent un cliquetis de mots sacrés, — si elles étaient seulement un commentaire ou une glose, et non pas le fidèle résumé des arguments divers que la pièce développe et le fond même de l'étrange doctrine qu'elle veut illustrer.

Malgré moi, je suis d'abord en défiance contre un sermon, où le prédicateur choisit pour épigraphe les plus extrêmes postulats d'une morale, quelle qu'elle soit. Et, *a priori*, j'imagine malaisément que la doctrine chrétienne, qui sur les autres philosophies a eu l'immédiat avantage de s'adapter à la foi populaire et aux nécessités de la vie ; que la morale de cette doctrine, qui repose sur la conception du Dieu fait homme, né des entrailles de la femme pour être de notre chair et racheter notre sang, nous puissent induire à mortifier l'amour maternel, après l'avoir glorifié dans le premier de ses mystères, l'Incarnation. Mais laissons cela, qui est article de foi, et suivons M. Alexandre Dumas dans le labyrinthe de son raisonnement. Il prend avantage de deux textes de la Loi.

« Celui qui aime son père ou sa mère plus que moi n'est pas digne de moi ; et celui qui aime son fils ou sa fille plus que moi n'est pas digne de moi, etc... » — « Qui d'entre vous, possédant cent brebis et en ayant perdu une, ne laisse dans le désert les quatre-vingt-dix-neuf autres pour aller chercher celle qui est perdue, jusqu'à ce qu'il la

(1) Préface des *Idées de Madame Aubray.*

retrouve? Lorsqu'il l'a retrouvée, il la met avec joie sur ses épaules. Et, étant retourné en sa maison, il rassemble ses amis et ses voisins et leur dit : « Réjouissez-vous avec moi parce que j'ai retrouvé ma brebis égarée. Je vous dis qu'il y aura plus de joie dans le ciel pour un seul pécheur qui aura fait pénitence que pour quatre-vingt-dix-neuf justes, qui n'ont pas besoin de pénitence. »

Pour quiconque a été nourri dans le catholicisme, cette parabole est limpide : c'est le commentaire de la Rédemption et de l'universelle Charité, qui sont l'ouvrage même de Jésus, et qui font dans le ciel la joie de Dieu le Père. C'est toute l'âme du christianisme, douce au pécheur qui se repent, maternelle et pleine d'indulgence pour l'esprit païen qui s'ouvre aux éternelles clartés. Et c'est enfin le prosélytisme chrétien, et la mission des apôtres sur terre. L'autre texte est le premier commandement de la Loi : il faut aimer Dieu de tout son cœur, c'est-à-dire qu'à *l'aube du christianisme* il n'y a point d'attachement ni de lien qui entrave l'homme et l'empêche de venir à Dieu, que l'autorité du père, l'amour de la femme et des enfants, des frères et des sœurs sont impuissants à le retenir, alors que Dieu l'appelle et qu'il sent agir en lui la grâce et la foi ; qu'entre les hommes et Dieu il n'y a point d'hésitation permise, et qu'il vaudrait mieux *haïr* son père, sa mère, sa femme et ses enfants et encourir leur *haine* que de renoncer Dieu devant les hommes et d'être renoncé par lui dans les cieux (1). Ou ce texte, qui est aussi maxime de prosélytisme, a ce sens, ou il est absurde. S'il est absurde, je m'étonne que M. Dumas s'en empare précisément pour faire éclater en scène les splendeurs de l'abnégation chrétienne, et s'il a le sens que j'y entends, comme tout catholique-né, ou l'auteur ne l'a pas compris chrétiennement, ou il l'a tourné en hérésie.

Mais je veux le prendre à la lettre ainsi que M. Dumas. Ce qui m'étonne, à présent, c'est que, pour une fois, il

(1) V. Préface, 207.

n'ait pas épuisé les conséquences de ses prémisses. Car Camille cède à la volonté de sa mère, au lieu de lui vouer la *haine* qu'elle a encourue, puisqu'elle ne consent point qu'il sauve la brebis égarée. Oui, mais la pièce dévierait, et l'auteur n'a pu le vouloir ainsi. Et pourtant, à ce prix seulement, l'absurdité serait complète et radieuse. C'est donc que le texte, plus modestement chrétien, signifie que la créature humaine ne peut trouver d'excuse ni dans l'affection maternelle ni dans l'amour filial pour renier son Dieu?

Alors qui ne voit l'abus du raisonnement? Qui ne distingue l'impétueuse et subtile traîtrise du penseur, lequel, confrontant le précepte avec la parabole, relève une désespérante contradiction entre les deux passages de l'Écriture et en tire, par violence, son dilemme dramatique et peu orthodoxe? Une brebis s'est égarée; le premier devoir est de la sauver, parce que le pardon de Dieu est universel, sa bonté infinie, et que seront ses élus ceux qui pardonnent et sauvent en son nom. Madame Aubray sauve donc Jannine dans les deux premiers actes, et la sauvant accomplit tout son devoir de chrétienne. Camille aime cette femme, sans savoir d'abord qui elle est, puis, mieux renseigné, l'aime encore et veut parfaire, en l'épousant, le salut de la pécheresse et l'œuvre de sa mère. Un fils élevé chrétiennement s'éprend-il et aime-t-il comme un Armand Duval? Peut-être y aurait-il à dire là-dessus. Mais tenons-nous-en à notre propos. Voilà donc madame Aubray prise entre ses idées et son amour maternel, et en proie à une lutte de la Foi contre la plus légitime et naturelle affection. « Je n'ai jamais lutté? s'écrie-t-elle. Eh bien, vienne la lutte, je l'attends, je l'appelle; et quels que soient les preuves, les exemples, les sacrifices que me commandent mes *idées folles*, je donnerai les uns et j'accomplirai les autres. » La crise est pathétique; mais je déclare, en toute conscience, que j'en tiens la morale pour alambiquée et fausse. Je soutiens que cette femme, qui a déjà fait son devoir, je le répète, son devoir entier, dépasse le but; que Jannine est sauvée, sans ce mariage, et que ce mariage l'absout trop commodément, sans les épreuves de la pénitence; que, Camille étant chrétien, il ne s'agit pour lui de renoncer ni sa foi ni son Dieu, mais de maîtriser une passion hasardeuse; et qu'en l'espèce l'autorité maternelle garde tous ses droits. J'ajoute que même déchirant son cœur et l'immolant, cette mère est aveugle et méconnaît la Loi; car si Dieu n'a voulu l'amour que dans le mariage, il a aussi préféré l'union de la chasteté à la chasteté, et c'est pourquoi il a sacré Vierge immaculée (nous nous cantonnons dans le dogme, cela s'entend) la mère de Jésus. Et, pour parler franc, je ne puis croire qu'il ait ordonné que ses innocents et bons serviteurs payassent de leur amour et de leur nom les fautes des coupables, fussent-ils inconscients. Cela même est le sacrifice divin, qui est au-dessus des hommes. Il suffit au pasteur que la brebis soit retrouvée; et rentré dans sa demeure, il ne dit point à ses amis : « En vérité, ma brebis est retrouvée; il n'y aura de joie complète au ciel que si j'immole mes autres brebis fidèles pour éviter que celle-ci s'échappe de nouveau. » Et ainsi, les prémisses, qui n'étaient pas si fortement établies, aboutissent à une conclusion qui les exagère et les pervertit encore. C'est pure hérésie, vous dis-je, que ce prétendu Idéal chrétien, sans cesse adultéré, exaspéré par une scolastique dangereuse, par une conception de l'amour très païenne et assez romantique, et les artifices manifestes du démon. C'est le démon du théâtre que je veux dire.

Et si vous considérez que madame Aubray ne fait pas seulement le sacrifice de sa joie maternelle, n'offre pas uniquement en holocauste l'intégrité de la famille, l'espérance d'une lignée digne d'elle, de son grand cœur, et de sa sainte honnêteté, mais que mère, elle compromet le bonheur et l'âme sereine de son fils, femme, elle l'expose à des repentirs et à des déboires, épouse, elle trahit la mémoire de celui qui lui avait donné un nom intact, avait fait d'elle la chrétienne qu'elle est, et qui, en retour, pouvait espérer qu'observant avec simplicité et humilité la loi de l'Évangile, elle sauvegarderait l'honneur et la pureté de sa maison ; — nierez-vous que cet héroïsme soit un peu plus ou moins — plutôt moins — que chrétien, ni modeste ni humain assurément, et qu'à peine en pourrait-on dire qu'il est une pieuse, mais cruelle hallucination ? J'en appelle, moi aussi, à toutes les mères, chrétiennes sans « idées folles », charitables sans frénésie, qui interprètent la parole de Dieu sans subtilités ni équivoques, et qui n'ont pas, dans leur enfance, entendu *les voix*.

Décidément, ce sont là des Idées, auxquelles on ne touche point sans en avoir et le profond respect et la religieuse accoutumance ; et c'est jouer gros jeu, que d'entreprendre à l'improviste de raisonner avec l'Écriture et de faire sur le théâtre la leçon à l'Évangile. A quoi M. Alexandre Dumas répond : « Les gens, qui nous chicanent quand même, et qui ne comprennent pas grand'chose à ce qu'on leur dit, ne s'en sont pas moins écriés : Cet auteur est fou ; il veut que nous fassions épouser à nos fils des filles qui auront préalablement fait un enfant avec un autre monsieur (1) ! » — Est-ce que d'aventure cette laborieuse exégèse aboutirait à démontrer le contraire ?...

VIII

INFLUENCE DES IDÉES SUR L'ŒUVRE.

Il n'y aurait pas lieu d'insister sur les Idées de M. Alexandre Dumas, si elles n'avaient eu pour effet

(1) Préface des *Idées de Madame Aubray*.

de lui dicter certaines pièces à thèse, où la thèse envahit le théâtre, et s'accrochant au drame l'alourdit. Il est dès à présent visible que de ces brillantes et fantaisistes parabases le dramaturge et l'observateur ont été trop souvent victimes. Aux idées de M. Dumas sur le théâtre utile et législateur nous devons ces interminables discussions théoriques, qui rappellent les sorbonniques d'antan. Joutes oratoires, dont le moindre vice est d'arrêter l'action et de refroidir l'émotion, qu'il est si malaisé de réchauffer ensuite. C'est à elles qu'il faut attribuer la fatigante ingérence d'une logique massive, qui nous semblait tout à l'heure donner la force et la clarté à ces pièces, à la condition d'être déliée et mesurée, et de se glisser en sous-œuvre plutôt que de surplomber la surface du dialogue. Quelle figure voulez-vous que fasse le spectateur, je dis le plus patient et débonnaire, quand au point culminant de la comédie une dispute est instituée, et deux orateurs proposent là-bas, sur la scène, comme au bon temps de la scolastique, par syllogismes en barbara et baralipton, pour s'essouffler enfin en des péroraisons de ce goût :

« Mais prenez garde, Monsieur : vos déductions peuvent nous conduire au renversement des lois naturelles les plus sacrées... Qui me montrera l'endroit de votre raisonnement où la société finit, où la nature commence ? Puisque le monde ne sait pas, puisqu'il ne doit pas savoir que je suis votre fils, il ne voit en nous que deux hommes étrangers l'un à l'autre : eh bien, supposons que je suis la logique de ma situation comme vous suivez la logique de la vôtre, et que je vous demande raison, non plus comme un fils à son père, mais comme un homme à un homme, du déshonneur de ma mère, que me répondrez-vous (1) ? »

L'invraisemblance est le moindre défaut de cette logique encombrante. Il en résulte un autre, plus fâcheux, qui ne tend à rien moins qu'à rompre l'équi-

(1) *Le Fils naturel.*

libre de l'œuvre; et à faire parfois aux personnages raisonneurs la place si grande, qu'ils absorbent tout, même l'intérêt dramatique, qui s'évapore avec la fumée de leurs arguments. Tels les choristes d'opéra-comique attendant leur tour, les types de l'observation, qui incarnent nos mœurs, nos travers et nos ridicules, se retirent effarés au second plan, sous l'œil hautain de l'orateur. Et comme l'orateur et l'auteur ne sont qu'un, il se produit ce phénomène étrange, que celui-ci intervient perpétuellement sur la scène, rompt le charme, et coupe court à l'imagination. On voudrait lui crier : « Plus bas donc, je n'entends plus les autres ! » Aussi bien, quand les autres affrontent de nouveau la rampe, dociles à ses avis, et prêts à réaliser ses prévisions, je le devine encore derrière le portant, qui les surveille et nous dit : « Vous voyez ; vous avais-je assez prévenu ? » et je grille de lui répondre : « La belle adresse ! Vous tenez les ficelles ! » Et ces émotions hétérogènes amènent la fatigue, qui entraîne l'incrédulité détestable au théâtre. Mais aussi pourquoi cet antique Prologue se fait-il un malin plaisir, à tout coup et à toute heure, de me déconcerter par son insistance déclamatoire?

Les pièces les mieux faites ne résistent pas à cette impression de scepticisme et de dépit. M. Alexandre Dumas n'a pas écrit de comédie plus originale, plus fine, plus spirituelle, plus actuelle et plus observée que l'*Ami des femmes*. Encore un coup, cela est vif, cela est moderne, cela est vrai, cela est tout à fait supérieur et d'une verve incomparable. Pour ma part, je n'y vois qu'une tache, qui est l'ami des femmes. Rôle brillant, enlevé, réussi, à merveille ; mais trop directeur, trop prestidigitateur, trop sûr de son succès, enclin à démontrer ses tours de passe-passe, et qui parvient seulement à faire sentir que tout cela est trop préparé, trop expliqué, et tout artificiel : dont je ne me serais point douté sans lui. Il finit par agacer fâcheusement, ce Robert Houdin, qui débine ses trucs, pensant faire avancer la science. Et puisque truc décidément il y a, je songe qu'il y en a beaucoup. Je vois des invités à dîner ici qui s'en vont dîner là-bas. Je flaire une adresse qui me les escamote pour le besoin du spectacle. Et alors, le voyage à Strasbourg, la voilette, les petits pieds, la phrase d'anglais, les dissertations me laissent en un doute provisoire et bien gênant. Il est là, Robert Houdin ; vous êtes là, Monsieur Dumas ; ne dites pas non ; vous soufflez si haut, et si continuellement, que je vous demande en grâce de consentir à vous dissimuler un peu et ne pas effaroucher mon illusion. L'*Ami des femmes* est un chef-d'œuvre, dont vous pouvez être fier (là-dessus tous les délicats sont d'accord), à qui ne manque qu'un peu de discrétion dans le génie. Hélas ! les Perrichons sont légion : ils ont quelque effroi des sauveteurs humanitaires, qui nous tirent de dangers par eux imaginés, sans merci, sans répit, avec quelque dédain.

Et nous touchons à un point délicat. A ceux qui enseignent la science de la vie s'ajoutent ceux qui professent la science. Les uns et les autres font des expériences *in animâ vili*, vivent dans une athmosphère un peu sèche, praticiens de sang-froid et nullement, oh ! nullement exposés à la sensiblerie. Je ne sais quelle bise souffle sur le théâtre, qui glace et cristallise les sentiments les plus naturels. De Jalin, de Ryons, Rémonin, qui ont passé leur tablier avant d'entrer en scène, vous dissèquent une âme sans un frisson. Ils tirent leurs malades d'affaire par profession. Ils ont ouvertement conscience de faire sur le cœur de *belles opérations*, impassibles pendant, satisfaits après ; et ce dilettantisme chirurgical attriste la grande âme du bon public, et la refroidit sur l'admiration que mérite d'ailleurs un si remarquable talent. En cela, M. Alexandre Dumas est responsable de l'esprit macabre d'une certaine école, qui proscrit de l'art la sympathie douloureuse, et notamment il aura là-haut à rendre compte des humeurs noires et du rictus morose du plus brillant et du moins fécond parmi ses successeurs. Il a fait bon marché de l'adage : « *Si vis me flere* » ; et M. Francisque Sarcey a pu sans paradoxe lui reprocher un jour de ne point assez aimer les femmes qu'il défend (1). De sorte que ces théories personnelles et ces thèses scientifiques, qui démasquent l'auteur avec insistance, n'ont même pas l'intérêt de nous révéler l'homme et de nous ouvrir un cœur qui palpite. Cette indifférence professionnelle enlève à l'émotion, sans ajouter à la morale.

A force d'étudier, observer, palper, ausculter, opérer et systématiser, il semble que M. Alexandre Dumas, qui passe pour un précepteur rigide, ait quelquefois le sens moral un peu émoussé ou atonique. Il serait imprudent de soutenir que sa science de la vie est immorale ; pour amorale, cela est certain ; et il est assuré aussi qu'il en arrive à exprimer les vérités les plus graves en un langage suffocant. Sans doute son théâtre n'est pas pour les enfants ; peut-être n'y a-t-il pas que les enfants qui en souffrent. Cette transposition des méthodes déroute le goût, et je sais tel petit chef-d'œuvre écrit pour l'édification de notre faible et coupable humanité, d'un style, d'une crudité qui m'étourdit. Je ne crie pas au scandale, par la crainte d'être taxé d'hypocrisie ; mais tout de même, j'aime assez l'honnêteté dans les mots comme ailleurs. Nous ne sommes pas des enfants, non ; mais nous sommes au moins trois au théâtre, si j'ai bonne mémoire, et il me paraît délicat de regarder à trois, dont une femme peut-être, que nous supposerons honnête, s'il vous plaît, un manuel de physiologie avec descriptions, planches et gravures. « Il n'y a point de pièces immorales ; il n'y a que des pièces mal faites. » Mais si, au contraire, la *Visite de noces* est une pièce très habilement faite ?...

(1) V. Préface d'*Une Visite de noces*, où une partie de ce feuilleton est citée.

Alors, c'est le penseur qui compromet une fois de plus le dramaturge. Même, si la pensée de M. Dumas est parfois indécente, tant elle est morale, il lui arrive d'être insondable, à force d'austérité. Les témérités de sa religion se perdent dans le mysticisme, s'offusquent de métaphysique, par delà les limites de la vraisemblance et de la clarté, dont nous avons constaté d'abord que l'homme de théâtre a le sens très affiné. L'imagination s'échappe, la fantaisie se donne carrière, aux dépens de l'observation et de la réalité dramatiques. Madame Aubray présente son fils à Valmoreau... « C'est que les âmes toujours pures, réplique d'emblée à un étranger qu'il voit pour la première fois l'interne évangéliste, font les âmes toujours jeunes ; c'est que la vertu triomphe même du temps. J'aime à entendre ce que vous venez de dire, Monsieur, (le monsieur l'espère au moins), et je l'entends souvent ; je suis si fier de cette mère-là (tout de suite, devant un inconnu). On nous prend partout pour le frère et la sœur, et, si ça continue, dans quelques années on nous prendra pour le père et la fille... Quand on nous rencontre bras-dessus bras-dessous dans la rue, on dit : « Oh ! le joli petit ménage. » — « En voilà une famille », — observe judicieusement Valmoreau. — « Vous en verrez bien d'autres »; repart Barantin. En effet, il n'est pas au bout de ses étonnements. Il verra que madame Aubray entre dans la vie des gens comme dans un moulin, ou, si vous préférez, comme dans une église ; qu'elle confesse tous ceux qu'elle rencontre, et qu'à tout pécheur elle remet les péchés, au prix d'un sermon expiatoire.

Elle aborde Jannine dans un Casino de plage, pour la remercier d'un morceau de musique « que vous m'avez si gracieusement fait remettre. » — A genoux, mon enfant, récitez le *Confiteor*. — Mais, Madame, comme cela, sans préambule ? — Dites : ma mère, et voyez comme vous répondrez. Vous n'avez que cet enfant ? Vous l'avez eu bien jeune ? Vous ne songez pas à vous remarier ? Vous vivez toute seule ? Vous vous consacrez entièrement à votre fils ?... Quoi encore ?... — On ne dira pas du moins que cette sainte n'est pas une femme par la curiosité. Après la confession, le prêche. « La maternité est une mission si difficile, surtout quand le père n'est plus là, que nous nous devons appui les unes aux autres... L'expérience que m'a donnée l'éducation de mon fils, faite par moi seule, tout cela me met en droit, me fait un devoir de vous questionner et de vous conseiller, puisque le hasard nous rapproche... Oh ! je sais quels dangers... etc... Aussi me suis-je promis de faire, en toute circonstance, bénéficier notre pauvre sexe de ce que la vie m'a appris, de ce que m'a révélé le meilleur et le plus juste des hommes... » — On ne dira pas du moins que cette sainte n'est pas une femme par la langue... — « qui avait mille fois plus que moi l'amour du bien et l'intelligence pour l'accomplir... Et, à ce propos, je vous ferai remarquer, mon enfant... qu'il y a, dans les légendes et les contes de fées, des personnages invisibles pour tout le monde, visibles pour une seule personne qui possède un certain talisman... » — « Oh ! Madame, vous ne sauriez croire comme c'est doux et facile de causer avec vous », insinue, avec un rare bonheur d'expression, la fine pénitente, qui n'a pas encore eu le loisir de placer un mot. Qui donc a dit que l'esprit de conversation se meurt, et que l'éloquence de la chaire s'en va ? Entre deux sentences madame Aubray vous écoule l'oraison funèbre de son mari, un sermon sur la mort, une méditation sur le pardon universel, sans plus d'apprêt et de coquetterie qu'elle n'en met à se coiffer.

« Aveugles que vous êtes, vous ne voyez donc pas qu'elle ne suffit plus, cette morale courante de la société, et qu'il va falloir en venir ouvertement et franchement à celle de la miséricorde et de la réconciliation ? Que jamais celle-ci n'a été plus nécessaire qu'à présent ? Que la conscience humaine traverse à cette heure une de ses plus grandes crises, et que tous ceux qui croient en Dieu doivent ramener à lui, par les grands moyens qu'il nous a donnés lui-même, tous les malheureux qui s'égarent? La colère, la vengeance ont fait leur temps. Le pardon et la pitié doivent se mettre à l'œuvre... »

Spectateur, mon ami, notre voisin, je crains que vous ne vous soyez fourvoyé : vous êtes entré, par mégarde, au *Théâtre du Salut*, et vous êtes en passe d'entendre la messe, vêpres et complies. Et, en effet, voici que le fils monte en chaire à son tour, que pour nos péchés il nous faut l'écouter aussi. Le temps passe, il est onze heures ; je n'ai jamais ouï prêcher ni si longuement, ni si tard. Je cède alors, selon le mot d'un moraliste plus court, incapable de souffrir davantage ces prêcheurs et ceux qui les souffrent (1).

La pensée de M. Alexandre Dumas ne s'est pas arrêtée là. Il a rêvé un Idéal encore supérieur, et tellement mystique, que l'expression dramatique étant impuissante, il a tenté, lui, le dramaturge excellent, de mettre en scène une œuvre symbolique. La *Femme de Claude* est une œuvre symbolique. Elle a paru devant la rampe, aux chandelles. Et ni l'observateur qui avait percé à jour cette créature d'hier perverse et scélérate, ni l'écrivain théâtral qui lui avait su donner un étonnant relief n'ont dit au penseur : « Tu n'iras pas plus loin. » Ni l'un n'a interposé sa connaissance du théâtre et du public, ni l'autre son sens pénétrant de la vérité scénique pour l'arrêter en cette voie périlleuse, et lui objecter ce précepte de M. Dumas lui-même : « La scène n'est pas le livre. » (Le livre peut dire par périphrases et paraboles ce que le théâtre doit dire clairement et brièvement ; le livre peut se répandre en mystiques rêveries jusqu'aux raffinements du quiétisme ; la scène est condamnée à la clarté et à la raison, et à la poésie sereine, mais saine.) — Peut-être eussent-ils réussi à sacrifier de cette pièce ce qui n'en est

(1) La Bruyère.

point compris, les vagues aspirations et les aveux si éthérés qu'on ne les entend plus, et tout ce qu'elle contient de mysticisme flottant, de dévotion subtile, d'épurée et inintelligible passion. Ils auraient assez fait déjà, si, appelant à soi toute l'autorité, ils avaient supprimé ce rôle de Rebecca, qui ne vit point, et dont les germaniques rêveries s'épandent à perte de vue dans les frises. Ils auraient fait davantage, dût l'amour-propre de l'idéaliste chrétien en saigner, s'ils avaient bravement mis les ciseaux en certaines tirades, d'une poésie musicante et symbolique, verbiage volatil et sans consistance...

« Mais si je ne suis pas votre femme dans le temps, je sais que je la dois être dans l'éternité. Quand la mort nous aura dégagés, vous des liens, moi des soumissions terrestres, vous me trouverez, fiancée patiente et immatérielle, vous attendant au seuil de ce qu'on appelle l'Inconnu, et nous nous unirons dans l'Infini. Ma religion n'autorise pas de pareilles espérances ; mon cœur la dépasse, et je sais que cela sera ainsi... Cette femme, vous l'avez aimée ; vous l'aimez peut-être encore malgré vous : voilà pourquoi vous ne me verrez plus jamais à cette heure. Fussiez-vous libre demain, je ne viendrais pas à vous, et je ne vous laisserais pas venir à moi ; mon royaume n'est plus de ce monde ; je suis l'épouse de la seconde vie. Travaillez, soyez grand, soyez utile, soyez glorifié ; je vous attends au delà de ce qui passe dans ce qui ne passera jamais. »

— Ainsi parle en aparté, au milieu d'un salon moderne, Rebecca, fille de Daniel, l'immatérielle juive ; cependant Césarine, femme de Claude, accompagne en sourdine, sur le piano, cette phraséologie métaphysique de la vierge éperdue dans l'au-delà, et en qui il n'y a plus rien d'humain ni de féminin qu'un imperceptible penchant à prendre des poses, et je ne sais quelle secrète tendance à s'écouter sans déplaisir.

Et, si cette contrariété du génie de M. Dumas n'apparaissait pas encore assez, il suffirait de voir combien chèrement l'a payée l'écrivain. Ni la sobriété ni le sens littéraire ne rachètent ces dogmatiques défaillances de la pensée. Ce serait miracle qu'il en fût autrement, le style étant le miroir de l'esprit. Lors donc que M. Dumas disserte, ce n'est que logique formelle, mouvement artificiel, éclats de voix, écarts de goût qui détonnent et qui choquent. En vain, au bout d'une tirade véhémente à froid, ou à la fin d'un dénoûment brutal, il glisse le mot spirituel, qui désarme. Son erreur, quand il raisonne, est de prendre les grands mots pour des arguments et de confondre déclamation avec éloquence. Quant à son style physico-chimique, il est pire qu'une illusion. Cette transposition de vocables est proprement une duperie, dont je crains que les crudités ne soient toute la magie et ne constituent le principal avantage. Les arts, musique, peinture, sculpture, poésie, qui ont quelques points communs et sont régis par quelques règles générales, se peuvent faire, avec beaucoup de tact et de mesure, de mutuels emprunts sans nuire à la propriété de l'expression. Mais à qui persuadera-t-on que l'adultère soit plus exactement décrit, en ses habituelles démarches, s'il se présente sous forme de *mixture* et de *combinaison* ? Mirage de mots. C'est bientôt le triomphe du cynisme dans la formule, qui mène droit à la cohérence suspecte des métaphores. C'est tout le langage de Trissotin,

> Pour cette grande faim qu'à mes yeux on expose,
> Un plat seul de huit vers me semble peu de chose ;

mais d'un Trissotin qui se serait frotté aux manipulateurs. Pareillement, Rémonin, de Cygneroi tournent, retournent, manient, pétrissent, allongent et raccrochent leurs analogies pseudo-scientifiques. Tel encore le marchand de jujube et de lichen qui malaxe sa pâte et débite son boniment, à cette différence près qu'il ne se pique point d'avoir du goût, et qu'il suffit que sa pâte en ait. « L'adultère est une de ces mixtures où les éléments s'associent quelquefois, mais ne se combinent jamais. *L'élément que la femme apporte se compose d'un idéal renversé... c'est-à-dire, en cas d'explosion,* la chance de recevoir des gifles.... Une fois la *cornue* sur le feu, en avant le fiacre aux stores baissés... Combine, alambique, triture, décompose, précipite tous ces éléments, et si tu y trouves un atome d'estime, un milligramme d'amour, une vapeur de dignité, je vais le dire à Rome sur les mains (1). » Trissotin était moins long, et plus clair.

Ce procédé fait si intégralement partie du style dogmatique de l'auteur, que lorsqu'il se hausse jusqu'aux *Idées* chrétiennes, où la métaphore ne suffit plus, il joue de la parabole et obtient des effets imprévus. Rappelez-vous le dénoûment de *Monsieur Alphonse*, et cet élan suprême d'une ode plus que mystique «... O cœur humain, changeant comme la mer, profond comme le ciel, mystérieux comme l'infini ! » — « Ma femme ! » — « Mon amie ! » — « Commandant ! » — « Ma fille ! » — « Mon père ! » — « Ma mère ! » — « Maman ! » Toute la lyre. N'admirez-vous pas également l'intrépide banalité de ceci ?

« Montagnes ombreuses et odorantes, où se sont essayés mes premiers pas, horizon toujours impassible, malgré tout ce qui a passé entre nous deux, terre où, depuis de longues années déjà, reposent mes parents vénérés, astre paisible et doux de la nuit, qui as éclairé une dernière fois le visage de ma mère, morte en me souriant, et vous, Créateur de toutes choses, maître tout-puissant de l'espace, du temps, des mondes, de tout ce que nous voyons, de tout ce que nous ignorons, de ce qui n'est plus, de ce qui est et de ce qui sera (quoi encore ?), vous que nous ne savons comment définir, qui *vous cachez plus facilement dans la lumière que nous ne nous cachons dans l'ombre,* que nous cherchons en vain dans les *éternités* et dans les *infinis...* »

Nous verrons bien, messieurs de la critique, quand il y aura quelques trémolos là-dessous, si je ne sais pas...

(1) *Une Visite de noces.*

Les Idées de M. Alexandre Dumas valaient-elles ce qu'elles lui ont coûté ? La doctrine méritait-elle que le dramaturge supérieur lui sacrifiât quelquefois le goût, la vraisemblance et la vérité ? Il a écrit là-dessus quelques lignes mélancoliques, avec un peu d'humeur contre le théâtre qu'il accuse, l'ingrat.

« Il comprend que ce n'est pas à la forme, dont il s'est servi jusqu'à présent, que l'humanité demandera jamais la solution des grands problèmes qui l'agitent, *bien qu'il croie l'avoir trouvée pour lui-même....* Et il sent qu'il va y avoir un irréparable malentendu, dont il sera la victime, s'il y veut bâtir le monument de ses dernières pensées. La seule chance qu'il ait de faire accepter les vérités qu'il a dites, c'est de ne pas essayer d'en ajouter de plus hautes à celles-là (1). »

Le penseur contrit décoche ce dernier trait, et le dramaturge, atteint en plein cœur, gémit sans doute d'avoir plus d'une fois fléchi aux volontés d'un théoricien exigeant et téméraire. — Lorsqu'Abraham eut gravi la montagne, aiguisé le couteau, courbé le front de la victime, l'Écriture enseigne-t-elle que Dieu le Père, soudain attristé, lui ait reproché durement son héroïque et douloureuse obéissance, inutile à la gloire du Maître et tant dommageable au serviteur ?...

IX

L'ÉCRIVAIN.

M. Alexandre Dumas a beau se mortifier. Il est un grand dramaturge, et, quand il écrit seulement pour le théâtre, un grand écrivain, — si grand que je ne

---

(1) Préface de *l'Étrangère*.

crois pas que jamais la scène en ait révélé un autre plus original et personnel. Il s'est flatté d'avoir pris la plume sans instruction universitaire. Il y paraît bien quelquefois : n'en parlons plus. Mais il est peut-être le seul de notre époque qui s'en puisse vanter sans ridicule. Car il a un autre style que celui de ses dissertations, de ses équations, et de ses rhapsodies, une écriture d'observateur, digne d'une admiration réfléchie et sans réserve, et telle qu'en définir le caractère c'est revenir aux traits essentiels de son génie et nous retourner agréablement vers une conclusion équitable.

Quand il *voit* juste, il atteint à la précision sans effort. Il attrape le mot qui projette l'idée, le trait qui éclaire la scène, la formule qui en dégage l'horizon. Il n'y a pas trace de recherche ; c'est la netteté, la clarté théâtrale, un langage en dehors, piquant, inattendu et pressenti. Car il ordonne logiquement son style comme ses drames. Précision et composition se tiennent étroitement en son esprit. Cette logique intérieure est la vie même de son dialogue. Et elle en est le mouvement. La rapidité fameuse de ses pièces ne vient pas d'ailleurs. Il y a là-dessous, aux meilleurs endroits, un parisianisme qui dit tout à demi-mot, du ton le plus naturel, avec quelque hâte, mais avec un flegme, une pleine possession de soi, une vue nette de l'idée principale et du but à toucher. Tantôt les répliques s'entre-croisent, débarrassées d'une symétrie excessive ou conventionnelle, et le sujet de la scène se déroule, se multiplie, sans s'émietter ni se disperser. Tantôt la tirade, quand elle n'est pas un sermon, se développe d'une vitesse accélérée, et semblerait encore un dialogue préalablement concentré et ramassé ; et toujours la pensée transparaît, jusqu'au trait final qui la détache en pleine lumière. Il a des phrases d'une page, et peu de périodes. C'est un style d'action, pressé, en haleine. La tirade même, il l'a renouvelée et rajeunie, à la précipiter et la bousculer en des incidentes d'une allure souple et d'un enchaînement serré. Il a eu dès le début ce mérite, qui apparaît déjà dans *Diane de Lys*.

« ... Je trouve notre métier si bête! Vous me demandez ce qu'elle représente, ma statue?... Elle représente une Vénus, puisque nous sommes condamnés aux Vénus, nous autres sculpteurs... Vénus de Médicis, Vénus accroupie, Vénus Callipyge, Vénus pudique, Vénus anadyomène, toujours Vénus. Tant que nous n'avons pas fait une Vénus, on dit que nous ne savons rien faire. Dès que nous avons fait une femme nue, on dit que c'est une Vénus... et dès que notre Vénus est faite, on dit qu'elle ne vaut pas la Vénus de Milo... une femme qui a la tête trop petite, la gorge trop bas, le cou trop fort, les jambes trop longues et pas de bras... Ah! quel métier absurde...! »

Ce n'est ni la sage ordonnance d'Emile Augier, ni la subtile trame de M. Pailleron : c'est une fièvre de logique dramatique et pittoresque. Fait-il parler un phraseur ? L'écheveau s'emmêle, s'embrouille et se dévide tout de même, comme par miracle. Lisez plutôt le couplet de Chantrin sur le cigare. En l'espace de quelques secondes, il produit l'illusion d'un discours qui durerait cinq minutes. La belle barbe de Chantrin fait merveille.

Cette lucidité haletante de la composition déblaye des scènes entières sans prendre un repos. Depuis que le président des assises s'abstient du *résumé*, il faudra chercher dans l'œuvre de M. Dumas le souvenir et le modèle du genre. Je prie MM. les avocats stagiaires de relire dans le *Demi-Monde* la dernière scène du IIIe acte, dans la *Princesse Georges* la dernière scène du IIe et un peu partout la dernière scène qui précède la crise.

« Vous m'avez trompé. » — « Non. » — « ... Me direz-vous que l'acte est faux? » — « Non. » — « ... Ainsi vous rétractez tout ce que vous avez dit ? » — « Tout. Elle est de bonne famille, elle a été mariée, elle est baronne, elle est veuve, elle vous aime, elle n'a jamais été pour moi qu'une étrangère, elle est digne de vous. Quiconque dira le contraire sera un calomniateur; car c'est être un calomniateur que de dire contre une personne une chose qu'on ne peut pas prouver. »

— De ses narrations aucune ne traîne en longueur, malgré la précision du détail, ou plutôt grâce à cette précision même, qui suppose le choix et impose la vraisemblance. Celle du voyage de Strasbourg (1) est un bijou. D'autres la valent. Pas un mot ne s'écarte, et précisément à l'instant qu'on semble s'égarer on est dans le droit chemin. Quant aux déclarations et aux aveux, il y a mis aussi sa griffe. Rompant avec les finesses conventionnelles du vocabulaire galant, dont elles étaient jusqu'alors enveloppées, et renonçant peu à peu aux effusions prestigieuses des romantiques, il s'est appliqué surtout à en marquer la gradation détournée et la conséquence fatale qui n'est jamais une banalité. Il faudrait étudier mot par mot la confession de Jane et celle de Denise pour sentir la force qu'imprime au style de M. Dumas cette précision progressive, qui est la logique même du sentiment. Point de crudités ni de brutalités; mais un enchaînement ténu de transitions indiquées d'un mot, soulignées d'un trait, appuyées d'un geste, le tout délicat, animé, — et moins encore que *vu*. C'est lui, au moins autant que Beaumarchais, qui *voit*, quand il écrit. Il voit les pudiques révoltes de Jane, les fières angoisses de Denise ; cela est peint, pour la scène. Ouvrez le tome V de l'*Edition des comédiens*, à la page 217. Vous y trouverez une remarque à méditer...

« A la phrase que je viens d'indiquer, l'effet était toujours mauvais. Pourquoi ?... Comment ai-je pu obtenir avec Mlle Legault ce que je n'avais pu obtenir avec Desclées ? Par une raison qui va causer quelque étonnement, et qui est cependant la seule : c'est que Desclées était brune, et que Mlle Legault est blonde. Or, malgré toutes ses jalousies et toutes ses colères, *le rôle est blond* (2). »

(1) *L'Ami des Femmes.*
(2) *Edition des Comédiens*, V. 217. Notes de la *Princesse Georges.*

C'est proprement le style qui procède de l'observation; il est d'une clarté immédiate et grossissante, comme celle de la rampe; il est une nécessité du regard et de la vision, qui échappe en partie à l'analyse. M. Dumas braque son œil sur l'idée en scène, à travers le stéréoscope du théâtre, et même il ne l'exprime avec force qu'à la condition de l'avoir objectivée ainsi.

Semblables aux Notions abstraites, dont nous disions plus haut qu'elles deviennent dans son œuvre des personnages véritables et qu'elles en tiennent les premiers rôles, impressions, sentiments prennent leur forme théâtrale, s'animent, respirent, marchent, vivent. S'agit-il d'une liaison éphémère ?

« C'est une belle fille rieuse et folle, sans souci du lendemain, courant gaiment sous les bois, son chapeau d'une main, son ombrelle de l'autre, se retournant de temps en temps avec un baiser sur les lèvres, et vous disant, six mois après, quand on la rencontre au bras d'un autre : « C'est égal, je t'aimais bien. »

L'idée s'est faite femme, sous la lueur du lustre. D'ailleurs la lumière se règle au gré de l'auteur et selon les besoins du théâtre; elle éclate et se tamise; aux notes vives s'opposent les teintes vaporeuses; mais les contours sont toujours arrêtés, grâce à cette vision particulière des objets.

« ...Il y a des airs qui sont comme les échelons du souvenir, et à l'aide desquels nous redescendons dans notre passé le plus obscur. Tenez, il est un refrain que je ne puis me rappeler sans une véritable émotion, c'est *Ma bonne tante Marguerite, vous n'entendez rien à l'amour*. Quand ce refrain traverse ma mémoire ou quand je l'entends par hasard, il recompose à l'instant tout un tableau devant mes yeux. C'était la chanson favorite de ma grand'mère... Il me semble encore la voir, l'hiver, au coin d'un grand feu, avec ses beaux cheveux blancs, dont elle faisait coquettement deux rouleaux, sous son bonnet à larges rubans clairs. Tout était gai en elle. Je m'asseyais à ses pieds sur un coussin; je posais ma tête sur ses genoux, et je m'endormais, bercée par cette mélodie chantée à demi-voix. Pendant quelque temps, la conversation des grandes personnes, de mon père, de ma mère, de quelques amis que le soir réunissait à notre foyer bourdonnait à mes oreilles ; puis ma mère me prenait dans ses bras, et je sentais qu'elle me déposait dans mon lit... »

Et parce qu'il voit en écrivant, toutes ses images sont palpables et sensibles, prises dans le cercle de notre vie familière, et selon le génie même de notre langue. Il excelle, quand il s'en veut contenter, aux comparaisons ingénieuses, qui sont souvent des intuitions. Les *Pêches à quinze sous*, la *Poutre ronde* de Sylvanie accusent un écrivain de race, de la race des Mathurin Regnier et des Saint-Simon. Voulez-vous une définition de l'amour platonique ?

« ... On n'attelle pas un cheval de course à une charrue ; au quart du sillon, vous donnerez des coups de pied dans les brancards et vous casserez tout... »

Et ailleurs :

« S'il n'aime qu'avec le corps, qu'il soit Casanova ou Richelieu ; qu'il fasse éclater l'amour païen sur les joues des belles filles, comme ces feuilles de rose en forme de bulles que les enfants font éclater sur le dos de leurs mains. Cela fait un joli bruit, et il n'y a rien dedans. »

Joignez que ce couplet n'a pas seulement de la couleur parce qu'il est imagé, mais aussi parce que les mots y ont des teintes et des tonalités adroitement combinées. Sans doute, c'est un étrange abus que d'attribuer à chaque vocable de notre langue une des nuances du prisme. Mais il suffit de lire certaines pages de M. Alexandre Dumas pour être sensible à l'effet lumineux que produisent un sage arrangement et le choix artiste du vocabulaire et de l'expression. C'est encore l'optique du théâtre qui régit l'industrieuse ordonnance de son écriture pittoresque ; et il se trouve, par une heureuse diversité, que celui qui a représenté la vie moderne avec une âpreté quelquefois cruelle, en a esquissé aussi les plus charmants artifices et séduisantes apparences. Alors, la phrase, caressée d'une douce lumière, est sinueuse et plastique.

« Quand, même sans être peintre, en voyant passer une femme, il vous semble que d'un seul coup de crayon vous pourriez tracer sa silhouette, depuis le pompon de son chapeau jusqu'à la queue de sa robe, cette femme a la ligne. Qu'elle marche, qu'elle s'arrête, qu'elle rie, qu'elle pleure, qu'elle mange, qu'elle dorme, elle est toujours, sans y tâcher, dans les exigences du dessin. Surgit-il un coup de vent, comme nous en avons ici sur la plage, tandis que les autres femmes se sauvent, s'assoient, se serrent les unes contre les autres, mettent leurs mains tout autour d'elles avec des mouvements ridicules et dans des attitudes grotesques, — elle, continue son chemin, sans faire un pas plus vite qu'un autre. Le vent furieux l'enveloppe, fait flotter sa jupe en avant, en arrière, à droite, à gauche, elle va toujours, elle n'a rien à craindre. Ce qui est choc pour les autres est caresse pour elle, ce qui est plat devient rond, ce qui était douteux devient positif ; on est certain que les pieds sont petits et que les jambes sont belles, voilà tout : ce sont des femmes dont on peut devenir amoureux soit à cent pas de distance, d'un bout à l'autre d'une rue, sans avoir vu leur visage. Terribles créatures pour le commun des hommes, car elles savent leur puissance, et si vous laissez tomber votre cœur sur leur chemin, elles marchent tranquillement dessus, pour ne pas déranger la ligne. »

In caudâ venenum... Pendant que je m'attarde à définir le style dramatique de M. Alexandre Dumas, j'ai pensé oublier la qualité dominante, qui rehausse les autres, qui étonne, qui effraie, qui éblouit, et qui plaît. Et c'est l'esprit. Son dialogue est étincelant. On cite ses mots, on colporte ses aphorismes : le nombre de gens spirituels et réputés pour tels, de chroniqueurs parisiens et patentés, dont il a défrayé la verve et qui le démarquent quotidiennement, n'est plus à dire, et il vaut mieux s'en taire. Le superflu des riches est la richesse des pauvres. Il a d'ailleurs une estampille qui dénonce les emprunts. C'est de l'esprit de théâtre, et de son théâtre. Ses mots détachés ne sont jamais vides : il y manque pourtant quelque chose. Même ses saillies d'auteur sont des saillies de la pièce, inséparables de l'idée qui la domine ou propres au caractère qu'elles complètent. Cette verve cohérente témoigne que l'écrivain s'est enfermé avec son œuvre; jaillissante, elle est dirigée d'une main experte, qui ne craint ni les ratures ni les retouches. De même que son réalisme le plus osé n'est pas seulement de l'esprit, son esprit est mieux que de la fantaisie déchaînée. La 'ogique et l'observation disciplinent jusqu'à cette prime-sautière faculté, et l'astreignent à se contenter du comique supérieur. Ses traits sont brillants, et mieux encore, c'est-à-dire à double pointe, à double portée, dans la bouche du personnage qui parle et pour l'oreille du public qui écoute : « Le ministre m'a communiqué les dépêches de *mon* fils », dit Sernay. — « De *notre* fils », répond Clara. — «... Mais Jacques vient de sauver l'Europe. » — « *Mon* fils ! » — « *Notre* fils, chère amie. » Et dans la même scène. « Mais ce qu'il y a de certain, c'est que depuis que Jacques a vu Méhémet-Ali... » — « Je croyais que c'était Ibrahim. » — « Méhémet est le père, Ibrahim est le fils; et le père et le fils c'est la même chose. » Cela est de la même veine que « le pauvre homme ! »

Et tout justement, il faut savoir gré à M. Dumas, qui a tant d'esprit, d'avoir su résister à la tentation d'en faire, en toute désespérance et désolation, comme la mode en est venue depuis un temps. Il en a d'amer, faute de quoi il ne serait pas un observateur, mais naturellement et simplement, grâce à quoi son dialogue court limpide et rapide comme de belle eau saine. Une réplique lui suffit à préciser une situation; elle est l'étiquette qui se colle au dos d'un personnage. « Le mariage est une chaîne si lourde... » Vous savez le reste. Quant au pessimisme aigu et raffiné, qui n'est que la débauche stérilisante de l'esprit, il n'en a cure; car c'est, à bref délai, la mort des œuvres dramatiques, et M. Alexandre Dumas écrit apparemment les siennes pour qu'elles vivent.

Elles vivront, — non pas toutes, ni d'un bloc, comme on le lui répète trop couramment, mais en nombre suffisant pour lui assurer une place considérable dans l'histoire littéraire et dramatique de ce siècle. Il y a toujours quelque ridicule imprudence à engager la postérité. Elle est femme, capricieuse, et sujette aux erreurs, qu'elle répare, en femme, quand la fantaisie lui en vient, de deux cents en deux cents années. Il est cependant permis de douter qu'elle fasse de M. Alexandre Dumas un Marivaux ou qu'elle le confonde avec M. Victorien Sardou. Elle serait tentée plutôt (La Harpe n'en eût pas perdu l'occasion) de le comparer à Emile Augier et d'établir un parallèle également fâcheux pour l'un et pour l'autre. C'est une misère de notre intelligence que cette manie de classer les grands écrivains et de leur assigner des rangs, comme aux petits écoliers. Si M. Alexandre Dumas a un mérite, c'est celui de ne ressembler à personne. Il n'est pas d'après d'autres : il est lui. Hormis la *Dame aux Camélias*, où le romantisme paternel se devine encore, il est original au sens précis du mot. Son œuvre ne le dément pas : elle est l'homme même. Il a emprunté du XVIII siècle la conception du drame bourgeois; et il en a tiré un théâtre qui étonnerait fort ou Sedaine ou Diderot. Pour la science du métier, il incline plutôt vers Corneille : est-il besoin de dire qu'il ne lui ressemble guère ? Il est disciple de Scribe, si l'on entend que presque toutes ses pièces sont *bien faites;* mais il les a *bien faites,* autrement. Il est aux antipodes de la banalité.

Il le doit à son tempérament, qui est tout audace et logique, et à sa vision claire et perçante. Un homme, dont le regard ne meurt pas sur l'illusion flottante des surfaces, mais qui, dirigé par une volonté ferme, soutenu d'une insatiable curiosité, aidé d'une aptitude à tirer au dehors ce qui est au dedans et à projeter avec le grossissement scénique l'image cueillie aux sources de la vie même, ne se perd point dans les détails et s'attaque bravement aux essentielles contradictions de l'ensemble, — cet homme-là, s'il a le sens de son époque, beaucoup de raison, beaucoup d'esprit, et de l'imagination, est un écrivain de théâtre extraordinaire. Peu importe, à distance, qu'il se soit embarrassé de théories : les théories passent, et la matière de l'observation demeure. Vers la fin de sa journée, alors que le soir descend et qu'une demi-lumière voilant son œuvre prépare aux hommes le loisir de la consacrer par une admiration recueillie, il doit avoir conscience, ainsi que le poète, de léguer à ses arrière-neveux un monument, dont plusieurs parties sont d'airain, où plus tard leurs yeux dessillés liront parmi les étranges préjugés de notre époque positive le plus grave contre-sens de ce siècle, qui est la femme moderne, et pourront contempler sur un bas-relief plein de mouvement et de vérité la folle insouciance d'une aristocratie éperdue, qui définitivement cède la place. N'est-ce pas de quoi consoler le grand dramaturge d'avoir été un idéaliste contestable, un législateur téméraire, un chimiste douteux, et un apôtre peu chrétien ?

ÉDOUARD PAILLERON

I

L'HOMME DU MONDE.

Dans une brillante étude, parue au *Figaro* le 2 avril 1881, à la veille du *Monde où l'on s'ennuie*, J.-J. Weiss adjurait M. Pailleron de donner enfin son chef-d'œuvre. « Il le doit à sa renommée, et au théâtre contemporain », écrivait alors Weiss : sa prière fut entendue. Le *Monde où l'on s'ennuie* a été l'un des plus durables succès de théâtre en ces dernières années ; la *Souris*, sans ajouter à la réputation de l'auteur, ne l'a pas diminuée dans l'opinion des lettrés ; et de là vient, apparemment, cet air de bienveillante sévérité, que porte l'article reproduit dans un livre plus récent (1). Il semble que J.-J. Weiss ait été plus préoccupé de rattacher M. Pailleron à la tradition de Regnard, de Marivaux, de Musset, que frappé de ce talent tout moderne, plus sensible à la délicatesse vraiment française et aux charmes extérieurs de cette œuvre, que curieux d'en démêler les éléments, d'en pénétrer les

(1) *Le théâtre et les mœurs*, par J.-J. Weiss, Calmann-Lévy, éditeur, 1 vol. 1889.

desseins. Et, puisque dans le livre cité plus haut, c'est du théâtre et des mœurs qu'il s'agit, peut-être est-il permis de regretter que, même alors, J.-J. Weiss n'ait pas été tenté de marquer avec précision combien, dans nos mœurs démocratiques, M. Pailleron est un dramaturge singulier, un *perfect* et *select gentleman*, qui doit à cette distinction naturelle le meilleur de son esprit et de ses ouvrages.

Par un cruel besoin de classification, qui est l'outrance de notre esprit scientifique, nous cantonnons volontiers les hommes dans une spécialité ; nous confinons l'écrivain dans son cabinet, parmi les livres et les documents ; et il est aussi difficile au public d'imaginer l'homme de théâtre hors des coulisses, que de concevoir un gandin sans monocle ou un aveugle sans bâton. M. Pailleron contredit à cette manie.

Il a du talent, parce qu'il a du monde, et des deux à souhait : gentleman de lettres, écrivain de race, au vrai sens du mot. C'est le propre de sa nature, la source de sa verve, et le tour particulier de son imagination. Il est homme de théâtre parce qu'il est homme du monde, sans théorie et sans effort. Il est du monde où « l'on a de l'esprit, non de la blague », de la sensibilité avec discrétion, du savoir sans pédantisme, de la tenue sans morgue, de la galanterie sans fadeur et sans impertinence, du monde « où l'on cause sans brailler, où l'on rit sans se tordre », d'un monde déjà vieux comme l'autre monde : voilà pourquoi M. Pailleron est si moderne. Il en est encore aux « honnêtes gens », corrects avec les hommes, empressés auprès des femmes, troubadours démodés, et qui n'ont plus la note. Il tient pour la vieille éducation, ce code romain de la galanterie, contre lequel il y a prescription. Ainsi fait, il contemple le spectacle de la bonne société, de la haute compagnie, et des belles mœurs. Telle est l'originalité de son talent, et c'en est la limite. Tant qu'il se tient dans ces parages, il est chez lui ; il y a le regard pénétrant, le trait précis, et l'esprit de qualité.

Oui, le monde a fait du chemin, depuis quelque trente années, à la remorque du siècle. La rue n'est pas encore dans le salon, mais le salon est descendu d'un étage, pour recueillir les bruits de la rue. On raconte que l'allure, les intonations, les épithètes, les tours de phrase du boulevard pénètrent insensiblement dans les ruelles les plus calfeutrées. Il se produit des infiltrations. La liberté du dehors est envahissante, et — parfois déjà, très rarement — ce n'est pas trop de l'éclat des habits rouges pour distinguer l'invité du suisse. Cela s'appelle être moderne. D'autre part, le terrible mouvement des idées a eu peu à peu raison des résistances les plus opiniâtres. Sous peine de rassembler toujours mêmes visages en des réunions de familiers qui ressemblent à des tête-à-tête, et pour fuir l'éternel isolement entre soi, il a fallu faire quelques concessions provisoires à ce maudit siècle égalitaire, qui dévale vers sa fin. Les politiciens y ont fait leur trou, les étrangers leur brèche, et les hommes de lettres leur carrière. Ils apportent avec eux l'écho de l'activité du dehors, le mouvement, l'intrigue : que voulez-vous ? La fortune a de lourdes charges, ne fût-ce que celle de l'ennui ; et l'intrigue est aux désœuvrés un doux passe-temps, qui donne l'illusion du pouvoir.

Pour n'être plus exclusivement la classe dirigeante, et parce qu'on se fait un devoir de bouder un gouvernement peu sympathique, on n'en a pas moins des fils inactifs et des neveux disponibles, qui s'attardent aux délices du club, doués d'ailleurs de l'intelligence requise pour prendre rang dans une sous-préfecture, ou un sous-parquet. Il ne serait pourtant que de sourire à propos, du bout des lèvres, ou même d'atténuer certain air de hauteur dédaigneuse, juste assez pour provoquer les avances, sans les faire. On se résout donc à prendre contact (oh! si peu) avec ces vilaines gens du pouvoir ; on ne repousse pas la main qui se tend ; on la prend, sans la presser, mais enfin on la prend.

> ...Quand on est du monde, il faut bien que l'on rende
> Quelques dehors civils que l'usage demande.

Cependant, les nouvelles couches s'insinuent, et les Toulonnier sont dans le temple. On ne reçoit pas encore le ministre, un affreux républicain, mais on aguiche son secrétaire. Le dîner n'attend pas pour lui ; seulement, il est exquis, presque à son intention. C'est du libéralisme un peu honteux, mais pratiquant. Le premier pas est fait : on y songe. Avec quelques places on convoite quelque influence, on reçoit quelques sénateurs, les plus décoratifs, quelques députés, les plus sages, et l'on dispose de quelques voix pour ou contre le ministère menacé. Enfin la vie rentre dans le salon. Mais il en a coûté des sacrifices, et, sous le plafond solennel des régimes passés, on distingue des nouveaux venus, un peu dépaysés parmi ce décor d'un autre âge, qui se faufilent avec l'esprit, le langage et les idées du jour.

La colonie étrangère, anglaise et américaine, a aussi forcé les portes. A vrai dire, lords et Yankees ne paraissent, en ces derniers temps, avoir exercé sur notre monde qu'une influence assez superficielle. Ils ont fait prime dans les cercles, plutôt que dans les salons. Ces hommes-là n'apportent chez nous qu'une froideur capable d'enthousiasme, un flegme opiniâtre en ses desseins, une activité fiévreuse sous des dehors glacés, une largeur de vues, une envergure de conceptions, une science et un dédain de l'argent, un sens de la vie étrange et nouveau, qui heurtent trop le brillant nonchaloir de notre aristocratie. D'ailleurs la femme a sur eux moins d'empire ; ils ont pour elle un

goût qui, sans exclure les folies, s'exaspère rarement
jusqu'au culte : peuple jeune, que la chevalerie bourgeoise n'a pas livré, pieds et poings liés, à une adoration
délicieuse et tyrannique, et qui, avec un fonds de réelle
naïveté, arme son indépendance d'un masque immobile et d'un verbe sec. Ils inspirent aux mondaines
plus de curiosité que d'entraînement : aussi la jeunesse
dorée ne leur a-t-elle guère emprunté que l'empois de
l'attitude et du linge.

Mais l'étrangère a importé dans les mœurs françaises une liberté d'allures, qui fait d'autres ravages.
Pour être du monde, elle ne renonce à aucune de
ses fantaisies, elle n'abdique aucune de ses habitudes.
En France, comme ailleurs, elle agit à sa guise, sans
se soucier de l'opinion, qui, en faveur de l'exotisme,
lui pardonne l'excentricité. Elle vit, comme elle parle,
à bâtons rompus, et fait bon marché des convenances, qui, hors de son pays, lui semblent des
pudibonderies assez ridicules. Le shakehand à l'anglaise et l'éducation à l'américaine témoignent de
ses droits de conquête. Quant à l'autre, l'étrangère
qui n'est pas du monde, voilà l'ennemi. Les salons
lui sont fermés : elle ouvre le sien à deux battants.
Les femmes qui ne la reçoivent pas, sont désertées de
leur compagnie, qu'elle reçoit tous les jours, à toute
heure. Sur les portes de son hôtel, regardez-y de près,
vous verrez gravé en minuscules lettres d'or : *entrée libre*.
Et, en effet, c'est sans fin ni cesse le va-et-vient du
bazar. Lancée à toute bride dans le perpétuel mouvement d'une élégance fiévreuse, affranchie de préjugés,
elle entraîne sa clientèle aristocratique en un tourbillon. Elle a du *pluck*, si elle n'a pas le *cant*. Elle est
partout, elle vient d'ailleurs ; fatiguée d'ici, elle s'envole
là-bas. Quelle est donc cette jolie femme, perruque
blonde encadrée d'un chapeau Directoire, qu'emporte tous les jours au Bois un magnifique équipage,
un peu haut en couleurs, un peu surchargé de fleurs

et de cocardes ? Interrogez Lahirel, qui l'a rencontrée à Madrid, où elle battait son plein. Desaubiers, qui l'a connue à Milan, où elle faisait fureur ; demandez plutôt au général, qui a ponté pour elle à Bade, ou à Fondreton, qui se ruine pour elle à Asnières. De Sauves, aussi, vous dira qu'on soupe chez elle, assez tard, sur la présentation d'un ami, qu'elle est de toutes les fêtes, de tous les galas, de tous les pesages, dont elle raffole après une exécution à la Roquette. Pour être de sa suite, il suffit d'être prodigue, infatigable, et gai, comme elle. Mariée ? Probablement. Et le mari ? Il reviendra. En attendant, elle adore le bruit, le remue-ménage, les fous rires, et les fous qui rient, et plus ils sont nombreux, plus elle est en fête. Elle n'est pas dans le *train*, celle-là, elle est dans le *rapide*, comme dit M. Pailleron. Heureusement, chaque capitale n'en possède-t-elle que deux ou trois à la fois, emportées comme elle dans une vie à la vapeur, et qui, si elles se rencontraient, feraient sauter le monde. C'est une course endiablée, où les moins vigoureux sont fourbus avant de toucher le but, attirés, fascinés, tout de même que ces petits oiseaux de la plaine, qui s'élancent à tire d'ailes, durant des journées entières, dans le sillage sublime et vite de l'aigle et du vautour. Avec ses allures de viveur et son langage de fille, elle vous bouleversera les meilleures éducations en un tourne-main, armée d'un sourire énigmatique pour les hommes, amer et dédaigneux pour les femmes, qu'elle traîne après soi de conserve, ceux-là entêtés, jusqu'à la migraine ou la folie, de son énervante séduction, celles-ci rivalisant d'audace et souvent de scandale pour lui disputer le bonheur ravi et la famille qui s'en va. C'est tout bonnement le germe d'un mal, qui entame les mœurs françaises et les désorganise.

Les gens de lettres offrent un danger moindre et un peu différent, qui est pourtant très réel. L'influence qu'ils exercent sur certains salons se réduit d'abord à une mutuelle consécration. En principe, artistes, poètes, littérateurs sont des ornements de prix, des bustes célèbres, et qui parlent. Ils représentent une mode éternelle, où entre un peu de curiosité, et, au début de chaque époque littéraire, une prudence infinie dans le choix des renommées. Les réputations les mieux établies ont commencé par être triées au tourniquet. Mais bientôt deux ou trois salons, parloirs artistiques et antichambres des académies, vont de l'avant et multiplient leurs faveurs en relâchant la consigne. La mort a fait des vides. Ils ont appelé à eux des noms plus nouveaux et des talents plus modernes. Il faut ranimer l'esprit de conversation, qui se meurt, et quelques jeunes têtes sont assez avenantes pour donner la réplique aux gens graves, qui font autorité. J'ignore si les hommes d'un solide mérite réussissent toujours à être spirituels sur invitation ; mais je me doute que le monde, si friand de ces petites conférences, en est un peu la dupe, et qu'il perd en naturel ce que ces beaux esprits gagnent en considération. Les hommes de lettres sont comme les gazettes d'une réunion. Ils apportent sur le livre d'hier ou l'événement d'aujourd'hui une phrase, un mot, un adjectif, qui se passent à la ronde, se mettent en formule, et se colportent en guise de maxime. Ces penseurs émérites dispensent de penser.

Et puis, comme plusieurs sont d'aimables sceptiques ou de subtils analystes, et qu'il faut une rare intelligence pour nourrir un scepticisme inoffensif, de même qu'une raison supérieure est nécessaire à disséquer des états d'âme impunément ; comme, aussi, parmi les hommes de génie il y a des hommes d'esprit, qui, nés malicieux, et pour se donner le spectacle de la candeur blasée à qui ils sont offerts en représentation, se délectent à pousser le paradoxe jusqu'au plaisir suraigu et raffiné, — il se fait dans les cerveaux mondains un léger travail, d'où sort doucement l'incrédulité à l'égard des vieux principes, avec un goût des idées, des sensations nouvelles, qui s'ajuste mal aux grands airs et aux belles traditions. De là, une psychologie très moderne de l'amour. La galanterie étant de toutes les vertus celle qui exige la foi la plus robuste, les hommes du monde qui ont perdu l'une, brusquent l'autre ; ils substituent le sourire aux soupirs, le langage précis au style précieux, et, d'un petit air supérieur, brûlent les formalités du sentiment ; de leur côté, les femmes raffolent de théories physiologiques, d'analyses psychologiques, de phénomènes psychiques, et de toute cette musique retiennent la lettre plutôt que l'esprit. De là, aussi, des têtes inquiètes, curieuses, surexcitées ou défiantes ; des cœurs angoissés, brisés ; des veuves et des demi-veuves, qui ont mal à l'âme, et à qui l'on est tenté de dire, en les saluant : « Chère Madame, comment souffrez-vous aujourd'hui ? » Frissonnante corbeille d'épaules nues et de fronts songeurs, qui exhale un double parfum, très montant, de sensuel mysticisme et de mystique sensualité. Et c'est vous, toujours vous, comme au siècle de Molière, qui en êtes un peu la cause, délicieux passe-temps des esprits oisifs, romans, vers, sonnets et pastels, et vous, délicats écrivains, qui les composez, et vous, spirituels causeurs, qui les appréciez, artistes, hommes de talent, hommes de génie, modernes, trop modernes amuseurs d'âmes.

Encore mettez-vous de la grâce à moderniser le monde. D'autres sont plus terribles, dont l'influence a moins de charme : c'est à savoir les demi-érudits, les philologues étroits, les tyranniques germanophiles, qui en imposent « *par leur morgue pédante et leur nullité prétentieuse* », raillés, détestés, et vénérés, la plus lourde rançon que nous ait imposée l'inflexible Allemagne, au jour de son triomphe.

Pédants mis à part, il ne semble pas que, dans la haute société, les hommes, les jeunes gens surtout, aient gagné à ces influences diverses. Depuis plus de vingt ans, habitués à être d'après d'autres, ils ont désaccoutumé d'être eux-mêmes, avec leurs qualités et leurs défauts de race, et s'acheminent à devenir insignifiants. Leur fantaisie n'est guère occupée qu'aux variations de la mode, qui renouvelle ingénieusement la coupe des habits ou le genre du sport, sans ranimer les sentiments ni raviver l'esprit, qu'un scepticisme d'imitation a éteints. La mode est, pour quelque temps, impuissante à faire davantage ; elle regratte les hommes, plutôt qu'elle ne les renouvelle. En faut-il un exemple ? Dans ces dernières années, le bon ton était à la désespérance, non pas aux mines penchées ni à l'attitude rêveuse des romantiques, mais à la désolation universelle, au pessimisme lamentable, qui se traduisait discrètement chez les gens du monde par un sourire un peu haut et blasé. On nous annonce pour cette année que le grand genre tourne à la gaîté. Mais n'allez pas croire qu'il s'agisse d'une gaîté libre et expansive, naïf témoignage du plaisir intense et selon la nature : ce sera, selon toutes probabilités, une belle humeur de parade et en surface, quelque chose comme la dernière mode du visage, un dessin plus avenant de la physionomie, qui se manifestera également par un sourire, un peu moins supérieur peut-être, et parfaitement réglé pour la saison. La différence est-elle appréciable ? Les hommes du monde en seront-ils modifiés ? Nullement.

Pour quelques années encore ils sont embarqués à évoluer avec ensemble, à flirter mécaniquement, à répéter les mots de M. Tel, à redire les saillies du politicien bien pensant, à parler anglais, comme chez l'Étrangère, ou argot, comme dans les coulisses, automates de plus en plus perfectionnés, et fermés hermétiquement aux antiques niaiseries du cœur, qui étaient le mérite et le charme de leurs ancêtres, les petits Marquis. Grâce à la vie du cercle, qui est un terrain neutre, la république fermée de leurs mesquins défauts, ils continueront à se modeler sur les originaux, qui lancent le ridicule du jour, mettant en commun et presque en régie leurs travers, même passagers ; et comme le cercle est à mi-chemin entre le salon et le boudoir, ils alterneront, quelque temps encore, de l'un à l'autre, exposés par une naturelle distraction, à réciter des phrases galantes aux pécheresses, qui s'y plaisent, et à déclarer leur « *béguin* » aux comtesses, qui s'y feront. D'où il apparaît que les hommes du monde n'offrent guère à l'observateur que des travers sans relief ou d'une banale actualité.

Les femmes, au contraire, absorbent en elles tout l'intérêt de la comédie mondaine. D'abord elles portent un air de victimes mal résignées, qui attire le regard et appelle la sympathie. Que de veuves désabusées et défiantes, d'épouses inquiètes ou délaissées, quand elles ne sont pas séparées, dont les craintes ou les désillusions, en justifiant toutes les espérances, encouragent toutes les entreprises ! Quant à celles qui ne sont ni séparées, ni désabusées, elles luttent contre les rivales qu'elles devinent, et se lancent dans le mouvement moderne avec crânerie, de tous leurs nerfs. Elles n'ont pas de cercle pour combattre l'ennui, calmer les appréhensions, ou dissiper le cœur. Aux unes il faut le subtil remède d'une psychologie troublante ; et leur éducation est bientôt refaite ; d'autres, plus rassises, trouvent dans les intrigues littéraires ou politiques un suffisant dérivatif ; plusieurs enfin s'engagent sans conviction dans une partie, où elles risquent leurs réserves de sentiment, contre des joueurs, qui tirent l'amour à cinq, exempts d'aucune émotion fâcheuse. Et tout cela est d'un comique assez relevé, comme il arrive toutes les fois qu'un être, doué d'intelligence et de raison, s'efforce à l'erreur ou se contrefait jusqu'au ridicule, sous le prétexte qu'il faut hurler avec les loups ; et que, malgré tous ses titres, noblesse, éducation, fortune, qui le rivent au passé, il s'ingénie laborieusement aux exagérations du temps présent.

Est-ce à dire qu'il convienne de crier misère, et que la morale du monde s'en soit allée, avec ses dieux ? Il y aurait là plus d'injustice encore que d'ingénuité. Ce qu'on appelle la morale du monde est une règle assez souple, pour permettre à la vertu des écarts relatifs, qui ne vont guère au delà de l'intention. Celle des femmes, surtout, est toute de convenances et de sentiments, de même que l'erreur n'est souvent chez elles qu'ennui ou curiosité : elles ont, par une grâce de naissance, un instinct de pudeur persistante, et des préjugés d'enfant très durables, qui les préservent à l'heure du danger ; et, si elles sont quelquefois sur le point de violer la loi, le plus souvent elles brouillent le texte, sans toucher à la gravure. Mais, en revanche, songez-vous combien, au milieu de cette vie agitée, la jeune fille joue dans le monde un personnage difficile et mystérieux ? Car elle voit clair, l'Agnès d'aujourd'hui, et elle devine bien des choses, ne fût-ce que par l'habitude d'en entendre. On lui a fait sa part d'indépendance, et elle est fort en peine d'en user ; elle voit plus qu'elle ne comprend, elle pressent plus qu'elle ne voit : curieuse énigme, celle-là, et qui sollicite autrement l'attention d'un contemplateur, que les fredaines compassées du jeune frère, le boulevardier.

Pour agiter ces menus problèmes, noter ces travers, et marquer ces ridicules du monde, en même temps que les influences qu'il a subies, il fallait plus d'esprit que de vigueur, plus de tact que de force, plus de délicatesse que d'âpreté, avec un goût inné de l'élégance et un sens très fin de la modernité. Il y fallait surtout certaine distinction de nature, et une sensibilité attentive aux petites peines et aux émotions tempérées. Un homme du monde pouvait seul réussir à cette étude, et en faire une œuvre très particulière, qui résumât en soi les qualités et les défauts de la bonne compagnie, et les peignit de couleurs discrètes.

II

LE DRAMATURGE ET LE PSYCHOLOGUE.

Il ne faut demander au monde que ce qu'il peut donner. On voit d'ordinaire que, par une loi d'universelle compensation, les idées fécondes sont les trouvailles de la misère, les aubaines du génie affamé, qui braconne et prend les inventions à la pipée. L'atmosphère des salons est un peu tiède aux poussées de sève des plantes vigoureuses. Mais, en revanche, nul milieu n'e... plus favorable aux natures distinguées et déliées, qui spontanément y prospèrent en un discret épanouissement. L'esprit de finesse y est dans l'air. Ce qu'exige d'industrieuse subtilité l'élaboration des petites fêtes et des petites intrigues, on ne s'en saurait douter, à distance, ni combien aux jeux innocents se prodiguent les intentions ingénieuses et raffinées. Tout n'en est point perdu. De temps en temps naît un Marivaux ou un Pailleron, qui, doué d'un naturel talent, et avec un bagage de connaissances plus solides, croît parmi ces minutieuses gentillesses, et en fait instinctivement son profit.

« J'ai pris, dit la Préface du *Monde où l'on s'ennuie*, dans les salons et chez les individus, les traits dont j'ai fait mes types. Mais où voulait-on que je les prisse ? » Nulle part ailleurs, en vérité, puisque c'était pour M. Pailleron le terrain le plus commode à ses facultés d'artiste, et le plus conforme à ses goûts. Du monde il a l'ingéniosité, qui est la propre marque de sa fantaisie. Ingénieux, il l'est par un penchant de nature dans sa manière d'observer, d'imaginer, et jusque dans l'invention, même lorsqu'elle soulève des souvenirs ou sollicite les rapprochements. Il apporte la discrétion d'un galant homme dans ses emprunts, et aussi dans son originalité. On a pu lui reprocher, sans trop d'injustice, de s'être longtemps attardé aux reprises d'idées déjà traitées par d'autres, et ajouter, avec quelque raison, qu'il s'est sevré sans hâte du lait classique, dont il fut nourri. N'y a-t-il pas quelque outrecuidance à débuter d'emblée par le génie? Pour ses coups d'essai, il lui a suffi de mettre en scène quelques actes d'un motif toujours gracieux, et de rajeunir quelques proverbes d'une application un peu détournée : ce qui est le fin du fin en matière de délicatesse mondaine. *Petite pluie*, *Le Mur mitoyen*, *Le dernier Quartier* sont moins des titres de pièces que les mots de subtiles et limpides charades, qui s'organisent derrière le paravent, aux jours où l'on pille la garde-robe.

Et voyez les charmantes ressources de l'ingéniosité d'esprit. Il semblerait que l'idée suffit à une jolie scène, sans plus; et il en rencontre plusieurs, le plus souvent très jolies, si bien que, la pièce terminée, la compagnie a sur les lèvres, avec l'illusion flatteuse de l'avoir deviné, le mot de ce jeu spirituel, qui en est l'occasion et la solution. Oui, le mot y est, au commencement, au milieu, à la fin, amené d'une méthode usitée dans les devinettes, et qui consiste à jeter en plein jour, au bon endroit, l'idée, la maxime ou le dicton, autour duquel le reste n'est que fine et industrieuse broderie. Et ce piège familier aux amusements de société devient véritablement un procédé de théâtre, surtout lorsqu'il ne s'agit plus d'une saynète sans prétention. « Mais c'est le monde où l'on s'ennuie, cela », ou :

« Ma tante, savez-vous ce qu'est un faux ménage? »

ou encore, avec plus d'insistance, à proportion que le

sujet est plus épineux : « Comprenez donc, ma tante, qu'elle n'est pas au point... que c'est... enfin qu'elle n'a pas l'étincelle..... Connaissez-vous la machine électrique ? » C'est-à-dire, pour clairement parler : « Vous brûlez, ma tante, vous brûlez ; attendez quelques scènes, et vous y êtes. »

Cependant, pour amuser les plus impatients, l'auteur s'ingénie à trouver d'agréables accessoires ; il a, comme M. de Casteljac, avec plus d'esprit et de fantaisie, des figures nouvelles à chaque saison, c'est à savoir la prison de l'amour, les cerceaux enchantés, et la tête de bœuf : je veux dire la scène de l'éventail pf ! pf ! des sonnettes drelin ! drelin ! du tonnerre brum ! brum ! de la poupée couic ! couic ! de la machine électrique, de la robe noire, de la serre et de l'indique-fuite. Si vous prétendez qu'il y a plus d'artifice que d'art à fourrager ainsi dans le magasin de la Comédie Française, je vous répondrai que ces artifices, au moins, ne sont pas coûteux, qu'ils n'affichent point des prétentions excessives, qu'ils sont peut-être simplement un effort aimable de réalisme à bon marché, que Molière lui-même n'a pas dédaigné ces petits moyens, et que j'ai vingt raisons de croire que M. Pailleron rend au monde ce que M. de Casteljac lui a prêté.

D'où il suit qu'il n'apporte au théâtre qu'un rare talent d'amateur? Je ne dis pas cela. Mais sans doute n'est-il point impertinent de croire que ses premiers efforts ont révélé quelque chose d'approchant, pas plus qu'il n'était inutile de rappeler d'où procèdent les qualités très personnelles, qu'il a heureusement développées plus tard. Il a su fouiller davantage le champ de ses observations, mais le travail de l'invention ne lui a vraiment réussi que dans ce coin du monde, pour lequel il était fait, et où naturellement il avait pris position. Il y a découvert des régions mal connues, mitoyennes, peu définies, et, sans labeur apparent, il a excellé à les peindre. « Je constate que c'est ici un de ces salons, où, sous le voile des convenances, on se cherche et l'on se trouve.... quelque chose d'hybride, que le cadastre moral n'a pas classé encore, et qu'on ne peut désigner que par cette périphrase significative : le Monde où l'on s'amuse. » Il s'y est orienté sans peine, et, à mesure qu'il en maniait les travers avec plus d'aisance, il en attrapait les ridicules, qui tiennent à des nuances infinies, avec plus de sûreté et de finesse. Il est vrai que ces voyages d'exploration l'ont rarement égaré en des milieux, moins accessibles ceux-là, où le vice fait les frais de la comédie, — et dont on n'a raison que par une observation âpre et une vigoureuse indignation, qui n'appréhendent ni les violences ni les coups d'éclat. Là, les manèges de la coquetterie constituent un danger social, et il faut, quoi qu'on en ait pu dire, plus que de la clairvoyance pour les dévoiler, et plus que du talent pour en faire justice. Celui qui, le premier, a mis le pied dans le *demi-monde*, n'avait pas le droit de s'arrêter à des nuances : il a dû faire sauter les masques. M. Pailleron excelle à les soulever. Cela suffit à sa complexion plus mesurée, à son tempérament plus réservé. Il a pris goût à noter, avec leurs ridicules à peine saisissables pour d'autres, les variétés du monde, où l'on s'amuse et où l'on s'ennuie. Et de nuance en nuance il s'est engagé, non sans coquetterie, dans les menus problèmes d'une psychologie assez neuve, qui est l'agrément de son esprit.

« Mon cher, les dramaturges psychologues, qui se préoccupent de l'homme, ne sont jamais descendus dans les profondeurs de ses puérilités. Une analyse trop fine demande trop de détails; l'action n'a pas le temps d'attendre..... C'est l'âge ingrat, un âge de transition, indécis, ténu, et de diagnostic difficile, l'âge ingrat, Gontran, où notre petit nom devient plus jeune que nous, où la redingote noire serait peut-être trop longue, mais où le veston est déjà trop court. »

C'est le triomphe de l'analyse psychologique et dramatique : car veuillez remarquer que l'auteur excuse sa description en même temps qu'il la précise, qu'il la lance et l'engage dans le train de la scène, que la phrase même, d'une coupe élégante et à la dernière mode, n'a rien d'une exposition sermonneuse, et qu'il se peut bien faire qu'en ce moment nous saisissions le point précis où l'homme de théâtre se distingue de l'homme du monde, où le talent ne suffirait plus, sans le don.

Des sujets si délicats veulent être mis en œuvre avec dextérité. M. Pailleron compose adroitement, avec aisance, sans qu'on puisse soupçonner l'effort. Il ménage, plutôt qu'il ne prépare les effets. Il promène l'intrigue en des détours ravissants, qui ne sont jamais hors-d'œuvre ; et le mouvement de la pièce, rarement précipité, est presque toujours sensible et accéléré, sans arrêt ni recul. Le fil, comme l'idée, en est parfois si ténu et délié, qu'on le croit rompu, juste à l'instant qu'il se dévide, onduleux et souple. A y regarder de près, on découvre un art étudié, peu apparent, avec une assimilation très aisée des progrès en tous genres, qu'a faits le métier dramatique depuis plus de cent ans. Nul ne s'est mieux approprié la manière de Marivaux, l'adresse de Beaumarchais, et aussi, avec d'élégantes précautions et des tempéraments judicieux, la tirade lyrique et sentimentale du drame. D'autres ont construit des machines plus solides et d'une logique plus saillante peut-être ; personne ne s'entend davantage à faire évoluer en un espace restreint, parmi des situations délicates, sans confusion ni fausse manœuvre, un groupe de personnages très divers, qui ne semblent d'abord réunis que par le hasard d'une réception ou à la faveur d'une fête intime. Il arrive souvent, à la scène, même dans les œuvres des plus grands, que, malgré l'illusion d'optique, on remarque de l'embarras ou de l'apprêt dans le va-et-vient du salon, je ne sais quoi d'artificiel qui gâte le tableau : soit que deux à deux les

personnages s'entretiennent, par intervalles, pour ne
gêner pas la causerie du groupe voisin, soit que tous
parlent à la fois, et que les mots d'esprit semblent
monter des dessous du théâtre, soit enfin que, par un
procédé aussi commun et choquant, il y ait tout près
de la rampe un truchement, qui fait par tirades les
honneurs de la soirée, discourant sur les mœurs et les
caractères des gens qu'il présente, à la façon dont le
manager montre ses bêtes. On se lasse vite de la collection
et du boniment. M. Pailleron y met plus de formes.
Il a écrit deux ou trois scènes, où il donne vraiment
l'impression du monde, malgré le nombre des personnages,
qui parlent à leur tour et à propos. A peine le
premier acte est-il quelquefois surchargé, un peu long
sans longueurs ; on ne se résignerait à en rien perdre,
mais encore en voudrait-on retrancher quelque chose.
A cette réserve près, la mise à la scène est d'une habileté
subtile, preste, harmonieuse, et assez sobre pour
donner aux grandes pièces de l'auteur un air de modernité
classique. Voilà bien de qualités séduisantes.

Et je crains que la renommée, qui l'a traité en mère
passionnée, ne lui ait été injuste par quelque endroit
et ne l'ait un peu jugé à fleur d'originalité. Peut-
être, après tout, a-t-il le tort d'être original avec trop
de discrétion, et de voiler d'un art trop spirituel ce
qu'il y a de plus neuf dans son théâtre. Il a été frappé
de la façon très nouvelle, dont se noue aujourd'hui l'intrigue
dans le monde, et du scepticisme à la mode
dont s'y assaisonne la galanterie. Pendant longtemps,
hier encore, la comédie a vécu sur la déclaration classique,
à grand renfort de douceurs, à beaux souvenirs
du répertoire. Avec plus d'éclat lyrique dans le drame,
plus d'abandon sentimental dans le mélodrame, des
gestes expressifs, des cris rencontrés : on en était
encore à la tirade cent fois refaite de Molière. Les personnages
de M. Alexandre Dumas fils sont les premiers
qui aient nettement rompu avec ces traditions d'un autre

âge. Ils y mettent tout leur tempérament et y ajoutent un certain air entendu. Ils ont une façon à eux de déclarer qu'ils ne se déclarent point, ou de saluer l'arche, sans tomber à genoux, ou de s'agenouiller sans saluer. A part ceux qui ont le foie trop gros, et qui s'engagent à fond dans l'aventure, ils sont experts à esquiver les préliminaires, à moins que, comme Jean Giraud, ils ne les suppriment, argent comptant.

En un monde plus restreint, M. Pailleron a poussé aussi loin l'observation, et il a gardé plus de mesure. Les hommes se disent, avant de se prononcer : « Des anges, toutes des anges, trop d'anges dans les familles », et ils appréhendent d'être plaisants ; les femmes ont une maxime, qui les met en garde contre les surprises du cœur : « Hon, musiciens ! » et elles craignent d'apprêter à rire ; et c'est l'effroi du ridicule qui couvre leurs déclarations d'un ridicule exquis. Les mots ne viennent pas, ou ils abondent ; la phrase ronfle, ou elle s'arrête court ; on s'embrouille à vouloir tout dire, ou l'on ne dit rien par la peur de se livrer ; on cherche un subterfuge, on prend des détours, on s'écarte, on n'y est plus, lorsqu'il n'y a qu'un verbe qui serve, qui est sur le bout des lèvres, et qui lui-même est devenu comique. Et M. Pailleron, par pure malice, complique encore cette gêne d'une ruse de circonstance, qui rend la situation plus fausse ; adieu l'aplomb, l'expansion, ou la poésie, quand Bob se met à aboyer, l'intempestif Bob, l'incrédule chien du logis (1), à qui, par précaution, il eût fallu d'abord plaire. Pauvre M. Gillet, vous n'y êtes pour rien : ce sont les gens du monde (et M. Pailleron le leur fait payer) qui, pour suivre le train du siècle, ont fait la sincérité si ridicule et l'amour tant difficile. Et toutes les scènes de ce genre sont piquantes, neuves, d'un goût parfait.

On en trouverait ailleurs de plus modernes, si modernes qu'elles pourraient bien être en avance. Tous les

---

(1) *L'Étincelle.*

beaux cavaliers de Gyp, qui n'ont qu'un mot : « Je vous adore », m'ont tout l'air de simplifier à l'excès le fond de la langue. M. Pailleron a l'esprit de n'être pas si désolant. C'est le trait commun à toutes les scènes analogues de son théâtre, que la nature a raison de l'artifice, et qu'une pointe de sentiment suffit à réveiller les cœurs que la mode, l'étiquette ou le bel air ont endormis. Aux grandes phrases des virtuoses il oppose, sans déclamation ni sensiblerie, la douce mélodie de l'âme qui chante ou qui pleure, par un besoin de nature, et qui exhale sa jeunesse un peu attristée parmi ces esprits forts et ces cœurs tacticiens, qui évoluent comme à la parade. « Oh ! je la connais, allez, ma vie, et depuis longtemps, depuis le jour où ma mère est morte... Pauvre petite » (1) ! Dans toutes les grandes pièces de M. Pailleron il y a un morceau de ce genre, d'une touche aussi légère, d'une poésie à peine indiquée, d'une sensibilité contenue, qui à l'amour habillé de formules, à la passion teintée de scepticisme, aux travers les plus neufs, les plus mondains, les plus raffinés, les plus ridicules oppose sans éclat le contraste d'un cœur simple, réservé, et à la mode changeante l'éternelle jeunesse. Molière aussi se plaisait à ces échappées de sentiment.

A deux reprises, M. Pailleron a voulu sortir de son milieu, et entrer dans les grands courants du vice. Il faut reconnaître qu'alors il a forcé sa nature, sinon son talent, et qu'*Hélène*, tragédie bourgeoise, et aussi les *Faux ménages*, ont d'autres défauts que celui de rappeler *Gabrielle* et la *Dame aux Camélias*. Bon gré mal gré, on ne peut que souscrire à la critique de J.-J. Weiss, et en retenir, quoi qu'on en ait : « que l'auteur n'est point à l'aise avec les mœurs vicieuses, qu'il n'est pas plus fait pour prendre en leur exacte mesure les dérèglements que les fougues sublimes, et que sa main si adroite

---

(1) *La Souris.*

s'alourdit, quand elle y touche. » Ce qui ne veut pas dire qu'il y manque d'esprit ou que son talent l'abandonne : l'homme qui a de l'un et de l'autre, en a partout. Mais jetez-le dans un monde qui n'est pas le sien ; ses qualités ne feront point qu'il n'y soit dépaysé. Il y reste gentleman, mais il n'est plus chez lui : l'habit est trop élégant et la verve trop discrète. Même des *Faux ménages* ce qui plaît le plus n'est sans doute pas ce qui a coûté davantage à l'auteur, mais plutôt ce que dans cette société, où il s'égare, il apporte de lui-même : un parfum d'honnêteté originelle, avec un sens inné de toutes les élégances. En deux ou trois scènes il a prodigué les traits d'une observation instinctive, qui accuse plus de froissements que d'étude. Il en veut à ces compagnies de rencontre, de singer la famille, l'honnêteté, et jusqu'à la distinction. Il ne leur pardonne pas de s'efforcer à la respectabilité, et d'affecter les belles manières. Ces éducations postiches l'assomment, et il en note les moindres travers. Rien que des demi-noms dans ce demi-monde : Mme Ernest, Mme Henri, Mme Armand ; et que de simagrées, de pudibonderies, de réticences vulgaires, de protestations excessives, de démonstrations gauches, et d'équivoques inévitables ! Le général valétudinaire s'y rencontre avec le Monsieur, qui a deux femmes, l'une, qui se meurt, hélas ! et l'autre qui, grâce à Dieu, va fort bien. Ce n'est que papotage, embrassades, politesses, façons entre filles qui n'étaient point nées façonnières.

Venez, Charles. — Madame ! — Oh ! non, pas la seconde.
— Non, Madame. — Après vous. — C'est comme dans le monde.

J'avoue que je donnerais sans trop de regret la thèse de la pièce et, avec elle, les tirades sur la rédemption pour la première scène du quatrième acte entre Fernande, qui inaugure son deuil, et Mme Ernest qui la réconforte de son mieux. Mais le mal est irréparable.

Avoir traîné ce pauvre général jusqu'à la mairie, avoir été à deux doigts de s'appeler Mme de Vory, et, faute d'un « oui » que l'apoplexie a coupé net, rester Fernande, comme devant, et teindre en noir, en grand noir, la robe blanche, et du bonheur échafaudé, de la famille entrevue, de la noblesse rêvée ne retenir que les écus par testament,

(Ah! je l'entends encor demandant ses pastilles!)

et n'avoir pas même un gage d'amour, un porte-respect (le pauvre homme!), pas même le nom, un souvenir (pauvre général!), pas même veuve! Là, M. Pailleron a tout son jeu en main. Je soupçonne que, s'il n'a pas hésité à installer la maîtresse du fils dans la maison maternelle, c'était moins par un coup d'audace que par l'intime conviction que la vertu, même acquise et très méritoire, ne soutient pas la comparaison avec l'honnêteté traditionnelle et simple de la famille. Oui, Esther est une bonne âme, qui a droit à l'estime, et qui en achète la faveur ; mais je distingue aussi qu'elle ne comprend rien, quoi qu'elle en dise, au charme pur de la jeune fille qui est sa rivale, ni à cette chaste inconscience, ni à cette fière honnêteté de race, qui croît dans les vieilles maisons, à l'ombre de l'orme centenaire que l'aïeul a planté.

« Votre honneur, dit M. Poirier à son gentilhomme de gendre, n'est pas fâché que ma probité paie ses dettes. » Et M. Poirier paie, sans distinguer la nuance. Tout le théâtre de M. Pailleron, même dans ses pièces contestables, est fait de ces nuances-là.

III

HOMMES ET FEMMES.

Donc c'est un fait accompli. Les hommes du monde, les plus jeunes surtout, s'ennuient. Ils font le tour des salons, parce qu'il y faut paraître; ils viennent et ils s'en vont; ils reviennent, et ils ont hâte de s'échapper. A ces aimables sceptiques, qui dès l'âge le plus tendre s'exercent à prendre un genre, il faut de la sincérité; ils en veulent à tout prix : devinez où ils la cherchent. Assez du monde, et de ses grimaces, et de ses hypocrisies, et de ses belles manières, qui manquent de saveur et de vérité. Assez cloîtrés dans les exigences de l'éducation. Autres temps, autres mœurs : le vrai monde est où l'on s'amuse. Tordez-les, pressez-les, comme dit l'autre : ils dégouttent l'ennui, et meurent du désir de s'encanailler. « Ah! mais non, j'aime mieux la mauvaise compagnie, je dis la très mauvaise. Au moins, là, on dit ce qu'on pense, et on fait ce qu'on dit. Et si on rit, c'est qu'il y a de quoi. » Un seul a fait une retraite à la campagne, pendant le *premier quartier*, et, avant le dernier, il bâille comme les autres, déjà.

M. Pailleron est impitoyable. Tous les jeunes premiers de son théâtre se ressemblent, tous insignifiants, depuis les deux nouveaux valseurs de Mme de Bryas, à peine échappés du collège, en passant par Gaston de Virel, Georges de Pienne, jusqu'à Roger de Céran, mon Dieu, oui, sans oublier Raoul de Giran, presque son homonyme, le capitaine à l'étincelle. Dans le monde, ils ne savent même plus conduire leurs affaires sans aide, ni pousser le sentiment; ils ont besoin de l'appui complaisant d'une sœur ou d'une tante pour mener à bien leurs aventures. S'agit-il de rompre une liaison passagère, qui menace de s'éterniser, il ne leur faut rien moins, pour les y résoudre, que l'insistance d'un oncle madré, qui prépare les voies et presse le dénoûment. Ils ont un peu l'air de chevaliers grandissons, que les équipées du boulevard n'auraient pas déniaisés. Ils ont la passion rythmée, le sentiment mélodieux ; leurs aveux s'exhalent en récitatifs : ils utilisent leurs souvenirs d'opéras. « Comme c'est rédigé », pensent les femmes. Peuvent-elles penser autre chose ? Plusieurs, qui ont fait de bonnes études, sont teints de spiritualisme : et ils s'en servent. S'ils n'ont pas l'ampleur de Bellac, ils ont du moins le tour de son éloquence frôleuse et captieuse. « L'autre soir, nous causions ensemble ; j'essayais de lui prouver théologalement qu'il n'y a pas qu'une passion qui soit un article de foi, que l'espérance est une vertu qu'on ne peut, sans péché, ravir au pécheur, et que l'amour est la charité du cœur. . J'étais éloquent, elle était émue, cela allait très bien ; je t'assure qu'elle était émue. » C'est à croire que le langage de la galanterie est mort, et qu'une certaine littérature l'a tué.

Je laisse de côté Marius Fondreton, qui a jeté ses palimpsestes par-dessus les moulins, et à qui la passion n'inspire que des mots d'argot brouillés de citations latines, et aussi Roger de Céran, qui, par manière de marivaudage, prend feu pour les *tumuli* et les monuments de l'Asie occidentale : deux types issus d'une même conception, dont l'un est le complément de l'autre, très naïfs en somme, et même un peu monstrueux dans la société où ils vivent, avec, tous deux, des traits grossis et appuyés, dont l'outrance est rare chez M. Pailleron[1]. Mais Raoul de Géran, l'officier enflammé, empanaché, breveté, don Juan de garnison, enragé de mariage, ne voilà-t-il pas enfin un homme de ressources et un amoureux de fond ? Tranchons le mot. Les autres sont toujours lycéens, celui-ci est encore Saint-Cyrien.

---

(1) Cf. *La Petite Marquise* de Meilhac et Halévy.

Remarquez qu'il fait des vers, pas excellents, mais il les fait. Il n'est pas très fixé sur le choix de son idole, et sa poésie est à tout événement : mais il compte sur elle. Un peu neuf, le capitaine. Je préfère la poésie du sous-préfet : celle-là, au moins, a un objet précis. Et puis, lui aussi, il est fort empêché d'agir seul. Livré à lui-même, il bredouille, comme M. Gillet, le notaire, qui n'est pas un tacticien, et finit par demander aide et protection à sa tante : ce qui n'est pas précisément la marque d'un praticien accompli. Il fait du demi-Musset, ou du demi-Marivaux, à moins qu'il ne fasse simplement de la musique de chambre, comme dans le monde, une musique vague et enveloppante, qui s'apprend de mémoire, qui se récite sans effort, et qui est le signe d'une insuffisance très moderne à sentir vivement, et à penser par soi-même. Ce qu'on ne sait plus dire, on le chante. En vérité, M. Pailleron, qui a bien de l'esprit, est cruel pour la jeunesse dorée.

Ses sympathies vont ailleurs. La dernière génération, qu'il a vue naître et grandir, n'est point de son goût. Il lui préfère les hommes de quarante ans, qui sont presque de la sienne. Ils tiennent encore, par certains côtés, à la vieille éducation, qui a résisté à la poussée contemporaine. Lahirel et Gontran Desaubiers ont des ridicules agréables, distingués; et, si à l'un est décochée l'épithète de Tartufe, n'ayez pas la candeur de prendre le mot au pied de la lettre, et veuillez croire que la morale, la saine morale, est seule responsable de cette vilaine injure. Je n'en voudrais pour preuve que le caractère d'homme, le plus aimable et le plus original que M. Pailleron ait mis au théâtre, celui qu'il a dessiné avec complaisance, et dont il a caressé l'esquisse tendrement. Max est l'homme du monde, qui a fait de l'amour sa carrière, et la parcourt en conscience. L'auteur en a fait une sorte d'Ariste, selon ses idées et son cœur. Car tout est changé depuis Molière, et puisqu'Horace est devenu sceptique et oublie d'avoir vingt ans, Arnolphe les a deux fois, et prend sa revanche.

Vous rappelez-vous, lorsque parut la *Souris*, les rudes critiques dont fut persécuté le beau Max, l'irrésistible marquis, le galant charmeur ? Il eut d'emblée contre lui les jeunes gens, qui se sentaient atteints, les hommes mûrs, qui n'étaient point flattés de la comparaison, et enfin les vieillards, qui se désolaient sans doute d'être hors de cause. J'imagine que l'auteur dut y être d'autant plus sensible, qu'il avait cette fois restreint le cadre avec le nombre de ses personnages, et délibérément isolé l'amour, afin de le peindre avec soin. Or, il faut en prendre son parti, et reconnaître avec humilité qu'il est par le monde des hommes faits d'un certain modèle, ornés d'une éducation déjà ancienne de plusieurs années, qui sont nés pour aimer et être aimés, sur qui l'âge à peine a quelque prise. Ils sont un petit groupe, tous les jours diminué, pour qui la vie commence avec l'amour et finit avec lui. Ils ont la foi, qui les préserve de vieillir. Leur existence est toute de frissons, de sourires, et de larmes. Autrefois, ils eussent été des paladins ; aujourd'hui ils sont des hommes galants, et cela est bien ainsi.

Max est le plus jeune de ces jeunes premiers. Encore qu'il touche à je ne sais quel âge, occupé qu'il fut à la passion, il n'a eu le loisir ni de lire Schopenhauer, ni même d'en entendre parler. De sa jeunesse mouvementée il a sauvé ses illusions et gardé son cœur entier. M. Pailleron nous le présente à l'heure indécise, où quelques pronostics, inaperçus de moins expérimentés, lui annoncent la retraite prochaine. Et, naturellement, il s'en désole, puisque le voilà inutile désormais. Faire Max élégant, séduisant était peu ; le trait d'esprit est de l'avoir fait timide : oui, timide à... quarante ans, comme on l'est à quinze, après une vie semée de conquêtes, remplie de souvenirs, illuminée de délices. Il ne croit plus en lui, mais il croit encore à l'amour, tout au contraire des jeunes gens de son monde, qui ne

croient plus en rien qu'en eux-mêmes. Et M. Pailleron descend par degrés dans les détours de l'âme de ce vainqueur craintif, qui, très recherché, tremble de ne plus plaire, et voit venir avec effroi le moment où il devra se contenter de l'amitié, ce trompe-l'œil des amants sur leurs fins. Comme tous les timides, il est dur à la timidité d'autrui. Il a le cœur désorienté. Placé entre une femme et une jeune fille, il va, conduit par l'expérience, à la première, et néglige l'autre, et, par une humaine contradiction, pendant qu'il s'attache à la femme et sollicite en elle des souvenirs de jeune fille, il est amer pour la jeune fille, en qui même il n'a pas deviné la femme. Peut-être est-ce là tout l'homme, comme il se pourrait que l'expérience ne fût que la routine de l'esprit, qui n'est pas toujours solidaire du cœur. Ainsi engagé dans sa voie, le caractère de Max se développe en des nuances très complexes, qui lui donnent la vie. Il est capable de sentiment pour Clotilde, il a toute son habileté avec Hermine et Pepa, et, après le coup de foudre, la seule innocence de la Souris le gêne et l'embarrasse comme un adolescent. Avec celles-là, il se refait le cœur et la main, et, en présence de Marthe, qu'il malmenait d'abord, il est sans défense, désarmé par cette candeur virginale, qu'il a tout à fait négligé de rencontrer dans le monde. D'un geste, il est encore homme à renseigner Pepa sur la façon dont il faisait la cour aux demoiselles; et l'instant d'après, en présence de la petite fille, il sue sang et eau à trouver l'attaque. Le beau Max n'a plus l'attaque! L'innocence est contagieuse. Déconcerté, décontenancé, il s'empêtre dans les manœuvres de la raison, il se débat parmi les aveux involontaires, les réticences révélatrices, les élans spontanés, et tous les vains efforts d'une tactique impuissante, qui ne lui sert qu'à se livrer et à se découvrir, tant qu'enfin il exulte vaincu d'un seul mot, murmuré à peine :
« Vous ne l'aimez pas, M. Max, vous ne l'aimez pas ! »

Il n'y a point dans l'œuvre de M. Pailleron de personnage plus approfondi, plus fouillé, plus nuancé, ni aucun aussi vivant. Max est le brillant exemplaire d'un monde qui finit, et d'une éducation qui s'en va ; il a le relief d'une génération presque disparue, et déjà remplacée par une société plus jeune d'hommes plus superficiels.

Aussi pourrait-on dire que l'écrivain a fait de son théâtre le *Théâtre pour Madame*. Il a pour la femme du monde un double sentiment d'admiration, parce qu'elle est femme, et de respect, parce qu'elle est du monde, avec une tendresse un peu émue au spectacle d'une royauté qui sombre. Il a senti que dans ce mouvement moderne, qui envahit peu à peu les salons, si les hommes ont perdu de leur personnalité, les femmes hasardent davantage, pour défendre leur influence. Du jour où, dans cette caste, la femme ne sera que l'égale de l'homme, elle ne sera plus, et ce qu'on appelle le *monde* aura cessé d'exister. Toutes les traditions aristocratiques, naissance, fortune, noblesse, se résument en elle, et la distinction de la race, et l'élégance, et le sentiment, et tout enfin, tout ce qui a pu légitimer la hiérarchie des classes, est représenté par la femme, et consacré par l'adoration séculaire, dont elle fut l'objet. Si elle n'est plus la *maîtresse*, comme on disait autrefois, elle perd le meilleur de ses titres et sa plus efficace vertu. Pour elle, l'amour est vraiment une dignité. Or, la maîtresse est d'une autre compagnie, le mot lui-même a dérogé ; et les femmes, qui se sentent abandonnées, qui s'en aperçoivent à la façon plus libre dont on les respecte, souffrent d'autant plus de l'isolement qu'en les blessant il les déclasse.

Tout cela n'est pas très gai, quand on y songe. J'admire d'autant plus le goût de M. Pailleron qu'il s'est presque toujours interdit les traits forcés, les saillies fantaisistes, les exceptions, qui sont en avance, ou qui, vraies dans un milieu très restreint, eussent comblé d'aise le gros public, et conquis à ce théâtre délicat les sympathies un peu rancunières de ce tant flagorné suffrage universel. Modestement, je lui sais gré d'en être resté à Hermine, sans aller jusqu'à Paulette, et d'avoir seulement risqué « l'idéal selon la formule », sans pousser jusqu'à l'idéal selon les muscles, qui est « raide », s'il n'est point du tout « rococo ». Je veux croire qu'il y a cent Paulettes à Paris, et cent encore, pour faire la bonne mesure, et que c'est le monde de demain. Mais, pour Dieu, n'allons pas plus vite que le siècle, qui va bon train déjà. Est-ce à dire que la poupée excentrique de Gyp ne se rencontre jamais avec les petites veuves de M. Pailleron ? Au contraire. Il y aurait même plaisir à comparer quelques-unes des réflexions de ces doctes ingénues : peut-être, en fin de compte, y verrait-on que M. Pailleron note, et que Gyp, la moderne Gyp transpose.

Ici les femmes ne sont ni trop délurées, ni trop tristes, ni trop révoltées, ni trop victimes. La mesure était difficile à garder. L'auteur s'est contenté de les vieillir un peu, à vingt ans, par le contraste des maximes ironiques qu'elles débitent, et de la jeunesse qui triomphe sur leur visage, avec des sourires désabusés et des cœurs encore neufs. Presque toutes ont fait des mariages de raison, c'est-à-dire hâtivement dépêchés, et sont veuves, ou en passe de l'être, ou point trop désolées à l'idée de le devenir. De l'amour elles n'ont guère connu que *l'autre motif*, et elles l'appréhendent, parce que les fades compliments dont elles sont poursuivies, sont pires que l'abandon, et qu'à être recherchées ainsi elles se sentent en leur mérite déchues et ravalées. Cela leur donne un air mélancolique et résolu, un esprit agressif et attristé, qui tranchent singulièrement sur les mines banales des soupirants. Quelques-unes, qui ne sont pas séparées, mais négligées de leur mari, en ont pris assez bien leur parti, et se plaisent aux représailles : elles ne sont guère qu'une nouvelle édition de l'ancien répertoire. D'autres donnent dans la philosophie ou la politique ; et c'est Molière spirituellement mis au point. Plusieurs enfin, d'une vertu plus entière, que les désillusions n'ont ni ravagée ni dévoyée, sont des figures charmantes, qu'a véritablement créées M. Pailleron. Il s'y est repris à plusieurs fois, corrigeant l'ébauche, et poursuivant sa veine, qui l'inspirait heureusement. Celles-ci sont les femmes du monde, telles que le monde actuel les a faites, avec des naïvetés d'enfant, des pudeurs de femme, et l'orgueil de la race méconnue. Elles se nomment Emma d'Heilly, Madame de Rénat, Clotilde, Madame de Sauves, à qui l'auteur, faisant, je le répète, preuve d'un goût très sûr, a prêté une manière de pessimisme enjoué, qui est le plus amusant et le plus moderne de tous, parce qu'il trahit moins en elle le dégoût de leurs petites misères que leur abondante réserve de sentiment.

Est-il rien de plus piquant que le marivaudage de *L'autre motif*? et rien de plus neuf ? Cette jeune veuve, tendre et défiante, vous a une façon résolue de liquider à la fin de chaque mois, sans reports ni déports, les valeurs en baisse, je veux dire les galants qui n'aspirent qu'à sa main gauche, et qu'elle a classés, étiquetés, étudiés avec la malice méticuleuse d'une femme seule, qui a des loisirs. Elle a dépensé d'infinies ressources d'esprit à démêler les périodes et jusqu'aux gestes de ces grandes passions, qui se meurent brusquement, à la minute précise où la belle espiègle se lève, douloureuse et provocante, laissant tomber, comme une pluie glacée, ces quatre mots magiques : « Je suis veuve, Monsieur. » Voilà, au juste, la mesure du scepticisme spirituel, dont s'arment toutes ces jeunes femmes contre les escrimeurs trop empressés. Toutes, elles ont ce même sourire moqueur, au bord des lèvres, qui dissimule l'intime désir de croire à l'amour et à la vie, qu'elles ignorent également. C'est un mélange de candeur éclaboussée et de naïve expérience, que l'auteur a dosé d'une main assurée et légère. Elles diffèrent surtout par le mariage, qu'elles ont rencontré, et l'influence du mari infidèle ou imprudent, qui a marqué, plus qu'elles ne disent, son empreinte sur leur âme. Elles vivent dans le passé, qui est sombre, et n'osent se confier à l'avenir. Ce n'est pas tant l'étincelle qui leur manque, mais plutôt un rayon de soleil.

L'une, veuve, à vingt-sept ans, d'un général admis au cadre de réserve, a gardé de cette union les souvenirs d'une intimité calme, une imagination un peu déçue et nerveuse, une raison capable d'entraînement et curieuse d'affection : « En fait d'amour, dit-elle, il ne m'avait pas gâtée, mon pauvre général » (1). Elle est complaisante au récit des fredaines de son neveu, et, si elle exige des coupures par bienséance, elle prend pourtant un aimable intérêt aux narrations claires et suivies. Elle est une tante fort jeune, une marraine très expansive, quelque chose comme une femme ingénue, qui redoute les surprises de son cœur, et en dépense le trop-plein par un ingénieux détour. Et les autres, comme elle, sont de la race des tantes, des marraines, des sœurs, c'est-à-dire des épouses outragées ou dédaignées. Clotilde, que le mariage a plus durement éprouvée, parle de « la maladie qui l'a séparée de ce malheureux » sur le même ton attristé dont Léonie rappelle son « pauvre général » (2). Epouse d'un viveur, elle a débuté dans le monde par être une agitée ; aux folies du mari elle a d'abord opposé les extravagances ; mais comme elle aussi n'était bonne qu'à faire une honnête femme, elle a dit adieu à Paris, aux conquêtes, et aux fêtes, pour cloîtrer ses désillusions dans une retraite moralisante. Elle est devenue « la raison même », comme

(1) *L'Étincelle.*
(2) *La Souris.*

Madame de Rénal, une raison inquiète et attendrie, qui s'exerce à la charité, mais qui se complaît aux douces confidences, qui rit de ses erreurs passées, mais qui fatigue et trompe son cœur par les efforts incessants d'une maternité d'adoption. Et comme elle a plus souffert que l'autre, elle est aussi douée d'un courage plus clairvoyant ; après s'être retirée du monde, elle a la force de murer sa vie et ses espérances, et d'accomplir un sacrifice, qui, si peu qu'elle ait été femme, la consacre « maman ».

Il paraît que le monde en est là. Si l'on veut voir à quel point M. Pailleron a pris parti pour la femme, il faut lire l'*Age ingrat*. Nulle part il n'a fait une peinture plus saisissante de la moderne désorganisation, qui atteint les familles de l'aristocratie, et dont l'épouse est pour lui l'intéressante victime. Il a écrit là quelques scènes de haute comédie, et d'une profonde philosophie, qui, sous l'élégance des formes, découvre, sans l'étaler, ce mal qui travaille les hautes classes, et qui condamne à une situation équivoque, après un mariage expédié, une jeune femme comme Berthe de Sauves, si supérieure au fringant gentilhomme dont elle vit séparée. Cette union n'a pas eu de lendemain ; à peine Berthe s'est-elle donnée, qu'elle est dédaignée comme une enfant sans expérience et sans importance (1). Elle est coupable d'ingénuité. L'époux, vain et léger, n'a eu ni le goût ni le loisir de lui apprendre à être femme ; et, à vingt ans, la voilà isolée, comme les autres, défiante comme elles, ne connaissant de la vie que les compromettantes obsessions d'un chaperon dangereux, et reportant toute son affection sur sa douce marraine, qui est à la veille de n'être pas plus heureuse. C'est l'heure que choisit le mari, vaguement ennuyé et fatigué, pour revenir à sa femme, qu'il trouve belle et séduisante, depuis qu'elle n'est plus à lui, et qu'un autre la serre

---

(1) Cf. *L'Ami des Femmes.*

de près, à la petite fille naïve d'autrefois, qu'il a négligé de conquérir, après l'avoir obtenue. Avec un art très sûr, M. Pailleron s'est gardé de forcer le trait. De Sauves est banal, égoïste, et moderne : car il a fait provision d'aphorismes accommodants, et de maximes toutes neuves. Il est tout à fait bien dans le personnage d'époux ravisé, qui s'aperçoit enfin que la situation de sa femme est périlleuse, oubliant qu'il en est l'auteur, et, fort de l'opinion mondaine, s'inquiète un jour de la médisance, qu'il a si cavalièrement bravée. Il est parfait dans son rôle de repentance, tandis qu'il débite sa confession, sans fausse humilité ni sévérité excessive, à grand renfort d'épithètes atténuées et d'ingénieux euphémismes. Il est mieux encore, lorsque d'un ton dégagé, avec une contrition souriante, il excuse ses peccadilles au nom de sa franchise, rejette le malentendu sur la naïveté de sa femme, et consent avec grâce à tout oublier du passé. Enfin il est moderne à ravir, alors que, renvoyé à ses habitudes exotiques, il y retourne allégrement, outragé dans son égoïsme, contrarié dans ses desseins, guéri de sa fantaisie maritale; et, n'était une apparence de sincérité momentanée, il aurait toute la mine d'un homme très fort, je veux dire débarrassé des vieux principes et des antiques préjugés.

Mais s'il a fait fonds sur les ignorances de l'enfant, il a compté sans la fierté de la femme. Elle a été moins atteinte dans son amour que dans son amour-propre ; elle a moins souffert d'être trompée qu'insultée. Si elle n'a pas d'expérience, elle a de la race. La souffrance a irrité son orgueil. Pour obtenir la séparation, elle a été humiliée devant tout le monde, en présence d'un public bavard et avide ; pendant que son salon se fermait, la foule odieuse piétinait dans son alcôve : voilà ce qu'elle ne pardonne pas. Séparée, elle est suspecte ; elle n'a plus son rang ; elle est à peine de son monde. Est-ce que cela se peut oublier? C'est son orgueil, son légitime orgueil, qui pâlit, autant que son cœur, furieusement.

Mais, parce qu'elle est la « petite veuve, un être hybride », comme elle dit, elle s'imagine n'être plus la petite fille, et, comme elle est séparée, elle croit avoir fait assez de progrès, pour affronter une entrevue avec l'étrangère (1). Orgueil et naïveté, enfant et femme du monde, elle est là toute. Elle s'évertue à être habile, et elle est bientôt déconcertée dès les premiers mots, jusqu'au moment où, piquée au vif, elle sort, la tête haute, d'une compagnie, qui n'est point la sienne, en présence de ce mari, dont elle ne connaît plus que le nom, elle rougissante et fière, lui penaud et à son tour humilié. Prenez garde que cette comparaison résume peut-être la morale du théâtre de M. Pailleron. Considérez ce gentilhomme, léger et blasé, qui s'acoquine dans une société cosmopolite, où l'on vit sur le pied de la moins innocente égalité, où sombrent tous ses privilèges de naissance et d'éducation, et d'autre part cette jeune femme, qui, par une candide imprudence, et pour rattraper le bonheur enfui, s'égare dans une maison bruyante, au milieu de mœurs mitoyennes, dont la seule liberté l'éclabousse ; et songez que si elle en sort fière, il y demeure humilié, et que peut-être il est des deux le plus naïf, puisque, après tout, il y perd davantage.

Cependant, il y a des mères qui assistent à ce spectacle, qui voient le train dont va le monde, les unes contemplant cette agitation avec plus d'étonnement que de mélancolie, et d'autres, plus inquiètes et moins résignées, qui séparent leur fille aînée, pendant qu'elles tâchent à marier la cadette. Mais, si les femmes sont nées veuves, à quoi peuvent bien rêver les jeunes filles ?

(1) Cf. *L'Étrangère.*

IV

LES JEUNES FILLES.

Elles rêvent au mariage et à l'amour, comme leurs mères et leurs grand'mères. Et elles y ont quelque mérite. Car, de la vie, telle que leur monde l'a faite, elles voient assez pour la deviner, avant de la connaître, et le peu qu'elles en devinent n'est pas précisément de nature à favoriser en elles les souriantes duperies du cœur. Dieu est manifestement impénétrable en ses desseins, et il faut avouer que sa providence suit des voies très détournées, puisque l'exemple des marraines et des sœurs ne parvient pas à décourager la vocation des jeunes filles, et que l'amour persiste à germer en leur âme, comme la sève monte aux branches et les branches portent leurs fruits, éternellement.

M. Pailleron a créé la jeune fille de la société contemporaine : il peut en revendiquer haut le mérite. Elle illumine son théâtre d'une douce et bienfaisante lumière ; elle est vivante, elle est de son monde, elle est vraie, c'est-à-dire très différente de la poupée classique ou du jouet articulé. Pendant qu'autour d'elle la tourmente gémit, le scepticisme fait rage, et le code se déchaîne, elle semble le roseau que courbe le moindre souffle, un roseau tendre et délicat qui plie, et qui pense. « Monsieur Lahirel, dit Geneviève, les jeunes filles ne sont pas des bêtes… Celles des comédies, qui ne voient rien, qui disent : « papa et maman », ce n'est pas vrai du tout, vous savez… Nous ne sommes ni si sottes ni si ignorantes ; ne croyez pas cela… et nous avons des yeux. » C'est leur charme, et leur originalité. Depuis longtemps on a remarqué que celles de l'ancien répertoire (Racine excepté) sont d'un type un peu convenu, des répliques, plutôt que des portraits. Molière lui-même les a faites plus plaisantes que vraies, et, doit-on le dire ? dessinées d'un crayon un peu flottant, et parfois alourdi. Je confesse qu'en dépit de l'éducation spéciale qu'elle a subie, Agnès me paraît plus niaise qu'ingénue, et que la révérence, et les puces, les maudites puces, et les enfants par l'oreille me troublent et m'inquiètent. Les autres ont de l'agrément, un peu uniforme, avec leur timidité résolue et leur douceur avisée. Mais Henriette, dites-vous, la charmante Henriette, si accomplie de bon sens et de saine raison ? J'hésite à écrire qu'il m'est venu le mauvais goût de ne pas l'admirer sans réserve, surtout après certains éloges qu'on lui a prodigués. Je vois très distinctement qu'elle est menacée dans son rêve, contrariée dans son affection, qu'elle a de l'entendement, comme personne, et de l'esprit autant que Molière ; mais encore ai-je peur qu'on n'ait exagéré son mérite, et qu'elle ne manque de déférence pour sa tante, fût-ce une renchérie, d'égards pour les invités de sa mère, fussent-ils des cuistres renforcés, outre une prévoyance fort expérimentée, une maturité froide, une science précoce des choses de la vie, dont je suis presque tenté de la plaindre, parce que je m'explique mal où elle les a pu acquérir. Dieu me garde de la prendre pour une révoltée, même au milieu de ces pimbêches, encore moins pour une jeune personne mutine et insoumise ; mais, enfin, il y a bien quelque chose de cela et, si elle n'est ni sotte à outrance ni désespérément timide, peut-être conviendrez-vous qu'elle est une petite bourgeoise assez allègre en ses propos, assez décidée en ses conseils, et qu'il n'y a pas autrement lieu de s'étonner qu'à notre époque égalitaire elle soit prônée sans restriction. Je m'empresse d'ajouter que Molière a fait du mieux qu'il était possible en son temps, où, la hiérarchie de la famille étant plus intacte, l'auteur comique en était réduit à l'éternel dilemme de l'amour ou du couvent.

Mais M. Pailleron étudie un monde, qui est en travail de maximes nouvelles, où l'autorité s'est affaiblie par la désaffection, où la sœur est veuve, la marraine séparée, le père blasé, le frère intermittent. La discipline s'est relâchée, à mesure que les traditions se démodent. Au lieu d'être modestement assise sur la chaise ou le tabouret, parlant peu, ne répondant qu'à bon escient et avec réserve, la jeune fille a conquis sa place au fauteuil, elle a son tour d'égalité, elle est en posture d'écouter, de parler, et de voir. Et elle voit que les hommes passent au fumoir, ou s'empressent à la table de jeu, ou causent politique, ou poussent l'intrigue, ou s'esquivent; et, dans ce moderne brouhaha, où elle n'entend pas très clair, elle saisit bien des étrangetés et devine enfin que la question du mariage s'est déplacée, qu'il ne s'agit plus de savoir si elle épousera Valère, mais si elle rencontrera un Valère qui consente à l'épouser. Sa timidité est plus anxieuse, et son ingénuité plus perspicace. *Pendant le bal* rappelle la gracieuse fantaisie d'Alfred de Musset. Mais il n'y est plus question des éperons d'argent qui brillent dans la rosée. C'est du mariage qu'il s'agit.

Dire qu'on ne sait pas lequel sera l'époux !

Il y a dans l'*Ange ingrat*, cette comédie où fourmillent les détails d'observation, un coin ravissant d'une vérité prise sur le vif, qui nous révèle les industrieuses machines dont s'échafaude une union assortie. Madame Hébert n'a pas assez de prévenances, de douceurs habilement combinées pour retenir Lahirel, un célibataire de trente-cinq ans, un peu fripé, qui s'est « établi jeune homme à marier ». Mais on ne séduit pas Lahirel, qui s'insinue partout où il y a des jeunes filles en âge d'être pourvues, et y jouit, en sybarite, des menus avantages de la concurrence. Pour lui on improvise les sauteries, les dîners sur l'herbe, on est aux petits soins, on raffine sur les petits plats. On ne lui jette pas Geneviève dans les bras, oh! non, mais on recommande à Geneviève de prendre le bras de M. Lahirel. Et qu'en dit la jeune fille? Elle obéit, et souffre en son intime délicatesse de ces manèges qu'excuse l'intention maternelle, mais qui froissent son amour-propre. A ce prix, le mariage lui semble trop cher payé. Elle a le cœur tout gros, tout humilié, tout courroucé; et elle prend son courage à deux mains, comme on dit, pour s'en ouvrir à M. Lahirel, dans une scène de premier ordre, où il n'y a pas une tirade, pas une phrase, pas un lambeau de phrase achevé, avec des mots introuvés, qui s'emmêlent et s'échappent à gros bouillons, à petits coups d'une colère inoffensive.

Or, tout cela n'est pas fait pour éclaircir la psychologie complexe et confuse de la jeune fille.

« Qu'est-ce qui se passe là? Mystère. Regardez-la, regardez ce sphinx blanc et rose, encore enfant, déjà femme, avec ces cheveux encore fous sur ce front déjà pensif, cette bouche encore muette aux lèvres déjà entr'ouvertes, ces yeux où rien ne se voit, mais où tout se reflète, c'est la jeunesse qui s'ignore, s'écoute, et attend (1). »

C'est aussi l'heure indécise d'un état d'âme enveloppé, l'instant à peine saisissable, où le sentiment poind et se dégage en sa forme naturelle des impressions rapides et vagues de l'enfance; tout de même qu'il y a pour l'artiste une minute imperceptible, où des contours dégrossis jaillit d'ensemble, avec l'harmonie de la ligne, l'œuvre longtemps rêvée et quelquefois entrevue parmi les tâtonnements du ciseau; ce n'est pas encore la statue qui respire, et déjà ce n'est plus la raideur de l'ébauche. Il y a un point de mys-

(1) *La Souris.*

térieuse maturité, qui semble défier l'analyse dramatique, où M. Pailleron excelle.

Il s'est ingénié à ces études, et y a déposé toute son âme. Mettant à profit cette maxime que le premier amour n'est souvent que la dernière poupée, il s'est avisé d'observer jusque dans la fillette la petite femme qui y est en puissance.

> Elle a mis le chapeau de sa mère et ses gants,
> Une jupe de soie en manière de traîne,
> Et prenant là-dessous des allures de reine,
> Fièrement elle marche en écoutant le bruit
> Délicieux, que fait l'étoffe qui la suit.

Si jeune, elle a déjà le don de se dédoubler, et de parler et de répondre pour deux, et de filer plusieurs propos à la fois. Si elle est naïve, vous le pensez: son amie a douze enfants, tous du même âge; c'est plus commode, encore qu'assujettissant. Mais son bébé, à elle, n'est ni garçon ni fille, puisqu'il n'a pas encore d'habits. Les garçons, c'est brutal,

> Puis, c'est toujours cocher quand on joue au cheval.

Voilà l'enfant. Mais que raconte-t-elle donc sur les filles?

> Les filles, ça vous a des histoires affreuses,
> On les marie, et puis elles sont malheureuses.

Et sur les hommes?

> Oh! mon mari, Madame, on le voit rarement. —
> Comme le mien, Madame; il n'a pas un moment. —
> Oh! les hommes, Madame! — Oh! Madame, les hommes!

Et voilà par avance la femme; et puis, tout cela s'embrouille à merveille.

> J'ai beau frapper chez lui, faire ma voix gentille;
> Il me répond toujours: « Non, non, je suis pressé,

Nous sortirons plus tard; d'ailleurs voici la pluie. »
Et moi, vous comprenez, Madame, ça m'ennuie ;
Il ne veut ni *jouer* ni *sortir* avec moi ;
Pourquoi, Madame, enfin, puisqu'il m'aime ?.....

Laissez-la grandir quelques années ; la timidité s'ajoutera à cette multiple vivacité d'impressions ; la fillette deviendra jeune fille, et elle continuera d'être complexe en ses sentiments, expansive en ses paroles, et de passer d'une idée à une autre, sans effort, par un don de logique un peu détournée, qui échappe aux gens d'un certain âge. Mais le caractère est déjà noté ; le procédé, si procédé il y a, est ici en germe.

Ajoutez qu'elle sera rieuse ou songeuse, selon son humeur naturelle, ou suivant l'enfance qu'elle aura traversée. La rieuse, c'est Antoinette de l'*Étincelle* ; la songeuse, c'est la Souris ; Suzanne du *Monde où l'on s'ennuie* est la transition entre l'une et l'autre ; toutes ensemble rappellent les deux jolis pendants du peintre Joseph Coomans, qui d'un même modèle a tiré les deux types de la jeune fille moderne, *le sphinx blanc et rose*, et *le grelot dans un lilas*, comme dit poétiquement M. Pailleron. Qu'on me permette de laisser de côté Pépa (1), une jeune fille, qui l'est si peu, élevée dans un monde hybride, d'une éducation « panachée », presque chaste, et un peu, quoi qu'elle en pense, à son corps défendant, fille d'artiste enfin, c'est-à-dire presque un homme. La touche est plus légère dans le personnage de Suzanne, avec une nuance de réalisme plus avenant.

Toutes se ressemblent en un point, qui est la vivacité des impressions, la mobilité des sentiments, et une faculté toute féminine de brouiller et de démêler les nombreux fils de leurs pensées avec une aisance incomparable. Napoléon disait que l'esprit humain est incapable de suivre plus de trois idées à la fois. Il se trom-

---

(1) *La Souris.*

pait assurément : car Antoinette (1) en suivrait dix et vingt, sans trop s'égarer dans ce labyrinthe. Elle traduit son sentiment au hasard de ses impressions, qui vont grand train. « Quoi donc ? » — « Des noisettes. » — « Et vous, auriez-vous aimé cela ? » — « Mais quoi donc ? » — « Mais la comédie... Ah! ah! ah! C'est vrai, je dis toujours trente-six choses en même temps ; aussi, quelquefois, je me perds, vous savez, cela s'embrouille... Ah! ah ! » Mais elle se retrouve toujours, ou à peu près, dans ses raisonnements ; seulement, la ligne en est un peu brisée ; elle aussi, en veut à l'oblique. N'est-ce pas la faute de son chien, qui interrompt et entortille ses propos, et de son rire, ce rire clair et haché, qui scande ses phrases à l'octave d'en haut, pendant que Bob les accompagne dans le médium ? C'est une gamine enfin, mais qui s'entend à mettre de l'ordre dans ses sentiments, et vous dresse le bilan de son cœur avec beaucoup de sang-froid et de décision. Elle distingue du premier coup qu'elle n'aime point M. Gillet, et qu'elle aimerait bien M. Raoul, et que son inclination se rencontre avec celle de sa marraine, qui ne s'en doute guère, qui la brusque, et qu'elle pardonne en se sacrifiant. Est-ce encore de l'enfantillage ? Et de quelle dextérité fait preuve l'auteur, qui parvient à mettre en scène toutes ces nuances, et dont les doigts courent sur ce clavier sans une fausse note ni une touche hasardeuse !

Il semble même que M. Pailleron se joue des difficultés, à mesure qu'il observe les jeunes filles davantage. Suzanne, du *Monde où l'on s'ennuie*, est encore plus fuyante et compliquée. « Il ne faut pas longtemps à une gamine pour passer fille », dit la duchesse, qui s'y connaît ; et l'auteur, qui s'y entend aussi, a essayé de fixer l'heure de la métamorphose, le moment de la fleur qui vient. Les impressions se

(1) *L'Etincelle*.

succèdent au cœur de Suzanne avec volubilité, par giboulées. « Elle chante, elle boude, elle rougit, elle pâlit, elle pleure », et, avec cela, elle a ses nerfs, et elle a aussi de la volonté, et enfin, et par surcroît, elle est jalouse : ce qui signifie qu'elle passe par tous les sentiments de la femme, un peu plus vite, avec moins d'effort et plus d'éclats, cette gamine, qui, hier encore, portait des robes courtes, et sautait sur les genoux de son tuteur en l'appelant papa. Il y a plus. Car au fond, elle est triste, triste d'une tare originelle, qu'elle comprend mal, en même temps qu'elle est étrangement expansive, grâce à une éducation très libre, qu'elle a reçue d'un père assez bon et étourdi. Elle est enfin la petite personne la plus en dehors, la plus renfermée, la plus gaie, la plus mélancolique, la plus folle, la plus perspicace, la plus étonnante, la plus indéfinissable, et encore, si vous le voulez bien, la plus moderne qu'il y ait au théâtre. « Tu sais, mon piano, dit-elle à son tuteur, l'horrible piano... Eh bien, je joue du Schumann, maintenant. C'est raide, hein? » Croyez que je n'y ajoute rien pour le plaisir de l'analyse, que tout cela est en elle, et que pour l'exprimer M. Pailleron a trouvé des signes, des gestes, des mots, toute une notation qui passe du doux au grave, des rires aux larmes, jusqu'à une sensibilité tempérée, dont il ménage les effets comme personne.

« Oh ! je sais bien qu'il y a quelque chose contre moi, allez... et il y a longtemps ! » — « Qu'est-ce qui t'a dit ? » — « Oh ! personne... les gens qui vous regardent, qui se taisent, qui chuchotent quand vous entrez... qui vous embrassent, qui vous appellent : « Pauvre petite ! » (Il reprendra ce trait)... Si vous croyez que les enfants ne sentent pas cela ! Et au couvent, donc ! Je voyais bien que je n'étais pas comme les autres, allez !... Ah ! si, je le voyais !... »

Voyez-vous aussi, que tout y est, indiqué sans empâtement, tantôt par touches légères et juxtaposées, tantôt ramassé en un seul mouvement, comme ici, vers la fin de la scène. C'est la gamine, c'est l'enfant, c'est la femme ; et, à voir l'auteur aller si aisément de l'une à l'autre, sans travail apparent ni invraisemblance, on se prend à songer que, peut-être, au fond de la femme vit toujours la petite fille que la vie a effarouchée dans ses pudeurs, et dont elle a défloré les rêves.

La *Souris* est d'une complexion encore plus délicate. Orpheline, abandonnée de bonne heure à la direction d'une belle-mère, qui a résigné les charges de cette éducation aux mains des religieuses, elle n'a connu d'abord que l'intermittente affection de sa sœur, Clotilde. Elle a grandi, songeuse. Dans son existence de couvent, monotone et isolée, les moindres événements ont pris des proportions démesurées ; et son imagination s'est mise à courir, à galoper, tandis que la jeune fille allait timide, menue, à peine aperçue, avec la démarche glissante et effacée, qui est la première pratique ordonnée en religion. Puis Clotilde, revenue à une vie plus calme, l'a tirée du couvent et s'est reprise à l'aimer avec suite, sous les yeux de la belle-mère, qui la brusque en marâtre, et du beau Max, qui la bouscule comme une enfant. La voilà donc engagée dans la vie, qu'elle a commencée tristement, où elle tient si peu de place, où elle se fait si petite, où elle s'efforce à passer invisible, avec, en même temps, l'intime dépit d'être traitée légèrement par quelqu'un qu'elle n'oserait dire. Que de détails déjà, parmi lesquels l'auteur semble se jouer !

L'analyse pousse plus avant. Si la fantaisie de la fillette a fait du chemin, si son cœur, réchauffé par l'affection mélancolique de sa sœur, a vers elle des élans spontanés, il s'est aussi détourné vers celui qu'elle a toujours vu avec Clotilde, à compter des trois visites au couvent. Son affection s'est partagée ; ou plutôt elle les a naturellement associés dans son âme. Et elle souffre de n'être rien pour lui, rien qu'une pensionnaire insignifiante, dont l'amour-propre monte en graine. Ce n'est pas tout encore. Cette candeur est ingénieuse, et cette imagination raisonne. Elle distingue parfaitement que Max n'est plus un jeune homme, et qu'elle est trop fillette pour être remarquée de lui, et qu'on n'a que l'âge qu'on paraît, ou celui qu'on se donne; et de scène en scène elle prend des années, par d'innocents mensonges, qui lui seront pardonnés au ciel, qui sont sa manière, à elle, d'exalter l'humilité, et de se rapprocher de celui qu'elle aime. Car elle l'aime ; et ce n'est pas tout décidément, puisque le reste n'était que préliminaires, et que, cette fois, le rôle commence. Et il est d'une naïveté qui étonne Max, d'une sensibilité qui l'attendrit, d'une coquetterie ingénue et subtile qui le déroute, avec des audaces timides, et des accents de fierté rentrée qui lui dessillent enfin les yeux. Et elle s'épanche, et elle pleure, et elle sourit, tour à tour enfant et femme, et les deux ensemble, au hasard, comme dans la vie. « Ces petites filles, c'est si amusant ! Elles rougissent, elles pâlissent; on voit l'âme au travers. »

Mais, en réalité, cette transparence est une illusion, produite par la fine observation et le souple talent de l'écrivain. M. Pailleron a étudié ce caractère jusque dans ses sentiments les plus intimes et les plus confus, jusque dans les détails les plus enfouis de cette psychologie vague et complexe; il s'oriente dans les secrets replis de cette âme virginale, et, selon le mot de Madame de Sévigné, y cherche la vérité avec une lanterne, dont la tendre lumière se répand en rayons discrets. Un souvenir d'enfant, la vision d'une mère mourante, et, parmi les étouffements d'une voix toujours plus faible, ces deux mots plusieurs fois répétés : « Pauvre petite ! » une impression ineffaçable a penché son front, et l'a marqué d'un pli rêveur. La solitude du couvent, la bonté froide des religieuses, l'indifférence brutale de la belle-mère ont changé sa tristesse en timidité. Il faut voir de quel tact M. Pailleron effleure ce sentiment si délicat, qu'il semble qu'on n'y saurait toucher sans le flétrir.

« Quand on est timide, voyez-vous, on est comme enfermé en soi, et tout ce qu'on fait pour en sortir vous y enferme davantage ; on pâlit pour rien, on rougit pour tout ; si l'on parle, votre voix vous effraie ; si l'on se tait, votre silence vous fait peur..... Et l'on se désole, et l'on se dit : « Mon Dieu, quel malheur ! Il ne me connaît pas, il ne me connaîtra jamais : il me trouve insignifiante, stupide, et c'est ma faute. C'est lui qui a raison, c'est lui... lui ou elle selon la personne. »

Il y a là une prodigalité de talent ; et, comme si l'analyse n'en était pas déjà charmante, le défaut se résume en un trait, qui se glisse à la fin de la phrase, et qui est l'obsession même de ce malaise moral si joliment décrit. M. Pailleron s'engage avec une prudence et un plaisir infinis dans ces mystères de psychologie enfantine. Il n'hésite pas à montrer comment l'amour a pu naître dans ces cœurs naïfs et troublés. Il y revient à plusieurs reprises, dans les *Faux Ménages* d'abord, un peu gêné par le rythme du vers, qui précise trop les contours ondoyants de ses impressions fugitives ; et ici encore, il y porte une main légère et assurée.

« Mais je ne le savais pas, moi, Clotilde ; comment aurais-je pu m'en douter ? Il avait l'air de me détester aussi. Il était si méchant ! Parfois, je me disais : « Je pense trop à lui. Qu'est-ce que j'ai donc à penser à lui, comme ça ? » Mais comme c'était toujours tristement, cela ne m'éclairait pas, au contraire. Et puis, c'est un peu ta faute aussi. A chaque instant, tu me parlais de lui pour me consoler, tu m'en disais tant de bien !... et qu'il était bon, et qu'il m'aimait au fond, et qu'il était au-dessus des autres hommes par le cœur, par... Alors, moi, tu comprends... J'ai cru que peut-être tu avais l'idée, tu voulais... bien... que, enfin, il m'avait semblé... Mais non, non, ce n'est pas ta faute ! Je l'ai aimé toute seule. Et bien avant, dès le couvent, toujours ! Je le vois bien maintenant... toujours ! »

Elle n'a rien su, et elle savait tout ; elle n'a rien dit, et elle a tout avoué, par à peu près. Mais qui ne voit que ces à peu près sont la précision même, le charme un peu réaliste des jeunes filles qu'a créées M. Pailleron, et du style qu'il s'est laborieusement fait pour les peindre ?

V

L'ÉCRIVAIN.

Vous rappelez-vous un des mots les plus heureux du *Monde où l'on s'ennuie ?* — « Quel est l'esprit de votre département, mon cher sous-préfet ? » — « Mon Dieu, général, son esprit, je vais vous dire.... il n'en a pas. » M. Pailleron, qui a beaucoup d'esprit, n'a pas de style, ou mieux, il est parvenu à n'en pas avoir. Sauf erreur, il me semble qu'il y a dans son œuvre dramatique deux époques très distinctes : une première, où il a été le brillant disciple des maîtres, et l'autre, où il a enfin trouvé sa voie et perdu son style.

Tant qu'il s'est tenu aux heureuses imitations, aux ingénieuses charades, aux ressouvenirs agréablement renouvelés, il avait du style, et du plus fin, d'une veine très française, avec d'artificieuses nonchalances relevées de verve, pétillantes de fantaisie, et plutôt un peu trop qu'un peu moins écrites, à mon sentiment. Il possédait l'art des quiproquos, des phrases embrouillées et symétriques, à la façon de Beaumarchais ; il avait le trait acéré, la plume malicieuse ; il exécutait la tirade, comme personne, avec, déjà, quelque chose d'aisé et d'inachevé, que plusieurs ont pris pour une marque de négligence ou d'accommodante résignation. En vérité, c'était son originalité qui se faisait jour. De cette veine l'inspiration la plus coquette, le morceau le plus friand, le prolongement le plus spirituel est le *Chevalier Trumeau*. Mais déjà, et même auparavant, son talent s'était mûri et dépouillé, comme les vins de fine qualité.

Il a surtout excellé à faire parler le monde moderne, particulièrement les femmes, et parmi celles-ci les plus jeunes et les plus sensibles. Il a tâché à rendre par la forme même la mobilité des impressions multiples et superficielles, qui courent et se jouent entre les tentures d'un salon, et à marquer avec justesse les mille nuances de ces sourires à fleur des lèvres. Dans une société qui, en somme, pense peu, mais sent vite et d'instinct, parmi ces réunions de femmes, en qui les émotions sont plus rapides que durables, il a réussi à noter, comme sur une portée de musique, les croches et les doubles croches de ces phrases émiettées et diverses. Il a conservé la période scandée et balancée dans la bouche des jeunes gens qui récitent leurs déclarations ; sur les lèvres féminines, elle se disloque, se brise, se précipite, et le plus souvent ne n'achève pas ; mais, comme le mouvement en est dessiné d'ensemble, un mot, un sourire ou un geste suffit à la parfaire. Ces tirades, à peine dessinées et si pleines, sont comme des gammes que l'oreille complète aisément, à la façon dont Antoinette supplée aux lacunes de ses souvenirs poétiques : « Ils disaient des vers, c'était comme de la musique..... ta, ta, ta, ta, ta.... Le mal dont j'ai souffert.... ta, ta, je ne sais plus. »

C'est pourquoi je préfère ses comédies en prose à celles en vers. Les exigences de la rime et du rythme s'accommodent plus difficilement de ces à peu près expressifs et pittoresques. Essayez de tourner en alexandrins cette flottante esquisse, que supporte une armature invisible, et qu'on sent, mais flexible comme l'osier.

« Mais la troisième fois, hier soir, ici, oh ! la troisième fois comme c'était gentil, si tu savais ! Il n'avais plus le même regard, ni la même voix, ni le même sourire. Il paraissait heureux, je ne sais pas pourquoi, mais si heureux, et curieux !... Il m'interrogeait sur le passé, sur le couvent, sur moi, sur ma vie, sur tout, il voulait tout savoir ! Et puis, il me disait qu'il avait pour moi beaucoup d'affection, et qu'on était malheureux de n'être pas aimé, que sais-je ? Et puis il m'a appelée sa chère Marthe... (sa chère Marthe !) Et puis, et puis dame, je ne me rappelle plus bien. j'étais comme dans un rêve, je ne me souviens plus que de son regard qui m'enveloppait, de son sourire qui me caressait, et de sa voix... oh ! sa voix, que je sentais glisser jusque dans mon cœur... Ah ! Clotilde, peut-être qu'il m'aime ? »

Oui, la phrase entrevue, les mots introuvés, la pensée qui se dérobe juste à l'instant qu'on l'allait surprendre, et la mélodie qui cesse alors qu'on en croyait jouir, tout cela est d'un art raffiné et très proche de la vérité, qui nous laisse dans l'esprit l'impression vague et inachevée que la mytérieuse enfant produit sur notre cœur. Ajoutez que M. Pailleron trouve sans peine la formule ou l'aphorisme, qui est comme la ponctuation de ces développements à peine indiqués, et pourtant arrêtés. Elle abonde de plus en plus sous sa plume, à mesure qu'il note, et qu'il peint, plutôt qu'il n'écrit. « La barbe est la dernière chevelure. — Une bonne dame, la mère, mais de la force d'une machine à coudre, etc. » Et puis, cette trame légère est rehaussée d'esprit, tissue d'exclamations vives et naturelles, qui en relèvent l'éclat, et d'onomatopées, qui scintillent sur cette fine broderie, et donnent au dessin un air de réalisme très artiste.

Pourquoi non ? Marivaux fut bien regardé comme un réaliste, en son temps. M. Pailleron ne dissimule pas le soin avec lequel il marque, dans l'étude d'un monde qui se transforme, l'invasion des termes encore inouïs au salon. Il le mesure plutôt, avec la discrétion d'un gentleman, qui tient la plume ; il s'en tient à l'argot de Pépa, qui est déjà un peu en avance sur son goût et sa manière. On peut donc dire que son style laisse une impression de réalisme assez scrupuleux et posé ; mais c'est celui d'en haut, qui est un régal pour les délicats, et n'a de commun que le nom avec la ripaille d'en bas, que vous savez. C'est du réalisme élégant, encore qu'aujourd'hui les deux mots jurent de se voir accouplés. Si vous en voulez goûter tout l'effet, apprécier la souplesse, et connaître comment M. Pailleron peint, quand il observe, relisez, après tous les autres, le rôle étincelant de la comtesse Julia Wackers, qui rit en parlant, qui parle en riant, qui croque des gâteaux, pendant qu'elle parle et qu'elle rit, qui cherche ses mots, mais à qui n'échappe aucune nuance, qui suit le train de ses idées exubérantes comme sa vie, au hasard d'une langue rapide, mêlée, et risquée, qui semble la notation la plus précise et la plus simple de ce caractère fuyant et décidé. C'est le dernier terme de l'art avec lequel l'auteur écrit, quand il n'écrit pas.

M. Pailleron n'a pas terminé sa carrière. Elle lui a été facilitée par des dons naturels, qui furent appréciés de bonne heure. De la société qu'il a peinte il est le plus élégant exemplaire, quoiqu'il n'en soit pas engoué au point de la suivre dans ses plus modernes ridicules. Il a eu l'heureuse fortune d'être un homme du monde, et un homme d'esprit, d'avoir beaucoup de talent, qui a suffi à lui mériter la plus brillante réputation, et d'en acquérir encore, après qu'il a mieux observé ses originaux, et qu'il s'est cantonné dans le milieu, pour lequel il était né. Peut-être s'en faut-il de rien, — d'une œuvre aussi originale que l'*Age ingrat*, mais moins dispersée, aussi brillante que le *Monde où l'on s'ennuie*, mais plus originale, aussi pénétrante que la *Souris*, mais allégée de certain rôle prématuré, — que les rares qualités de l'homme et de l'écrivain, distinction, esprit, talent enfin, prennent décidément un autre nom.

EUGÈNE LABICHE

I

LE RIRE HYGIÉNIQUE.

Il y a deux remèdes à la dyspepsie qui attriste la fin de ce siècle : Vichy et Labiche. Vichy ne réussit pas toujours, Labiche a des effets immédiats.

Vous qui souffrez, maigrissez, perdez l'appétit et le sommeil, et, par un douloureux effort d'analyse intérieure, qui est le plus grave symptôme de la maladie même, avez oublié la douce contraction du rire ; ô vous, désespérés de la vie et de la littérature, cérébraux très précieux, entendez-moi : essayez de Labiche, d'abord par quart de verre (à dose plus forte, l'estomac trop soudainement sollicité regimbe), une heure après le repas, *Source Lourcine* ou *Montaudoin* pour débuter ; puis graduez, et absorbez bravement le *Chapeau de paille* ou la *Cagnotte*. — même en cinq actes cela devient si léger ! — et les nerfs vont se détendre, la gaîté reparaître, l'imagination, la fantaisie chasser bientôt l'universelle désespérance ; voici que la bouche s'écarte, les lèvres se tirent et se plissent aux coins, le poumon se dilate, la digestion s'opère, et la joie rentre au cœur, par bouffées, parmi les secousses d'un éclat de rire hygiénique. Alors, vous vous écrierez, guéris ou en voie de l'être : « Mon Dieu, que les hommes sont bons ! Que les femmes sont bonnes ! Et que vous êtes bon, vous-même, de nous avoir donné le plaisant spectacle du monde et de la bêtise de nos contemporains, qui me réjouit infiniment ! Je vous loue, ô mon Dieu, d'avoir parfait votre œuvre, longtemps après le septième jour, et créé Labiche, qui ne fut pas un homme de génie, encore qu'il ait fourni bien du plaisir à beaucoup d'honnêtes gens, mais un mirifique entrepreneur de bienfaisantes gaudrioles, un grand pourvoyeur du rire public, avec le tour de tête d'un clown de bon sens, et qui aurait pratiqué Scribe. Vous avez voulu qu'il donnât un perpétuel exemple d'humilité et de charité toutes chrétiennes, en collaborant, pendant sa vie entière, depuis le *Chapeau de paille* jusqu'au *Dictionnaire de l'Académie française;* et il vous faut remercier, Seigneur, de lui avoir accordé quelques qualités assez personnelles, pour que la postérité pût sortir d'embarras, et, parmi tant de collaborations, ne fût point tentée de disputer sur son existence : c'est à savoir, avec la science infuse des tréteaux, une fantaisie abracadabrante relevée d'une langue délirante, au service d'une philosophie pas méchante. » — Ainsi soit-il !

II

LE MÉTIER. — LE VAUDEVILLE.

La gaîté de Labiche jaillit à gros bouillons de sa prodigieuse fantaisie. Ses collaborateurs étaient hommes d'esprit. Je suppose que plusieurs ont dû lui apporter des sujets : et ce n'est pas diminuer leur mérite, car plus d'une de ses pièces vaut surtout par l'imprévu et la drôlerie de la situation initiale : l'affaire de la *Rue de*

Lourcine, les *Deux timides*, *Maman Sabouleux*, et cette ineffable trouvaille des *Suites d'un premier lit.* Mais je soupçonne quelque chose qu'assurément il ne leur empruntait pas, quelque chose qui est comme la signature de toutes les œuvres réunies sous son nom, quelque chose grâce à quoi l'idée de la comédie ou du vaudeville apparaît d'un certain biais, qui est à en mourir, quelque chose qui distribue les scènes en un certain ordre insensé, qui fait que l'on se pâme, quelque chose qui flaire les coups de théâtre, où l'on se convulsionne, qui devine les trucs et les procédés irrésistibles, qui ménage les entrées ébouriffantes et les sorties à faire soudainement fuser le rire dans la salle. Cela même est la fantaisie de Labiche, qui oscille entre la cocasserie et l'invention, émoustillée d'ailleurs, plutôt que réglée, par une incomparable possession du métier dramatique. Il semblait que Scribe eût usé de tous les ressorts, éventé tous les secrets de l'habileté professionnelle. Le clavier était établi ; il n'était plus que de toucher juste. A coups de fantaisie, Labiche a presque renouvelé l'instrument, et il a illustré le vaudeville. De sorte qu'entreprendre de démêler son secret, et d'analyser ce don, c'est un peu comme recourir à la recette de Colladan, cette fameuse recette que vous savez : « Vous prenez une taupe vivante... une jeune taupe de quatre à cinq mois..... » Essayons toujours, pour voir, afin de regarder.

Et d'abord, il a une formule de composition, qui fait encore la fortune de ses successeurs. *A la logique de la vraisemblance il substitue la logique de l'absurdité.* Et veuillez croire que ceci était une vue. Ceux qui déduisent, sur le théâtre, la raison même des événements, aboutissent à une rigueur très dramatique, et reproduisent une image, plus ou moins idéale, plus ou moins morale, de la vie, — de la vie débarrassée ou exempte des mille accidents que, faute d'explication, le hasard endosse. C'est la démarche ordinaire de la comédie sérieuse et moralisante. Mais n'est-ce pas qu'à côté de cette logique rationnelle il semble qu'il y en ait une autre, qui en est comme la parodie, précisément celle du hasard, même aveugle, de l'imprévu, surtout absurde, qui pourtant se relie en des séries de réjouissantes contingences, et qui, appliquée au théâtre, est grosse d'extravagantes péripéties ! C'est un certain enchaînement de fantaisie délirante et adroite, et je ne sais quelle nécessité à rebours, jamais hésitante ni en détresse, qui spécule sur la complicité inattendue de la bêtise humaine, que nous appelons modestement hasard.

C'était peu d'escompter et d'ordonner l'imprévu. Labiche en a perfectionné toutes les malices. Il ne manque pas de réparer le vieux jeu du quiproquo par une outrance d'imagination franchement délectable. S'il fait une large part à l'occasion et à l'accident, il la fait plus belle encore à l'illusion lourdaude et qui s'épanouit. L'erreur est le fondement métaphysique du vaudeville de Labiche.

Dans la vie de ce monde, comme dit l'autre, où tout n'est que probabilité, nous avons la rage, qui s'exaspère avec la pauvreté d'esprit, de raisonner avec assurance, et de prendre nos petits desseins pour de flatteuses certitudes. Il entre en cette manie un fond d'orgueil héréditaire que la logique de l'absurde se plait à rabattre ; mais, si les déboires personnels nous sont toujours amers, ce nous est aussi une douceur, un plaisir lénifiant que le spectacle de l'erreur et de la déconfiture d'autrui. De là les plus étourdissantes trouvailles de Labiche, et des scènes qui n'appartiennent qu'à lui. — Une société de la Ferté-Sous-Jouarre débarque à Paris pour y dépenser une cagnotte en plaisirs somptueux. Ils s'abattent sur un restaurant, et se retrouvent au poste. Ils avaient rêvé chère lie ; et sur la paille humide des cachots... ils cuvent leur présomption. C'est proprement une fête, n'est-ce pas ?

Tirez de cet absurde mécompte tous les effets qui y sont en germe ; multipliez l'erreur par l'erreur, ou plutôt laissez-la sourdre en cascade : c'est le régal des plus honnêtes gens, qui éprouvent un plaisir continu et varié à se mettre au-dessus de ces imbéciles. La moitié des actes de Labiche tient dans cette formule, et l'autre ne la dépasse guère. Voilà pourquoi il est un habile faiseur de vaudevilles, et un fantaisiste très délicieux. Il a donné le dernier mot de la déduction par l'absurde, de la série fatale... Cela vous a comme un parfum de l'antique (très rajeuni) ; et je signale, en passant, une brillante comparaison à établir entre la *Cagnotte* et *Œdipe Roi*.

Même je vois de toute évidence que le génie de la logique est ici autrement complexe et fécond. Car si, à présent, vous combinez le hasard avec l'erreur et l'imprévu avec le quiproquo, vous obtenez des résultats simultanés et fortuits d'apparence, qui quadruplent ou quintuplent le plaisir, selon le nombre des figures ahuries qui apparaissent à la fois en scène. C'est de la bouffonnerie accumulée ; ce sont des explosions « de gaz exhilarant. »

« Cette lettre à son adresse... c'est très pressé. » — « Cette lettre à son adresse... c'est très pressé. » — « Cette lettre... » — « Monsieur le préfet... Monsieur le préfet... Monsieur le préfet... Tiens, il n'y a qu'une course. »

De là encore des actes entiers, comme le quatrième de la *Cagnotte*, où l'on ne se lasse point de voir tous ces braves gens tomber de piège en piège, d'incognito en quiproquo, et se promener gravement, et se reconnaître piteusement, avec un fil à la patte, au milieu des pièges à loups. C'est elle ! C'est lui ! C'est nous ! A l'autre ! Ah ! le commissaire ! Ce sont eux... toute la bande ! — Vous pensez bien qu'il ne s'agit plus ici de vraisemblance ni d'invraisemblance. C'est de la fantaisie détonnante, à atmosphère comprimée, et dont ni la formule ni les procédés ne nous échappent entièrement. Mon Dieu, que j'aurais aimé à voir Despréaux aux prises avec cette logique-là !...

Joignez la plus folle innovation de Labiche, qu'il n'a recueillie ni du *Mariage de Figaro* ni de Scribe, la plus impertinente et désordonnée ordonnance de ses vrais chefs-d'œuvre, de ceux du moins qui sont plus véritablement à lui, où l'imagination se meut à l'aise, se démène, en bras de chemise, pour ainsi dire, comme les personnages, tournant, retournant, bouleversant, bousculant, chavirant et reliant d'un fil assez subtil tous les procédés que j'ai essayé de démêler, prenant de l'espace, au grand air, à la promenade, et se donnant libre carrière dans une sorte d'intrigue que j'appellerais volontiers *circulatoire*.

Le jour où il fit représenter le *Chapeau de paille d'Italie*, il créait un genre : c'était son Cid, à lui. Ce genre consiste essentiellement à choisir un sujet sans exigences, et qui ne soit point gênant à l'essor de l'imaginative, au besoin à l'escamoter manifestement, jusqu'à la fin, avec assez d'adresse pour avoir l'air de courir après. Alors, la pièce prend tout de suite son allure, l'allure dévergondée, et galope d'emblée, comme s'il y avait un but à atteindre. Où courez-vous, bonnes gens ? Là-bas, assez loin d'ici, par le monde, à travers les arrondissements de Paris, et peut-être dans la banlieue. C'est la *comœdia motoria* des anciens, ou le type en est à jamais perdu. Les accidents, les mécomptes, les rencontres et le reste se suivent et se précipitent furieusement ; c'est le plus fantasque périple de Charybde en Scylla, tant qu'enfin lasse, épuisée, abrutie d'acte en acte, l'aventureuse caravane attrape le terme de son odyssée. Tous les incidents y sont de mise, toutes les drôleries y sont de jeu; c'est de l'imagination débridée, à la course, à la queue-leu-leu ; Fadinard à la recherche du chapeau, la noce à la recherche de Fadinard, et les huit fiacres,

et l'atelier de la modiste, et le salon de la baronne, et
le bain de pieds : exode burlesque, pendant lequel le
rire semble sourdre des dessous du théâtre. Enfin,
sauvés, mon Dieu ! — Quoi donc ? — Elle a le chapeau.
— Peuh ! — Mais n'est-ce pas le sujet ? — Peut-être...
Voyez plutôt qu'il n'y a point de sujet, point de chapeau, rien de rien, sauf l'inépuisable fantaisie qui
entraîne la mascarade, et une certaine logique ahurie,
qui en distribue les étapes, et la soudaineté des hasards,
et l'épileptique joyeuseté des quiproquos, le fin du fin
dans ce genre, dont Labiche a marqué l'apogée, et qui
se résume en un mot, celui du factionnaire qui veille
à la place Baudoyer : « Circulez ! »

III

LE COMIQUE.

Circulez, pitres suaves, endiablés fantoches, avec
cette sérénité de bêtise qui s'étale, cette intrépide
cocasserie, qui brûle les planches, et qui vous donne
les plus étourdissantes apparences de vérité.

Car il demeure entendu que le grand prestige de
Labiche, qu'il s'agisse du dessin des pièces ou des
personnages, est encore la gaîté. Dieu nous garde de
les prendre trop au sérieux, ces types, ces bons types,
qui ont des dehors si bien allants qu'ils ont l'air d'avoir
aussi des dessous. Si jamais fantaisiste sans prétention
réussit à marquer même ses plus invraisemblables
caricatures d'une certaine empreinte de vie, c'est
notre Labiche; et j'ajoute que c'est le meilleur Labiche,
le plus étonnant allumeur de silhouettes. Combien de
ses rôles — dont l'âme se réduit à un tic ou un mot
rencontré — sont enlevés d'un relief incroyable ! Il y a
en eux comme une excellence d'illusion théâtrale, à

grand renfort de belle humeur, avec une légère dose d'observation point méticuleuse, pleine de sens, cueillie à la fleur du ridicule, plutôt que taillée dans le vif, beaucoup plus expressive et démonstrative que pénétrante, et qui emplit la scène du geste et du bruit de la vie bourgeoise, sous les bouffonnes espèces de bons vivants. Et vraiment, elles vivent, ces figures de fantaisie, grâce sans doute à quelques traits de réalité apparente et surtout extérieure, mais aussi, et d'abord, par le *mouvement* qu'elles se donnent, et l'*inconscience* de l'esprit qu'elles ont ou de la niaiserie qu'elles respirent, captivantes de bonhomie et implacables de bêtise.

Cet entrain, cet élan qu'il leur imprime tient, certes, à la force drue de son imagination. Il n'est pourtant pas impossible de saisir les procédés de sa fabrication ordinaire. D'abord il dessine avec netteté ; il accuse les contours ; il appuie sur le crayon ; il exagère le trait caractéristique de la physionomie, la tare plastique, si je puis ainsi dire. Quiconque a vu un rôle de Labiche tenu par Geoffroy ou Hyacinthe est intérieurement déçu, s'il le voit interpréter par un nez différent ou un autre fausset. Les tics, les infirmités, et toutes les misères physiques, indigestions, migraines, maux de dents, sont des ressources inestimables. L'oncle Vésinet est sourd ; Tardiveau transpire lamentablement ; celui-ci a le pied vif, cet autre la main leste. L'un est timide comme une sensitive, l'autre bredouille comme un idiot. Ils ont presque tous un tic qui les envahit, et qui décide quelquefois du sujet même de la pièce. Quelques-uns n'ont de personnalité que le patois qu'ils parlent, alsacien, auvergnat, ou hidalgo : il n'y manque que le bas breton. Personne n'a su appliquer plus jovialement au théâtre la classique théorie des âges. Il n'y fait pas bon pour les femmes de vieillir, ni pour les filles de mûrir. La calvitie est encore une lacune morale, qui n'échappe pas au supplice de la photographie. Je m'en voudrais d'omettre ceux qui souffrent d'un hanneton dans les jambes ou d'une épingle dans le dos ; et enfin je rappelle, pour être complet, le commodor de Papaguanos affecté d'un cure-dents incurable. Ces charges nous prennent, parce qu'elles sont comme l'estampille d'une fantaisie qui ne prétend qu'à nous divertir, — et qui nous divertit, en effet, du souci d'approfondir ce qui se passe à l'intérieur de ces types remuants et gesticulants.

Le bonhomme une fois croqué, le reste s'ensuit. Ils ont le physique de leur moral, ou le moral de leur physique, et tous deux peu compliqués. Le sourd est une ganache, le chauve un viveur, l'obèse une bonne bête, et les petites mains ont reçu du ciel le goût de toutes les élégances. C'est une psychologie simple, qui parle aux yeux, immédiatement intelligible par une association d'idées assez rudimentaire. Il suffit à Labiche d'une conversation préliminaire entre domestiques, ou d'un monologue préalable, pour compléter la physionomie par l'esquisse intérieure. Et tout cela est amusant sans effort, bon enfant sans façons. « Voici Monsieur, je me sauve », dit Prunette. Quel Monsieur ? — Monsieur Chiffonnet. — Mais encore ? — Monsieur Chiffonnet qui « paraît à la gauche, dit la brochure ; qui a une bande de taffetas sur la figure ; qui tient un rasoir à la main, et qui porte un pet-en-l'air ; qui est sombre, et qui s'avance jusqu'à la rampe sans parler. » Ainsi esquissé, il parle... « Mon coutelier m'a dit que ce rasoir couperait... et ce rasoir ne coupe pas ! Et l'on veut que j'aime le genre humain ! Pitié ! pitié ! Oh ! les hommes.... je les ai dans le nez ! »

Vous l'avez entendu : c'est le misanthrope, qui parle du nez ; mais d'abord vous l'avez vu : c'est le misanthrope en petite tenue, ennemi des hommes et des couteliers, un Alceste de coin de feu, l'homme au pet-en-l'air. Toute la philosophie, toute la psychologie, tout l'imprévu, toute la fantaisie du personnage sont résumés dans ce monologue et déployés sur ce pet-en-l'air. Cette misanthropie est d'une inoffensive bouffonnerie; mais je veux mourir si la suite y ajoute quelque chose. Il y a de même des maris qui se reconnaissent à la canne qu'ils portent, ou à la tête de cerf qui sert de boîte aux billets doux, dans leur salon. Et ceci n'est pas un reproche que j'adresse à Labiche, mais une démarcation que je tiens à établir d'abord. Et, au contraire, c'est le signe d'une singulière habileté que ces bonshommes si lestement ébauchés vivent déjà et s'agitent, après deux coups de crayon.

Leur tic ou leur ridicule est souligné. Aussitôt, sans perdre une seconde, Labiche les engage dans le mouvement endiablé, dont il anime tous ses vaudevilles, et, un peu malgré lui, ses plus sérieuses comédies. Cela est simple, cela est fou, à l'ordinaire, cela est d'une invraisemblance qui crie, et qui vit. Il se fait sur la scène un remue-ménage d'événements qui secouent ces braves gens à les démantibuler. Et, comme ils tiennent bon, ils ont, ma foi, l'air d'être des hommes, et pas du tout des mannequins ni des polichinelles. Voyez plutôt Edgard... et sa bonne. Remarquez qu'il ne s'agit pas encore d'apprécier l'idée ni la philosophie de la pièce, si philosophie il y a: nous y viendrons. Je tâche seulement à démêler les procédés de l'invention, et les ficelles qu'elle agite. Et je me demande si le jeune Edgard, ce précoce Trublot d'honnête bourgeoisie, n'est pas déjà tout entier dans la cérémonieuse cravate, dont il s'est vu sangler au début, et qui donne tant de grâce aux exercices gymnastiques qu'il exécute sans fatigue, sans relâche, sans merci, avec bien de la souplesse et un sang-froid vertigineux. Cravate blanche et rétablissement sur les avant-bras, c'est là tout l'homme, pour parler le langage de Bossuet; ou, pour démarquer celui de Labiche, je ne distingue guère qu'une cravate blanche en proie à des chaussons de lisière. Et comme je ne vois point que le caractère se développe, ni que le jeune homme change de cravate ; comme, d'autre part, j'aperçois nettement qu'il gesticule, se démène, grimpe sur les fauteuils, monte à l'échelle avec des mines de jouer à cache-cache, ou au chat perché ; et comme, aussi, j'en ris de bon cœur, au point d'oublier le peu qu'il est pour l'hygiène qu'il s'impose et l'agilité qu'il déploie, — j'en arrive à croire qu'il est parce qu'il se meut, qu'il existe parce qu'il remue, qu'il prend des apparences de réalité parce qu'il se donne beaucoup de mouvement, et que c'est enfin le mouvement qui prouve l'existence d'Edgard et qui prête vie à ce fluet fantoche préalablement cravaté.

Mais tous ne seraient que des clowns pétulants, si Labiche n'y avait ajouté quelque chose. Et, en effet, il y a mis quelque chose, qui est l'esprit, l'esprit clair, naturel, inconscient, bon enfant, un peu niais, quand il le faut, et jamais lugubre ni raffiné, certes. Esprit vieillot, disent quelques modernistes, qui n'ont pas assez de dédains pour cette impersonnalité féconde de la verve et de la fantaisie ; esprit au kilog, qui ne rebute ni le calembour ni le coq-à-l'âne (1).

Labiche n'a pas l'esprit de M. Becque : cela est assuré. Ce n'est pas lui qui se travaille à être amer et compliqué, qui affecte la plaisanterie saignante ou d'un pince-sans-rire, qui s'exerce à un certain besoin laborieux et stérile de buriner chaque réplique et d'y sculpter en exergue sa signature, qui se pique d'être suggestif, ou de tailler à même « dans les intimités sanglantes de la vie » ; mais ce n'est pas lui non plus qui a gâté son talent et tari son imagination par cette

---

(1) Ce n'est pas à dire que Labiche n'ait parfois dépassé la mesure. Je ne me pâme pas à « Cléopâtre qui s'est poignardée... avec un aspic » — ni « aux tigres, ces reptiles, qui viennent déposer leurs œufs dans le nid des colombes. » C'est parfois du Paul de Kock, épaissi et enniaisé.

désolante et dogmatique vanité. Il a été plus modeste,
— ou plus habile. Il a peu de mots d'auteurs ; il n'a
point de mots macabres, et profonds jusqu'à l'ennui. En revanche, il possède une verve incomparable,
toute en dehors, comme ses personnages, et, comme
eux, d'une allure effrenée. Imaginez-vous Machavoine pessimiste? ou Poitrinas schopenhauerisant?
voyez-vous Fadinard arrêtant le galop de sa caravane pour décocher un trait d'une portée infinie, et nous
plonger en un abîme de réflexions? Tout dévale du
même train, avec la même inconscience, et d'un naturel qui n'y va pas par quatre chemins. Or, ni la fantaisie, ni la verve, dons précieux, ne sont d'aucun effet
sur le théâtre, sans le naturel, modeste et détaché,
qui, seul, entretient et propage l'illusion, où il faut
d'abord atteindre. Mots de situation, mots de nature,
mots de métier ou de conditions, tout y éclate comme
des fusées, ou plutôt passe comme l'éclair, jette une
lueur, produit un crépitement, accélère la marche de
la scène, loin de l'arrêter ou de la ralentir. Il a de
l'esprit pour notre plaisir, et non pour notre étonnement. Et il nous étonne tout de même, à force de nous
amuser et d'avoir tant d'esprit, sans y prendre garde ;
c'est une veine de cocasserie, de bon sens, sans amertume, ni pédantisme. Trop naturel pour être pédant,
trop pressé pour être amer. Inconscience et mouvement,
c'est la supériorité radieuse de Labiche, le bonhomme,
lui aussi.

Et c'est aussi la supériorité de ce style indéfinissable,
marqué au coin d'une supercoquentieuse et humaine
naïveté. On n'écrit point de ce ton; je crois même qu'on
ne parle point ainsi Qui ne voit cependant qu'il a
trouvé le langage le plus apte à ses mirobolantes fantaisies, avec quelques mots de saisissante vérité, semés
largement, point enchâssés ? Je ne pense pas qu'on
l'accuse jamais de recherche ; et jamais, depuis les
Fourberies ou les *Folies amoureuses*, on n'a écrit au

théâtre d'un pareil mouvement. Son style (j'emploie ce mot, faute d'un autre, et je sens bien que c'est trahir l'écriture de Labiche) a trop de rapidité pour se modeler en tirades; et, en même temps, la science du théâtre y est trop marquée pour que la verve s'en aille à l'aventure. Il est plutôt l'action même et le geste du langage, et comme la physionomie très mobile du naturel parler, avec, seulement, des contours nets, des traits aiguisés, crayonnés, pointillés.

Lisez ses monologues, ou ses plus longs couplets (les couplets de Labiche ! Décidément, cela se dérobe au vocabulaire habituel de l'analyse), vous n'y verrez d'abord que points, petits points, et lambeaux de phrase. On dirait d'un bavardage, à la bonne franquette. Regardez-y de plus près : le trait, le mot d'esprit ou de nature est espacé, en bonne place, au juste moment de la respiration ; et l'ensemble s'allonge, se développe, prend corps, par touches successives, ou, si vous préférez, comme une chaînette, dont il manquerait de temps en temps un anneau ou deux, ou encore, pour mieux parler, comme le propos d'un gai convive, qui aurait une égale horreur des transitions et du repos. Et cela court vite, vite, jusqu'au dialogue, toujours chauffé à haute pression, à grande vitesse. Et cela déraille, et culbute, par-ci par-là, à point nommé. Et les répliques de se croiser, et l'esprit de pétiller, et le rire, oh ! ce rire ! d'éclater comme une bombe. Il a des scènes où tout le monde parle en même temps, où chacun suit sa pensée, et qui vont d'un train d'enfer. Etrange contre-sens, en vérité, que de vouloir endiguer ce torrent sur les solennels tréteaux de la Comédie-Française, par une dommageable admiration. On ne déclame pas Labiche ; on le joue, on s'y élance, on s'y bouscule, et si l'on s'y essouffle, tant mieux. Cela ne se dit point, mais se nasille, se barytonne, se balbutie, se bredouille, se rit, se pleurniche, au galop, à la volée. Il y faut de la fantaisie, de la rapidité, de la volubilité, et surtout, oui, surtout du naturel, de la simplicité, et quelque douce et modeste bêtise, dont chacun sait que nos grands comédiens sont incapables. C'est proprement une duperie, que d'y faire un sort à chaque mot. Voulez-vous psalmodier des répliques comme celle-ci : « Je ne sais pas faire de phrases, moi... mais, tant qu'il battra, vous aurez une place dans le cœur de Perrichon... » ? ou marteler des aphorismes de ce goût : « Les femmes aiment à s'appuyer sur un bras qui porte une épée à sa ceinture... » ? ou détailler l'infinie tendresse de ce sermon familial : « Mes enfants, c'est un moment bien doux pour un père, que celui où il se sépare de sa fille chérie, l'espoir de ses vieux jours, le bâton de ses cheveux blancs... » ? Toute cette gaîté veut être enlevée gaîment, et avec brio, comme elle fut notée plutôt qu'écrite, à la franquette, à la voltige, tout jusqu'aux plus innocents marivaudages : « Pas de manière ! va me chercher, sans murmurer, une chope-bière, dans laquelle tu émietteras un verre de cognac... », jusqu'à ces vocables, qui sont comme la poussière aveuglante de ce style sans cesse balayé par les courants d'air de la scène : « Alors vous me refusez ? » — « Douloureusement... » — « Comment trouvez-vous cette robe ? » — « Frissonnante ! frissonnante ! »

Mouvement, inconscience, naturel ; inconscience, naturel, mouvement ; brouhaha, fureur de gaîté, éclats de fantaisie ... Quoi encore ? C'est tout, c'est bien tout, je pense, le style de Labiche, l'originalité de son théâtre, et la vie de ses personnages... — Dieux bons ! j'ai pensé oublier le costume et le magasin des accessoires !

IV

L'OBSERVATION.

Doit-on le dire.....?
Qu'avec tout ce brio Labiche est un maître inférieur ? Je ne dis pas cela, puisqu'il a mis en œuvre une fantaisie qui nous désopile la rate. Que dans cette production considérable (au point que l'éditeur n'a eu ni le loisir ni le courage de tout réunir en volumes), on ne trouverait pas un type véritablement vrai, d'une vérité un peu plus profonde et intérieure ? Je ne dis pas cela, puisqu'on me renverrait sur-le-champ, avec quelque mépris, à M. Perrichon.

Mais je dis que c'est gâter l'admiration due à Labiche que la vouloir pousser trop avant ; qu'à être plus ambitieux pour lui qu'il ne le fut lui-même, on fait pièce à sa mémoire ; qu'il ne faut pas tirer le cordonnier de la chaussure, « *ne sutor ultra crepidam* », ni demander à Labiche des « idées philosophiques et d'une belle force », comme on l'a écrit sans rire, ni même sonder avec trop d'insistance le peintre de caractères.

> En revenant de Cadix,
> Nous étions dix ;
> En arrivant à Melun,
> Nous étions un...

Ils sont cent, deux cents, que sais-je ? Et ils sont un, les bonshommes de Labiche. Ils sont un, qui font du tapage comme cent et deux cents : empiégés dans les réseaux assez lâches d'une douce petite morale bourgeoise et peu exigeante, parmi les embarras et quiproquos d'une cérémonie civile, assez indifférente de soi, qui est le mariage, à tous les degrés, aux deux périodes, *avant* et *après*. Ils sont un, et ils n'ont guère qu'une idée : jamais Aristote ne fut à ce point satisfait.

Pourquoi demander à Labiche les vues profondes d'un Augier ? Il attrape des traits de mœurs, qui sont en même temps des traits de caractère, au petit bonheur. L'observation y est souriante, et superficielle ; quant à la psychologie, il la faut chercher ailleurs, s'il vous plaît. Il se danse là une sarabande autour du mariage, qu'on se garde bien d'envisager en ses conséquences graves : la petite oie et les petits popismes suffisent. C'est la kermesse de la comédie sociale, à grand renfort de ridicules postures et de joyeux propos ; et du bon sens, à satiété, exempt de déclamation autant que de prétentieuse satire.

Avant le mariage, c'est la diplomatique gaucherie des parents, qui s'étale dans le *Point de mire*, le *Choix d'un gendre*, la *Station Champbaudet*, la *Poudre aux yeux*, v'lan dans les yeux ! Ce sont les premières entrevues, où personne ne se doute de rien, savez-vous, mais où chacun s'observe et se guette, en tapinois ; et les insidieuses adresses et la tactique transparente des mères ; c'est la chasse aux écus, et les demandes bredouillées par manière d'excuses, et les ruptures inattendues, et les obstacles à claire-voie dont nos mœurs longtemps perfectionnées ont empêtré l'amour légitime : des scènes de mœurs, toujours, des scènes rencontrées et drôlatiques, d'une malice peu agressive, et qui égratigne légèrement. Et aussi, c'est le ramage féminin, dont les sous-entendus éclatent aux yeux, dont la grimace et les mômeries, encore un coup, sont mises au jour avec quelque outrance, et de la gaîté, à souhait. Mais je cherche une mère qui ait une passion, un caractère, parmi ces finaudes ou tracassières perruches, un travers même un peu plus significatif que l'esprit grincheux de Mme Perrichon, quand elle n'a pas pris son café. Je cherche un type féminin, où l'auteur ait « gratté le salsifis ». Je ne découvre qu'une atmosphère bourgeoise, avec tous les ridicules de surface qui apparaissent avec le bout du nez et que chacun porte sur soi comme une enseigne : des entours plaisants, et point de dessous, et à la bonne heure. Qu'on me parle de la bonne humeur qui y règne : d'accord; mais pour Dieu, laissons la philosophie et la profondeur! Rappelez-vous une jolie scène de la *Poudre aux yeux*, la discussion du budget d'un futur ménage, entre belles-mamans.

« Dès demain, nous leur chercherons un appartement. » — « Un entresol ? » — « Oh! c'est bien bas, un entresol. » — « Un second? » — « C'est bien haut, un second. » — « Alors, un premier ?... C'est une affaire de cinq à six mille francs. » — « Mettons dix mille francs... Appartement, toilette, voiture, un petit cocher, six, douze, dix-huit, vingt-quatre... Total vingt-quatre mille francs... Cela me paraît bien... » — « Ce n'est pas trop. (*A part*). Ils doivent donner une forte dot. »

Voilà qui est bien vu et bien venu : cette émulation de la vanité est de bonne bourgeoisie, et le mot de la fin peut passer pour un trait de mœurs, par-dessus le marché. Qu'on me dise si dans cette scène et dans les voisines, apparaît un caractère, si la psychologie de Mme Malingear en est plus complexe et pénétrante, parce que la bonne dame vérifie le livre de sa cuisinière, et si une mère, qui marie sa fille, n'a point de soucis plus intimes, de travers moins extérieurs, de passion moins banale, moins commune à toute sa classe, ou sa caste, comme il vous plaira, et qui donneraient proprement une âme à cette estimable et presque anonyme ménagère. Je cherche une mère, et je n'en trouve qu'une, qui s'est faite homme par aventure : M. de Vaucouver, le papa de son Isménie. Et pareillement, il n'y a dans toute cette œuvre qu'une petite fille, qui voudrait bien se marier, qui sait la grammaire, qui pratique le piano, le même piano bourgeois, d'occasion, et qui en « joue » suffisamment, trop suffisamment pour mon goût. Avant le mariage, c'est le triomphe de l'unité.

La diversité n'est qu'apparente, après. Amants et maris vivent, en bon accord, sur un même fonds d'une morale, qui n'est ni désolante ni triste, mais édifiante au contraire, et fertile en conséquences agréables et soudaines; et ainsi, comme il sied à une famille unie et de belle santé, ils se ressemblent cordialement. Aux différentes étapes de la vie, quel que soit leur état civil, ils sont les représentants sur terre de cette maxime réparatrice : « Le plus heureux des trois n'est pas celui qu'on pense », les prédicateurs attitrés d'un nouveau Testament, dont je cite l'essentiel verset :

« .. Ils ne sont pas à plaindre, les maris... Oui, je sais qu'il y a le petit inconvénient... Mais puisqu'ils l'ignorent ! A part cela, de quoi se plaignent-ils ? Nous les soignons, nous les dorlotons, nous les mijotons. Ils sont gras, roses, frais, gais, superbes... tandis que nous, les amoureux, nous sommes maigres, jaloux, craintifs, tremblants... »

Vous voyez de reste qu'ils diffèrent seulement par le physique. Et encore, est-ce bien dit ? Tous sont gras, roses, frais, ou en voie de le devenir. Le serein, l'épanoui Marjavel, le plus heureux de tous, est le maître du chœur, de ce chœur de maris, et d'amants, qui sont de seconds maris, ou des maris en apprentissage, des maris de demain pleins de déférence pour ceux d'aujourd'hui : Roméos apprivoisés et enrégimentés, succédanés de Marjavel. En vérité, je ne sais pourquoi les tribulations de M. Ernest m'apparaissent comme les petites misères, les épreuves préliminaires d'un noviciat, dont j'entrevois la fin. Ou plutôt, j'en crois distinguer la raison avec assurance : au fond, même morale, même physionomie, à la réserve du tour de taille ; tous maris, tous bourgeois, tous frères et un peu siamois, tous Célimare dans les moelles. Ils le sont, le furent, ou le seront. Il l'est.

De ces ressemblantes ébauches est sortie un jour, je ne dis point par hasard, la vivante figure de M. Perrichon, le carrossier, le bourgeois, le Marjavel honoraire, le Célimare *in partibus*, et aussi le Tartarin du Marais.

C'est le chef-d'œuvre de Labiche; cela ne fait pas question. Mais, dussé-je passer pour myope, je ne résiste pas à l'envie d'écrire que celui-ci encore, qui est un type d'une réalité amusante, a plus de physionomie que de caractère. Je m'explique. Mettons tout de suite à part, si vous y consentez, cette trouvaille du double sauvetage, et des contraires effets que l'auteur en a tirés. Reconnaissons une tentative d'analyse pénétrante, et même une vérité assez générale pour dépasser de beaucoup le type que Labiche dressait en pied. Il en jaillit des mots de nature; il en naît des scènes supérieurement enlevées, de la meilleure comédie. Il le faut proclamer sans détour, l'occasion étant presque unique.

Est-ce à dire que tous les traits soient de même valeur, et marquent une observation aussi profonde avec une égale et sûre continuité d'analyse ? N'est-il pas manifeste, malgré le plaisir incessant qu'on éprouve, que le Perrichon des deux premiers actes est autrement étudié et fouillé que celui des deux autres ? Au début, nous sommes, cette fois, en présence d'un personnage complexe : importante naïveté, bonhomie décorative, un certain goût des phrases sonores, et l'héréditaire abaissement aux petits détails, les sentences de M. Homais et la minutie d'un caissier fidèle, les brusques élans et les sages retours de M. Prudhomme, les timides audaces et l'héroïsme précautionné, et, brochant sur le tout, une avidité d'être quelqu'un parce qu'on possède quelque chose ; tout cela constitue les éléments d'un caractère vrai, ordonné, animé. Dès le troisième acte, l'observateur se fatigue et appelle la fantaisie à la rescousse. A présent les événements s'accumulent, les scènes se pressent, les effets scéniques abondent, les contrastes s'accusent, et l'on voit poindre la caricature. J'aime la prudence avisée qui tâche à dépister la douane ; mais pourquoi la scène de provocation et d'excuses ? Est-ce que ceci est de la même venue et témoigne d'une égale mesure ? A faire de ce brave homme un lâche, est-ce qu'on n'essaie pas de nous donner le change, en riant ? Et je crois entendre ici le rire qui égaie la *Commode de Victorine*; j'ai rencontré ce commandant matamore quelque part; c'est un bretteur de vaudeville. L'invention du fait-divers, inséré dans les feuilles publiques, ne me déplaît point; je goûte cette innocente réclame, et je songe aux géniaux épigones de M. Perrichon; mais pour le tableau, qui doit représenter le Mont-Blanc et Lui, Lui et le Mont-Blanc, heu ! c'est trop. Le stratagème est ingénieux et drôle ; mais pour vrai, c'est une autre affaire. La charge s'est substituée à l'observation.

Un peu plus tôt, un peu plus tard, c'est toujours elle qui prend le dessus chez Labiche : et cela vient justement de ce qu'il voit gros, de ce qu'il observe en surface, de ce qu'il n'est jamais à court ni de verve, ni de gaîté, ni d'esprit, mais de matière psychologique et d'étude intérieure. Et cette pénurie, ou cette insouciance, se montre davantage aux pièces dont l'idée première semblait plus sérieuse ou plus ambitieuse; dès qu'il touche aux nuances et aux sentiments délicats, il a la main lourde, et s'échappe promptement dans la sentimentalité de mélodrame : témoin quelques tirades des *Petits oiseaux*. Les demi-tons lui sont interdits, parce que, décidément, il n'a pas l'accès des âmes.

Il y aurait quelque inconvenance à insister, après trente ans passés, sur l'indiscutable échec de *Moi*, si cette comédie psychologique ne faisait paraître combien Labiche est rebelle à la psychologie. Si jamais œuvre fut destinée à être une peinture de caractères, c'est assurément celle-là, dont l'égoïsme est le sujet et l'unique ressort. On a dit que la majesté de la Comédie française avait « amorti ses qualités natives ». J'estime que c'était un tour aimable pour dire que le talent des comédiens n'a pu glisser dans la pièce la qualité indispensable, qui en était absente. Elle est lourde, bien qu'habilement construite ; ennuyeuse, encore que pleine d'esprit ; elle contient des scènes déjà vues, ne fût-ce que dans Molière, d'une imitation presque gauche, et d'autres scènes, qui sont de premier ordre ; elle est constellée de mots heureux, que la charge gâte à tout moment. Mais surtout, dès que l'auteur s'applique à l'étude de ce sentiment subtil et humain, qui est l'égoïsme, il nous donne le plus fâcheux régal de mauvais goût et de coq-à-l'âne inconscient. Il faut citer, même avec quelque ennui de mettre en pleine lumière l'erreur ou l'impuissance d'un homme, d'ailleurs si étonnamment doué. Qu'est-ce que l'égoïsme ? Qu'est-ce que le moi ? Lisez, disciples de Stendahl, et soyez édifiés......

« C'est un composé de tous les organes qui peuvent m'apporter une jouissance... C'est ma bouche, quand elle savoure une truffe moelleuse, mes yeux, lorsqu'ils se reposent sur une jolie femme, mon oreille, quand elle m'apporte l'écho d'une musique digestive et peu savante... Le cœur n'est pas de la maison... C'est un invité, un noble étranger, qu'il est impossible de jeter à la porte, malheureusement.. mais qu'il faut rigoureusement surveiller, sans quoi il nous ôte le pain de la bouche, et jette, par toutes les fenêtres, notre argenterie aux passants (que de métaphores ! et ce n'est pas tout). » — « Alors, si je vous comprends bien, vous faites de l'homme, de l'individu, *une espèce de fort blindé et cuirassé* (oh ! oh !) sur la porte duquel vous écrivez : Moi, moi seul ! Eh bien ! nous autres marins, c'est d'un autre œil que nous voyons les choses. Vous dites : moi ; nous disons : nous. De tous nos organes — je prends votre mot (nous n'y tenions pas absolument), celui que nous estimons le plus, c'est le cœur !... Et ce n'est pas un hôte que nous surveillons (bon ! il prend aussi l'image), mais un maître auquel nous sommes fiers d'obéir (tremolo à l'orchestre, — crescendo).. C'est ce maître qui nous enseigne la religion du dévouement, qui nous dit que Dieu ne nous a créés faibles que pour nous forcer à nous rapprocher, à nous aimer, à nous secourir... Les sauvages, les sauvages eux-mêmes (une page des Incas ? ou le supplément au Voyage de Bougainville ?) ont la conscience de cette solidarité humaine... Oui, jugez-en !... C'est au milieu d'eux que nous avons été débarqués, mon cher malade et moi... Accueillis d'abord avec défiance (comme dans tous les hôpitaux), quand ils virent que l'un de nous souffrait, poussés par la sainte loi de la compassion, ils s'approchèrent, ils vinrent à nous, ils nous ouvrirent leurs cabanes... Lorsque plus tard, enfin, je voulus remercier le chef de cette petite tribu (parabole du cacique !), il me répondit : « L'homme se doit à l'homme ; autrefois, nous vivions isolés, et nous dormions sous le ciel. Un jour, l'un de nous voulut se bâtir une cabine. Il abattit un chêne ; quand le chêne fut à terre, il s'aperçut qu'il était trop faible pour le soulever ; un autre homme passa ; il l'appela, et lui dit : « Aide-moi à porter mon arbre ; je porterai le tien... »

Et c'est tout justement la différence de l'égoïsme et du socialisme. Cette page vous donne-t-elle bien du regret, que Labiche n'ait pas cédé plus souvent à la tentation d'élever son genre ?

Elle explique, au moins, les inégalités qui firent tomber la pièce. A cette comédie de caractères ce sont les caractères qui manquent le plus. Faut-il redire que plusieurs scènes y sont enlevées de main de maître, et notamment celle qu'Émile Augier signale dans sa préface ; et que les mots abondent, drus et de forte sève ? Mais scènes et mots ne sauraient, en cette occurrence, remplacer l'analyse défaillante et le dessin incorrect des personnages. Une peinture solide ne consiste pas seulement en des touches successives et multipliées. Il y faut encore une ordonnance pénétrante, et une certaine unité secrète, qu'on chercherait vainement ici. L'égoïsme de Dutrécy se manifeste par des signes de valeur très différente. Pour nous donner une idée de l'égoïsme, on commence par une définition de la douche et du massage. Psychologie de l'hygiène. Puis c'est un homme d'affaires, à la piste d'une occasion superbe. Jean Giraud vous dira que les affaires sont les affaires, et qu'il n'y faut point mêler le sentiment. Psychologie à côté. Voulez-vous de l'invraisemblable et de la charge ? On en a mis aussi. Dutrécy apprend qu'on lui ramène sa nièce : il avait oublié qu'il en eût une. Psychologie du distrait. Son neveu revient d'Amérique : avant de l'embrasser, il demande au brave enfant s'il rapporte des cigares. Psychologie du fumeur. La

Porcheraie hésite entre deux invitations. Il compare les menus. Psychologie du gourmand. Et toujours psychologie à côté, ou alentour, et qui s'en tient à l'écorce, qu'il faudrait une fois entamer. Les traits s'accumulent, mais n'enfoncent point. Il n'est pas jusqu'à l'amoureuse illusion, à laquelle Dutrécy s'abandonne finalement, qui ne soit à peine indiquée et de médiocre intérêt. A l'origine, elle est assez finement notée, parce qu'il suffit encore d'un tableau d'intérieur, d'un jeu de scène, et d'un certain tour d'esprit pour la définir. « Et comment ce mal vous est-il survenu? » — « Je n'en sais rien.... En la regardant ranger les armoires... Elle a fait mettre mon linge et mes habits en état.. » Toute la deuxième scène du IIe acte est écrite sur ce ton délié et comique. Mais d'amour, de lutte, point. Un véritable égoïste, qui n'est plus un chérubin, aurait des hésitations, des reculs, des transports aussitôt réprimés, et tout de suite renouvelés par l'inclination invincible et obstinée. Du moment que Dutrécy, un égoïste de contrefaçon, ou d'allures seulement, a bifurqué sur cette voie, il s'y engage sans barguigner : c'est une belle cure à l'honneur de l'Amour. Il est vrai qu'il suffira d'un médecin spirituel et d'une ordonnance fallacieuse pour que son Moi bifurque derechef, et s'oriente de nouveau, et revienne à cet égoïsme, dont il avait pensé guérir, sans trop de peine. Changement à vue : nous parlerons une autre fois, si vous voulez bien, des mérites de l'analyse.

Notez d'ailleurs que tout le monde évolue ici avec la même désinvolture, l'oncle et le neveu, pareillement amoureux de la petite fille, et soudainement détachés d'elle, parce qu'elle a les yeux gris, et non pas bleus, d'aventure. Demandez à Molière si Harpagon a des passions aussi malléables, et à M. Alexandre Dumas fils, si Giraud s'embarque de léger dans les hasards du cœur. Et demandez encore à l'un et à l'autre si l'égoïsme même, qui est le substratum de toutes les passions, ainsi dépouillé, et dénudé et réduit à sa plus simple expression, n'est pas un sentiment trop abstrait pour fournir le sujet d'une pièce en cinq actes et le développement d'une peinture de caractères qui veut d'abord être circonscrite et précisée pour être observée avec quelque puissance. L'avare, l'amoureux, le don Juan, le misanthrope même représentent tous des variétés de l'égoïsme ; seulement, quand un observateur, psychologue et philosophe, entreprend de mettre l'un ou l'autre à la scène, il commence par marquer profondément la différence de l'égoïste, qui est un avare, et de celui qui s'abandonne à la misanthropie. Et s'il lui venait une idée de grande envergure, à savoir que l'absolue vérité et la parfaite franchise sont des contre-sens ici-bas, il écrirait une œuvre moins amusante, peut-être, mais plus humaine et fouillée que le *Misanthrope et l'Auvergnat*, qui passe, depuis des années, pour la quintessence, non pas de la fantaisie, mais de la philosophie expérimentale ou de la métaphysique transcendante de Labiche.

V

La conclusion ?

« Un homme ne doit cesser de rire que lorsqu'il a perdu ses dents. » — En vertu de cette maxime, et dans cette exacte mesure, Labiche est un maître, et son œuvre un spécifique.

MEILHAC ET HALÉVY

I

L'ESPRIT.

La raison sociale Meilhac et Halévy a bien de l'esprit, tout moderne et parisien. Elle en a tant et tant, que c'est à la fois le charme et l'originalité de son œuvre, la marque déposée de son élégante production. Sur le « boulevardisme » de cet esprit on a tout dit ; et c'est peu que d'avoir dit cela. La verve de MM. Meilhac et Halévy est un mélange autrement compliqué, dosé, savoureux, excitant et fondant.....

Ils sont les héritiers distingués, mais directs de Labiche. Ils ne font nullement fi de ce rire hygiénique, qui élargit la bouche jusqu'au double rempart des oreilles; ils ne redoutent point l'ahurissement joyeux et convulsif. « Soyons gais ! » professe le grand augure Calchas. Ils ont, quand il leur plaît, les stupéfiantes saillies, et non pas seulement dans l'opéra-bouffe, mais aussi dans la comédie de mœurs. Les mots de nature jaillissent ; le calembour s'étale ; le coq-à-l'âne est de la partie. « Je suis luministe. » — « Est-il possible ? De quoi ? De l'intérieur ? De l'agriculture ? » Je cueille cette innocente beauté dans la *Cigale*. Comme Labiche, ils se conjouissent parfois dans une plénitude de niaiserie, qui a du piquant. « Femme de toutes les voluptés! » dit un pauvre diable d'instrumentiste à sa Périchole, qui voudrait bien déjeuner. La phrase mélodique de Wagner, inventée par Labiche, leur est un procédé agréable. « La première fois que je la rencontrai, c'était chez un pâtissier, en face du Conservatoire. » Ils excellent à tirer parti des infirmités du pauvre monde ; ils y mettent une malice inoffensive, qui est de belle tradition française. L'oncle Vésinet, le sourd importun du *Chapeau de paille d'Italie*, ressuscite en la personne encombrante du chevalier dans la *Petite Marquise* ; et, depuis la ligne du nez jusqu'au timbre de la voix de leurs interprètes, tout est une ressource pour leur avisée fantaisie.

Ils en tirent des effets qui consacrent un acteur, et assurent la vogue d'un théâtre... « Sérieusement, Monsieur, est-ce qu'il ne vous serait pas possible de me dire cela avec une autre voix? » — « Non, madame, cela ne me serait pas possible. » Et, si cette voix possède deux ou trois interjections inimitables, vous en trouverez, même dans les œuvres de tenue, certains rôles constellés. « Eh là ! Eh là ! — Et voilà ! — Eh bien, alors ? » Je sais un homme du meilleur monde, qui trouve ces ornements spirituels au possible ; je n'y contredis point. Je confesse même que Labiche n'a pas été plus fertile en ces impayables drôleries, qui veulent, pour atteindre à leur plein effet, la collaboration de pitres à la mode. Pourvu, ô mon Dieu, qu'un directeur peu sagace ne s'avise pas, dans quelque cinquante ans, de confier le rôle de Marignan à un acteur d'agréable tournure ! Toute la philosophie de la pièce en serait obscurcie ; et quel serait le sort de certains mots pleins de suc ? « C'est un beau garçon, n'est-ce pas, ma tante ? Et encore maintenant, il n'est pas à son avantage. Si vous le voyiez, quand il est sec ! » Quant à M. Camusot, qui s'agite sur son siège de juge délégué, dans l'angoisse de l'attente de la nouvelle de la naissance de sa huitième fille, non, Labiche n'avait pas trouvé celui-là (1).

MM. Meilhac et Halévy n'ont pas renié la verve bouffonne de Labiche; mais ils y ont ajouté autre chose, dont l'analyse n'est pas déjà si commode. Un jour qu'ils se promenaient de compagnie sur le boulevard,— celui qui s'éloigne de plus en plus de l'*Ambigu* pour prendre aux *Variétés* et se terminer un peu au delà de l'*Opéra*, — ils virent passer, appuyé sur le bras de Vernouillet, le baron d'Estrigaud, légèrement vieilli et fripé. Le boulevardier Tricoche poussa du coude le parisien Cacolet, et tous deux se comprirent, et filèrent le grand homme par habitude et curiosité. Devisant donc et filant, voici ce qu'ils entendaient : «... Nous avons eu notre temps, mon cher. On ne peut pas être et avoir été. N'est-ce pas d'ailleurs une consolation que l'assurance de laisser dans Paris, dans ce Paris qui nous coudoie sans nous reconnaître, de gais compagnons, intelligents fils de leurs papas ? Sont-ils vraiment plus forts que nous ? A la vérité, ils sont plus jeunes. Et puis, c'est la seconde génération, qui a eu moins de peine à se débrouiller et à forcer les portes du vrai monde. Ils en sont. Ils le renouvellent Ils le modernisent. Nous avions inventé la *blague*, un instrument d'usage et de précision. Ils l'ont perfectionnée. les gaillards ! Notre scepticisme pérorait, toujours un peu de sa hauteur. Nous frappions nos aphorismes en médailles; le relief et les contours étaient impeccables. Quelques mots d'anglais et d'argot pour entrer chez Navarette, mais à peine. En somme, trop corrects, trop dessinés, Vernouillet et d'Estrigaud, trop arrêtés de lignes et de langage; cyniques, mais cravatés Pas assez *veules*, ni *flous*. Ah ! qu'ils ont changé tout cela, les gentils coquins, les petits mondains ! Ils ont assoupli la

(1) *La Boule.*

blague, ils l'ont simplifiée, *inachevée*. Ils sont, comme Pascal, plus beaux en fragments. Nous avions du genre ; ils vous ont un détachement de tout ! Nous sapions la déclamation : à leur tour, ils sapent nos aphorismes : un lot d'adjectifs leur suffit, qui répond à tout ; et s'il ne suffit pas absolument, leur phrase reste en panne ; et cela est d'un joli effet, cela laisse une impression toute neuve de scepticisme supérieur et de paresseuse ironie, qui en sait long. Ils ne déclament plus, ne gouaillent plus, ne blaguent plus : positifs plutôt que poseurs, ils sont « fumistes ». C'est un flegme rentré, qui est le fond de leur positivisme, pessimisme, dilettantisme, agrémenté d'anglais sportif et d'argot théâtral ; et cela est plus jeune que nous, mon cher.... » — Ainsi parlait l'immortel baron ; et MM. Meilhac et Halévy eurent l'intuition que c'était là de quoi réparer le vieux jeu d'Augier et de Labiche, un je ne sais quoi d'impassible et de vicieux, qui est la blague contemporaine. « Comme j'aime votre genre de conversation, insinue la Grande Duchesse au comte Grog... Vous dites des choses à faire sauter ; et votre figure ne bronche pas. »

Cette gaîté qui a ce montant d'ironie, est relevée encore d'un bouquet de classicisme authentique, qui chatouille et réveille le palais le plus blasé. Cela fait une contrariété succulente. MM. Meilhac et Halévy « possèdent leurs auteurs. » Ils sont des modernes, qui seraient des classiques, à qui tout cela serait bien égal. Leur style (eh bien ! eh bien !), leur écriture (eh là ! eh là !), le tissu délié de vocables qu'ils mettent aux lèvres de leurs personnages est une artistique broderie de disparates juxtaposées, estompées, dentelées, pointillées, au crochet. Le transport tragique y éclate en une fusée de rire. O rage ! O fureur ! La patriotique exaltation d'Horace :

Ma sœur, voici le bras qui venge nos deux frères!

se mue en un sublime lyrique et indécis :

> Voici le sabre de mon père;
> Tu vas le mettre à ton côté !
> . . . .
> Vous pouvez sans terreur confier à mon bras
> Le sabre vénéré de Monsieur votre père.

Leur prose surtout est jonchée des roses du répertoire, qui se sont effeuillées sous leurs doigts malicieux et agiles.

> Sais-tu que ce vieillard fut la même vertu,
> La vaillance et l'honneur de son temps, le sais-tu ?

Ce souvenir cornélien se traduit dans la bouche de M. Carcassonne par un large mouvement d'orgueil professionnel.

« Quand, demain, une foule idolâtre envahira notre spectacle, quand messieurs les espectateurs et mesdames leurs épouses se feront l'honneur de nous demander ce que la Cigale est devenue, sais-tu ce que nous leur répondrons, dis, le sais-tu ? » — « Non, je ne le sais pas. » — « Nous leur répondrons... qu'à la corde raide de la vertu la Cigale a préféré le tremplin du déshonneur. »

Et dites si ce n'est pas là une des sensations les plus complètes qu'un esprit français et bachelier puisse éprouver. Je choisis cet exemple entre cent. Leur verve émoustillante jaillit des plus pures fontaines d'Hélicon. Toutes les splendeurs de l'art font sur leur langage des reflets inopinés. Boulotte paraît.

> C'est un Rubens !
> Ce qu'on appelle une gaillarde !

Saphir implore sa bergère en une pose « à la Watteau ». L'influence moralisante de Greuze est peut-être la seule dont on n'y puisse relever les traces. Quant à l'élégante précision de la ligne grecque, elle y est partout. Je le dis sans sourire. Sur ces piquantes oppositions règne la lumineuse concision des maîtres. C'est, à son ordinaire, M. Jules Lemaître qui a risqué le mot, à propos de la *Belle Hélène* (1) : il y a de l'*atticisme* là-dessous, c'est-à-dire de la mesure et de la grâce, de l'aisance enjouée, une clarté heureuse, alerte, une fantaisie dégagée et décente, qui exprime moins de désirs qu'elle n'en éveille. M. Halévy hasarde sa pointe de sentiment, que M. Meilhac trempe aussitôt de malice. Et cela même est leur style, qui est tout leur esprit.

Cet esprit sobre et affiné, et si uniment complexe, s'insinue jusque dans le technique du théâtre. Ils connaissent tous les détours du labyrinthe, qui est le vaudeville. L'inventive dextérité de Labiche et les secrets de « l'intrigue circulatoire » n'ont aucun mystère pour les auteurs de *Tricoche et Cacolet*. Ils ont débuté par se faire la main dans l'apprentissage du quiproquo. Mais leur fantaisie s'unit plus volontiers pour façonner un peu moins de matière que trop. Ils ont excellé dans la pièce en un acte : *Toto chez Tata*, le *Petit Hôtel*, l'*Été de la Saint-Martin* sont des modèles du genre. Leur opérette est un vaudeville allégé, où la musique frétille avec ravissement. Leur comédie est une opérette, qui a de la tenue, dont l'intrigue est à peine plus surveillée et attentive, et qui n'a pas toujours la cruauté de fermer sa porte au musicien. De la complicité des violons et des voix ils se sont fait une douce habitude, comme l'opéra des jetés-battus. Jusque dans *Froufrou*, ils ont glissé quelques fredons. Où la ritournelle n'est pas, on la devine, et, la devinant, on la regrette. Elle donne le ton de l'œuvre et adoucit les rigueurs du dénouement « Musique de qui ce mariage-là ? » Musique d'Offenbach, plus que de Haydn, musique d'aujourd'hui, et qui sera demain ce qu'elle pourra. Qu'importe, bonnes gens ?

> Après avoir tant bien que mal
> Joué son rôle, on se marie.
> C'est imprévu, mais c'est moral.
> Ainsi finit la comédie.

(1) Jules Lemaître, *Impressions de théâtre*, I, page 220. (Lecène, Oudin et Cie.)

Encore classiques par le détachement avec lequel ils dénouent leurs pièces, MM. Meilhac et Halévy. Au surplus, très enclins à s'emparer de toutes scènes traditionnelles, qui ont réussi, et aucunement confondus par la difficulté de renouveler le métier dramatique en ce beau pays de France. Ils travaillent sous le buste des maîtres, qu'ils « déterrent du monument », tout en leur faisant la nique. Ils ont démarqué Ménandre, oui, Ménandre : à moins qu'ils n'aient seulement pratiqué les *Fourberies de Scapin*. *Barbe-Bleue* et la *Cigale* sont pures fables antiques : c'est l'aventure d'une princesse, que les parents ont égarée enfant et qu'ils retrouvent bergère ou saltimbanque. Ἀναγνώρισις ! Que dis-je ? La corbeille de la princesse Fleurette, je la reconnais, moi aussi : c'est le panier de *Moïse sauvé des eaux*. Voilà de l'érudition. Que dis-je encore ? La scène intime au palais du roi Bobèche, l'explication entre la reine Clémentine et son royal époux au sujet de la petite princesse Hermia, ô Clytemnestre, ô Agamemnon, c'est toute l'*Iphigénie* de Racine. Le prince Paul joue les Hermione à la cour de la Grande-Duchesse, et le comte Grog se tire du rôle d'Oreste à son avantage. Ailleurs, j'entends comme un écho affaibli de *Cinna*, « la Clémence d'Auguss, ou les coupables recompensés, qui auraient dû être punis ». Et ailleurs encore, je retrouve avec joie la thaumaturgie tragique des songes, — ou l' « avenir par les cartes » de la *Cigale*, ou l'oracle fatidique de la *Belle Hélène*. Aimez-vous Molière ? Il est là comme chez lui. C'est, dans la *Petite marquise*, don *Juan*-Boisgommeux entre Catherine et Charlotte, dans le *Petit Hôtel* toute la fin du second acte de *Tartufe* :

> ... Il souffre à me voir ; ma présence le chasse,
> Et je ferai bien mieux de lui céder la place.

La *Vie Parisienne* est bâtie sur le quiproquo des *Précieuses ridicules*, et égayée de brimades à la

Pourceaugnac. *Froufrou* refait à rebours la scène d'Armande et d'Henriette des *Femmes savantes*; dans la *Cigale* je crois revoir le déguisement de Toinette en médecin vert-galant. Je rencontre ici Marivaux, là Beaumarchais, ailleurs de Musset, et jusque dans le cachot des maris récalcitrants est-ce que ne voilà pas *Latude ou trente-cinq ans de captivité*? Tant de classicisme m'effare.

MM. Meilhac et Halévy ont de la littérature ; et, comme ils ont encore plus d'esprit, leur littérature ne leur est pas une gêne. Oh ! qu'elle ne leur est pas une gêne, leur littérature ! Adroits et malins ouvriers de théâtre, du minuscule et coquet théâtre des *Variétés*, ils brochent sur les plus sacrées traditions les motifs les plus modernes, avec une discrétion effrontée. Leurs expositions sont étincelantes ; leurs narrations étourdissantes (voir celles de la Cigale et de Marignan); leurs déclarations stupéfiantes, et leurs dénoûments philosophiques. Je recommande aux amateurs de logique inédite la fin de la *Petite Marquise*,—et le dernier acte de la *Boule*, qui est d'une moralité supérieure.

« Ah çà, mais est-ce que vous vous figurez que c'est pour mon plaisir que j'ai des maîtresses ? » — « Pourquoi ? » — « Parce que je ne puis pas faire autrement, parce que je suis né pour ça, parce qu'il y a une fatalité qui me pousse... »

Et c'est la clé d'un chef-d'œuvre, la *Belle Hélène*. L'algèbre du théâtre est pour eux un jeu d'adresse, où ils prennent plus de plaisir que de peine, et déploient plus de grâce que d'effort. Et des frises s'épand sur la scène comme un parfum d'ironie volatile : opérette ou comédie, selon la dose.

II

L'OPÉRETTE. — *La Belle Hélène*.

L'opérette de MM. Meilhac et Halévy n'est ni un diminutif de l'opéra, ni une charge de la tragédie, ni une parodie de l'épopée, ni une caricature de l'histoire ; elle n'est ni ceci, ni cela : c'est une transposition d'art. Elle s'élève donc fort au-dessus de presque toutes les imitations qui en ont été faites, où le musicien, toujours envahissant, réduit le livret à n'être guère qu'un ramas de pauvretés.

MM. Meilhac et Halévy ne délayent pas un fait-divers ou une nouvelle à la main. Oh ! non. Pareils en leurs hautes conceptions aux plus grands d'entre les anciens, ils puisent en pleine légende, légende de la guerre de Troie ou des contes de Perrault, légende des cours d'Allemagne, des placers du Pérou, des magnificences de la vie parisienne. Mais ils sont de leur siècle scientifique par la profondeur du doute, dont ils réduisent la légende aux proportions de la commune vérité, et de leur époque dilettante par la qualité du plaisir intellectuel qu'ils y apportent ou qu'ils y trouvent. Point de grand homme, de héros, ni de prince au regard de leur claire observation ; mais partout des « messieurs » et des « petites femmes du monde », qui de toute éternité ont manœuvré sur l'asphalte, depuis le temple de Calchas jusqu'au Café Riche, et du Café Riche jusqu'au temple de Calchas. Ainsi l'art s'emploie à resserrer sur le boulevard la chaîne des peuples... « Je suis étranger ; vous l'êtes aussi ; oserais-je, en qualité de compatriote ?... » à renouer la tradition de l'humanité continue, à faire paraître, avec la complicité guillerette de la musique, la genèse du baccarat qui remonte au joli jeu de l'oie, et la poésie archaïque du quadrille, dont les premiers accents ont réjoui le berceau des races par la symphonique ébauche de la *Marche des Rois*. Non, on ne saura jamais tout ce qu'il y a d'art transposé dans la *Belle Hélène*.

..... « Hélène, dit le bon Homère, se couvre d'un voile brillant, et sort du palais en versant quelques larmes. Elle n'était point seule; deux femmes la suivaient : Ethra, fille de Pitthée, et la belle Clymène. Bientôt elles arrivèrent aux portes Scées. Priam, Panthoüs, Tymétès, Lampus, Clytius, Hicétaon, rejetons du dieu Mars, le prudent Ucalégon, et le sage Anténor, tous anciens du peuple, étaient assis au-dessus des portes Scées. La vieillesse les éloignait des combats ; mais, pleins de sagesse, ils discouraient, semblables à des cigales, qui, sur la cime d'un arbre, font retentir la forêt de leurs voix mélodieuses ; ainsi les chefs des Troyens étaient assis au sommet de la tour. Quand ils virent approcher Hélène, ils dirent entre eux, à voix basse : « Ce n'est pas sans raison que les Troyens valeureux supportent pour une telle femme de si longues souffrances : *elle ressemble tout à fait aux déesses immortelles* ; mais, malgré sa beauté, qu'elle retourne sur les vaisseaux des Grecs, de peur qu'elle n'entraîne notre ruine et celle de nos enfants. »

Et Priam, élevant la voix, appelle Hélène près de lui : « Approche, ô ma chère enfant ; viens t'asseoir à mes côtés, afin que tu reconnaisses ton premier époux, tes amis et tes parents : *ce n'est point toi, ce sont les dieux qui furent la cause de nos maux, et suscitèrent cette guerre, source de tant de larmes...* »

Hélène lui répond en ces mots, *Hélène, la plus belle des femmes* : « Je suis honteuse et craintive devant vous, ô mon noble père. Plût aux dieux que j'eusse reçu la mort, le jour où je suivis votre fils, lorsque j'abandonnai le palais de mon époux, mes parents, ma fille chérie, et les aimables compagnes de ma jeunesse... » (1).

Ainsi parlait Hélène, et les vieillards de contempler avec tremblement l'idéale beauté, qu'ils n'ont pas le courage de maudire. Et le vieux Priam, dont les fils tombent dans la mêlée, trouve malgré l'amertume de son cœur, quelques paroles douces comme le miel pour cette femme radieuse et désolée. Et ç'a été, je pense, une époque unique dans l'épopée humaine que la naissance de cette peuplade grecque, si prodigieusement

(1) *Iliade*, ch. III.

éprise d'art, que de l'Idée du Beau elle fit sa pensée, sa morale, sa religion, sa vie. L'Iliade n'est pas uniquement une inestimable poème guerrier ; elle est l'âme même, l'âme artiste de l'Hellade, de cette Hellade lumineuse et chérie d'Apollon. Rien n'est vrai, bon, divin que le Beau sous ce ciel privilégié. C'est l'immatérielle attache qui relie l'Olympe à la terre. « Ne me reproche pas les dons aimables de Vénus, répond Pâris à Hector ; il ne faut pas rejeter les nobles présents que nous accorde le ciel, puisque personne ne peut se les donner à son gré. » De l'antique choc de l'Orient et de l'Occident ce qui survit dans l'esprit grec, c'est l'admiration jalouse de l'Asie, lorsque pour la première fois fut révélée à ses regards étonnés l'excellence plastique de la beauté autochtone. Ce que les Achéens ne pardonnent point aux Dardaniens, c'est le vol de leur Idéal, la profanation de leur plus pure joie. Et n'est-ce pas bien le même peuple qui plus tard, aux jours solennels des Panathénées, s'acheminera en une religieuse théorie, vers le sanctuaire de Minerve, protectrice de la ville, immortalisée par le ciseau de Phidias ? La légende romaine se glorifie du brutal enlèvement des Sabines, qui est une lutte pour la race ; l'épopée homérique chante une rivalité sacrilège, et perpétue la mémoire d'Hélène, la plus belle des femmes, lâchement ravie.

Hélène n'est pas coupable ; elle est l'instrument de Vénus, qui, pour l'accomplissement des destinées, la pousse impitoyable aux bras du Phrygien. Elle est une âme mortifiée dans la gloire du corps. Elle est si peu la femme adultère, qu'au milieu de l'admiration attristée qu'elle soulève sur ses pas, aucun mot ne l'accuse, et que même les poètes postérieurs à Homère s'efforceront d'effacer de la mémoire des hommes jusqu'au souvenir même de la faute, du détestable ouvrage d'Aphrodite qui entretient avec volupté la vigueur féconde des peuples. Hélène se lamente, parce qu'elle se sent déchue, et sacrifiée à d'impénétrables desseins. Elle obéit avec la révolte sur les lèvres ; elle cède sans passion à un charme irrésistible, qui la réduit, sans la séduire.

« Implacable Vénus, pourquoi veux-tu m'entraîner encore ? Puisqu'aujourd'hui Ménélas, vainqueur de Pâris, veut ramener dans ses foyers une indigne épouse, pourquoi venir ici méditer de nouvelles perfidies ? Va t'asseoir auprès de ton Troyen, renonce aux sentiers des Immortels, et ne porte plus tes pas vers l'Olympe ; sans cesse inquiète pour lui, garde-le soigneusement, heureuse d'être son épouse, ou même son esclave. Pour moi, je n'irai point partager sa couche... »

Cependant la déesse au tendre sourire la glace de crainte ; Hélène se couvre d'un voile blanc, se dérobe aux yeux des Troyennes, et monte à la chambre de l'hyménée, où Pâris l'attend, gracieux et lâche, sourd aux reproches, insensible aux paroles amères, plus embrasé de désir que jamais.

Pour cet esthétique génie de la race, la beauté n'est pas uniquement l'amour, elle est l'autorité. Elle sera la pensée de Platon, et la sagesse du stoïcien. Elle est le signe des rois. Dès Homère, elle occupe l'esprit de cet aimable peuple, qui ne se débrouillera jamais entièrement de sa passion pour la splendeur harmonieuse des lignes.

« Apprends-nous, dit à Hélène le vieux Priam, le nom de ce héros remarquable, de ce Grec si fort et si majestueux ; d'autres peut-être le surpassent par la hauteur de la taille. Mais tant de beauté unie à tant de noblesse n'a jamais frappé nos regards. Sans doute ce héros est un roi. » — «... Ce prince est le fils d'Atrée, le puissant Agamemnon. »

Quand un héros surpasse les autres par la beauté et le courage, il est né d'une déesse. Une déesse seule peut avoir conçu Achille, fils de Thétis. Alors la fantaisie s'exalte. Achille est grand, fort, rapide à la course ; son âme courroucée se fond aux accents de la lyre, et se retrempe dans les amères délices de l'amitié vengeresse. Il serait un habitant de l'Olympe, s'il n'était mortel et vulnérable par quelque endroit. « Si Dieu a fait l'homme à son image, disait Voltaire, l'homme le lui a rendu. »

Et Dieu s'en est vengé. Car l'humaine beauté est périssable : les héros d'Homère le savent. Ils connaissent le jour et les circonstances de leur mort marquée par le Destin. Et c'est une des plus touchantes émotions de cette antique épopée, que l'exacte prescience du terme où doivent s'échouer beauté, puissance et gloire, qui à l'ombre de ce sentiment se voilent d'une vague tristesse. C'est la Fatalité, à qui rien n'échappe, qui précipite toutes les grandeurs : la rude consolation des humbles, qui remplira de terreur le théâtre d'Eschyle. Elle plane sur l'œuvre d'Homère ; elle met au cœur de ses héros une mélancolie résignée, dont ils se dégourdissent par l'action. Elle est l'inflexible loi des destinées incomprises et acceptées. Elle est une douceur qui humanise l'héroïque figure d'Achille, et la douloureuse rédemption d'Hélène aux bras blancs, la plus belle des femmes...

> Ah ! malheureuses que nous sommes,
> Beauté, fatal présent des cieux !
> Il faut lutter contre les hommes ;
> Il faut lutter contre les dieux...
> Dis-moi, Vénus, quel plaisir trouves-tu
> A faire ainsi cascader ma vertu ?...

Ainsi chante la belle Hélène de MM. Meilhac et Halévy, une petite mariée cascadeuse, qui a bien du montant. Elle est gentille, et elle n'en peut mais ; mariée, et il n'était que temps ; cocotte, parce qu'elle est la fille d'un oiseau : et tout cela par la fatalité. Et voilà justement la *transposition*. Je n'affirme pas que l'art consiste en ce que la belle Hélène « a mal tourné », comme il est dit en cette œuvre rare ; mais plutôt dans l'esprit qu'elle dépense à entraîner tout un cortège d'idées, de croyances, de mœurs et de fantaisies très poétiques dans son évolution très moderne.

Qu'est-ce encore que la belle Hélène de MM. Meilhac et Halévy ? Belle ? Que sais-je ? Le nez surtout, avez-vous vu le nez ? C'est la Fatalité. On dirait d'un bec friand et badin. Voulez-vous qu'avec un tel bec une femme préserve de sa vertu, pour peu que la Fatalité s'en mêle? C'est tout le bec de Lecena, qui joue les grues sur le chariot de Thespis, aggravé de la frimousse de Parthénice, à qui un philosophe de l'Académie... nationale de musique a fait comprendre « que le Beau et le Bon, c'est la même chose. » La belle Hélène n'est donc pas la femme adultère. Elle est une petite créature pas sage du tout, mais qui ne peut pas faire autrement. C'est la Fatalité qui sonde les reins et met les sens en joie. C'est la faute à la Vénus d'hier, frivole, insouciante et heureuse de vivre vers la fin du second Empire. C'est la faute à la société, à la littérature, à la « Babylone moderne », qui ont fait de la femme une tête si chère, si folle, si capricieuse, si éventée, et si adorablement vide. C'est la faute aux maris, qui voyagent sur la foi d'un oracle; aux irrésistibles bergers, qui sollicitent la curiosité des « femmes du monde » par une auréole de fête qui leur ceint le front, et la patte d'oie qu'ils ont aux tempes, par la gloire qu'ils traînent dans leur sillage d'avoir un jour prononcé sur les charmes secrets de trois déesses fameuses et court-vêtues. Ce sont toutes les superstitions du vieil Homère chiffonnées par des mains espiègles, pour la vogue des restaurants de nuit. C'est une Fatalité de roman réaliste et mondain, l'épopée des spirituelles défaillances, une Ἀνάγκη de *Vie parisienne*, qui glisse inéluctablement au Grand-Seize.

Transposition ingénieuse et artiste. Les auteurs ont répandu autour de leur belle Hélène une atmosphère d'hellénisme singulier, où elle se meut avec grâce. Le sacrifice, l'oracle, le tonnerre, les jeux publics sont une restitution archéologique d'un goût qu'on ne saurait trop louer. Le discours inaugural du grand Agamemnon,

salué par les bravos d'Oreste et les premières mesures
de la « Phocéenne », évoque en nous l'Isthme, Némée,
Corinthe, Pindare, la Grèce assemblée, toute une mer
multicolore de robes et d'hermine, tout un personnel
de Sorbonne. Art discret et suggestif, s'il en fut. J'aime
la lutte des calembours, la composition en bouts rimés
et l'inédit de la charade « locomotive », quatre mille ans
avant l'invention des chemins de fer.

Admirable matière à mettre en vers latins.

Et voici que je me souviens d'avoir lu sur le même
sujet une copie couronnée au Concours général entre
les lycées et les collèges de Paris et des départements.
Bienfaisante coïncidence ! C'est une sensation que cela !
A peine regretté-je de ne point trouver là le rude
exercice des « combles », qui était un sport à la mode
vers la même époque, et qui, complété d'une autre
gymnastique intellectuelle, très recommandée aux environs de 1865 : Cons - tantino - polis - toire - tistement -
songère - mitage - ioscope - ération - teusement... eût
agréablement parfait le « pentathle ». C'est évidemment une lacune. Il est vrai que les auteurs
y suppléent par la partie d'oie. « Après le rude
labeur du gouvernement de mes peuples, dit Agamemnon, il est doux de déposer la couronne et d'en tailler
une avec de vieux amis... » Autour de la table verte,
les exclamations des joueurs nous emplissent d'aise et
d'étonnement : « Dix mines ! Cinquante louis ! » Quant
à l'épidémie d'infidélité conjugale qui sévit à Leucade,
elle fait la joie secrète du conseil municipal de Trouville. Et vous voyez le procédé qui est un perpétuel
changement, une plaisante chute d'une gamme
en l'autre, une mosaïque d'Homère et d'argot (Argos
dans le texte), dont bien fin serait celui qui trouverait
les soudures et les traces du travail, à tout coup dissimulé par un éclat de rire inextinguible. « Je vous
défends de m'appeler oie. » — « Comment voulez-vous

que je vous appelle ? Ne l'êtes-vous pas, roi de Phtiotide ? » Et la gaîté convulsive se change en un chatouilleux frisson, dès qu'Offenbach entre en jeu.

Il y a mieux encore. Cet art si léger ne serait qu'une parodie équivoque, si les auteurs n'avaient pris le soin de la rendre inoffensive. A la poésie homérique ils ont mêlé quelques franches repues de verve, de gaie science, de tradition gauloise. Au culte dont les Grecs honorent la beauté virile se substitue en sous-œuvre la légende toute française du beau gars bête comme l'oie des oies, et celle toute rabelaisienne du singe aimé des femmes. Tel, Achille aux pieds légers, qui abat 100 à la tête-de-turc, tête-de-turc lui-même. Tel, le prédestiné ravisseur Pâris, un Michu d'épopée, doué d'un charme énigmatique et d'un oval douteux. Calchas encore est un bon moine paillard, raillard et « joueur comme les dés. » Pour le blond Ménélas, chéri de Mars, c'est le plus épique des cocus de fabliau. Mari, il nous éloigne un peu de l'Iliade ; mais, roi, comme il nous y ramène !

« Qu'est-ce que je désire, moi ? Que tout s'arrange. Qu'est-ce qu'il faut pour ça ? Que la reine fasse un petit voyage à Cythère et sacrifie cent génisses blanches ? Rien de mieux ! La reine fera ce voyage, et c'est mon peuple qui paiera les génisses blanches. » — « Vive Ménélas ! » — « Oui, mes enfants, vous les paierez. »

Cette spirituelle et profane synthèse des arts et des civilisations est une vue précieuse, et la *Belle Hélène* un chef-d'œuvre exquis, — dont le plaisir inquiète.

III

MŒURS ET CARACTÈRES.

La Petite Marquise. — *Froufou.*

Cette double impression s'avive et s'affine dans les comédies de mœurs écrites en collaboration par

MM Meilhac et Halévy. Je n'écrirai pas qu'ils sont des petits-fils de Voltaire, n'ayant nul dessein de contrister M. Halévy. Mais il est véritable qu'un souffle de tolérance a effleuré leur œuvre commune. Je ne les rattacherai pas davantage à cette littérature galante, qui prit ses plus intimes ébats dans la seconde moitié du xviiie siècle, et dont Charles Monselet se pourléchait avec gourmandise : pourquoi suspecter M. Meilhac? Mais il est manifeste qu'un démon, qui fait le bon apôtre, s'est insinué parmi les froufrous de leur théâtre, et que, dans les soudaines et décentes envolées du dialogue, il imprime aux plus blasés la petite secousse, qui est une friandise.

A la vérité, ils procèdent de Labiche, comme j'ai dit ; mais ils opèrent sur le domaine de M. Pailleron. Leur observation est plus aiguë que chez le premier, moins émue que chez le second. A mesure que le champ de la vision se restreint, après Émile Augier, Alexandre Dumas fils, Édouard Pailleron, on est insensiblement conduit à y mettre plus d'esprit. Et sous l'esprit plus délié se devine l'imperceptible détachement, qui n'est pas encore l'humeur morose, mais qui n'est déjà plus la belle humeur. C'est de l'humour, à la française. Le comique est plus acéré, moins sympathique aux hommes et aux choses. Il trahit une indulgence sagace et un peu indifférente aussi. Il semble que tout ce qui dépasse cette mesure soit un pédantisme. Aussi MM. Meilhac et Halévy ont-ils étudié le monde, les hommes du monde, la vie de Paris, les mœurs des quelques centaines d' « inerties distinguées », sur lesquelles le théâtre contemporain s'obstine à nous faire entendre que Paris et la France ont les yeux. Et avec une modestie, peut-être excessive, ils se sont cantonnés dans un coin de cette réduction de la société ; ils ont étudié un certain monde dans le monde, un monde mitoyen et limitrophe ; ils nous ont produit quelque chose comme l'image de l'existence moderne, telle qu'on la suppose imprimée dans le cerveau d'un clubman très boulevardier. Leur observation, leur philosophie, l'angle sous lequel ils voient la comédie humaine, tout cela sent son homme d'esprit, un peu fatigué, qui contemple sans angoisse le défilé des ridicules élégants, insouciants et à la dernière mode, assis dans un fauteuil capitonné, contre la fenêtre de son Cercle.

De ce poste d'observation, soit qu'il dirige ses yeux sur le boulevard, ou qu'il se contente de prendre garde aux propos qui se tiennent autour de lui, cet homme d'esprit trouve également de quoi intéresser son dilettantisme curieux d'un tout petit nombre de choses toujours les mêmes. Ce Max, moins troubadour et plus sceptique que celui de M. Pailleron, ne prend de réel plaisir qu'aux lieux communs de la parlotte ou du club élégant. Sa philosophie est faite de tous les potins des salons et des boudoirs, des ateliers et des tribunaux, des théâtres et des alcôves, des théâtres qui ont un dégagement sur les alcôves, et des alcôves qui ont une ouverture sur les théâtres. Lardons scandaleux, séparations de corps, l'exposition select de *Rouge et Noir*, l'exhibition plus select de *Noir et Rouge*, les luministes dont le monde se moque, et les intentionnistes qui se moquent du monde, le succès de la *Petite Poularde*, les cocottes qui sont actrices, les actrices qui sont cocottes, et les petites mondaines qui s'improvisent actrices en attendant mieux, tout cela emplit et occupe sa pensée sans encombrement ; et il en parle, comme on en parle alentour, d'un certain ton dégagé, mesuré, presque gai, sans effusion. Et MM Meilhac et Halévy voient le même monde de la même fenêtre, en écoutent l'entretien, assis dans le même fauteuil du même Cercle ; ils n'en perdent ni un geste ni un sous-entendu ; et d'un esprit plus alerte et mordant ils rendent à ce public d'un parisianisme superfin ce qu'il leur a prêté.

Point d'amertume en eux ni d'insistance dans la satire. Les types qui ont posé devant leur crayon, sont enlevés de profil, quelquefois de dos, rarement de trois quarts. Les portraits de face ne les tentent guère : il y a là trop de dessous à étudier, de nuances à ménager, de valeurs à pousser. Demandez-leur le croquis d'un avoué, l'esquisse d'un avocat, la silhouette d'un peintre : leurs cartons en sont remplis, et les études sont d'une verve pincée, originale. Il faut lire l'audience du IIIe acte de la *Boule*, ou le IIIe acte de la *Cigale*. C'est bouffonnerie, mais non pas de médiocre qualité. Cela est mordant, inoffensif et léger.

Les plus hautes conceptions de l'homme à la mode sont l'âme même de ce comique. Les malicieux auteurs ont dévoilé les mystères de Vénus et de Thalie, qui tiennent tant de place en cette existence dorée et factice. Le théâtre surtout, avec son personnel et son laboratoire, le théâtre d'*Indiana et Charlemagne*, ils en ont entr'ouvert les coulisses ; ils ont révélé les moins innocents secrets de la pièce vue à l'envers. La légendaire vanité de la gent comédienne, encouragée par l'incomparable snobisme de la fine fleur boulevardière, est égratignée par eux ; la vertu des étoiles chiffonnée, la niaiserie des satellites étalée sans ostentation. Ils ont créé un La Musardière d'un romantisme falot, et un mari de débutante arrivée, qui constituent une plaisante trahison du secret professionnel. Ils ont fait voir jusque dans *Froufrou* l'empiètement du théâtre dans les salons, et les immédiats effets du cabotinage séculier sur ces petites cervelles affolées de « chic ». Et, de toutes les frivolités mondaines cet art d'un lyrisme et d'un goût douteux étant la plus frivole et la plus envahissante, ils n'ont pas manqué d'en extraire une manière de morale peu dogmatique, qui passe la rampe et s'insinue joyeusement en ces têtes peu rebelles La morale relative de l'opérette complète la sagesse dilettante du Cercle. Et tous ces caractères, en somme, procèdent assez directement, pour la psychologie et le dessin, des sententieux fantoches de la *Vie parisienne*.

> Mes bons amis, je vous présente
> Une gantière autrefois innocente,
> Et qui pour moi renonce à vingt ans de vertu.
> — Turlututu !

N'allez pas croire au moins que l'observation en soit absente ; elle y est, au contraire, pénétrante, et philosophique, et d'une agréable insouciance. Turlututu ! Ce mot dit plus de choses qu'il n'est gros. Il est le symbole d'une demi-croyance ; il signifie qu'ainsi va le monde, et qu'il pourrait peut-être aller autrement, et que cela nous est égal d'ailleurs.

MM. Meilhac et Halévy, en gentils esprits qu'ils sont, n'insultent pas une femme qui tombe, mignonne brebis de Panurge ; ils se gardent de la frapper, même avec des fleurs. Ces entorses de la vertu ont si peu, mais si peu d'importance, que ce commun accident ne mérite plus une satire, et que le jeu, comme on dit, n'en vaut pas la chandelle.

« Les mœurs s'adoucissent de jour en jour. » Gardez-vous aussi d'en inférer qu'ils aient méconnu le problème de la femme moderne, si résolument posé par M. Alexandre Dumas fils. Ils l'ont indiqué — par métaphore. « Vous vous dites : oh ! ces femmes du monde, coquettes, dépensières, toquées... tout cela est vrai ; mais à qui la faute ?. A la société moderne qui ne laisse aux femmes qu'une place insuffisante » — « Oh ! quant à cela... » observe le baron de Gondremark en se reculant, à moitié submergé par le flot des jupes qui déferlent. « Voyez-vous, dira plus tard Froufrou, vous m'avez toujours placée beaucoup plus haut qu'il ne fallait. » D'où MM. Meilhac et Halévy concluent, en souriant, que tout cela n'est pas sérieux, ou mieux, d'où ils ne concluent pas que l'amour est une bêtise, s'il n'est une commodité décente et plaisante, mais le laissent entendre. D'où ils tirent de jolies scènes, dans lesquelles les conventions du vocabulaire galant se rajeunissent d'argot; d'où ils empruntent des types lestement pris en leur mesure, d'une ironie pratique, piquée comme un colifichet à la mode à tout bout de phrase, et d'une sensibilité très émoussée par l'esprit, et presque véritablement nulle. C'est, encore un coup, le charme subtil de ces comédies et de ces caractères, qui se complique ou se gâte d'une certaine impuissance à exprimer le sentiment vrai.

La *Petite Marquise* est peut-être le chef-d'œuvre des comédies de mœurs de MM. Meilhac et Halévy. Là toutes leurs qualités de verve, d'esprit, d'imprévu, d'observation acérée, de pensée indulgente et de morale pratique, se sont précieusement confondues. Le sujet même est le fond de leur opinion douce aux aimables ennuyées, qui signent leurs pattes de mouche d'une innocente formule : « Ta petite femme du monde qui t'aime bien. » L'ouvrage encore est aristocratique par un nouveau ridicule du mari, qui n'est ni gourmand, ni jaloux, ni congestionné, ni soupçonneux, mais érudit (1). Cet homme se distrait des félicités du mariage par contenter son goût pour les études romanes. Et ce travers inélégant est fait pour étonner et réjouir nos sporstmen. Que dire de Boisgommeux ? Qu'il a des bois et qu'il est gommeux, et que ses compagnons de baccarat le reconnaissent, et que c'est bien lui, et que c'est bien eux. C'est elle aussi, oh ! que c'est elle, la petite marquise, avec son horreur du mariage inspirée par le timbre de voix du mari ! Sujet, situations, personnages, tout y est d'une modernité très spéciale.

Le nœud même de l'intrigue, l'introduction de la concubine dans le domicile conjugal, et le jeu de l'amour

---

(1) Cf. *Le Monde où l'on s'ennuie*; — *L'Age Ingrat*, d'Edouard Pailleron.

et du hasard qui remplace la « professionnelle » par la soubrette, et je ne sais quel platonisme qui se répand sur ces scènes inédites, sont d'un Marivaux du second Empire. Les déclarations, le dépit, la brouille, la réconciliation, tout en est succulent. « Extase, longue, longue extase!... My little marchioness!... » Le « nouveau point de vue », le « sage législateur »; les habituelles misères des amour furtives, les trois numéros des trois fiacres, le marmiton sur le palier sont d'une fantaisie démonstrative. La diplomatie galante des salons, « un petit coup d'œil, un éclat de rire à propos de rien, quelques mots insignifiants derrière l'éventail, et puis, quand vous me quittiez, un regard bien d'aplomb... *J'en appelle à tous ceux qui ont l'habitude des femmes du monde... est-ce que cela ne veut pas dire : vous pouvez marcher ?...* » le dénoûment même si adroitement aiguillé par une manœuvre inattendue, ce mari qui par un retour de crédulité pousse sa femme au bras de l'amant qu'il invite à dîner, et le soupir final : « troubadour ! » qui n'est pas indigne du suprême : « hélas ! » de Bérénice : autant de traits heureux d'une observation menuisée et tout de même directe.

Voilà donc un délicat chef-d'œuvre, dont l'infini détail nous remplit d'aise, — dont les ingénieuses surprises nous chatouillent, et dont l'esprit n'est bientôt qu'agacerie. Pas un mot de sensibilité naïve ; rien de vrai, d'uniment vrai. Cela est agile, minutieux, gracieux et crispant. La femme, le mari et l'amant n'ont pas pour un liard de simplicité. L'ironie les démange ; ils ont des transports mutins et gamins ; ils ne font pas leurs phrases, et ils s'écoutent parler ; au moment de s'attendrir, bon, voici qu'ils tirent la langue...

« Et vous, femmes, qui seriez tentées de m'imiter, femmes, qui avez, ainsi que moi, rêvé l'amour venant vous consoler des déboires du mariage !.. Que n'êtes-vous là, *mes sœurs* !.. Je ne vous donnerais pas de conseils, *je ne vous ferais pas de tirade*, je vous dirais simplement : écoutez, regardez, et souvenez-vous, *mes sœurs*, souvenez-vous ! »

Je regarde, et je vois le geste espiègle de l'actrice, l'ahurissement de Boisgommeux, et je me souviens qu'en effet tout cela n'est pas sérieux, que tout cela n'a pas d'importance, que j'étais une bonne bête de me laisser aller à mon émotion que je refoule piteusement, dans l'attente d'une occasion meilleure. J'éprouve, mêlée à un plaisir très vif, une vague angoisse que ces hommes d'esprit, ces hommes du monde, ces observateurs qui clignent des yeux et ces amoureux qui à tout moment ricanent, ne se gaussent de quelqu'un, qui pourrait bien être le naïf et pas du tout aristocrate spectateur que je suis. Cette verve et ces voix blanches me gênent. Ces traits d'ironie sournoise et de fausse naïveté entrent en moi comme autant de pointes sèches. Cette grimace du sentiment me pique et m'énerve. Je suis à présent comme « une pelotte d'épingles, qui aurait conscience de son état », une pelotte à qui le destin aurait accordé la faculté d'être agacée.

Cette ironie continue est un défaut rare, savoureux, distingué, mais c'est un défaut, qui me gâte les meilleurs ouvrages de MM. Meilhac et Halévy. Encore une fois, il y a du clubman là-dessous, et un peu du « m'as-tu vu ? » Le théâtre, dont ils ont dévoilé les ridicules, s'est vengé sur leur talent. La source de sensibilité s'en est desséchée et tarie. Quand ils y veulent puiser, en vain ils frappent le rocher de leur magique baguette. Ils en sont réduits aux procédés factices, aux humiliations du mélodrame, du vulgaire mélodrame, eux, les observateurs délicats, les attiques; on voit alors MM. Meilhac et Halévy « rivaliser » M. Sardou, selon le mot de la Cigale.

Les trois premiers actes de *Froufrou* sont proprement un délice. En aucune autre pièce ils n'ont tissé une trame plus légère et solide ; nulle part ailleurs ils n'ont attrapé un sujet qui convînt davantage à l'agilité ténue de leur talent. C'est la *Petite Marquise*, avec moins de convention parisienne, de concession à la légende de la vie de Paris, qu'ils n'ont d'ailleurs pas peu contribué à former. Il y a là beaucoup plus de ce qu'on voit ou entrevoit dans la pénombre de certains salons mondains, où une discrète senteur d'encens monte, à la gloire — et à la tête de la femme-joujou, de la femme-froufrou. Une atmosphère de gâterie, de fleurette, de caprice et d'insouciance enveloppe ce château des Charmerettes, ainsi appelé d'un coquet diminutif qui lui sied. Brigard, le père, — non, certes, le père Brigard — ce La Musardière adouci,... qui, malgré ses cheveux teints et ses fredaines de vert-galant,... est tout de même père à sa façon, par à peu près,... comme il est amant, ou à peu près ; qui adore la plus fringante de ses filles et se prosterne devant l'autre... et qui peut-être préfère celle qu'il adore... parce qu'elle est plus femme... plus telle enfin qu'il les préfère et les adore toutes ; père malgré tout, plein de bonne volonté fortifiée de morale, par à-coup, de morale fragmentaire, intermittente, ébauchée, je ne dis pas débauchée ... est un papa bien moderne et combien peu patriarche, surtout avec une toque féminine à la main ! Quelle silhouette encore que ce Valréas, irrésistible, léger, heureux de vivre et de faire le geste de l'amour ! Quelle désinvolture il déploie dans ses déclarations à pirouettes, moitié salon, moitié boudoir ! « Enfin, puisqu'il n'y a pas moyen de faire autrement... Mais je suis désolé... maintenant, j'en suis sûr, il ne me reste plus aucune chance de vous convaincre de mon.... de ma... non, n'est-ce pas ? » Il a de la race. Allons, saute, marquis ! — Et jusqu'à cette frivole baronne de Cambri, qui émoustille tous ces papillons, et préserve ses ailes de la flambée. Et jusqu'à cette opposition toute classique de la bonne sœur Louise, cette raison même, une Éliante plus bourgeoise et vaillante. C'est en toute cette pièce une illusion de vie aisée, qui moutonne, rayonne, fredonne autour de la surfine petite personne, dont le surnom fait à peine un bruit.

Ici, l'analyse est sémillante, et l'écriture frôleuse, comme un flirt. Le réalisme même perce par éclaircies, et avec quelle réserve ! Les scènes intimes sont tempérées et vraies, en sourdine : l'ambassade refusée, Froufrou sans Paris, et l'absolue incapacité de cette voltigeante cervelle, quand il s'agit de se fixer, de donner dans le sérieux de quelque chose, de se prendre à une idée, qui ne soit ni chiffon, ni fête, ni caprice, ni froufrou. Tout est froufrou en elle, jusqu'à ses velléités maternelles. Et froufrou de même, c'est-à-dire indiquées plutôt que déduites, l'appréhension de la faute, la révolte de l'honneur, le désir de vie sérieuse, l'élan vers le rôle de femme, de mère, d'épouse ; froufrou enfin l'intime et voilée gradation de ses vains efforts, de sa jalousie, de sa colère, qui aboutit au coup de tête irréparable d'un enfant gâté. — Froufrou ?.....

Est-ce bien Froufrou que nous retrouvons à Venise ? Pourquoi là et non plus à Paris, ou aux Charmerettes ? — A cause de l'amour qu'elle a ressenti pour ce petit Valréas ? Froufrou si amoureuse que cela ? Coup de tête, amour de tête. Mais cette folle mésange en proie à ces calamités de la passion ? — La jalousie ? Vous m'étonnez. Froufrou n'est pas jalouse, ayant toujours été trop aimée ; et s'il arrive qu'un sentiment de cette violence éclate dans son cœur, elle ne cède point la place, elle la garde avec la pleine conscience de sa toute-puissante frivolité. Et donc, cette délicieuse personne, qui a nom Froufrou, est tristement installée à Venise, dans un grand palais romantique, criblée de dettes, en compagnie de ce Valréas, un chérubin que sa maman réclame, un mouton frisé que le mari va sacrifier à son honneur. (Celui-là aussi, on nous l'a changé d'un acte à l'autre.) Mais ce n'est pas sa faute, à elle, non plus qu'à la belle Hélène ; ce n'est pas sa faute, à lui, non plus qu'au berger Pâris ; tout cela est fâcheux, oh ! que cela est fâcheux ! Est-ce qu'en vérité d'aussi fâcheux effets peuvent naître de ces espiègles bagatelles du sentiment?

Je vois poindre et s'enfler le mélodrame, et j'en ai du dépit, contre ce Sartorys d'abord, de qui vient tout le mal, et contre des auteurs spirituels qui, après avoir montré tant de mesure dans l'observation, sont condamnés par leur esprit même à n'en garder aucune dans l'émotion. L'un fait tort à l'autre. Ce Sartorys, qui relie en sa main les fils de l'intérêt dramatique, est un mari de Labiche, avec ses airs tragiques et d'un rodomont. S'il a l'étoffe d'un ambassadeur, je consens qu'on l'envoie à Rome, où ses éclats de voix seront au diapason du concert européen. Pourquoi faut-il qu'on ait confié à ce cuistre déguisé en diplomate les destinées d'une œuvre charmante? Il a l'émotion collégienne et prudhommesque. Cet homme grave s'éprend, comme un novice, d'une exquise créature qui est aux antipodes de la gravité. Il l'aime comme un fou, et consent à régler sa volonté sur les désirs de celle qu'il aime; il est guindé dans ses tendresses et gauche, et aussi peu clairvoyant qu'il est possible à un diplomate de carrière; on dirait qu'il se modèle sur la maxime connue: « Il ne suffit pas d'être un sot, il faut avoir de la tenue. » Il en a; et si sa femme s'avise un jour d'être la maîtresse de sa maison, il s'entête à ne point satisfaire ce suprême caprice. A cet homme grave la compagnie de deux femmes est nécessaire, l'une qui est toute jeunesse, toute grâce, toute plaisir; l'autre toute raison, toute ordre, toute sagesse. C'est un ministre qu'il faut accréditer auprès du sérail. Il tient la comptabilité de son privé en partie double, comme M. Perrichon le carnet de ses voyages : côté des impressions, côté de la dépense. Il moralise, il est près de déclamer, par ma foi. Il joue alternativement de la syncope et du fleuret; en garde ou à genoux, telle est sa devise. Il précipite les plus gros effets du mélodrame sans sourciller. C'est encore l'éperdue Froufrou qui a le mot judicieux en cette affaire.

« Deux hommes s'entre-tuer à cause de moi, Froufrou ?... Est-ce que cela est possible ?... Songez donc !... Froufrou, des fêtes, des chiffons, toute ma vie était là... C'est pour cela que j'étais faite, pour cela seulement... Qui donc m'a jetée au milieu de ces choses si terriblement sérieuses et qui m'épouvantent ? »

Qui donc ? Mais ce Sartorys, pauvre chérie, Sartorys, l'implacable instrument de deux auteurs inhabiles à s'attendrir, et à sentir vraiment. Ces choses si terriblement sérieuses sont la rançon d'opérettes triomphantes et de comédies ironiques. La pièce s'assombrit et se machine aux dépens de la grâce et du goût. De MM. Meilhac et Halévy on attendait quelque délicatesse. Froufrou se flétrit et se meurt ; la *Croix de ma mère*, le *Petit Georges qui veut sa maman*, la *Dame aux Camélias*, *Mimi Pinson*, la tirade du *cercueil* et de la *robe de bal* se suivent et se complètent irrémédiablement. Brigard en a oublié de teindre ses cheveux ; tant d'infortune et de banalité le défrise. Du refrain d'*Indiana et Charlemagne* il retombe ahuri dans le tremolo de M. Sardou. Ainsi finit une délicate étude de psychologie parisienne en trois actes, par un drame de cape et d'épée aggravé d'une maladie de poitrine. Au moins la moralité du dénoûment est-elle sans reproche; elle prévient les plus honnêtes scrupules de la censure. « N'exigeait-on pas, écrivit un jour Émile Augier, que, dans les *Lionnes pauvres*, Séraphine, entre le quatrième et le cinquième acte, fût victime de la petite vérole, châtiment naturel de sa perversité ? » Froufrou étant moins coupable, MM. Meilhac et Halévy se sont contentés de la phtisie ; dans *Fanny Lear*, il avait tâté de la folie : dures contraintes pour des hommes d'esprit. Pauvre Froufrou !...

IV

LE DILETTANTISME AU THÉATRE.

Elle a bien de l'esprit, la raison sociale Meilhac et Halévy. Tous les excès se payent, même celui-là. Et je pense que voilà de la morale. Un Aristarque, plus passionné pour le théâtre et plus soucieux des destinées qui l'attendent que curieux d'opinions distinguées et de scepticisme croustillant, aurait le courage de dire, après s'être arraché à la spirituelle griserie du chef-d'œuvre qui a nom la *Belle Hélène* :

« O Thalie, n'est-il pas vrai que ces deux Parisiens, les plus Parisiens de Paris, t'ont compromise? Leur plus beau succès fut presque un sacrilège. Un souffle d'irrévérencieuse opérette a traversé tous leurs ouvrages. L'ironie en a figé le sentiment. Ils ont apporté sur le chariot de Thespis un dilettantisme qui fane et dessèche la petite fleur d'illusion. Rien n'a échappé à leur espièglerie caustique, pas même la technique du théâtre, dont tu leur avais prodigué tous les dons dans un sourire. De ces dons ils se sont amusés, confiants en ce sourire. Ils ont raillé le métier et plaisanté les plus élémentaires procédés. Combien de fois ne se sont-ils pas arrêtés, au détour de la scène commencée, pour se jouer des nécessités de la composition dramatique, et faire la nique aux traditions dont ils s'emparent! Le mariage, la crise, les narrations, les tableaux, rien n'évite les traits de leur malice. A tout coup ils éclatent de rire, à la barbe du spectateur étonné. « Ah! ces choses-là sont très jolies au théâtre... Tous les soirs au théâtre, un jeune homme épouse une jeune fille, que jamais il n'aurait dû épouser. » Ou encore: « Voulez-vous savoir où il y a une lutte? C'est là (montrant son cœur) qu'il y a une lutte ? » Le récit de Théramène passe un mauvais quart d'heure. « Ah ! vous avez quelque chose à nous raconter... Ça se trouve bien, car nous avions mis au programme une scène intime... », et l'on vous le coupe de répliques inattendues. « Ran, plan, plan, plan, plan ! » Au regard des tableaux dramatiques, ô Diderot, ô M. Sardou, ils sont sans pitié dans la *Cigale*. « Qu'est-ce que c'est, banquistes ? Faites-moi un groupe : *Hercule hésitant entre la vertu et la volupté*... A la bonne heure, n'est-ce pas que c'est beau ? » Et le dernier mot de leur dilettantisme est encore l'agrément qu'ils prennent à se moquer de leur propre esprit. « Ah ! c'est joli cela, c'est très joli ! » dit un personnage du *Petit Hôtel*. A quoi l'autre repart : « Je ne dis pas qu'en s'appliquant on ne pourrait pas trouver mieux. Mais enfin, pour la conversation courante... il me semble .. »

« ... Oui, tout cela est très joli, ô Thalie de la *Belle Hélène* ; mais le théâtre est un jeu de croyants, j'allais dire d'enfants, et non pas de dilettantes. Cette subtile ironie trouble et déconcerte la foi sensible que nous apportons au grand Guignol. Tout ce qui la heurte ou la dédaigne risque de passer avec la mode.

« Le moindre défaut de ce dilettantisme est d'être compris d'un public très restreint, que les badauds suivent, ou ne suivent pas. Le moindre danger est de détourner la comédie de son large courant, à force de limiter le champ d'où l'observation est prise. C'est méconnaître le mouvement des mœurs contemporaines, que de se fixer dans un coin de Paris, du Paris élégant et inerte, comme en une tour d'ivoire. Et j'ajoute que l'acuité de l'observation n'écarte pas toujours la crainte qui entre en l'esprit du public, que ces élégantes inepties ne soient que convention, artifice et légende. Et comme il n'est pas à la portée d'un chacun d'en contrôler l'exactitude, c'est l'esprit qui plaît, plutôt que la vérité. Et cela même n'est pas un bon signe.

« Ce dilettantisme, ô Thalie, a de pires effets. Entre

les auteurs de la *Vie parisienne* et celui de *la Parisienne*, il n'y a pas un abime. Ils sont gais ; il est amer : mais amertume et gaité sont pareillement armées d'une ironie indifférente, qui le plus souvent n'est ni comique, ni satirique, mais esprit d'auteur. On y sent une pleine conscience d'avoir plus d'esprit que le commun des hommes, qui n'est jamais inoffensive, surtout au théâtre. Elle paralyse le cœur de qui écoute ; elle peut dessécher aussi le génie de l'écrivain. La verve dilettante de MM. Meilhac et Halévy est peut-être comptable, à quelque degré, de l'humeur morose de M. Henry Becque. Et ce serait, à mon sens, une influence d'autant plus fâcheuse, que celui dont je parle était un observateur-né, d'une autre puissance et envergure, si seulement il avait moins méprisé et le métier et l'imagination et la vie même, et tout ce que ceux-là ont agréablement blagué.

« O Thalie, il faut tout dire, puisque nous sommes embarqués. Il n'est pas question de reprocher à MM. Meilhac et Halévy les malencontreuses facéties de la *Grande Duchesse*. A plaisanter de tout, il est naturel qu'on risque d'égarer ses plaisanteries. Leur collaboration a débuté au milieu d'une époque joyeuse et insouciante ; et ils en ont emprunté cette indulgence supérieure, que les bons rigoristes de Port-Royal n'auraient pas manqué de flétrir comme « empoisonneuse publique ». Et il est vrai qu'entre leur philosophie et celle de M. Alexandre Dumas il y a quelque nuance : personne ne les taxera d'évangélisme. Mais je ne suis pas certain que du grief contraire ils soient tout à fait absous. M. Halévy a fait pénitence. M. Meilhac n'imprime plus ses œuvres. Peut-être, ô Thalie, ont-ils tous deux songé, sur le tard, à la profession de foi bourgeoise de leur loyal devancier :

« Vous n'allez pas plus haut que l'indifférence, et tout ce qui vous dépasse vous semble un pédantisme. Ce détestable esprit a plus de part qu'on ne croit dans l'abaissement du niveau moral à notre époque. La dérision de tout ce qui élève l'âme, la blague, puisque c'est son nom, n'est une école à former ni honnêtes gens ni bons citoyens (1). »

L'Aristarque pédant, qui parlerait ainsi, ne manquerait ni de clairvoyance ni d'une certaine intrépide naïveté d'opinion. Et bientôt il entendrait chanter à son oreille l'ironie de ce refrain :

A Leucade, l'empêcheur !
A Leucade, le gêneur !

(1) Emile Augier. *La Contagion*, 1, 3.

VICTORIEN SARDOU

I

L'INCARNATION DU THÉATRE.

« Ce jeune homme est l'incarnation du théâtre. »
Depuis que l'auteur des *Faux Bonshommes* laissa
tomber de ses lèvres cet aphorisme, M. Victorien
Sardou est victime d'un malentendu. La critique s'est
emparée du mot. Elle a élevé M. Sardou au rang des
maîtres du théâtre contemporain, pour le cribler
ensuite de ses insinuations et l'accabler de ses réserves.
Elle ne cesse de lui reprocher ses débuts, sa longue
carrière, toute son œuvre, ses châteaux, ses succès,
ses échecs, et son *Odette* qui rappelle la *Fiammina*, et
jusqu'à son profil qui ressemble à celui du Premier
Consul. Que ne lui reproche-t-on point ? C'est à croire
que la Fatalité antique pèse sur lui, et que véritablement les dieux, les terribles dieux sont jaloux des
mortels trop heureux. La Némésis le poursuit sans
modestie. Une jeune école s'est formée, qui a fondé un
théâtre, qui a recruté un public, pour protester par
des chefs-d'œuvre de quinzaine contre la littérature de
M. Sardou, dont ils disent couramment ce qu'un autre
a écrit de son maître Scribe : « Il aurait pu être de la

famille des observateurs ; en ambitionnant moins la richesse et en respectant plus l'art, il aurait pu être un grand homme. Il ne l'a pas voulu ; que sa volonté soit faite (1) ! »

M Sardou est victime d'un malentendu. A force d'en exiger ce qui lui manque, on finit par détester ou méconnaître ce qu'il possède. Pendant que le bon Labiche s'empare de la Comédie-Française, où il ne faut pas désespérer de voir introniser quelque jour la *Cagnotte*, l'agile dextérité des *Pattes de mouche* est honnie, et l'éclat de rire de *Divorçons* n'adoucit plus nos cœurs ingrats. Le *Juif Polonais* emplit notre première scène de sa féerique médiocrité, pendant que *Patrie* est exilée sur les hauteurs de Belleville ou de Montmartre. Le vaudeville, où M. Sardou triomphe, et le mélodrame, où il excelle, ne le protègent plus guère contre de rigoureuses préventions. Et pourtant, son talent ne fuit pas la lumière. Sa fécondité même et cette faculté d'adaptation aux diverses spécialités des théâtres jadis rentés par ses ouvrages, suffiraient, avec un peu de bonne volonté, à dissiper une équivoque fâcheuse, qui se perpétue.

Un homme s'est rencontré, qui doit sa première réputation à un subtil imbroglio, son plus vif succès à un vaudeville fantaisiste, son plus durable à un gros drame puissamment machiné ; qui a poussé sa pointe dans tous les genres, éventé toutes les modes, servi au public le plat du jour au plus favorable moment, depuis les petites drôleries à travestis (*les Premières Armes de Figaro, Piccolino*) jusqu'à la féerie, délice des petits enfants (*Don Quichotte, le Crocodile*), en passant par la bouffonnerie (*les Pommes du Voisin*) pour aboutir au spectacle archéologique (*Théodora*) ; qui, la même année, écrivit le *Roi Carotte* et *Rabagas, Daniel Rochat* et *Marquise* ; qui s'est deux fois laissé tenter par la pièce

---

(1) Alexandre Dumas fils, Préface du *Père prodigue*.

à thèse (*Odette*, *Georgette*) ; qui, placé malgré lui entre deux maîtres de la littérature dramatique, s'est efforcé à créer quelquechose qui est bien à lui, — pas tout à fait drame et non pas absolument comédie, plutôt comédie et drame ensemble, le plus souvent même vaudeville et mélodrame, ou mieux une variété hybride de l'un et de l'autre, — à quoi il a donné le nom expressif et synthétique de *pièce* : (*Nos Intimes* ; *les Ganaches* ; *les Vieux Garçons* ; *la Famille Benoîton* ; *Nos bons Villageois*, etc...) ; — et cet homme encore a pu composer des fantasmagories comme les *Diables Noirs*, un drame judiciaire, *Ferréol*, un drame russe, un drame américain, et, pour mettre un terme à cette évolution, que dis-je ? à ce tour du monde dramatique, incarner son talent toujours jeune, toujours fécond, dans la plus pathétique et la plus nomade des artistes contemporaines ; — et enfin ce même homme, aidé de cette incomparable interprète, a lancé son œuvre par delà les mers, naturalisé son nom dans toutes les langues, en Russie où il est très doux à entendre, en Allemagne où il se prononce un peu rudement, en Amérique où il prend des inflexions glorieuses, où il fait prime, où il résume et consacre tout le théâtre français ; — et la critique, et les lettrés, et la jeune école s'en étonnent ou s'en chagrinent, au lieu d'en être éclairés définitivement.

M. Sardou possède l'imagination, la divine imagination, capable de donner à des millions d'hommes le plaisir des yeux et des oreilles... On lui voudrait autre chose. On ne veut pas s'aviser, une fois, de réfléchir que tant d'œuvres, et si diverses, filles de la fantaisie, nées pour la joie ou l'émotion d'une heure, ne sauraient être en même temps inspirées de la vérité profonde et de l'austère observation. Cela est au-dessus de la condition humaine. La lumière ne lui pouvait apparaître de tous côtés à la fois. M. Sardou n'a pas eu le choix d'être, ou non, un observateur ; il ne l'est point. Il n'a pas répudié ce don, ne l'ayant jamais eu. Il imagine, il reconstitue, il combine avec bien de l'adresse. Cette imagination est presque un phénomène. Elle revêt toutes les apparences de la psychologie, de la vie ; elle attrape l'esprit sans peine ; elle met le feu à la verve ; elle brandit le spectre de la douleur ; ni le rire ni les larmes ne lui résistent ; elle va d'instinct aux situations amusantes ou pathétiques ; pour les ressources du métier et les machines de la scène, elle a joliment menuisé tout cela, c'est le fin du fin. Et c'est tout de même un plaisant spectacle que l'industrieux manège de cette faculté intrigante et suppléante, qui tire tout à soi, si souple et ingénieuse, qu'elle a pu donner l'illusion de l'art, et aussi de cette autre chose, qu'on lui demande en vain, et qui est l'âme même des artistes.

II

LE RÉALISME ET « L'ÉQUATION PHILOSOPHIQUE ».

Un auteur dramatique, né Français, qui pense et qui voit, a une opinion personnelle sur le sentiment dramatique et français par excellence. C'est l'amour que je veux dire. Quand il a contemplé son époque, il a percé à jour les démarches de la passion, aux prises avec les travers ou les vices de la société contemporaine. Ceci éclaire cela. Et de cette lutte, ou de ces contrariétés, ou de ces accommodements il tire une morale, qui est la philosophie même de ses ouvrages et le levain de la pâte humaine qu'il pétrit. Sur ce point, tous les dramaturges sont réalistes ; et tant vaut le réalisme, tant vaut l'observateur : l'un est la mesure de l'autre.

M. Sardou écrit pour le théâtre depuis tantôt quarante années. L'amour est à toutes les pages de son œuvre, étant l'essentielle matière du genre de littérature qu'il a préféré. Les opinions varient sur les temps que l'auteur a traversés, le second Empire et la troisième République ; mais il n'est pas un moraliste qui ose les taxer de banalité, ou qui n'y ait découvert des modifications importantes de l'art d'aimer. L'idée de progrès, la Révolution, le positivisme, le matérialisme, la question d'argent ont exercé des influences immédiates et diverses sur la passion, le mariage, le libertinage ; et profonds en ont été les retentissements dans la vie moderne, où notre société continue à évoluer.

L'amour étant éternel, M. Sardou fit apparemment cette réflexion que le plus sage était de n'y rien changer. Il n'y touche qu'avec infiniment de scrupules ; il n'y regarde pas de trop près, avec mille précautions. Il n'est ni indiscret ni même curieux sur ce point. Il tient la passion pour un sentiment primordial, qui éclate au hasard, et dont on meurt généralement, à moins de se marier et d'avoir quelques enfants. Tout ce qui n'est pas cela n'est qu'ennui, qui trouble à peine la tranquillité du cœur, — mais qui accélère le mouvement de la scène. C'est encore une fièvre de quelques heures, qui inquiète, sans l'altérer, l'honnête sérénité des femmes et fripe légèrement la « sainte mousseline » de leur âme. « Triste folle que tu es ! Tu étais heureuse, tranquille, adorée !... Il te fallait donc des terreurs et des remords !... Eh bien ! en voilà !... Mon Dieu, mon Dieu, que j'ai peur !.. » Il y a bien dans les *Ganaches* une petite fille qui en fait une maladie : mais ces petites filles sont si fragiles ! Et celle-ci est si vite remise qu'elle sera épousée demain. — Et voilà un dénoûment. Parfois le ton s'élève, la passion bouillonne ; Clotilde se venge odieusement d'avoir été abandonnée par celui qu'elle aimait, et jette l'ingrat aux bras d'une fille perdue (1). Mais ceci, c'est la haine, — d'où M. Sardou s'entend à

---

(1) *Fernande.*

extraire de belles scènes de mélodrame. Au fond, l'amour est un je ne sais quoi d'aventureux et aveugle, qui va et qui vient, dont on n'est jamais sûr et pas même très conscient. Mᵐᵉ Caussade (1), après avoir usé les ennuis de la villégiature en un flirt assez vif, et cherché quelques distractions dans le rôle presque maternel d'une sœur de charité compatissante et tendre, entrevoit l'état de son cœur, juste à temps pour faire sa retraite, — et s'orienter vers le cinquième acte.

« Depuis ce matin, j'ai la fièvre, je ne vis plus... Mais ce que je sens bien, c'est que ce n'est pas là le bonheur... Après tout, il est encore temps ! Je n'ai fait qu'un pas, un seul, et je peux bien reculer, si je veux... Ah ! je ne sais ce que c'était, de l'amour, de la haine, peut-être tous les deux... »

Quand elle aura définitivement opté entre ces deux sentiments, le sort de la pièce sera décidé : comédie ou drame ? La fantaisie de l'auteur prononcera.

A pousser un peu plus avant l'analyse, on découvrirait enfin que l'amour n'est qu'une demi-conscience, flottante et vague, de la séduction qu'exerce sur un jeune homme la femme de la maison. Laquelle ? *That is the question*. Le cœur humain est fertile en surprises très commodes pour tenir l'intérêt dramatique en suspens. Prosper poursuit Clarisse de ses assiduités ; il aura bien de l'étonnement, lorsqu'il s'apercevra que son âme aspirait sournoisement à un autre objet. Le fils de M. Morisson a depuis des mois dressé ses machines pour investir le cœur de la baronne ; il le croit ainsi et nous pareillement ; mais il faut en finir, et s'aviser, vers le détour du troisième acte, qu'il en veut en réalité à la main de Geneviève, et qu'il n'aimait l'autre que par ricochet (2) : tant il est vrai que l'amour est une passion ondoyante et complexe, dont le *moi* moderne se débrouille malaisément, et qui donne au psychologue de

(1) *Nos Intimes.*
(2) *Nos bons villageois.*

la tablature. En revanche, l'imagination du dramaturge y trouve des ressources inattendues ; et la casuistique du quiproquo théâtral s'en réjouit. L'aimé-je ? Ou ne l'aimé-ce pas ? Est-ce Pauline ? Certes, car je la désire. Sera-ce Geneviève ? Assurément, puisque je l'épouse. Voire, ne serait-ce pas plutôt de l'amitié ? On ne réfléchit pas assez combien l'*amitié* est un prétexte favorable à l'amour extralégal, ni quelles délicieuses scènes filées enfante cette insidieuse équivoque. Ce *distinguo* est un enseignement (1). En sorte que d'une psychologie sans prétention découle une morale qui ne s'élève pas sensiblement au-dessus du lieu commun.

« Quelle morale ? Il y en a trente-six », dit M. Benoîton. Il oublie la trente-septième, qui est la morale de M. Sardou. Morale en action, s'il en fut, tour à tour souriante ou baignée de larmes, et qui est une moyenne d'opinions moyennes, à peine rétrogrades. Elle est claire, et d'un dogmatisme tempéré. Elle est à mille lieues du pédantisme, de la métaphysique, ou de l'apostolat. La loi morale, dont la conscience nous emplit l'âme autant que le spectacle du ciel infini au-dessus de nos têtes, repose sur un impératif catégorique, d'une simplicité lumineuse. « N'écrivez jamais ! » N'écrivez jamais de pattes de mouche; les mots s'envolent, les écrits circulent. Et de ce précepte fondamental se déduit le reste de la doctrine. — Prenez garde à la papillonne ou engrenante. — Fuyez les passionnettes. — Défiez-vous des amis, dont l'écho n'a point dit le nom. — L'argent ne fait pas le bonheur. — Le luxe est un abîme d'immoralité. — Le progrès, une fatalité. — La haine, une longue folie, très dramatique. — Jeune tu te marieras, ou rival de ton fils au dernier acte le verras. —

---

(1) *Nos Intimes*, 19 sqq. Cf. *Lionnes pauvres*. Emile Augier, iv, 2. D'une scène saisissante et simple, et qui serre la réalité de près, M. Sardou fait quelque chose de spirituel, sans plus, et prend son bien où il le trouve. *Les Lionnes pauvres* sont de 1858 et *Nos Intimes* de 1861. « O amitié, que de crimes on commet en ton nom ! »

Au dénoûment, les bons se marient, et les méchants punis restent célibataires. — Quant aux immortels principes de 89..... — Au fait, pourquoi M. Sardou leur tient-il rigueur? Cette contradiction m'obsède. Il me semblait qu'entre les mains de certains démagogues, ils étaient devenus comme les imprescriptibles axiomes de toutes les égalités, de la moyenne universelle, de la banalité radieuse, dont j'avais cru découvrir enfin la formule exacte et appliquée dans cette morale mitoyenne, d'une médiocrité consolante et unie...

Aussi bien, M. Prudhomme, assis en son fauteuil d'orchestre, y retrouve les enthousiasmes de sa jeunesse et les joies réfléchies de son expérience. Cette morale est faite pour lui; il vient pour elle; il l'attend; il la flaire; l'auteur la lui cuisine à petit feu, et, quand elle est à point, la lui sert toute parée Un tremolo discret annonce le service. Car c'est peu de dire la vérité; le point est de la dire au bon moment. Foin de ces auteurs présomptueux qui brusquent le parterre pour lui imposer le régal de leurs idées! Toute idée, même morale, qui n'est pas relevée d'une piquante imagination scénique, court le risque de déconcerter les esprits. Et voilà pourquoi, si les maximes de M. Sardou ne sont pas profondes, profondes, ni neuves, neuves, elles visent du moins au mérite d'être gaies ou pathétiques, et si dextrement amenées, que notre sensibilité naïve se laisse ravir d'une douce émotion à cette douce banalité. Elles sont comme des ressorts apparents qui tendent ou détendent à discrétion le jeu de la scène; un signal met la machine en mouvement, qui tend ou détend nos esprits à l'unisson.

Alors le personnage, qui est sur le théâtre, se tutoie; et ce tutoiement est le présage d'une leçon émue et familière qu'il nous veut donner.

« Travaille donc, forçat! Epuise-toi le corps et l'âme pour ta femme et ton enfant!... »

Ou bien les épithètes et les images expressives et exclamatives se déversent en cascades.

« La fortune que ses parents lui avaient acquise par toute une vie de luttes et de privations *héroïques...* Disparue ! Engloutie !... Le travail *paternel* enrichit des *escrocs...* Les *saintes* économies de sa mère ornent *de guipures le lit infâme des drôlesses...* Et ce que le jeu lui a dévoré, *ce n'est pas seulement son or tombé là pièce à pièce, mais tout le sang de sa jeunesse versé goutte à goutte.* »

Tantôt la lumière jaillit du choc des mots...

« Ah ! famille sans devoirs, sans dignité, sans vertu, honneur, ni morale... *O famille de lucre et de luxe !* »

Et tantôt la saveur des métaphores adoucit l'amertume de l'enseignement : tel, le médecin enduit de miel les bords de la coupe.

« ... Egoïstes, blasés, malappris, abrutis par le tabac, par le jeu, par les filles, et portant bien la trace de leurs sales veilles sur *des fronts blêmes comme l'argent et jaunes comme l'or !* »

Mais, lorsque la vérité presse l'auteur, et s'épand d'abondance, du sein d'une morale vibrante et persuasive, alors ni apostrophe, ni métaphore, ni tirade saccadée, ni litanies impérieuses ne suffisent ; toutes les figures de la rhétorique s'entre-croisent et se confondent dans les austères splendeurs de l'hypotypose.

« Tes larmes, ton désespoir, pauvre père !.. Il est bien question de cela ! Je gage, malheureux enfant, qu'en vous jetant à l'aventure dans ce gouffre, vous n'avez pas seulement songé à votre père !... Mais, fils ingrat, pensez-y donc !... Il dort, tenez, à cette heure... Il rêve... des rêves, qui ne sont que vous !... Il vous voit heureux, honoré, aimé !.. Il vous marie... Il revit dans votre bonheur, dans vos petits enfants, qu'il fait sauter sur ses genoux... *Réveille-toi, vieillard !... Ton fils ne conduit pas une honnête fille à l'autel ; mais il est conduit au tribunal par deux gendarmes !* »

Sermon laïc, en vérité, d'un habile homme, qui secoue nos nerfs, et escompte nos réflexes, qui n'hésite pas, pour trouver l'accès de nos cœurs et s'y frayer un chemin en l'honneur de la morale, à mettre en branle cette sensibilité inférieure qui est l'abord de nous-mêmes, malgré nous. De cette stratégie l'étude ne laisse que déboire, une certaine honte et un grand mépris pour l'enveloppe humaine et l'appareil nerveux que nous sommes, et aussi pour cette glande lacrymale, insoumise à la volonté, et d'une féminine complaisance. Quand on réfléchit, après coup, à ces surprises des sens, on s'aperçoit trop vite que ni la pensée n'était de qualité, ni l'émotion de celles dont on est fier. On découvre qu'on a failli pâmer d'aise à déguster cette apologie du Progrès.

« Dans cette *sainte* croisade l'humanité tout entière est *liguée* contre le mal... Et je vole partout *chevauchant* la vapeur... *Et hurrah !...* Le convoi à travers les plaines !... Par-dessus les fleuves !.. Et dans le sein des monts !... *Hurrah !...* l'humanité qui *vole à l'air libre* et à *tire d'aile* vers l'avenir !... Et quant aux ruines que je disperse en passant, belle affaire !... *Je sème des villes sur la route !...* Bonsoir, poussière, et en avant !... *Hurrah !... Les morts sont morts !...* C'est pour que les vivants aillent plus vite ! »

On s'avise sans orgueil qu'on a versé un pleur sur ce dithyrambe à la gloire du sexe...

« Ah ! monsieur, et votre mère !... qui n'a peut-être pas autant d'esprit que vous, mais qui avait assez de cœur pour vous bercer toute la nuit !... Et votre sœur, peut-être un peu coquette, mais qui met ses bijoux en gage pour payer vos dettes de jeu ?... Et votre femme !... Et le jour où la misère et la maladie vous jettent sur un grabat d'hôpital !... »

Notre auteur a risqué vingt fois de ces édifiantes vérités; et vingt fois, au sortir du spectacle, M. Prudhomme, les yeux à peine séchés, encore tout frémissant, a modifié d'enthousiasme, pour sa femme, sa sœur et sa fille, le mot de Louis XIV après la représentation d'*Esther* : « M. Sardou a bien de l'esprit ! »

Est-ce à dire que cet écrivain ait traversé la société actuelle, les yeux bandés, et que son œuvre ne contienne d'autres indications sur les mœurs de notre temps, que les adroits boniments de cette philosophie de pacotille ? Personne, au contraire, n'a offert *aux yeux* le spectacle plus fidèle et le détail plus minutieux de l'évolution réaliste qui s'opérait parallèlement dans l'existence et sur le théâtre moderne. Rien de ce qui frappe l'imagination ne lui a échappé; il a vu, noté, copié et reconstitué sur la scène tous les dehors de la vie contemporaine, celle du second Empire surtout. Il est instruit, autant que les spécialistes, de toutes les variations de la mode. Il en a pris des croquis; il est un décorateur de goût, plein de scrupules. Il a suivi d'un regard attentif les travaux du baron Haussmann, qui éventrait Paris, perçait les boulevards, ramenait vers le centre le commerce du Marais, faisait la toilette de la capitale, séjour de luxe et de plaisir, arbitre de toutes les élégances. Il a remplacé, lui aussi, sur le fronton de son théâtre, la vieille enseigne : *A la cocarde*, par une inscription plus reluisante : *Au bouton d'or*. Il a fait *maison neuve* sur la scène. De lui datent la recherche, la minutie, l'érudite et somptueuse exactitude des costumes et du décor. Il a remplacé les meubles démodés et fanés du salon classique par d'autres tout battants neufs. Il est un amateur de premier ordre, s'il n'est pas un observateur. Ce n'est pas lui qu'on abuse sur le prix du bibelot, ni qui se laisse prendre au toc ni au clinquant. « Tes salons ! Un malheureux appartement, qui ment depuis les bourrelets de la porte jusqu'aux cendres du foyer ! Partout la singerie du beau et du riche !... Frottez, ça s'efface ! Frappez, ça s'écaille ! » Il ne se trompe guère que sur la valeur des observations qu'il recueille, associant par une fausse sensiblerie le progrès de l'industrie à toutes les catastrophes domestiques, et la démoralisation publique à l'usage du ruolz. Quant à déchirer le voile des apparences et à scruter les raisons économiques de cette inéluctable transformation, il ne s'en doute même pas. Il n'a pas vu Séraphine Pommeau, laquelle se fournit encore chez une marchande à la toilette, et il ignore les grands magasins du *Bonheur des Dames*, où, exempts de sentimentalité vieillotte, ses directeurs et ses actrices font leurs emplettes à la moderne. Mais il a vu les gentilhommières de province, ensevelies dans leurs traditions et leurs courtines, et il les a mises en scène avec une fantaisie très artiste. Seulement, comme les dessous lui sont lettre close, et que les contradictions ne l'embarrassent point, il arrive que cette effroyable et perverse élégance parisienne, source de toutes les faillites dans une *Maison neuve*, opère sur les *Ganaches* de dissemblables effets, et que Paris renvoie au manoir de Job un Magnus converti et touché de la grâce.

Je vois, je sais, je crois, je suis désabusé !

Cette frénésie du luxe s'est compliquée de la fièvre d'argent. M. Sardou aborde la question d'un autre biais qu'un Augier ou un Dumas. Il a dressé des plans de maisons de campagne ; il s'est tenu au courant, toujours premier, des nouveaux modèles d'éventail-cravache et des dernières créations de Worth. Dès 1866, il avait l'œil très exercé et la main très sûre. Ses dessins de la *Famille Benoîton*, et les caricatures du chiffreur qu'il y a semées, dépassent Cham et valent Daumier. Et les légendes sont dignes de l'un et de l'autre, avec une malice plus indulgente peut être.

Il s'est aperçu que cette manie du chiffre était fâcheuse à la coutume du mariage et à la sécurité du ménage. Mais, pour peu que vous passiez condamnation sur leur manie, tous ces gens-là sont de braves gens, et pas tant positifs qu'ils en ont l'air. Avouez que nous avons mieux, oh ! beaucoup mieux dans le genre. Cela est vif, spirituel, d'une verve amusante, et qui n'entame guère que l'écorce. J'y cherche la réalité plus intérieure et émouvante, qui apparaît dans *Un Beau Mariage*, par exemple, ou qui éclate au milieu du salon de M. Durieu, notamment. Cela est moderne, mais par les dehors et le geste de la modernité. Tout ce qui frappe la vue, ou fait ombre dans le tableau, y est accusé, et enlevé de la belle manière. Rubens a sa tache rouge; M. Sardou a sa tache exotique. Exquis, les rastaquouères et les américains, qui égaient les tonalités de son théâtre. Ils forment des groupes lumineux ; la fantaisie du peintre s'y donne carrière. Mais d'étudier le ferment qu'ils importent dans nos mœurs, comme un Dumas ou un Pailleron, M. Sardou n'en fait point l'effort. Il les palpe, il les manie, il les encadre, il les entoure d'accessoires inédits ; et cela suffit à son ingéniosité d'exhibitionniste. Jules Verne les raconte, et, au besoin, les invente ; M. Sardou les meuble. Si l'on réunissait trois ou quatre actes, que vous savez, on aurait un curieux panopticum, et qui ferait une dangereuse concurrence au musée Grévin. Premier numéro : le salon des premières d'un steamboat, toile de fond brossée par Jambon ; des Yankees se donnent la main, ne saluent personne, et s'asseyent sur le chapeau d'un Français. Second numéro : un hôtel de la cinquième avenue, décor de Rubé, cabinet d'affaires, agence de mariages, un *five oclock tea*, un duel au révolver dans l'escalier (1), etc... *Great attraction...*

Si vous voulez sentir pleinement la différence entre ce talent de reconstitution et l'observation véritable, comparez le premier acte du *Demi-Monde* et celui de *Fernande*, par exemple. D'une part, le réalisme sobre et ramassé dans le mouvement du dialogue, peu ou point d'accessoires, mais seulement, de minute en minute, un coin de rideau qui se soulève, une porte qui s'entr'ouvre sur la réalité plus intime, qu'on devine, et qui donne à penser ; — de l'autre, la fête et aussi le scandale des yeux, le réalisme de brocante, la table d'hôte, la table de jeu, le commandant égyptien et le reste, la reproduction inédite d'un tripot clandestin, qui se pourrait sans inconvénient appréciable détacher du

---

(1) *L'oncle Sam.*

drame, mais propre à contenter cet intermittent désir de curiosité malsaine qui sommeille au fond des plus honnêtes gens, et à leur donner ce petit frisson très particulier, dont se sentent saisir, à une certaine heure de nuit, dans le voisinage des endroits équivoques, les gourmets de la « vie intense ». N'y a-t-il point là une jeune veuve qui veut voir *cela*, ne fût-ce qu'une demi-heure? Je le répète, la pièce se passerait aisément de ce prologue; mais quelle perte pour la chromolithographie et les journaux illustrés!

Je m'en voudrais de rien exagérer. Mais il est véritable aussi que l'imagination de M. Sardou empiéta toujours davantage. Le premier acte de *Daniel Rochat* se recommande aux connaisseurs. Si la comédie avait pu être sauvée, elle l'eût été par le poête de Ferney. Et même, si parmi ce nombre considérable d'ouvrages divers quelque évolution se dessine, c'est assurément celle d'un goût de plus en plus marqué pour l'art du décorateur, la recherche du spectacle, et la grandiose érudition des tableaux.

« J'optai pour Sienne, écrit l'auteur dans la préface de la *Haine*. Cette ville montueuse, ces ruelles étroites, ces costarelles bordées de murs sinistres, et commandées par ces tours que tout Siennois avait le droit d'élever après une action d'éclat, et qui se trouvèrent un jour si nombreuses, qu'il fallut en raser les trois quarts !... tout cela garde à tel point, aujourd'hui même, sa vieille figure d'autrefois, *que mes décors semblaient tout placés*, et n'attendaient plus que l'entrée de mes personnages. »

Et peut-être n'est-il pas inadmissible que, bien avant *Théodora*, M. Sardou ait pensé ouvrir les voies au théâtre de demain, régénéré par le mélodrame féerique et la féerie archéologique. Où l'imagination est souveraine, les machinistes occupent les premiers emplois.

Dans la même préface, l'auteur a livré au public le secret de sa pensée. « J'ignore comment l'idée dramatique se révèle à mes confrères. Mais pour moi le procédé est invariablement le même. Elle ne m'apparait jamais que sous la forme d'une *équation philosophique*, dont il s'agit de dégager l'inconnue. » Et il ajoute aussitôt ce précieux commentaire : « Je dis que ma pièce (la *Haine*) avait son âme, parce qu'il n'est pas de pièce viable, si elle ne repose sur une idée primitive, éternellement juste et vraie, et que j'avais le bonheur d'être en possession d'une idée de cette sorte : *La femme versant à boire à son propre bourreau...* » — Je vois ce que c'est. L'équation philosophique, la morale, l'observation et le réalisme de M. Sardou se formulent d'un mot, le dernier mot du metteur en scène : tableau !

III

CARACTÈRES ET SITUATIONS.

Les imaginatifs sont optimistes. En cela même ils se distinguent des observateurs. Pour M. Sardou l'homme est bon, sortant des mains de la nature ; il n'est pas mauvais non plus, à très peu d'exceptions près, quand, le rideau baissé, il quitte la scène pour rentrer dans la coulisse. C'est une bénigne influence que la faveur du ciel ne laisse pas uniquement tomber sur les raisonneurs de ce théâtre — Olivier de Jalin, de Ryons plus pacifiques et doux — mais qu'elle verse à profusion sur le grand nombre de ces élus. Je ne sais même rien de plus réconfortant que ce jour favorable projeté sur l'humanité que nous sommes depuis quelque cinquante années ; et l'on se réjouit d'être venu à temps pour vivre parmi des générations si foncièrement bonnes, que le pessimisme de Schopenhauer n'a aucunement entamées. Ces hommes et ces femmes ont des travers, des ridicules, et peut-être des vices ; mais ils ont aussi l'esprit de s'en guérir avant la fin de la représentation. Disons mieux : ils n'ont que des ombres de travers, de ridicules et de vices, ombres eux-mêmes, à cette réserve près, qu'ils parlent, qu'ils gesticulent, qu'ils sont vêtus à la mode, et qu'ils rient ou pleurent congrûment. Ils sont des abstractions, qui ont toute l'apparence de vivre.

Le procédé de l'auteur est limpide. Pour faire une pièce, il faut des rôles. Il imagine donc deux, trois, quatre, dix, vingt rôles selon les exigences du sujet et les dimensions de l'appartement. Le satirique Aristophane représentait Euripide confectionnant une tragédie au milieu de sa garde-robe dramatique. M. Sardou, qui n'est pas Euripide, travaille dans son atelier. Il a un magasin. Il habille sur mesure; il tient aussi le tout fait. Il a un salon d'essayage, par où le rôle passe d'abord. Un rayon du meuble est adjoint à celui du vêtement. Relisez cette analyse psychologique du personnage complexe qui a nom Séraphine; Séraphine avant et après. Avant.

« Pense que nous étions, il y a quelques années à peine, la femme la plus adulée, la plus adorée! Ce n'était que spectacles, fêtes; bals et concerts!... *Et des toilettes!... Notre apparition dans un salon faisait événement; nous étions d'un consentement unanime la belle madame Rosanges!* En 45, à l'aurore de la polka, Séraphine dansant la polka suivant la méthode Laborde ou Cellarius... *Quel tableau!* »

Après.

« Regarde ce salon, où la mondaine d'autrefois le dispute encore à la nouvelle convertie! *Le tapis est sombre, mais il est doux au pied. Les meubles affectent des formes austères qui protestent contre les contorsions avachies du mobilier moderne; mais les coussins sont d'un moelleux qui rappelle que la chair a ses droits...* Une chapelle dans un boudoir. »

Dans l'entr'acte la toilette est changée, le mobilier renouvelé; c'est une façon de complexité qui donne la vie aux caractères. Les premiers actes, et quelquefois les seconds, sont à la fois des exhibitions de décors et des expositions de modèles de coupe. Ajouterai-je que M. Sardou, qui connaît son affaire, appuie le trait au bon endroit, justement à l'endroit qu'il faut pour donner un tour d'actualité aux physionomies? Ses personnages de second plan, qui figurent une innocente manie ou le ridicule du jour, sont fort spirituellement attrapés. C'est de la meilleure caricature. Tel, le timide Fridolin de la *Papillonne*, ou, parmi les *Vieux Garçons*, Vaucourtois, qui promène sa myopie et son extinction de voix dans les coulisses de l'Opéra, et, à force de chercher la femme, ne trouve plus ses mots. Tel, enlevé d'une touche plus légère, le moderne Pontarmé, dans *Maison Neuve*, l'héritier un peu éteint du baron d'Estrigaud (1). D'un coup de son crayon malin, il campe de profil de bons types d'égoïstes, de ganaches, d'intimes, les Marécat, les Vigneux, et Profilet, un ex-fêlard défenseur de la morale, et Rennequin, le cousin pauvre, susceptible et agressif. Chapelard encore est un bon sybarite de sacristie, avantageusement établi aux yeux du monde dans une dévotion souriante et confortable. Quant aux toilettes d'Adolphine, de la précieuse et bilieuse Adolphine, quant à sa robe havane, sa robe lilas, sa robe groseille, cette psychologie à coutures rabattues est d'une agréable fantaisie.

Or, je ne vois pas que les personnages du premier plan soient sensiblement plus compliqués. Si vous voulez savoir ce que M. Sardou pense des hommes de son temps, vous aurez de la peine à le trouver dans ses pièces. J'y cherche un caractère vraiment moderne, et surtout autrement que par la coupe de l'habit et un certain tour de langage. Diderot imagina jadis de rajeunir la peinture des caractères par celle des conditions. Il échoua où M. Sardou réussit pleinement. Celui-là est un critique sagace, qui dit dans *Divorçons* : « *En somme, tous les maris peuvent être ramenés à un type unique : le mari. Et tous les amants à un autre type : l'amant. La différence n'est pas dans l'individu, elle est dans la fonction.* »

L'un est un intime ; l'autre un villageois ; ici l'amé-

---

(1) Emile Augier. *La Contagion.*

ricain, là le rastaquouère ; ils sont ganaches ou politiciens comme ils sont blonds ou bruns, et ils le sont jusqu'à ce qu'il leur plaise, au dénoûment, de se faire teindre. Quelques-uns paraissent d'abord plus complexes, qui cumulent simplement deux fonctions. Didier est à la fois commerçant et mari, c'est-à-dire capable de se montrer tour à tour chiffreur effréné et mari grondeur, tant qu'enfin après avoir balancé entre l'un et l'autre, dans le sens des oscillations de la pièce, qui tantôt penche vers le drame et tantôt incline vers la comédie, il se décide à être mari tragique, et adieu le génie ou le démon du chiffre ! Il est vrai que le mari tragique s'apaise et tourne au mari content, et à la bonne heure ! Cet homme est un enseignement. Il nous apprend à dompter les passions. A vrai dire, il n'en a fait paraître que les symptômes et les indices professionnels. La manie du chiffre se traduit par le tic de porter une serviette d'homme d'affaires sous le bras, par un mouvement d'écureuil en cage, par des tressaillements à l'appel du cornet de la gare, par la précipitation haletante du débit, qui est, comme chacun sait, la maladie nerveuse du haut commerce. Il veut atteindre son chiffre ; il s'est marié pour le chiffre ; il tracasse sa femme sur les chiffres, tout cela très vite : c'est le Jacques Inaudi de la rue du Sentier. Viennent les ennuis domestiques, du chiffre il n'est plus question ; la jalousie l'a délogé. L'un était dans la fonction du commerçant ; l'autre est dans la fonction du mari. Il n'entend plus rien, ne calcule plus rien, ne croit plus à rien. Il a une petite fille qu'il aimait, au point que les affaires lui laissaient à peine le loisir de l'embrasser. Voici qu'il doute de sa femme, qu'il hésite sur son enfant, qu'il ne reconnaît plus sa signature. « Ah ! misérables femmes, y pensez-vous, quand vous courez chez votre amant !... Misérables, misérables femmes ! » Il semblait un calculateur, et ce n'était donc qu'un mari jaloux de sa femme. Il a changé de fonction soudaine-

ment, incapable en tous cas de se tenir dans la juste
mesure. Il avait l'air d'être cela ; il a l'air d'être ceci,
jusqu'à ce que, contraint par la situation, il ne soit
plus ni ceci ni cela, et s'écrie, *oubliant tout* (le mot
est dans la brochure) : « Ma fille ! ma fille ! » — pareillement outré et superficiel dans la comédie initiale
et dans le drame qui s'y juxtapose. Oubliant tout est
héroïque. Oubliant tout nous désarme. Il n'est pas
le seul d'ailleurs qui oublie. Champrosé oublie Camille
sur le turf, Benoîton oublie de prévenir sa fille qu'il
la marie. Madame Benoîton oublie son ombrelle, et
l'auteur oublie les caractères pour ne songer qu'aux
situations.

Ces personnages ne se définissent point ; ils sont
flottants, à la surface de l'intrigue. Ils plient au gré
des événements. Un trait indique un travers ; un
tic marque un ridicule : plaisantes étiquettes sur des
fioles vides. A mesure que les événements se précipitent, le trait s'épaissit, la caricature apparaît, et se
noie dans les scènes pathétiques qui emportent
tout cela parmi les sanglots. Au fond, tous ces hommes-
là sont bons, parce qu'ils font une belle fin ; dépouillés
de la livrée du rôle, ils n'ont point de caractère, ils sont
insignifiants. Et ils sont tous ainsi, avec des dehors
plus ou moins sombres ou gais, mannequins articulés
et flexibles, maris, amants, commerçants, ganaches,
villageois, et américains, factotums de vaudeville ou de
drame, à la disposition de la fantaisie qui les enfanta et
des situations qui s'en jouent.

Les hommes sont donc les jouets des péripéties. Les
femmes en sont les victimes. M. Sardou a donné sa
mesure d'observateur dans un jugement qu'il a porté
sur la *femme moderne*, et qui mérite de rester célèbre.

« Au risque de passer pour bien naïf, dit-il, j'avoue que j'ai la dévotion de la femme, et que mon estime pour elle s'accroît tous les jours.
Dans cet abaissement trop sensible de l'esprit public, dans ce désarroi
de notre intelligence sans clartés, et de notre raison sans boussole, je

ne vois debout que l'éternelle bonté de la femme, qui me semble grandie de tout l'écroulement du reste... »(1).

Et ainsi soit-il ! Non, M. Sardou n'est pas un naïf. Il est même assez adroit. Il se connaît ; il sait ce que son talent peut faire ; il se doute de ce qu'il ne fait point. Cet optimisme est d'une louange délicate, et venge les pauvres femmes. Car leur fonction, à elles, est d'être excellentes : elles le sont. Est-ce leur faute, si les situations où elles se trouvent engagées pendant cinq actes et trois heures d'horloge, leur donnent l'apparence d'être tout le contraire de ce qu'elles sont réellement? Leur malice, fantaisie ! Leur faiblesse, imagination ! Et il faut convenir, en effet, qu'ici l'observation serait même dommageable à l'intérêt dramatique. On ne songe point sans effroi à ce qui pourrait advenir, si Marthe, la femme de Didier, avait un caractère. Elle n'en a point, au surplus, et cela est mieux ainsi. Elle a des toilettes, comme toutes les femmes; elle s'ennuie, mais toutes les femmes s'ennuient ; c'est le ragoût de leur bonté. Au demeurant, elle ne s'ennuie ni plus ni moins que madame Caussade, ou madame la baronne, et leurs compagnes, qui sont en l'état de mariage. Seule, madame Benoîton ne s'ennuie pas. On dirait que Marthe va prendre son parti d'être *sortie*, à l'instar de sa mère. Mais on en dirait autant des autres; rien n'est trompeur comme l'apparence. On dirait que M. Champrosé a été son amant ; et l'on médirait, puisqu'il s'est contenté de lui prêter de l'argent, qu'elle lui a remboursé d'ailleurs, sans intérêts. On croirait que Fernande est une fille, et c'est la meilleure nature que je connaisse. Seulement, elles sont toutes prises dans un engrenage de situations romanesques, qui égarent et troublent le jugement des hommes : le drame est à ce prix. C'est la fantaisie de l'auteur, qui s'emploie, qui se travaille, qui invente mille moyens scéniques pour

(1) Préface de la *Haine*.

mettre en hasard ces foncières et unanimes vertus.

À peine goûtent-elles en ces aventures l'agrément de la surprise ; à peine éprouvent-elles une secrète joie, pas du tout scélérate, à frôler le danger. Il approche ; elle sourit. Pardonnez-lui, Seigneur, car elle va beaucoup pécher. D'ennui en ennui, de flirt en flirt, de situation en situation, l'auteur l'amène à deux doigts de la suprême péripétie. Dans la salle, les hommes ressentent une petite secousse de réalisme, et les femmes un imperceptible tressaillement de scandale. Plusieurs ferment les yeux à demi pour ne presque rien voir de l'irréparable convulsion. Oh! ces *maisons neuves !*.....
Spectateur, mon ami, vous êtes un niais, qui ne connaissez point M. Sardou ni l'état qu'il fait de l'honneur de la *femme moderne*.

> ... Laissez-le faire ;
> Il vous en donnera de toutes les façons.

Oui, le gentilhomme au bouquet, qui s'est déclaré, qui est attendu, voici qu'il enjambe le balcon, qu'il pénètre dans la chambre, dans la chambre de Madame, de Madame coquette, bouleversée, imprudente. Quelle situation ! Mais ne voyez-vous pas que le gentilhomme est ivre, que Roméo s'est grisé pendant l'entr'acte, et que Madame se retrouve avec toute son honnêteté, et qu'elle tue le manant ? Enfin elle a un caractère. Eh! non ; il semblait, on croyait, elle pensait l'avoir tué. Ne pleurez point. Il n'est plus mort, elle n'est plus coquette, plus ennuyée, plus hésitante, et plus moderne ; elle rentre dans la vieille maison de son vieux père, où assise au vieux comptoir, elle donnera l'exemple de toutes les vieilles vertus, domestiques, commerciales et autres. Qui aurait craint le contraire, se serait trompé ; et qui s'entêterait dans cette crainte, serait aveugle. Elle est passive ; elle n'a ni caractère, ni volonté, ni tempérament, ni individualité, mais seulement une remarquable aptitude à s'acclimater dans les divers milieux et circonstances où l'auteur l'a induite. C'est une allégresse d'exécution.

Il est vrai que M. Sardou ne se tire pas toujours d'embarras aussi aisément. Il lui est arrivé plus d'une fois de mettre à la scène une situation saisissante, prise sur le vif de la vie moderne. Car, à défaut d'observer, il est capable d'intuition, qui est encore l'imagination des privilégiés. Alors, l'intérêt est si puissant, qu'il donne d'abord aux personnages un relief, qu'il n'est pas commode ensuite d'user et d'aplanir. Témoin dame Séraphine, dont nous visitions l'appartement tout à l'heure. Non que la psychologie soit plus fouillée, ni le caractère beaucoup plus complexe. Elle a été coquette; elle est dévote. Elle triomphait autrefois dans le monde. Son désir de paraître se retrouve en une certaine démangeaison d'être présidente de quelque chose et d'avoir un salon (1). Sa religion repaît aujourd'hui son égoïsme, comme je pense que le flattaient jadis ses intrigues galantes. Mais depuis Tartufe et Saint-Agathe, on ne touche pas impunément à ces « renards » de dévotion. Leur image prend en nos esprits des proportions telles que l'auteur est irrésistiblement emporté par son sujet.

Séraphine est donc une ancienne pécheresse, qui soigne son salut et prépare son succès dans l'autre monde. Autoritaire, cela va de soi, et d'une charité sèche et exclusive, cela s'entend. Elle a un gendre, à qui elle prétend imposer toutes les abstinences, un mari, à qui c'est tout juste si elle ne donne pas la discipline, et une fille cadette, le fruit de sa galanterie passée, qui s'ensevelira dans un couvent pour racheter devant le tribunal de Dieu les fautes de sa mère. C'est

(1) Est-il utile d'indiquer le souvenir du salon de la baronne Pfeffers qui hante M. Sardou au point qu'une partie du premier acte de *Séraphine* (dont certains détails sur la religion qui aime ses aises et « *le Sermon sur la charité* ») est sans déguisement empruntée du *Fils de Giboyer*, IV, 6, 148 sqq.? Au fait, est-il utile ...?

une maîtresse femme enfin. Arsinoé dévote et mère, — et si peu mère! Les événements se précipitent. Yvonne n'a point de vocation. Le père revient ; tout le passé, qu'elle a hâte de rayer de sa vie, se dresse devant Séraphine, qui brusque le dénoûment et brutalise sa fille. La situation est poignante. Yvonne supplie, câline, éplorée, éperdue; Séraphine gronde, menace, caresse, supplie à son tour, abuse d'aveux naïfs qu'elle a sollicités, tyrannise, condamne, et mure à jamais « tant d'innocence unie à tant de beauté » — Ah ! vous écrivez et recevez des lettres clandestines !.. Et vous jugez votre mère encore !... « Vous rentrerez au couvent ce soir; je suis votre mère, et je le veux. » Il paraît bien que la scène, exécutée de main d'ouvrier, nous ravit vers le mélodrame, que dame Séraphine, avec sa bigoterie déchaînée, tourne au rôle de traître, et que, malgré sa ferveur toute chrétienne, elle semble les mauvaises femmes de d'Ennery. Et cela ne nous déplaît point, à nous qui conservons encore, dans le secret du cœur, une nuance d'irréparable chagrin, et la légère meurtrissure de certaines insinuantes et impérieuses douceurs, de quelque amène et indiscrète autorité, qui force parfois le mystère de l'âme, déchire le voile des candeurs, trouble l'instinctif et pur idéal de justice et d'indépendance qui éclaire d'une si douce lumière l'intérieur des tout petits, pour les prosterner rudement à deux genoux, les mains jointes, devant l'autel d'un Dieu vengeur et aigri...

Et je me dis: « Enfin M. Sardou a percé les apparences; il a pénétré plus avant que le décor, le costume, les litanies et le flux des mots. Et celle-ci est peut-être une femme, pour laquelle il n'a ni indulgence ni admiration, en dépit de cette physionomie austère et onctueuse, et malgré le masque d'une liturgique bonté. Enfin, voici une créature qui n'est plus au gré des événements, et qui, au contraire, les dirige et les domine d'une certaine hauteur, où elle a situé son âme. »

Je me dis cela, et je me suis encore mépris, et ma honte s'en accroît de la satisfaction une fois éprouvée, et qui m'échappe. Séraphine n'est pas elle ; elle est d'après les situations de la pièce. Elle adore son enfant, dès que le père véritable la lui enlève ; et voici qu'elle se révèle mère et femme, mère passionnée, et toujours femme, c'est-à-dire capable de faiblesses, d'hésitations, d'angoisses, et, par surcroît, d'humilité et de suprême bonté.

« Viens, viens, ma chérie ! Viens dans mes bras, viens ! Et pardonne-moi ! Je te bénis, moi ! Non, tu n'es pas coupable ! C'est moi seule ! C'est ma faute, mais je suis bien punie, va ! Je souffre assez ! Pardonne-moi, mon ange adoré, mon amour, mon sang, ma vie, ma fille ! »

— Et c'est toujours la même suite, et pareille désillusion, parce que pendant les deux premiers actes M. Sardou festonne spirituellement et brode à la moderne la parure et l'ajustement du personnage ; la pièce se développe ; la crise s'engage ; la parure est froissée, l'ajustement déchiré ; on croyait découvrir une femme, et c'est un rôle qui apparaît, le rôle de « *l'éternelle bonté de la femme, qui semble grandie de l'écroulement de tout le reste.* » Les scènes s'enchaînent ; les situations se précipitent. Cela rit bien ; cela crie proprement. De vérité et de vie nous parlerons à une occasion meilleure.

Il n'y a rien à dire des jeunes filles de M. Sardou. Il a pris soin de déclarer que « c'est une collection dont il est fier (1) ». Et, en effet, elles ont un rôle d'innocence, de tendresse et de sacrifice, qui est de se marier au cinquième acte et de ménager le dénoûment. L'une donne la petite clef du parc à celui qu'elle aime, sans penser à mal. L'autre brûle les lettres de sa mère avec une touchante naïveté. Et lorsque Gabrielle, fille du prince de Monaco, saute au cou de son cousin, pour en finir avec les intrigues du palais, ce mouvement naturel me

(1) Préface de la *Haine*.

plaît. Elles ont des naïvetés très profitables au scenario de la pièce. Celle-ci interroge son cœur pour savoir qui elle aime davantage de papa, de maman, ou de parrain. La réponse à cette consultation ne sera pas inutile tout à l'heure. D'autres marivaudent avec bien de l'ingénuité.

« Un rayon de soleil a ses entrées partout. » — « Et quand on n'est pas rayon de soleil, Monsieur ? » — « Qu'importe, Mademoiselle, si l'on est parfum de rose ? »

Parfois elles s'analysent avec une singulière pénétration, pour leur âge :

« Ce que nous faisons là n'est pas bien... Ce n'est pas bien... Non, je ne vous écoute plus... Laissez-moi ; je souffre trop depuis que vous êtes là.. J'ai le cœur serré... Je n'ose vous regarder... Vos paroles me choquent.. Vos regards me blessent... »

Parfois elles font des remarques qui témoignent en faveur de leur judiciaire.

« Et que trouvez-vous en lui, mignonne, qui force votre inclination à ce point ? » — « Oh ! mille choses... mais surtout (car j'y ai bien réfléchi, allez)... surtout *ses idées sur la vie, qui sont tout à fait d'accord avec les miennes* ».

M. Sardou peut être fier de cette fille-là. On l'épouserait, comme il dit ; on les épouserait toutes, avec un peu de musique, sur un refrain de vaudeville, ainsi qu'au bon vieux temps.

Qu'est-ce à dire ?.... Que *Divorçons* est un vaudeville étourdissant, et *Patrie* un drame superbe ; que, depuis Beaumarchais, un auteur dramatique qui aborde la scène, a le choix entre le théâtre de situations et le théâtre de caractères ; que, s'il est à la fois un observateur et un imaginatif, Balzac et Scribe, tout son effort, tout son talent, toute la loyauté et l'harmonie de ses ouvrages doivent tendre à l'étroite et logique dépendance des situations et des caractères ; que, s'il est conscient de ses moyens, doué d'une vue sensible aux images et aux apparences, mais courte, c'est-à-dire impuissante à percer les dehors et à dégager les dessous, il lui est encore possible d'être un dramatiste émouvant ou un vaudevilliste rare, selon que les personnages qu'il met en scène sont un peu supérieurs ou un peu inférieurs à la réalité; et que, s'il possède le don du rire avec celui du pathétique, et surtout, oh! surtout une inépuisable fantaisie, soutenue d'une incomparable science du métier, il a tout de même devant lui des succès de gaîté ou de larmes à espérer, à la condition de régler ses visées sur ses ressources, et de ne point donner pour vérité morale ou comédie de caractères le prestige de 'imagination ou l'adresse d'un fin ouvrier.

IV

LA PIÈCE A FAIRE.

L'influence de Balzac n'a aucunement pesé sur le talent de M. Sardou. Mais de le river au nom de Scribe, c'est faire injustice à tous deux. Il me semble que l'habileté professionnelle de Scribe recouvre un peu plus de commune vérité, de bon sens bourgeois, qui porte sa date et qui eut son heure (1).

En revanche, l'exécution de M. Sardou est plus raffinée, presque artiste, et supplée à l'absence de matière psychologique par un travail plus dissimulé, des tours de force moins apparents. A tout coup, son agile et industrieuse imagination accomplit à la sourdine de menus et secrets miracles inexpliqués. Cela rehausse singulièrement le métier. C'est une perpétuelle surprise que cette ingéniosité d'invention, qui s'évertue aux plus délicates besognes. Après une étude réflé-

(1) *V. Introduction.* II. Scribe et le vaudeville.

chie, l'esprit en garde un sentiment de plaisir presque douloureux, comme d'une triomphante détresse.

Il me souvient d'avoir vu, en mon enfance, chez des charpentiers champenois, une précieuse relique, qui faisait l'orgueil de la maison. C'était le *chef-d'œuvre* de l'aïeul, exécuté aux temps héroïques, où il fallait un chef-d'œuvre pour passer maître : un minuscule escalier tournant dans une cage minuscule, et raboté, assemblé, chevillé d'une main experte et minutieuse. Cette lilliputienne charpente régnait sur la hauteur du manteau de la cheminée, exposée sous un globe de verre aux regards des visiteurs, couvée par le respect de toute une famille, et préservée des attouchements profanes. Elle avait coûté des mois et des mois d'inutile peine, si délicatement ouvrée et finie qu'elle semblait le point de maturité de l'équerre et du compas. Et j'admirai, du bon de mon cœur, la patience de l'ouvrier. Mais je me rappelle encore l'étrange impression qui m'envahit en présence de ce fragile et vain labeur, et que, plus les braves gens s'efforçaient à m'en détailler les mérites techniques, plus j'en demeurais effaré, non sans quelque mélancolie.

Le « chef-d'œuvre » qui imposa M. Sardou au public, est l'imbroglio des *Pattes de mouche*. En son genre la comédie est complète, dans sa sphère elle est supérieure. L'auteur d'*Une Chaîne*, sous le buste duquel M. Sardou travaillait, n'a jamais dépassé ni peut-être atteint ce degré de dextérité. C'est la quintessence du métier, le suprême de ce doigté dramatique, qui sait à propos toucher, non point la passion, mais la situation harmonique, comme sur un clavier. C'est l'odyssée, enjouée et fertile en aventures, d'une lettre oubliée pendant trois ans sous une statuette, retrouvée par le destinataire, glissée dans un vase, ressaisie par une jeune fille, rattrapée par un tiers, qui en allume une lampe ; tant y a que les restes à demi consumés tombent aux mains d'un collectionneur, qui en fait un cornet pour y enfermer un insecte, puis servent à un collégien, qui écrit au verso une déclaration, laquelle sera brûlée enfin par le mari jaloux et rassuré.

Respirons, dit la mouche aussitôt.

Labiche s'est plus d'une fois exercé à ce jeu, notamment dans *le Plus heureux des trois*. Au lieu d'un saxe, il a imaginé une pendule symbolique, surmontée d'une tête de cerf. Labiche est plus gai ; mais la main de M. Sardou est autrement légère. Elle ravaude l'intrigue avec une autre finesse. La pièce eut un succès prodigieux. Il tenait du prodige, aussi, ce débutant plus subtil que Scribe et plus aisé que Beaumarchais. Sur un canevas si délié l'auteur avait brodé des situations agrémentées de jeux de scène et de tableaux inspirés d'une verve délicate. Pas un instant l'intérêt n'avait langui. L'esprit était tenu jusqu'à la fin en haleine par ces maudites et charmantes pattes de mouche, dont le voyage circulaire soulevait plus d'inquiétudes à mesure que le format s'allait rétrécissant. Et tout cela leste, allègre, sans empâtement, à peine indiqué, à l'image de la féminine écriture ; et pour mouvoir tout cela, non pas des ficelles, mais des fils ténus, imperceptibles, qui transmettaient un air de vie à de légères et diaphanes marionnettes. Et ces marionnettes évoluaient, sans embrouiller les fils conducteurs. D'ores et déjà la stratégie du manœuvrier, autant que l'imbroglio, autant que le succès, était prodigieux. De quelles épithètes se pourra-t-on donc servir, quand M. Sardou fera mieux encore ?

Car, s'il ne fut point ingrat pour ses « chères petites pattes de mouche », qui lui valurent la première faveur du public, et même si, encouragé par cette heureuse expérience, il prit souvent le succès au pied de la *lettre*, de quel art il sut relever, de quelle fantaisie renouveler cet irrésistible fétiche, ce *deus ex machinâ !* Tantôt l'écriture est tremblée, à peine lisible, l'écrivain ayant gagné une entorse à sauter du haut des balcons amoureux. Une autre fois, le papier dénonciateur, léché par la flamme du foyer, semble un texte précieux, digne d'exercer la perspicacité des érudits (1).

>   Mon bon petit ch...
>   Attends-moi ce soir à la sortie de l'O...
>   et n'oublie pas de m'apporter l'argent pour mon sac....
> ...issier.
>   Paq....

Et c'est un plaisir à peu près complet et très distingué que de voir tout le parti qu'un homme compétent et méthodique peut tirer de ce suggestif et fragmentaire manuscrit. A mesure que l'auteur avance dans sa carrière, sa fantaisie multiplie les trouvailles de ce genre. Elle prodigue l'imprévu, elle abonde en trucs proprement délectables. Elle est d'une gaîté qui saute aux yeux d'abord. Un clou chasse l'autre, si je puis ainsi dire dans l'argot du théâtre. Rappelez-vous *Nos Intimes*. Une souche de dahlia tombe dans un jardin : voilà la guerre allumée. Puis, c'est la fleur du cactus, le feuilleton du journal, le cigare de Raphaël, le flacon bouché à l'émeri, et le renard, et tout ce que j'oublie, citant de mémoire. La désopilante imagination de Labiche ne s'entendait pas mieux à donner ainsi une traduction immédiate et sensible d'une situation ridicule.

Personne encore, mieux que M. Sardou, ne sait à l'aide d'un bibelot, d'un ustensile, d'un accessoire, souligner le mouvement même de la scène et en doubler le plaisir. Je note, parmi beaucoup d'autres, celle des *Femmes fortes*, où Claire fait sa malle sous les yeux de Jonathan qui voudrait bien la retenir. C'est un délice que ce manège de séduisante et tout à fait domestique coquetterie d'une Andromaque, petite bonne femme, qui sauve les siens en manipulant collerettes et camisoles, et par les soins qu'elle apporte à préparer cette malle,

---

(1) Cinquième acte de *Séraphine*.

qui ne sera jamais pleine, et demeurera victorieuse dans la maison. Et, par-dessus le marché, c'est un tableau de genre, dans le ton de la pièce.

Drame ou comédie — quand M. Sardou tient une situation, personne n'en exécute la scène ou les scènes avec une pareille sûreté de main. Il vous prend dans les imperceptibles filets de son imagination, et vous êtes son prisonnier pendant tout le temps qu'il lui plaît de tirer d'un événement comique ou dramatique les conséquences les plus neuves et inattendues. Il ne vous lâche que baigné de larmes ou exténué de rire. Trouvez-moi un autre homme qui soit capable de tenir toute une salle en joie par l'effet de calculs arithmétiques, de l'abstraite arithmétique. Nommez-en un autre qui, ayant l'audace de revenir à la charge et de refaire la même scène au cours d'une même pièce, gagne derechef une partie déjà risquée, et s'arrange de façon que la seconde soit encore plus amusante que la première, que le tableau se complète et s'achève, avec, dans un coin, ce bout d'enfant qui plonge dans le coffre-fort de papa (1). En est-il un seul, parmi plus grands que lui, qui excelle au même point que lui, à extraire, par une savante économie des effets, toute l'émotion qu'une péripétie comporte, à multiplier la scène par la scène jusqu'au moment où le spectateur s'avoue vaincu et délicieusement épuisé?

En faut-il un exemple? Dans la *Commode de Victorine*, Labiche imagine les préliminaires d'un duel, où les témoins, alléchés par le plaisir d'un spectacle nouveau pour eux, repoussent à l'envi toute conciliation. Labiche vous enlève ce dialogue avec esprit et belle humeur. D'une scène M. Sardou en fait trois. Gandin? Gredin? Ou Dandin? Il faut qu'il s'explique, ce monsieur. S'il ne fait pas d'excuses, il aura affaire... à Caussade. Tous les intimes rivalisent d'amical empres-

---

(1) *La Famille Benoîton.*

sement à gâter l'affaire. Et c'est la première scène. Les témoins s'abouchent, et l'on se guinde dans un dévoûment ergoteur, et l'on fait blanc d'une chatouilleuse susceptibilité sur le point d'honneur de l'ami, qui ne se trouve point tant offensé. Et l'on a des mots impayables pour résumer l'aventure. « Mais si tu ne te bats pas pour toi... fais-le au moins pour tes amis. » Et c'est la seconde scène. Mais voici que tous ces braves gens, ces gens dévoués, ces cœurs d'élite battent en retraite, qu'ils ont soif de conciliation, de paix, de tranquillité : ils ont simplement appris qu'en cas de mort d'un des adversaires, les témoins sont passibles de la prison. Et c'est la troisième scène, qui est aussi la plus neuve et gaie. Il n'y a que lui, en vérité, pour réserver au public ces surprises agréables et graduées (1).

Comédie ou drame — c'est une précellence d'imaginative. Aux vieilleries mélodramatiques il puise le pathétique à pleins bords. Il répare les clichés romantiques ; il rajeunit « la voix du sang ». Tout cet attirail, qu'on pensait usé et qu'on jetait au rebut, il le ramasse et l'utilise. Ces ressorts fatigués reprennent de l'élasticité sous ses doigts. Relisez le IVe acte des *Bons Villageois*. Toute l'horreur d'un naturalisme effréné et aviné, après avoir passé par le travail de ses mains, excite l'émotion sans atteindre au dégoût. Je vous renvoie à la scène déjà citée de *Maison Neuve*. Pendant trois actes de la *Haine* il nous intéresse à une jeune patricienne violée par un soudard, sans éveiller en notre esprit la moindre idée fâcheuse, sans exciter en notre cœur d'autre sentiment qu'une douloureuse sympathie. Et puis, on dirait d'une gageure. De la haine cette jeune fille s'achemine vers la charité, et ses révoltes se fondent en amour insensiblement. Ce n'étaient qu'exclamations farouches et cruels désirs de vengeance :

(1) *Nos Intimes.*

« Oh ! misérable ! Je t'arracherai le cœur et le déchirerai avec mes ongles ! Oh ! misérable, misérable ! »
Et ce langage s'adoucit, se calme, par une sourde transition, dans un couplet d'une facture admirable, en une sonatine d'un mouvement presque Shakespearien.

« ... J'entends comme un gémissement... Non, c'est le vent dans les arbres et l'eau qui coule sur la place.. Oui, c'est la brise du soir qui se lève !... O calme... calme enchanteur de la nuit !... Repos, fraîcheur, oubli !... Le bruit du combat s'éteint tout au loin !... Il semble qu'un orage a fondu sur nous !.. qui. maintenant se disperse, *et tout s'apaise dans la nature comme dans mon cœur..* Triomphe, à présent, ô mon honneur vengé .. et respire à pleine gorgée l'ivresse du salut... ! Debout, mon âme, et renais à la liberté reconquise !... O Cordelia... Tu n'es plus à personne qu'à toi-même ! »

Oh ! l'habile, l'habile homme, qui, de quelques mots glissés tout uniment au milieu d'une tirade, esquisse tout un travail d'évolution intérieure et le développement dramatique qui déjà s'entrevoit. La scène suit sa pente, et déjà les conséquences apparaissent sur l'horizon du théâtre. Ainsi des actes entiers sont suspendus comme à un fil, et c'est une angoisse haletante qui nous étreint.

Entre tant d'autres je cite le IIIe de *Fernande*. Que de difficultés ! Que de précautions ! Quelle avisée et technique clairvoyance ! Et surtout quelles situations ! Quelles scènes ! Clotilde se venge d'André, qui l'a délaissée, en lui donnant pour femme une fille cueillie dans un tripot. Le jour attendu est arrivé : à onze heures, le mariage à la mairie, à onze heures et demie, la bénédiction nuptiale. Le seul homme qui connaisse Fernande, pour s'être jadis intéressé à la sauver de son triste milieu, est Pomerol. Pomerol est en Corse. Non, Pomerol est de retour, et il débarque chez Clotilde. S'il voit la fiancée, tout est perdu Il voit tout le monde, sauf elle. C'est tour à tour un déploiement d'ingéniosité à l'éloigner et à le retenir. Il va s'habiller pour la cérémonie. Et d'un ! Mais André et Fernande sont en présence, et nous devinons sous leurs paroles que Clotilde s'est toujours trouvée en tiers dans leurs tête-à-tête. Ils sont seuls, pour la première fois. Fernande a des scrupules. Elle comprend, elle devine qu'il ne sait rien de son passé, que Clotilde n'a rien dit, et qu'on l'a trompé... Autre angoisse. Clotilde arrive à temps. Mais Fernande s'entête et veut écrire la vérité à son fiancé. Voici bien un autre embarras. Elle écrit. André revient. La lettre lui est remise. Vengeance manquée ? Cet auteur est fou, et joue avec le danger. — Cet auteur est plein d'esprit et de ressources. — André reçoit la lettre ; impatient et amoureux, il oublie de la lire ; même il la remet à Clotilde, qui la lui escamote, avec promesse de la lui rendre après la cérémonie. Vengeance assurée ? — Non certes, car Pomerol revient aussi, habillé, cravaté, essoufflé. A l'autre ! Les fiancés sont à la mairie. On n'est pas perfide comme cette Clotilde ; on n'est pas agile comme M. Sardou. C'est plus fort que l'Ulysse Polymèchanos. Clotilde a froid aux pieds ; une bûche dans le foyer ! Pomerol n'a pas eu le temps de fumer après son repas ; elle lui permet une cigarette. Et tout justement l'entretien tombe sur Fernande, sa protégée, leur protégée : il passe dans le parterre comme un frisson. Notez que la pendule est bien en vue, sur la cheminée, qu'elle est en scène, qu'elle joue son rôle, que l'aiguille tourne. — Il est le quart. — Nous avons le temps. — Croiriez-vous que Pomerol vient de plaider en Corse une affaire, qui est le pendant de la vengeance de Clotilde, et le plus exact résumé des trois premiers actes du drame ? — C'est à défaillir. Premier acte : Ginevra aime Orio, et lui donne des preuves trop positives. Deuxième acte : l'infidèle Orio s'amourache de Pepa et l'épouse. Troisième acte.... — « Vous savez qu'il est la demie. » Il est la demie, Thérèse paraît, annonce que la bénédiction est donnée, et qu'on revient de l'église. L'œuvre de vengeance est accomplie. Clotilde-Ginevra éclate. Elle va jeter la vérité à la face d'André. Elle a la lettre. Pomerol l'entraîne violemment dans une chambre contiguë, où il l'enferme. Les mariés rentrent. Fernande reconnaît Pomerol, qui met un doigt sur sa bouche. Et cet acte d'angoisses se termine sur cette promesse d'angoisses plus vives encore. « J'ai sauvé aujourd'hui, mais demain... » C'est une maîtrise d'invention dramatique..........

Et c'est une détresse de l'imagination, qui s'exerce dans le vide, et se dépense dans le néant. Quand la réflexion intervient, cette triomphante et artificieuse habileté attriste. La scène est d'une adresse incomparable, à la vérité près, qui en est absente. L'acte est supérieurement conduit, à la vraisemblance près, qui ne s'y trouve point. Rare ouvrier, besogne futile et frivole.

... Et donc, Pomerol met un doigt sur sa bouche. Et l'auteur aussi met un doigt sur sa bouche. Donc un homme du monde, qui n'est plus un Eliacin, épouse une jeune fille à l'aveuglette, sans avoir relevé les traces du passé, qu'un changement de prénom suffit à effacer. Donc, il se marie sans avoir pu jusqu'ici causer seul à seul avec sa fiancée ; et, par un malencontreux hasard, tous ceux qui le pouvaient renseigner apparaissent successivement après la cérémonie. Donc, est-ce qu'on se moquerait de nous ici? Cela seul est vraisemblable, à voir le soin dont le machiniste emmêle ses ficelles et l'inconscient mépris qu'il étale pour la plus rudimentaire réalité. Le rôle de Pomerol, en cette affaire, fait la nique au bon sens. Qu'est-ce que cet avocat qui, retour de Corse, débarque chez sa cousine, faute d'avoir averti sa femme, par coquetterie ? Coquetterie n'est pas sans charme. « Et me voilà, et te voilà, et nous voilà ! » Si vous n'êtes pas satisfait, vous êtes trop délicat. — Mais ne fallait-il pas l'attirer chez Clotilde, et qu'il n'y apprît que ce qu'elle voulait qu'il sût ? Assurément. Qu'est-ce que ce psychologue avisé, qui demande si nettement à André : Et Clotilde, elle ne t'a pas empoisonné, ni étranglé ? et qui ne s'étonne point de n'avoir pas reçu la lettre qui lui annonçait ce mariage ? et qui jacasse, et qui avocasse, pendant que sa femme court à la mairie ? et qui fait de l'esprit sur l'adjoint, sur les mariés, sur les invités, sur la Corse, sur la vendetta, sur ses succès, et qui regarde l'heure vingt fois, sans se décider à prendre son chapeau et à offrir son bras pour assister de sa présence un ami qui se marie ? — Mais ne fallait-il pas...? Probablement. Qu'est-ce que cet André, qui roucoule, qui joue du célibataire converti, de la bonté d'âme, qui sollicite inconsciemment l'aveu, qui reçoit une lettre *de la part de sa fiancée*, qui néglige de la lire, et qui la confie, à qui? A son ancienne maîtresse ! — Mais, s'il la lit, n'est-il pas évident qu'il n'y a plus de mariage, plus de vengeance, plus de drame ? Je ne dis pas autre chose. Qu'est-ce que cette Fernande, si délicate et bonne, malgré son éducation première et ses malheurs, qui se repose sur autrui du soin de livrer le secret de son passé et consolider l'avenir ? si humble et scrupuleuse, qui se décide enfin à écrire, au lieu de parler, à écrire une lettre qu'elle confie, à qui? A la femme de chambre, mon Dieu, oui, à la femme de chambre de cette Clotilde qu'elle soupçonne de mensonge ? Qu'est-ce que cette intrigue oblique et tortueuse, qui aboutit au plus odieux méfait, celui de Clotilde, grâce à la plus incroyable des niaiseries, celle d'André ? Qu'est-ce enfin que ce dédale, à grand'peine éclairé d'une maligne lumière qui menace à chaque instant de s'éteindre, en les détours duquel l'Ariane vengeresse nous guide d'un fil si fragile et ténu, qu'à tout coup il rompt et se rattache au prix de quels efforts ! On abuse du mot de Pascal : « la vérité est une pointe subtile ». On bâtit malicieusement l'invraisemblance sur une pointe d'aiguille. On abuse de nous.

L'imagination est parfois mauvaise conseillère. Elle tire vanité de son industrie ; elle se pique aux jeux d'adresse. Elle est une jolie femme, d'humeur facile, aux allures indépendantes, qui se plaît à coqueter avec le bon sens. Ce sûr instinct des situations, qui est la caractéristique du talent de M. Sardou, est sans cesse faussé par cette maîtresse d'erreur. Faute de matière plus solide, et manque de discipline intellectuelle, il traîne en longueur les scènes amenées avec adresse. Il les tourne et retourne avec plus d'agilité que de logique. Il ne va pas droit au but ; le plus souvent il s'y achemine en fourrageant. Il multiplie les tableaux, les effets et les transitions, avant d'attraper le coup de théâtre. La folle du logis fait l'école buissonnière ; elle use le temps à marauder parmi les digressions, les demi-scènes, les quasi-développements, sur les lisières du vaudeville ou du mélodrame. Malgré la rapidité du mouvement, les actes s'espacent, à la fois compacts et vides. Il en veut à la ligne brisée. Et, après qu'il s'est amusé au décor du premier acte, attardé à l'exposition du second, ingénié aux complications du troisième, il semble d'ordinaire qu'un mot suffise à brusquer le dénoûment. Un mot, un seul mot mettrait fin à ces aventures.

Alors, seulement, le quiproquo prend consistance. Alors la fantaisie de l'auteur se complique et, le plus souvent, tourne au noir. Il faut faire un quatrième acte, et peut-être y coudre un cinquième. Alors, les personnages se battent les flancs, et par raisonnements quintessenciés et monologues sophistiqués se persuadent qu'ils ont tous les devoirs de se taire, de ravaler le mot de l'énigme, par un effort d'héroïsme, et dans un esprit de sacrifice, la pièce ne pouvant se terminer si vite. Ils sont impudents de scrupules ; ils s'escriment à la casuistique avec une méritoire impertinence. Dans *Nos bons Villageois*, Henri est surpris, de nuit, chez le baron. Aime-t-il Pauline ou Geneviève ? Nous avons constaté combien il est hésitant sur ce point. Si Geneviève, — qui est la sœur de la baronne, tout est dit, et l'on vient trop tard... Voyez plutôt le dénoûment. Mais si Pauline — quel esclandre, dût-il se donner pour un voleur et encourir la prison! Et bellement, il s'offre à l'esclandre, comme Polyeucte à la gloire, martyr des deux actes qui sont encore à faire. « Pour qui donc veniez-vous?... Je compromettais deux femmes, pour en sauver une, et je ne sauvais rien! » Bon jeune homme, vous sauviez la pièce, qui maintenant ne se soutient qu'à prix d'équivoques et incidents surprenants. C'est d'ordinaire le moment précis, où commence sur la scène un remue-ménage, dans lequel on tâche par tous moyens à surprendre notre émotion. Les personnages vont, viennent, entrent, sortent, l'adjoint chez monsieur, le commisssaire chez madame, le conseil municipal au premier, tout le village au rez-de-chaussée. Un duel? Non. Un coup de pistolet? Oui. Point de cadavre? Allons, tant mieux. L'imagination se démène sans contrôle; c'est la débandade de toutes les qualités inquiétantes de l'auteur. Le stratégiste, le manœuvrier s'épuise en précautions dramatiques, dont le moindre défaut est d'accuser davantage l'invraisemblance de ces artifices.

Et de tous le plus invraisemblable est précisément la formule adoptée par M. Sardou pendant la plus grande partie de sa carrière. Parce qu'il excellait à intriguer l'imbroglio du vaudeville et à dresser la machine pathétique et compliquée du mélodrame, il a eu l'ambition de juxtaposer ceci à cela, et, par une coquetterie raffinée, de compliquer la complication. Deux actes gais; trois actes tristes: c'est le type de la *pièce*. Plus tard le sombre envahit, de la gaîté ne subsiste plus que le premier acte, souriant tableau de genre, pour mettre en goût le public. Cette formule dramatique a soulevé plus d'une objection. On a reproché à l'auteur de ne pas assez fondre les nuances, de ne pas ménager suffisamment la transition entre le rire et les larmes, de déplacer trop brusquement notre émotion. Tout cela n'est pas sans réplique; et chacun sait que Gargantua pleurait en riant et riait en pleurant. « Le cœur a ses raisons que la raison ne connaît pas. »

M. Sardou a les siennes. Son esthétique se résume en quatre mots : *la pièce à faire*. A court d'observation, il sait mieux que personne tout ce qu'il faut de matériaux pour construire une pièce. N'ayant jamais de quoi en faire une, il en fait deux. Il a une idée de comédie, empruntée des mœurs du jour, qui donne le titre à l'ouvrage. Par une heureuse disposition de sa nature, il cueille sans effort une situation au cœur de l'actualité. Il tient donc son sujet. S'il avait le don de le nourrir, et de le mûrir par l'observation attentive et pénétrante, il atteindrait peut-être à la plénitude et à la sérénité de la haute comédie sociale. Mais faut-il le redire ? Il imagine. Sur l'idée de comédie se greffe une idée de *théâtre*. Quand vous lisez l'affiche : pièce en cinq actes de M. Victorien Sardou, défiez-vous de ce cliché; et traduisez : comédie-vaudeville en un ou deux actes, augmentée d'un mélodrame par M. Victorien Sardou. Il n'écrit point de pièce en cinq actes; il donne cinq actes, d'un spectacle coupé. La comédie change avec le sujet ; pour le mélodrame, il est immuable. Parfois seulement, dans les jours de hâte, quand il est pressé par la commande et débordé par les directeurs étrangers, il simplifie la besogne, et se contente d'un prologue décoratif, qu'il ajuste à deux actes de la *Haine*, qu'il garnit d'un épilogue très foncé. A vrai dire, quand le mélodrame commence, M. Sardou n'abandonne pas son sujet, comme on l'a injustement répété, il n'esquive pas l'étude qu'il s'était proposée. Il en a fini avec l'un et l'autre; il a épuisé ce qu'il en savait ; et n'ayant plus rien à dire, il y ajoute quelque chose. Si nous reprenions l'histoire de Jacques et de ses amours... ? *Nos Intimes* sont nos pires ennemis; si nous reprenions l'histoire d'une femme mariée qui s'ennuie... ? *Nos bons Villageois* de la banlieue sont des légumiers ignorants, doublés de Parisiens corrompus; si nous reprenions l'histoire d'une baronne qui s'en laisse conter?... Un capitaine de la garde russe, Wladimir Garischkine (1), est soupçonné d'avoir attiré un homme dans un guet-apens et de l'avoir tué; si nous reprenions l'histoire de la *Haine?...* Ce n'est pas une faillite, mais une liquidation. Pendant l'entr'acte les personnages modifient leur costume, et la pièce de l'an passé, d'il y a deux ans, d'il y a dix ans, reprend le train de son succès.

Desinit in piscem mulier formosa superne.

Cela se termine en queue de poisson, ou de renard (2). Qu'importe ? L'essentiel est de terminer. M. Alexandre Dumas a écrit qu'un auteur dramatique ne doit prendre la plume qu'à la condition d'avoir son dénoûment, auquel, sous aucun prétexte, il ne peut rien changer. M. Sardou est peut-être le seul qui se soit fait une règle de cette maxime. Il ne change rien à ses dénoûments ; ses dénoûments ne changent point. Prenez garde que de cette œuvre complexe apparaît ici l'unité caractéristique, qui est déjà celle de sa première pièce célèbre : la lettre, la dramatique lettre, la conclusion des chères petites *Pattes de mouche*. Ainsi s'achève le spectacle ; à ce stratagème classique aboutit l'effort de l'imagination exténuée ; là s'arrête le mécanisme des combinaisons *de la pièce à faire*. Entre le premier acte et le dernier, beaucoup plus près de celui-là que de celui-ci, règne la ligne frontière qui sépare l'étude de mœurs du reste, un fossé large et profond, que les personnages franchissent en steeple-chase. « Saute, saute, mais saute donc !... C'est une affaire d'adresse (3). »

(1) *Fédora.*
(2) Le trop fameux renard de *Nos Intimes.*
(3) *Nos Intimes.*

V

LES PIÈCES POLITIQUES.

« A Rabagas, notre sauteur ! »

Par trois fois M. Sardou fit une glissade sur le terrain mouvant de la politique. En dehors des Etats-Unis, les républiques lui plaisent médiocrement ; il n'est suspect d'aucune tendresse pour les « nouvelles couches ». Il n'a pas encore pris son parti « du bloc » de la Révolution ; cet événement déjà ancien le contriste et lui donne de l'humeur. Par trois fois donc il s'est attaqué aux institutions et aux hommes qui ont succédé au second empire, avec un redoublement de zèle estimable. Car la première fois, en 1872, *Rabagas* parut ; et s'éleva d'enthousiasme un concert de notes aiguës et stridentes, que le spectateur fait entendre en ramenant la lèvre supérieure en auvent par-dessus l'inférieure, laquelle est préalablement munie d'une clé forée. La seconde fois, en 1880, *Daniel Rochat* parut ; la comédie fut saluée de la même musique et accompagnée d'un semblable divertissement. La troisième fois, en 1891, *Thermidor* parut ; ici le succès fut tel, que le Parlement en prit ombrage, et que les représentations durent se poursuivre sur un théâtre de Berlin. Il y avait pourtant une belle scène, comme dit l'autre.

A distance et après réflexion, il paraît bien que M. Sardou ne spécule point sur le scandale, et que l'opinion s'est premièrement fourvoyée, à propos du vaudeville en cinq actes et en prose, qui a nom *Rabagas*. Si l'auteur avait donné la pièce quinze ans plus tard, elle eût peut-être paru une douce plaisanterie à l'adresse d'un certain parti déchu. Il n'était que de changer le titre *Rabagas* en *Monaco*. Avec les gens d'esprit il y a de la ressource. Et ce n'est pas l'esprit qui manque à cette pochade. Il y en a tant (et d'assez gros et bouffon), que les plus farouches convictions seules résistent à cela. Au surplus, M. Sardou a procédé comme à son ordinaire. Il s'est avisé que, les choses prenant un autre cours, à un personnel d'ardélions succède un personnel d'ardélions, le même en grande partie. Les sous-ordre ne changent guère. Et Rabagas ?...

L'auteur a d'abord été frappé de la différence des manières et du costume. « La culotte est un pantalon plus court. » Et de cette remarque il a tiré encore quelques tableaux, brossés de verve, d'une verve un peu épaisse, *une Soirée au Palais de Monaco*, *une Soirée au Café Procope*, et mis en scène, pour consoler les uns le souvenir de Compiègne, pour amorcer les autres la légende de l'Estaminet. Et Rabagas ?...

M. Sardou nous a introduits dans les bureaux de la *Carmagnole*, journal à manchettes et à un sou, le sanctuaire du Progrès, où le nom de Dieu (dont les âmes simples font un fâcheux abus) est passible d'une amende, où s'élaborent les nouvelles à sensation et les entrefilets révolutionnaires, sur un coin de table, la pipe aux lèvres, en bras de chemise. Cela est gai et pas trop méchant. Je regrette seulement qu'il ne nous ait pas ouvert l'accès de la *Gazette de Monaco*, journal officiel et quotidien de la principauté. Peut-être se cuisine-t-elle en jabots, à points de Malines, dans la correcte tenue de M. de Buffon. Mais tout cela est bénin. D'une réplique Emile Augier en disait plus long et portait un plus rude coup. « Donne-moi la chronique des tribunaux, insinue Giboyer à son directeur. — « Gourmand, va, répond Vernouillet. Et Rabagas ?...

Je vous dis que les égratignures n'intéressent point le muscle. Le prince de Monaco lui-même, qui me semble le plus atteint, n'en a pas trop souffert. Je sais bien, oui, qu'il est un peu niais, ce philanthrope ondoyant, et point heureux dans ses velléités de réformes. Il n'est pas du tout un Machiavel, oh ! non, et je distingue même que tout le monde se gausse de lui : son peuple, ses officiers et sa propre fille qui vous le réduit à quia en un tourne-main. Et même il semble un peu falot, ce soliveau humanitaire et réformiste, que les plaisirs de Paris attirent, et qui donnerait sa principauté pour une messe basse, célébrée dans un entresol confortable. Et décidément, c'est un fantoche, qui bouleverse tout son gouvernement à l'arrivée d'un minois, à qui, sous le prétexte qu'il lui fit jadis un doigt de cour, il confie aujourd'hui l'empire de son rocher et l'éducation de sa fille. Je reconnais la main qui crayonna l'âme du Roi Carotte. Mais Rabagas ?...

Rabagas est dessiné de la même main. Je cherche dans cette caricature un trait de vérité plus profonde et mesurée, qui entame l'épiderme, qui pénètre un peu plus avant que le tour du visage, l'épaisseur de l'encolure, et le flux méridional du verbe. De la verve, de l'esprit, des répliques drôles, de piquantes définitions de l'émeute, des aphorismes réjouissants, les lieux communs de l'opposition rajeunis par une fantaisie qui s'ébat ; et aussi des procédés scéniques, empruntés au bon et rudimentaire théâtre Guignol, l'autorité bafouée, la police rouée de coups ; et de l'éloquence et des plaidoyers à l'avenant, et de la charge désopilante, si elle était sans prétention : tout cela y foisonne, à plaisir. Voulez-vous un échantillon de la parole de Rabagas, l'orateur des foules ?

« Fils d'un père assassin, assassin lui-même, membre déshérité de l'ordre social, et doué par la nature d'instincts malfaisants et féroces, Bézuchard avait droit à tout mon appui. Et là, où la justice me dénonçait un meurtrier, je n'ai dû voir et je n'ai vu qu'une victime..... Et enfin, citoyens, qu'était ce vieillard assommé ? Un garde champêtre !... Un de ces agents d'une autorité tracassière, qui ne voient dans le mandat qui leur est confié qu'une occasion de vexer les citoyens. Non, assommer un garde champêtre, ce n'est pas assommer un homme, c'est écraser un principe. »

C'est un échappé du *Club champenois* ; sa politique n'attristerait pas le spectacle de Robert Houdin. Je vous renvoie au dénoûment, au sans-culotte muselé, ficelé, empaqueté sous la table. Lorsque *l'autre* affrontait le tumulte des « esclaves ivres », qui donc a empaqueté, ficelé, muselé le *monstre lui-même* ? — Il fallait la passion du moment, avivée des inquiétudes de l'avenir, pour s'émouvoir de cet élémentaire vaudeville. Cela n'est pas sérieux. Et tant mieux.

Daniel Rochat est une œuvre d'aspect plus grave, qui n'a pas laissé que d'ennuyer les plus honnêtes gens. C'est un fait indéniable. Et j'en crois débrouiller assez clairement les causes, à présent que les esprits se sont calmés et l'émotion refroidie. M. Sardou, qui a la vue courte, s'exagère volontiers l'importance de ce qu'il découvre. Il n'est pas philosophe ; il manque de flegme ; il écrit d'humeur, et quand il se prend aux idées nouvelles, de méchante humeur. Je veux croire qu'il a été heurté en ses croyances par l'indiscret étalage de la libre-pensée, par l'athéisme musiquant des Bidaches, et la déclamation tapageuse de certains voltairiens, qui ont passablement compromis le bon sens et le libéralisme en la personne de Voltaire. Et il a mis à la scène le docteur jacobin, sans épargner le ridicule dont cet important se barbouille. Mais ce politicien hannetonnant ne contentait pas son cœur. Il a voulu atteindre le matérialisme, le positivisme et l'esprit systématique : il a créé *Daniel Rochat*, pensant faire son *Tartufe*. Il n'a point pardonné à cet homme de n'être pas tourmenté par l'infini. Il lui a voulu donner une leçon de tolérance, d'un esprit aussi peu libéral qu'il est possible. Car, s'il semble tenir la balance égale au début de la pièce, nous verrons trop tôt que cette impartialité ne dure guère. Et puis matérialistes, positivistes convaincus et militants sont-ils ceux qui font le plus de bruit et de grimace ? Ou, s'il ne s'agit que des Bidaches, *much ado about nothing*... C'est une première raison, pourquoi cette pièce ne prit pas aux entrailles le public, que tout cela laisse assez calme, qui pratique sa religion comme il l'entend, se marie à l'église, s'il lui plaît, et ne vient pas au théâtre pour y entendre une conférence contradictoire. Tant d'autres sont gratuites, où il se divertira plus sûrement ou s'instruira davantage.

La pièce eut à souffrir d'une erreur plus fâcheuse encore. L'auteur y est aux prises avec des idées graves, et qui valent, de part et d'autre, qu'on les traite avec quelque respect. Toute la fable de *Daniel Rochat* repose sur un quiproquo. C'est l'obsession du vaudeville qui le poursuit. Et quel quiproquo ! Un athée systématique s'éprend d'une Américaine, qui est une croyante résolue. Il la courtise pendant trois semaines, et l'épouse en Suisse, devant l'adjoint, à la vapeur, parce qu'il doit parler le surlendemain à la Chambre. Ira-t-on au *temple* ? Léa dit oui ; Daniel, non. Toute la pièce est à la merci d'une équivoque. « Pas d'église, pas de prêtre », avait déclaré Daniel. Dès le premier jour, J.-J. Weiss renversait d'une chiquenaude ce château de cartes.

« Il faut remarquer, disait-il, que le quiproquo d'*église* et de *temple* n'est pas plus possible grammaticalement qu'il ne l'est moralement. M. Sardou suppose que Daniel Rochat, avant le mariage, ayant dit : « Nous n'irons pas à l'église », Léa a pu et dû croire que la question du mariage devant le *pasteur* restait intacte, parce que les lieux du culte chez les protestants s'appellent des *temples* et non des *églises*. Chez les protestants français, oui ; mais pas chez les protestants américains ou anglais ; ceux-ci disent *church* en leur langue ; et, quand ils parlent français, ils ne disent pas comme leurs coreligionnaires du pays de France : « je vais au *temple* », ils disent : « je vais à l'église (1). »

Et voilà donc une pièce de haute envergure, qui ne prétend à rien moins qu'à discuter sur la scène des idées considérables, et dont l'essentiel argument est une double erreur de mots, imputée aux personnages, imputable au seul M. Sardou. La restriction mentale s'aggrave

(1) J.-J. Weiss. *Le Théâtre et les mœurs*, 260.

d'un contre-sens. Rétablissez le texte, éclaircissez l'équivoque, adieu chansons, vendanges sont faites. Et de cette comédie en cinq actes, dont l'intention sérieuse ne nous saurait échapper, subsiste seulement un acte, qui est le troisième, et dans cet acte une scène qui est la dernière, et qui pourrait être la seule. Tout le reste n'est qu'artifice et vaine casuistique.

Le moyen de concilier cette initiale contrariété? Tous les raisonnements ne servent qu'à séparer davantage les victimes d'une mystification regrettable. Un quiproquo, à l'origine ; un acte, une scène, et plus rien d'essentiel, plus rien que broderie ou froide déclamation. Dès que le défaut de la pièce apparaît, l'échafaudage s'écroule. L'habileté est impuissante à masquer pareille invraisemblance. Cela pourrait s'appeler l'*Étourdi*, si Molière n'avait jadis galvaudé ce titre. Que ne se sont-ils expliqués plus tôt? Qu'allaient-ils faire en ce guêpier? Pourquoi Daniel, qui a voyagé avec « ces dames », n'a-t-il pas vu qu'elles faisaient leur prière avant de se mettre à table? Pourquoi n'a-t-il pas vu le jeu des petites brochures? Pourquoi Léa n'a-t-elle point vu qu'une conciliation était impossible entre sa foi pratiquante et l'incrédulité doctrinaire du leader? Ils n'ont rien vu, rien su, rien entendu? Ou ce Daniel n'est qu'un Bidache?... Mais souffler n'est pas jouer. Ou Léa une évangéliste tortueuse? Alors....

M. Sardou rompt le pacte du début et l'équilibre même de son œuvre. Sous le prétexte que Rochat est un homme politique, il donne dans le snobisme de le charger de toutes les vilenies. L'auteur semblait s'être d'abord résigné à la mansuétude Il nous le présente comme un orateur abondant, voltairien un peu exclusif, athée systématique, honnête homme au demeurant, et digne des plus solides amitiés. Même de l'avis de la vieille mistress, c'est un parfait gentleman : pour une « nouvelle couche », ce n'est pas trop mal, et l'on jurerait que M. Sardou s'humanise. Seulement, si Daniel est tout cela, la pièce n'est plus possible. De le faire déclamer, il est aisé ; céder, je vous en défie. J'ai tort. Il ne faut pas défier M. Sardou. Sa malicieuse fantaisie se plaît aux surprises qu'elle nous réserve ; elle s'intrigue ; elle s'évertue ; tant et si bien que Rochat, de répliques en couplets, et de fil en aiguille, use le caractère qu'il faisait mine d'avoir, et parmi ce tissu d'inventions scéniques égrène ses plus inébranlables convictions. Il ira au temple, la nuit ; il ira, le jour ; il ira, en famille, en procession, en pèlerinage, *as you like it*. Il renonce à la popularité ; il répudie ses doctrines : anathème ! Et, finalement, il est répudié par sa femme, second Bidache, tumultueux nigaud. Qui donc nous disait que ce Rochat était un rocher, c'est-à-dire ferme en son propos et inébranlable en ses idées ? Bidache ne daigne, Monaco ne puis. Pour malmener le libre-penseur, M. Sardou escamote le caractère. Le tour est joué : mais on voit la ficelle.

D'ailleurs la partie n'est pas égale. Si Rochat tourne au politique de tréteaux, miss Léa a du mélodrame dans le sang. Cette Anglaise-Américaine n'est pas sans analogie avec Séraphine, à l'âge près, et à la différence de la complexion, qui est plus froide. Ne faut-il pas bien qu'elle ait la tête et le cœur assez libres pour courber le fier Sicambre ? Il est vrai qu'elle se prosterne, qu'elle parle d'amour, d'ivresse et de bonheur : elle a la clé et le geste du vocabulaire passionné. Elle chante sa romance. « Les étoiles nous regardent, le lac est bleu, l'air est plein de parfums, tout s'est mis en fête pour fêter notre nuit de noces... Viens donc, viens-tu ?... » Tout à l'heure. Car voici qu'elle repousse Satan, même humilié, même mortifié. Elle chante son cantique. Au reste sèche et insidieuse, avec sa coquetterie offensive, Célimène de l'armée du Salut. A mesure que la pièce se développe, le *traître* apparaît davantage en elle. Chacune de ses victoires est douce à sa foi, et indifférente à son cœur : tant qu'enfin, ayant obtenu toutes les capitulations, elle se montre telle qu'elle est véritablement, souveraine et puritaine, vengeant par sa froideur hiératique, avec des airs de martyre résignée, sa religion et son temple méconnus. « Ah! malheureuse !... Quelle affreuse vengeance as-tu trouvée, de te donner froide, glacée, morte! » Il ne lui suffit pas d'avoir disqualifié l'homme, et humilié le doctrinaire; elle se déprend de lui, désespérant de le convertir. C'était donc le but de ses plus intimes convoitises, de ses caresses, de ses attitudes, de ses inflexions de voix et de tout le rôle de femme qu'elle avait composé. « Je ne voulais pas vous faire céder, Daniel ; mais je voulais vous faire croire. » Là tendait sa tactique, plus dangereuse, en vérité, que le jeu des petites brochures. Non, non, la lutte n'était pas égale. Que vouliez-vous qu'il fît, cet homme public, dont le discours s'envole à tous les vents, contre une partie si avisée, impénétrable et secrète ? J'en atteste le docteur Fargis lui-même, le seul voltairien libéral et tolérant de la pièce, qui déteste les bourreaux, mais qui se sent peu de goût, j'imagine, pour les victimes intrigantes et assiégeantes ; que la démagogique fanfare des Bidaches a plus d'une fois agacé, mais qui respecte toutes les opinions sérieuses, et dont la sage raison, justement parce qu'elle est tolérante et libérale, se détourne avec chagrin du fanatisme militant, à qui toutes pratiques sont autant de grâces envoyées d'en haut pour forcer l'accès des consciences. Exagération de toutes parts ; Monaco et Rodin ; et, en fin de compte, une comédie sociale, faite d'un quiproquo sans vraisemblance et d'un mélodrame qui n'aboutit point. *Daniel Rochat* ne s'écarte pas sensiblement de la formule chère à l'auteur.

De *Thermidor* la critique se tait. L'affaire est trop récente. L'interdiction de l'œuvre n'a pas manqué de soulever le redoutable problème de la liberté de l'art. A quel point l'art y était-il intéressé ? Je crains que la conclusion de cette étude générale ne nous permette de l'induire avec quelque vraisemblance. Induction d'autant plus légitime que M. Sardou l'a rendue nécessaire. Depuis plusieurs années, il n'imprime plus ses œuvres, jaloux de sauvegarder, les uns disent sa propriété, d'autres sa réputation littéraire.

VI

L'ÉCRIVAIN ET L'ART DRAMATIQUE.

Pour certaines renommées, l'impression est l'écueil. Assurément, une pièce de théâtre est d'abord et surtout écrite pour la représentation. Mais elle n'est œuvre d'art dramatique qu'à la condition de supporter l'examen loyal et d'appeler l'admiration réfléchie de la lecture. La gloire est à ce prix. Après que l'illusion s'est envolée, que la voix de l'interprète s'est éteinte, et que le silence s'est fait sur la scène, alors la lettre moulée, d'une précision implacable, remet toute chose en sa place, fixe la matière de l'œuvre, en arrête les contours, écarte la tromperie des yeux et les surprises des sens, expose à nu le talent, la conscience et les procédés de l'écrivain. Car le style du théâtre a cela pour lui, qu'affranchi, par le voisinage de la réalité et la fiction de la vie, de la plupart des contraintes qui pèsent sur les autres genres littéraires, il est aussi plus transparent, et irrécusable en ses indices.

L'écriture de M. Sardou a une qualité dont on est d'abord frappé : c'est l'esprit, qui est étourdissant. Etourdissant ; je ne dis pas toujours naturel et mesuré. Etourdissant, mais sans buter les mots d'auteur, ni se défier des fautes de t. M. Sardou a beaucoup d'esprit, et il en fait. Et me il arrive à tous ceux qui font de l'esprit, il n t pas suffisamment armé contre sa verve. La vraisemblance en souffre quelquefois.

« Vous faites de l'opposition. » — « Oh ! on commence toujours par là. » — « Mais enfin vous avez des principes. » — « Si j'en ai, Monsieur le maire, j'en ai à choisir. »

Sa fantaisie, partout agissante, et toujours en peine de combler le vide débordant des cinq actes, se contente trop souvent de la quantité. De ces nécessaires défaillances elle paye ses aptitudes au vaudeville et à la caricature.

« Le moment est solennel, déclame un Parisien en villégiature... Les campagnes manquent de bras. La terre nourrice voit ses enfants déserter le labeur des champs pour l'industrie forcenée de la capitale. C'est aux Parisiens *à corriger le mal et à profiter de la belle saison pour reboiser les forêts, dessécher les marais, fertiliser les landes* (les landes de Ville-d'Avray), *et retremper la nature dans leur sein en se retrempant eux-mêmes dans le sein de la nature.* »

C'est le coq-à-l'âne de Labiche, moins épanoui et inconscient. M. Sardou a de la verve ; il a toute sorte d'esprit, hormis l'esprit de sacrifice.

Son imagination fait merveille dans l'écriture pittoresque et imagée. Il brosse adroitement son style, comme ses décors. Je n'affirmerais pas que ses peintures fussent toujours enlevées en pleine pâte, ni sa poésie d'une originalité saisissante, ni ses analyses psychologiques d'une nouveauté rare, ni ses métaphores exactes et scrupuleuses. Il enlumine volontiers ; la chromolithographie ne lui inspire pas de dédain ; le lac bleu, la fête des étoiles lui sont des thèmes à variations agréables, et dont il est assuré qu'elles feront impression sur le grand public. Il se plaît à ce qui réussit, sans fausse délicatesse. Il ne raffine ni sur la sensation, ni sur l'expression.

« Je ne l'attends plus avec la même impatience, dit une femme un peu lasse. Cette inquiétude, quand il tardait un peu ! Cette émotion si douce au bruit de sa voiture, au son de sa voix, au son de ses pas.... »

Il soigne son effet, et ne fait pas sa phrase. Il a des euphémismes très concrets et très exquis.

« Non, je ne vous ai pas fait l'injure de vous apporter ici les restes d'un amour prodigué aux pieds d'une autre. »

Ses images, qui sont le plus souvent vives, ne manquent pas parfois d'imprévu.

« Tu me fais l'effet d'un *corsaire* qui veut devenir *confiseur*. Tu vides tes *barils de poudre* pour y verser du *sirop*... »

En revanche, il prend son bien où il le trouve, et utilise sans fausse honte les clichés qui ont déjà servi. Il promène le « char conjugal » sur le chemin battu du couplet sentimental ; et nous savons, pour l'avoir étudié plus haut, de quels agréments de forme il rehausse une morale sans prétention. Et il est vrai que son imagination ne se pique pas d'une originalité à rebours.

Mais il possède le style de son métier, haché, rapide, haletant, saccadé, tout en formules, en répliques, en tirades, en litanies ; inachevé, quand il convient, déclamatoire à propos, larmoyant à point nommé ; qui éclate en apostrophes ; qui se marie au tremolo, qui souligne tous les jeux de scène, qui ne néglige aucun des accessoires.

« Travaille, forçat !... » — « Ah ! Dieu, oui ! » — « Ah ! Dieu, non ! » — « Je coupe consciencieusement tous les feuillets... Henri ! Mais en tête de chaque chapitre... Henri ! Tous les personnages... Henri !... Tous les mots... Henri ! Henri ! Henri !... »

C'est un semis de points suspensifs et exclamatifs, où germe le pathétique, où fleurit la gaîté.

Sous ces membres épars de phrases fragmentaires se devine le flonflon vibrant et articulé du comédien. L'incidente rit ou sanglote dans un mouvement réglé à l'avance. Tout cela relevé de digressions piquantes, d'apologues spirituels, de prières et de confessions émouvantes, qui résolument s'enchâssent dans le moule classique de la tirade. C'est une joie aisée pour l'oreille, un régal pour la sensibilité. Tout cela est ajusté, agencé, machiné ; cela porte, et passe la rampe, comme on dit, sans dépasser le technique et le procédé d'un spécialiste, qui se répète et se connaît...

Car si M. Sardou est victime d'un malentendu, personnellement il n'en est pas la dupe. Pour avoir toujours su ce qu'il faisait, il a longtemps apprivoisé le succès. Il l'a même exporté. Sa réputation s'étend du côté de l'Orient et de l'Occident jusqu'aux régions extrêmes, où le soleil se lève et se couche. Et j'ose dire qu'elle est proportionnée à son talent. Il est l'heureux artisan de sa fortune. L'étranger le cite avec admiration. Il a des intermédiaires et des comptoirs qui sont en pleine prospérité. Il fait au dehors honneur à l'article de Paris Il en est bien l'adroit et imaginatif ouvrier. Seulement, si nos successeurs lui réservent une place dans l'histoire du *Théâtre d'Hier*, il devra cet équivoque honneur moins aux qualités de son esprit qu'à l'abus qu'il en a fait, moins aux ouvrages qu'il laisse et qui lui donneront l'illusion de la gloire tant que, lui vivant, ils garderont leur valeur marchande, qu'à la réaction qu'ils ont soulevée contre les règles les plus élémentaires de la composition et de l'invention dramatiques. Et l'on peut craindre que le jugement des hommes ne lui soit d'autant plus sévère, que cette réaction aura été plus violente et dommageable à l'Art.

HENRY BECQUE

I

L'ARTISTE.

Ils sont bien en tout trois ou quatre, sous-critiques à l'encre épaisse, qui se sont commodément établis dans la renommée de M. Henry Becque, y mènent grand tapage, y font montre d'une originalité à bon marché, aux dépens de leur idole. C'est un chœur d'enfants terribles. Ce sont de terribles enfants de chœur. Il faut les voir à l'œuvre, et les entendre à la chapelle s'écrier, en leur langage liturgique : « Becque par-ci ! Becque par-là ! Prenez Becque ! Il n'y a que Becque ! » — avec la fastidieuse régularité des litanies. En toute rencontre, à tout propos ils se retrouvent ; ils ont une opinion facile, dont ils se gardent de changer. — «..... Enfin nous avons forcé les portes de la Comédie-Française avec la *Parisienne*... Quant à la pièce de M. Tel, qu'on y donnait hier, on y chercherait vainement l'*observation taillée dans le vif de la vie cruelle*, à la manière de Becque, et *les tranches de réalité saignante*, que Becque seul excelle à servir... » — Savez-vous qu'on finirait par absoudre l'injustice des Athéniens à l'égard d'Aristide, trop souvent dit le Juste ?

Encore Aristide était-il à peu près impeccable : ce qui n'est pas, je pense, le cas de M. Becque. Lui, qui a tant d'esprit, devrait avoir celui de réduire ces zélateurs à la modération. Ils lui font tort, en vérité, peut-être plus qu'il ne croit, et depuis plus longtemps.

Notez que cette campagne lui est injurieuse autant que nuisible, par le seul fait qu'elle s'éternise, et qu'il semble que M. Becque en ait encore besoin pour s'imposer. Et voyez comme ces bruyantes démonstrations, ces admirations impératives se retournent contre celui qui en est l'objet. On se prend à songer qu'en effet M. Becque, qui depuis plus de vingt ans est maître de sa plume, n'est pas encore maître de son public, et, pour un peu, dans l'impatience qu'on éprouve à entendre sempiternellement le même refrain, on finirait par manquer d'équité ou de mesure, et par croire que c'est le public qui a raison, tandis que MM. Becque et compagnie ont tort. Erreur, certes ; mais erreur, où entre une part de vérité. Car, si M. Becque n'est point populaire, ce n'est pas manque de talent ; c'est sa faute, sa très grande faute à lui d'abord, qui n'est pas assez détaché de ses œuvres, et la faute à ses amis, qui s'y cramponnent obstinément.

Il est né homme de théâtre. Il en a reçu le don, à un degré qu'on ne saurait dire. Il ne lui a manqué que d'être moins l'homme de son théâtre, c'est-à-dire un désintéressement supérieur, une certaine humilité du génie, qui le grandit, l'élève au-dessus de ses essais, au-dessus de ses œuvres même, le préserve de s'y trop montrer, d'y être toujours présent, d'y apporter un esprit et des théories d'auteur, et de mêler à la pâte d'une observation vigoureuse je ne sais quel levain d'égoïsme intellectuel et suraigu. Il ne lui a manqué que de se complaire moins à ses mots, de ne pas tant se conjouir dans ses cruautés et crudités voulues, où l'écrivain, dans un perpétuel étonnement de soi-même, apparaît sans cesse, se frottant les mains, avec des airs de défi. Cette continuelle intervention est désobligeante, surtout au théâtre. Ce culte personnel nuit à la connaissance d'autrui. Il étouffe l'imagination, force l'esprit, exagère les tendances, exaspère l'humeur du dramatiste, et rebute le public, qui ne s'attache pas longtemps aux hommes trop sûrs de leur fait, à ces lutteurs de profession qui étalent leurs doubles muscles avec une superbe juvénile et persistante. Cela prépare une vie de combat, sans triomphe certain. Les athlètes vieillis sont comme des écoliers trop âgés. Il est une heure où un homme tel que M. Becque doit être un maître incontesté. Pour le devenir, il ne lui fallait qu'un peu plus d'impersonnalité résignée à écrire des chefs-d'œuvre d'observation, sans prétention, quelque chose comme de la vaillance plus discrète. Son existence de combat impose le respect. Elle ne lui a pas conquis l'admiration qu'il mériterait à plus d'un égard. La foule le connaît à peine ; les lettrés le discutent ; ses caudataires le compromettent avec fureur.

Oh! qu'on ne nous dise plus, de grâce, que les plus épris de vérité et de réalité sont précisément discutés sans fin, pour être trop sincères et vrais. Il y a beau temps que M. Emile Zola est populaire, et que même ses plus irréconciliables ennemis, ceux qui répugnent davantage à ses audaces rendent justice à son talent et s'inclinent devant l'opiniâtreté de son labeur. Il est vrai que M. Zola a su s'élever au-dessus de ses polémiques de jeunesse, dominer son œuvre et la réalité même (au point qu'il passe désormais pour un épique, ce naturaliste), et creuser consciencieusement son sillon, au lieu de s'immobiliser et de se figer, boudeur et provocateur, dans les haines et les engoûments des débuts. Il a renoncé, à peu près, aux exercices préparatoires et de parade, qui étonnent le bourgeois : ses forces n'en ont été que plus assouplies. Or je ne pense pas que M. Henry Becque, qui, au lieu d'accumuler de belles œuvres, dont il était très capable, s'obstinait, après un intervalle de seize années, à une reprise de *Michel Pauper*, me garde rancune de lui proposer M. Zola en exemple, et de le comparer à cet infatigable travailleur, qui, lui aussi, avait débuté dans la carrière par être un lutteur farouche.

Et pourtant, outre ses qualités naturelles, qui sont grandes, il a de la volonté, une volonté tenace qui s'est d'abord affirmée contre les directeurs inintelligents ou marchands, une volonté très crâne, qu'il convient de louer très haut, et qui ressembla d'abord à une foi vibrante en son étoile et sa jeunesse. Il ne me coûte pas de reconnaître qu'il y avait une manière d'héroïsme à monter seul, à ses frais, le drame *Michel Pauper*, héroïsme d'autant plus appréciable qu'il est plus rare dans ce coin de la littérature, où il s'exaltait. La sympathie que la jeune génération ressent pour M. Becque vient en partie de là : c'est justice.

Mais après avoir voulu, il s'est buté, buté contre les autres, et aussi contre lui-même. Il avait frappé un coup violent : sa main en est restée lourde pour la vie. Et cet homme, qui possédait un extraordinaire tempérament dramatique, s'est changé en un opiniâtre d'humeur noire et stérile. Oui, par la nature et la carrure de son talent il rappelle ces athlètes un peu gauches, qui ne sauraient vous serrer la main sans vous briser les doigts, et qui bruyamment en éclatent de rire, parce qu'au fond d'eux-mêmes ils tirent de cette inaliénable vigueur quelque vanité ; et aussi, comme parfois on fait la grimace en retirant la main endolorie, ils entrent en un chagrin profond à la pensée qu'ils ne puissent rien toucher sans le meurtrir, et que l'humanité soit faible et douillette au point de n'admirer pas sans réserve leur poigne orgueilleuse et rude.

II

L'ESPRIT NATUREL.

C'est un souvenir de jeunesse que je veux vous raconter....

En 1868 — il y a vingt-deux ans de cela — M. Henry Becque faillit être gai. Il l'a échappé belle. C'était l'époque où, n'ayant encore ni renom, ni attitude, ni disciples, il débutait au théâtre avec les simples ressources de son talent naturel, qui était sincère et ardent, et celles de sa verve aisée et divertissante. Sa première comédie, l'*Enfant Prodigue*, était fort plaisante, et témoignait du premier coup que M. Becque avait de l'esprit, infiniment, et tant et tant, qu'il ne s'en est point guéri, et que, malgré tout, c'est une de ses qualités dominantes. Car il en a, du meilleur, non pas seulement de cet esprit de mots, qui fleurit et meurt sur le boulevard en l'espace d'une journée (beaucoup de sots, à Paris, sont nantis de cet esprit-là), mais du véritable, fantaisiste ou profond, inattendu ou bon enfant, de celui qui excelle à saisir les rapports des choses, qui les embrasse d'un mot, qui les fixe d'un trait, anomalies, contradictions, compromissions étranges ou comiques, de cet esprit enfin que Labiche a eu autant que personne, — mais pas beaucoup plus que M. Becque. Et c'est justement à Labiche que fait songer l'*Enfant Prodigue*, une comédie de jeunesse, de belle et bonne humeur jaillissante, et relevée de vérité simple, et agrémentée de gaîté tout unie. Rien de plus curieux à lire que les feuilletons dramatiques d'alors, et les horoscopes qu'on y tirait du talent de M. Becque. — « .... Ce jeune homme a reçu de la fée du théâtre ce don, qui tient lieu de tous les autres: *la gaîté*. Son dialogue pétille de mots, qui sont naïvement drôles... » (1). — Naïvement drôle, l'écrivain, qui depuis...? Naïf, Michel Pauper? Drôles, *Les Corbeaux*? Voilà une prophétie, ou je m'abuse, et de délicieuse critique divinatoire. Et pourtant, il est très vrai que l'*Enfant Prodigue* est une pièce drôle, simplement, bonnement, à peu près vide de prétentions, mais pleine d'heureuse inexpérience, d'entrain, et surtout d'esprit.

Elle n'est pas complète; le sujet en paraîtra mince et dispersé aux délicats, à la bonne heure. Mais elle est foncièrement spirituelle Sans se mettre en frais d'invention, l'auteur va tranquillement aux scènes comiques : il les attrape d'intuition ; je vous dis que cela sent l'habileté instinctive, beaucoup plus que professionnelle, de Labiche. — Un bourgeois de province envoie son fils à Paris pour l'aguerrir contre les turpitudes, et le mettre en garde contre les revers de la fortune. Le départ, l'arrivée, la première liaison, et le dénouement, c'est au juste toute la pièce, agencée au petit bonheur (dont je n'ai cure, puisqu'il s'agit d'un débutant), et d'une verve tantôt épanouie et bouffonne, tantôt plus réservée et d'un pince-sans-rire.

Au premier tableau figure un personnel de petite ville, qui vous réjouit l'âme. Ils ne posent pas, les bonnes gens. Ils ne vous ont pas encore des airs d'être profondément observés et burinés. Ils sont comme ils sont, et ils sont de province, à coup sûr, et forment une colonie divertissante au possible: Théodore, l'Enfant prodigue, chérubin de canton, qui frôle sa domestique, et déclare qu'il les connaît, les femmes, et qu'il en a assez ; Bernardin, futur maire de Montélimart, bourgeois embourgeoisé, égoïste, ambitieux, pompeux, verbeux, et quelque peu gâteux; Delaunay, le notaire, personnage officiel et marié, qui

(1) Feuilleton du *Temps*. Francisque Sarcey. 9 novembre 1868.

a étudié le droit sur les genoux de mademoiselle Amanda, et qui en garde au cœur des illusions ensoleillées ; et le receveur, qui est sourd ; et le capitaine des pompiers, qui dort sur son casque ; et madame Bernardin, la mère, plus aigre que madame Jourdain et moins passive que madame Guérin ; et la belle madame Delaunay, une pervenche de sous-préfecture, bonne mère au demeurant, « qui allaite son enfant d'une main et de l'autre joue une symphonie de Beethowen... », mais un peu rêveuse, et que trouble étrangement la vue des Eliacins. Tout ce monde vous a un parfum de Montélimart, et fleure la province, exhalant une bêtise confite et béate, une ambition sournoise et médiocre, et certaine sentimentalité de *Petit Journal*, qui est un régal. Réunis, ils forment un ensemble solennellement comique et familièrement ridicule : une douce caricature, une pochade malicieuse et inoffensive. Quand tout le monde est présent, Bernardin tire sa montre Diable ! Le train part dans trois quarts d'heure ! Il demande à Victoire un sucrier, une carafe et un verre, « tout ce qu'il faut pour parler », et, ouvrant la séance, il prononce son discours-ministre.

« ... C'est pourquoi, Théodore, je veux te signaler comme détestables, anarchiques, et dont tu devras t'abstenir, deux classes spéciales dans la société : la première... (je ne voulais pas les nommer, mais je n'ai pas pu faire autrement), les journalistes, et la seconde... (je ne voulais pas les nommer non plus)... et la seconde les courtisanes... Les journalistes, héritiers des maximes funestes de quatre-vingt-treize (très bien, très bien à droite).... qui, après avoir noyé leur plume dans les flots de l'orgie, voudraient noyer la société dans des flots de sang. Abstiens-toi, Théodore. (Applaudissements).... Mais comment parler, sans choquer la pudeur, de ces femmes, sont-ce bien des femmes ? capables de... Que si... Abstiens-toi, Théodore, abstiens-toi ! » — Un employé du chemin de fer : — « C'est ici qu'il y a des malles à prendre ? » — « Oui, mon ami, c'est ici. Voulez-vous vous asseoir un instant et écouter la fin de mon discours ? »

Et quelle fin ! L'éloquence pédestre ne suffit plus,

la prose de Mirabeau demeure impuissante; et c'est une envolée vers la poésie gnomique, code de la vie et ornement de la mémoire.

> Ne jette pas ton cœur de caprice en caprice ;
> La femme est une fleur au bord d'un précipice.
> Dis-toi, quand tu verras des hommes de journal,
> Ils ne font aucun bien, mais ils font tout le mal...

Tout cela rehaussé de mots savoureux, agrémenté de réflexions piquantes, égayé de jeux de scène bouffons, tout cela baigné de plaisante fantaisie.

> «... Nous attendons encore le percepteur, qui m'a promis sa visite », dit Bernardin, avant de s'installer à la tribune. — « Il est sourd ! » — « Il est sourd, c'est possible : mais je suis censé ne pas le savoir. »

L'arrivée de l'employé aux bagages provoque une interruption de séance. Mais l'orateur domine et discipline son public.

> « Victoire, donnez les malles et revenez tout de suite. »

Endormi par un mouvement pathétique, où Bernardin s'engage courageusement : « .... Mais rien n'est stable et assuré en ce bas monde, où les grandes comme les petites choses nous échappent souvent des mains... » le capitaine des pompiers laisse tomber son casque. Alors, sans perdre contenance, élargissant le geste, la tête renversée et glorieuse : « .... Enlevez donc ce casque ! s'écrie l'orateur... Ainsi, mon fils, ces conseils ratifiés par la voix publique.... » Et l'oraison continue, paternelle, véhémente, inexorable. C'est le *Club champenois* en famille, à Montélimart, d'une fantaisie moins torrentueuse, et aussi, et déjà, il faut le dire, avec quelques traits d'un esprit plus mordant et incisif. « Ils sont bêtes », conclut Delaunay.

Après cette réunion de famille, un dîner de concierges. Vous me direz que c'est encore le club, le club du cordon, que ces honnêtes gouverneurs ont l'emphase de Bernardin, qu'ils débitent des vers, comme lui :

> Allons au *Pauvre aveugle*
> Dessus le boulevard,

et que toute la compagnie a l'esprit du premier acte, que l'on reconnaît, et qui se répète. Oui, mais elle en a, et beaucoup, et cela nous suffit pour le quart d'heure. Il y a là un certain Démosthène Chevillard, un bohème très caustique, à qui l'expérience de la vie et la pratique de la paresse, les propos d'estaminet et les discussions politiques ont singulièrement délié la langue et aiguisé la verve. C'est Schaunard, plus moderne, plus vrai aussi, un Schaunard qui pullule véritablement sur les hauteurs de Montmartre et aux alentours du Panthéon. Nous avons tous dans l'oreille des échos de ce genre d'esprit phraseur, gouailleur et désabusé, des bribes de cette philosophie inoffensive et douce, un peu mélancolique à l'approche du « terme », coupée d'absinthe et de bésigue, et qui n'exclut point les faiblesses de l'âme. Il a des formules, ce Chevillard ; il tourne la période, et s'évertue à moraliser ce monde solennel des concierges, où il est admis. Avec ce gaillard-là, croyez que la gaîté ne chôme pas, au dîner de madame Bertrand. Et puis, c'est plaisir de voir une fois, dans l'intimité, en bras de chemise, ces magistrats de la porte, si renseignés sur les maux de l'humanité et si indulgents à ses défaillances. Ils ont une dignité reposée avec, peu à peu, un laisser-aller de haut goût, sans aucune morgue.

« Si ça ne gêne personne, je vous demanderai la permission d'ôter ma ceinture. » — « Ôte ta ceinture, mon enfant, j'ôte ma cravate. » — « Les cérémonies étant exclues de ce repas, je prendrai la liberté de fumer en mangeant. »

L'occasion même de cette agréable redoute est d'une invention réjouissante. Madame Bertrand célèbre le retour de sa fille Clarisse, une autre enfant prodigue, qui aimait trop la danse ; et elle compte sur Eloi, le voisin, pour la sermonner et l'assagir.

« Vous êtes le parrain de ma fille. Eloi ; c'est votre devoir de lui faire de la morale, et elle en a besoin. » — « Je lui en ferai. » — « Vous lui parlerez avant le dîner, n'est-ce pas ? Après le dîner on a un peu bu, on est en train de rire, ça ne vaudrait rien. » — « Quand vous voudrez... »

Oh ! la bonne petite morale, pas méchante, ni austère, ni renfrognée, ni relâchée, ni dogmatique, ni casuiste, mais combien philosophe ! En vérité, cet Eloi est un sage, qui sait que certaines brèches ne se réparent point, et que la vie n'est pas si longue, et qu'elle est assez pénible, pour qu'on n'aille pas encore la compliquer de préceptes raffinés et d'impératifs catégoriques. Oui, c'est un sage, le voisin Eloi, une âme sereine, compatissante aux hommes et bénigne aux choses. Il y a dans son sermon un grand fonds d'expérience, d'indépendance, et de fierté blessée, de dignité souriante et de charité très chrétienne : cela est assuré.

« Bonjour, Clarisse ! Embrasse ton parrain, mon enfant, il ne s'en plaindra pas. Je ne reviendrai pas sur le passé. Tu as perdu ton honneur, et tout ce que je dirais, n'est-ce pas ? ça et rien, ce serait exactement la même chose. Marche toujours la tête haute, fillette ; j'en ai connu, et de plus huppées que toi, qui vivaient comme des pas grand'chose, et on ne l'aurait jamais cru à les entendre parler à leur concierge. Sois sage, si ça t'amuse, mon enfant ; amuse-toi, si tu ne peux pas être sage ; tu chanteras plus tôt que tu ne crois :

> Il n'est qu'un temps pour la folie,
> Les amours n'ont qu'une saison. »

Remarquez aussi que cette fantaisie drôlatique serre, au moins par la forme, la réalité d'assez près, et que, si c'est du Labiche, ce n'en est pas du pire certes.

Encore une fois, la pièce n'est pas d'ensemble ; les personnages courent les uns après les autres pour se conter leurs affaires, et c'est merveille qu'ils se rencontrent ; le troisième acte surtout est un peu long et fatigant ; et cependant il y a dans tout cela une certaine teneur, grâce à la gaîté qui y règne et à l'esprit qui y fourmille. Cette rare qualité fait passer les faiblesses de la comédie, et la relève au dénoûment. Il semblait indiqué, nécessaire, ce dénoûment, et d'une simplicité biblique. Théodore, pris aux charmes de Clarisse, veut l'épouser, cela va de soi ; mais le père n'entend pas de cette oreille, coupe les vivres, ramène le pécheur à Montélimart, où il le mariera, comme s'est marié Delaunay, à moins que l'enfant prodigue ne demeure à Paris pour philosopher, à l'exemple de Chevillard. L'auteur s'en est tiré plus joliment, Bernardin, qui vient chercher son fils, débarque chez madame de la Richaudière, *alias* Clarisse pour Théodore, *alias* Amanda, l'ancienne Amanda de Delaunay. Tout Montélimart se retrouve chez Amanda, tout Montélimart dans le grand monde : le baron Bernardin, le vicomte Delaunay, la princesse Valentino, tout le personnel de la *Cagnotte*, toute la Ferté-sous-Jouarre éparse dans les salons de M. Cocarel. Or, cette trouvaille finale sauve la pièce, qui se termine par un éclat de rire.

« Les femmes, écoute-moi ça. Théodore, les femmes, c'est comme les photographies : il y a un imbécile qui conserve précieusement le cliché, pendant que les gens d'esprit se partagent les épreuves. »

Le mot est de Chevillard ; il est drôle, pas trop lugubre, et cela est bien ainsi.

Quand on lit aujourd'hui les deux volumes de M. Becque, cette œuvre ressemble assez à une aventure de jeunesse, à une amusante équipée, une escapade spirituelle. L'auteur s'est amendé depuis, à grand effort ; il s'est guéri de la fantaisie, de la bouffonnerie, de la bonne humeur ; mais il n'a pu se défaire entièrement de cet esprit naturel et primesautier, qu'il méprise peut-être à présent. Or, bien lui en a pris d'avoir un jour, sans trop de façons, esquissé le bonhomme Bernardin et le bohème Chevillard, sempiternels phraseurs et discoureurs ridicules. Il y a acquis le tour de main, et l'éloquence comique, qui éclaire d'un sourire la sombre et odieuse histoire de Michel Pauper, et en égaie le troisième acte par la harangue du conseiller municipal. Qu'il ne rougisse pas trop non plus de la fantaisie et des quiproquos, qui rappellent Labiche, et qui l'ont plus d'une fois, depuis, tiré d'embarras. Telle de ses comédies, les *Honnêtes femmes*, par exemple, serait mortelle, sans un de ces éclairs heureux, une de ces pages d'un comique irrésistible, qui entraîne le reste, à propos. Un monsieur Lambert fait la cour à madame Chevallier, qui se fâche d'abord, et revient à lui plus séduisante et plus câline... Mais il faut citer.

« J'étais sotte tout à l'heure... Je suis montée sur mes grands chevaux... On ne se fâche pas, parce qu'on lui a plu, avec un aimable garçon qu'on estime et qu'on apprécie soi-même. » — « Ça marche ! » — « Asseyez-vous. Poussez-vous un peu plus pour me faire une place. Plus loin ! Quel âge avez-vous ? » — « Trente ans. » — « Pas plus ? » — « Pas plus. » — « Trente ans. L'âge est bien. Votre santé est bonne ? » — « Excellente. » — « Vous ne me trompez pas ? » — « Je suis.... très robuste. » — « Vous possédez..... ? Je vous demande ce que vous possédez. Un chiffre exact. » — « Cent mille francs.... et quelques petites choses. » — « Disons cent mille francs. En valeurs sûres et négociables ? » — « En valeurs sûres et négociables. » — « C'est bien. Je ne parle pas de votre tante. Ça viendra, quand ça viendra. Monsieur Lambert..... je vous ai trouvé une femme. »

Il flairait une bonne fortune : c'était un piège-à-loups. L'esprit de M. Becque lui joue encore de ces tours, assez souvent, en tapinois, par un penchant original, et quand l'écrivain l'abandonne, le laisse aller, la bride sur le coup. C'est l'esprit de jeunesse, la verve de l'*Enfant prodigue*, le don de nature. C'est à lui qu'on doit la première scène de la *Parisienne*, scène de jalousie, inquiète, concentrée, conjugale, moralisante au plus haut point, d'où le ridicule jaillit soudain, par une brusque détente, d'un jet inattendu et suffoquant...

« Résistez, Clotilde, résistez ! En me restant fidèle, vous restez digne et honorable ; le jour où vous me tromperiez.... » — « Prenez garde, voilà mon mari. »

C'est à ce don enfin que M. Becque peut attribuer les mots proprement comiques, qu'il a semés dans son théâtre, et qui l'emportent, grâce à Dieu, sur les aphorismes profondément amers, lentement, âprement élaborés. Et c'est encore de là que procède, en partie, la *Navette*, un bijou d'esprit, et aussi d'observation.

III

L'OBSERVATION.

Car M. Becque est un observateur. Il l'est même, par complexion, beaucoup plus qu'analyste : en quoi consiste plus essentiellement le génie dramatique. Par là, il se rapproche de M. Alexandre Dumas fils, d'Emile Augier, .. et même de Molière. Il a l'acuité visuelle, le regard net et pénétrant, et non pas seulement la perception directe et vive des objets pris en leurs contours et à la surface, mais une certaine intuition, souvent très précise, des dessous, du substratum, comme disent les philosophes: et il en est ainsi, toutes les fois qu'il s'en tient à l'image imprimée dans son œil, qui est singulièrement lumineuse, sans l'assombrir ou la déformer par les retouches d'école ou la cuisine d'atelier. Chez lui, l'organe est supérieur à l'artiste, infiniment plus sensible et délicat. Décidément, si M. Becque n'est pas un ingrat, il a tout lieu d'être content de la nature, qui ne l'a point traité en marâtre.

Je n'en veux pour preuve que son style, sobre, précis, nerveux, éminemment dramatique, et qui est aussi chez lui un don si naturel, qu'il n'est point parvenu à le gâter. On y voit à plein l'homme né pour l'observation, et presque jamais l'écrivain : dont on ne saurait trop le louer. Un grammairien subtil et intransigeant lui reprocherait peut-être — en de rares endroits — le jargon ou le solécisme, que M. Becque a laissé traîner par mégarde, ou que les typographes lui ont prêté par habitude. Il remarquerait que Simpson fils, qui a un nom anglais, s'exprime parfois en bas allemand. « Paris est agréable évidemment ; je m'y plairais peut-être autant qu'un autre, si j'y étais dans des conditions qui *satisferaient* mon amour-propre ; » que M. Laffont est manifestement troublé, quand il soupire : « Et puis, si le malheur veut que je vous *ai* perdue pour toujours. » Il ne manquerait même pas de faire observer à M. Becque qu'on écrit « *besoigneux* », et qu'il y a quelque incohérence (mettons négligence, pour ne jouer pas les savants en us) à coudre ensemble ces images discordantes : « Le vilain monde *a perdu de son entrain, et montre la corde.* » A cela M. Becque répondrait que ce sont des vétilles, et qu'il écrit pour la scène, nettement, vigoureusement, ce qui est mieux que correctement : et il aurait cent fois raison.

Et certes, ce qu'il y a de plus curieux dans son style, c'est qu'il est moins de l'écriture que de l'observation ; c'est qu'on y découvre, à peu près dépouillé de tout voile et ornement, l'apport de la réalité, et que, lorsque cela sonne juste, c'est, aussi approché qu'il est possible au théâtre, le langage même de la vie. Les ignorants seuls s'imaginent qu'il est aisé d'écrire ainsi, et que chacun en peut faire autant, au lieu que rien n'est plus difficile, et que sur ce point déjà se révèlent l'originalité et la loyauté entière de l'écrivain. Même aux endroits où M. Becque dévie de parti pris, la forme demeure sobre, nerveuse, et familièrement imagée. Même lorsqu'il combine, raffine, vaticine, l'expression, comme par miracle, n'en est guère altérée : on sent bien que tout cela n'est plus tout à fait vu, ni entendu, mais forcé, poussé, par système, laborieusement ; et la phrase reste simple, exacte, incisive, et persiste à sembler la notation sincère, et comme un ressouvenir transparent de ce qui se dit hors du théâtre, à l'antichambre, au salon, au boudoir, et ailleurs. Je ne serais pas étonné que M. Becque en fût un peu dupe, tout le premier, et qu'il crût être plus profond et sincère, alors que de la vérité il ne conserve que cette décevante apparence, qui est déjà un rare mérite ; ni qu'il pensât observer encore, tandis que l'observation a, depuis quelques instants, fait place à l'exagération et à la doctrine, et que (étrange contrariété) le langage, qui seul reste vrai par une naturelle assimilation, est néanmoins un déguisement.

D'ailleurs, c'est peu de dire qu'il a supprimé la tirade, la classique tirade, qui a eu son prix, mais qui était de convention pure ; il faut ajouter aussitôt qu'il l'a remplacée par je ne sais quel mouvement plus facile à saisir qu'à définir, qui englobe les phrases, souvent hachées menu, et leur donne une consistance, un air d'être parlées plutôt qu'écrites, un air naturel et de conversation enfin. Il a des pages entières sans une réplique, où le discours se poursuit, se nuance, se tourne et se retourne, se plie et se replie, avec la sobriété flexible et la lente précipitation des propos intimes. Il en est d'autres, des scènes de causerie, à bâtons rompus, comme dans la vie, dont l'idée principale transparaît discrètement, grâce à un mot jeté de ci de-là, à une répétition inattendue, et à ces vocables usuels et rapides, qui sont comme les gestes de la langue. S'il y a un style réaliste au théâtre, c'est assurément celui-là. Or, même après M. Alexandre Dumas fils, M. Henry Becque a pu l'inventer en partie. Ce n'est pas un mince mérite.

Ce style est d'autant plus original et captivant, qu'il est un miroir fidèle, non pas de l'homme, si je me suis fait entendre, mais de l'observateur, et des démarches de son esprit. Plus vif que large, plus nerveux qu'abondant, plus pénétrant qu'enveloppant, il est le plus sûr témoignage de la façon dont l'écrivain regarde la réalité. M. Becque est un observateur ; il ne viendrait l'idée de personne de l'appeler un contemplateur. Il n'en a ni l'envergure ni la sensibilité. Mais il a autre chose, c'est à savoir une vision claire dans un champ restreint, très nette, un peu étroite et indifférente. De la vie moderne il a découvert et obstinément scruté quelques coins ; mais si son regard est opiniâtre, il est à peu près fixe, et inepte aux vastes perspectives. Il n'embrasse guère d'ensemble ; il examine, il étudie, il perce. Il a le talent de voir, mais dans un certain rayon, à angle aigu ; il n'est guère plus séduit par les grands spectacles que par les grandes lignes ; il aime à fouiller les pénombres, et les petits côtés. Ceci n'est pas pour diminuer sa valeur, mais pour expliquer d'abord que son théâtre se résume en deux ou trois idées tout à fait neuves, deux ou trois, sans plus, qui l'attirent curieusement, sans l'émouvoir outre mesure. Vous me répondrez que la quantité ne fait rien à l'affaire : j'en suis d'avis.

D'autant que cette faculté d'observation, volontairement restreinte, mais implacable, l'a conduit à une philosophie assez concentrée, point du tout banale, mais assez inquiétante à définir. Rien de plus délicat que de fixer la matière qu'il élabore. Somme toute, les *Corbeaux* exceptés, son théâtre est déjà dans la *Navette*, et même, à l'origine, dans une scène isolée et un peu perdue au milieu du troisième acte de l'*Enfant prodigue*.

— « Ah ! il est encore un peu bête avec les femmes, dit Chevillard, mais toi aussi, moi aussi, nous sommes un peu bêtes avec les femmes. » — « Oh ! mon ami, répond Delaunay, que ce que tu dis là est vrai ! » —

Au premier regard, cela n'a l'air que d'un mot. Donnez-y plus d'attention, et vous verrez que d'ores et déjà M. Becque prenait pied naturellement et d'instinct — on ne saurait trop le redire — sur un terrain fertile et presque inexploré. Mais Molière ? Mais Racine ? Et Marivaux ? Et les Romantiques ? Et l'éternelle peinture de l'amour dont se meurt notre scène ?

Je vous entends, et je vous réponds : « Depuis quelque trois cents ans, et plus, que l'amour défraye notre théâtre, tous, même et surtout les derniers venus, les Romantiques, en ont représenté les transports, les audaces, les folies, les contrariétés, les dépits et les faiblesses, sans en avoir jamais déterminé les causes. J'en vois bien les effets, que j'admire ou que je déplore, à moins que je ne m'en divertisse. Je distingue sans peine qu'Hermione aime éperdûment Pyrrhus, Roxane Bajazet, Bajazet Atalide, et Valère Marianne, et Doña Sol Hernani, et Marie de Neubourg Ruy Blas. Mais pourquoi, grand Dieu, pourquoi ? En sont-ils sûrs ? Il est vrai qu'ils n'ont pas la min ued'en doter. C'est toujours la même chose, parce que c'est toujours la même chose... disent les classiques ; cela est ainsi parce qu'ainsi va le monde, opinent les Romantiques. D'où il suit que l'amour est, sur notre théâtre, un fait primordial, inexpliqué, dont les suites prêtent au ridicule, à moins qu'elles n'atteignent au sublime. Mais enfin, qu'est-ce donc que l'amour ? Et n'est-il pas vrai que notre littérature dramatique, cependant qu'elle en analyse toutes les conséquences, se réserve sur les origines, ne m'enseigne qu'un que sais-je? et aux questions indiscrètes répond : « Il est, parce qu'il est. »

A moins qu'il ne soit pas, remarque M. Becque, qui a observé notre société moderne. N'allez pas croire, au moins, qu'il nie le fait, qui est indéniable, et qu'il ne se soit point avisé que tout ce qui respire a aimé, aime, ou aimera : nécessité de la race ou du cœur, travaux forcés de la génération ou du sentiment. Ceci n'a rien à voir avec l'amour au théâtre, au xixe siècle, dans une société très civilisée, qui se pique d'aimer commodément et beaucoup, et qui se repeuple malaisément. Si donc je demande à M. Becque : Pourquoi ? mon Dieu, pourquoi ? Pourquoi la passion lyrique ou grotesque ? Pourquoi le drame d'hier et la comédie de demain ? — Parce qu'aujourd'hui surtout, répond-il avec beaucoup de pénétration et de crânerie, vous aussi, moi aussi, nous sommes un peu bêtes avec les femmes ; parce que l'amour est fait de privations, d'imaginations, d'illusions, et que les illusions sur une femme, « cela ressemble aux rhumatismes dont on ne se défait jamais complètement. »

Et voyez ce qui résulte de cette vue, et le parti qu'en peut tirer un esprit observateur, aidé d'un tempérament dramatique. Donc, dans la vie moderne, l'amour n'est le plus souvent qu'une illusion, et notre rhumatisme une maladie imaginaire. Il est pour nous comme s'il était, et non plus parce qu'il est. Et, comme s'il était, nous prenons pour lui ce qui n'est pas lui, nous en exigeons tout le contraire de ce qu'il nous peut donner, et voilà notre irrémédiable jobarderie, notre délicieuse bêtise. Ce qu'il y a de piquant, c'est notre acharnement à vouloir être malades, nos poses, nos attitudes, nos contorsions, nos révoltes suivies de langueurs, et la conviction que nous y mettons, et l'orgueil et la dignité que nous y apportons. Et le meilleur de tout, c'est qu'à force de soigner, de traîner des rhumatismes de fantaisie, un beau jour ils deviennent véritables, aigus et chroniques. A force de passer brusquement du chaud au froid et inversement, nous avons pris froid, alors que nous croyions être commodément au chaud. Erreur sur la température, illusion, quiproquo. Et c'est justement le moderne quiproquo de l'amour, le drame rajeuni, le théâtre renouvelé ; quiproquo d'autant plus ridicule dans ses conséquences qu'il est mieux expliqué à l'origine ; quiproquos consentis, passionnés, ou tièdes, triste et réjouissante comédie, qui repose non plus sur un fait indéfini et primordial, mais sur les différentes formes et humeurs qu'affecte la précieuse et stupéfiante bêtise de nos contemporains ! Prendre des châtaignes pour des oranges, quiproquo ; Antonia pour une fille honnête, quiproquo ; un gentleman d'écurie pour un gentilhommme, quiproquo ; Hélène pour une fille chaste, l'ivrognerie pour le remède à tous les maux, et l'amour pour quelque chose, quiproquo, quiproquo. Ah ! cette façon d'envisager la passion n'est ni classique, ni romantique, certes : mais elle est dramatique, et d'une observation âpre. Et puis, la morale qui s'en dégage, si elle n'est point folâtre, est du moins assez édifiante et originale, outre qu'elle imprime au cœur des hommes le sentiment aigu de leur imbécillité, avec une nuance d'humilité contrite, dont les femmes peuvent être fières et qui leur donne bien du prestige. *Deposuit potentes de sede, et exaltavit humiles !*

Le temps des intrépides croyances et des gestes farouches est passé. Les successeurs d'Antony n'ont plus cette foi superbe, qui renverse toutes les barrières pour satisfaire et célébrer l'idéale passion. Ils sont moins sûrs d'eux-mêmes; ils croient à l'objet de leur fantaisie; mais ils n'ont plus l'entrain triomphant et romanesque. Au fond, ils ont hérité de l'égoïsme d'Arnolphe, beaucoup plus que de l'enthousiasme d'Antony. Arthur et Alfred (1) se soucient de l'idéal médiocrement; ils veulent du confort, avec quelques satisfactions d'amour-propre, et cela suffit à leur donner les illusions de l'amour. Et puis, ils pensent être aimés, vraiment, pour eux-mêmes. Ici commence la méprise. Leur vanité est en jeu, parfois égratignée ; ils en souffrent; et cette souffrance leur paraît le propre signe de la passion véritable ; du moment que quelque chose les gêne, cette gêne est de la passion, n'est-il pas vrai ? Et de ce sentiment imaginaire ils se créent des droits, qu'ils prétendent imposer. Autre mécompte. Ils ont débuté par les seconds rôles, où ils étaient caressés, choyés, en de charmants intermèdes, toujours trop courts, et cela pouvait durer quelque temps ainsi. Ils en veulent aux grands premiers rôles ; il leur faut toute la scène ; ils y mettent le prix, au besoin ; il accaparent la félicité

(1) *La Navette.*

pour eux tout seuls, par dignité, avec un grand sérieux. Le petit Alfred s'évanouit pour faire place à M. Alfred, tel qu'il est, je veux dire égoïste, vaniteux, économe, jocrisse et sermonneur, aucunement amoureux, sinon de soi, et pas davantage aimé, sinon par lui-même. Il veut réunir le bon marché et le luxe, mettre la dignité dans une situation irrégulière, et il lui faut de la passion profonde, par-dessus le tarif des petits arrangements qu'il a pris. Abîme de contradictions, suprême de ridicule. « J'ai fait une bêtise... J'ai fait une grande bêtise. » Arthur qui succède à Alfred tombe dans les mêmes erreurs et le même ridicule, et Alfred reprendra la suppléance d'Arthur, tout comme Arthur avait d'abord pris celle d'Alfred, tour à tour relégués au jeu de bésigue ou conviés au jeu de l'amour, — à moins qu'il ne devienne aussi quelqu'un dans la maison, et qu'il ne prenne sa place dans la navette, ce dos d'amoureux qui par la porte dérobée, au fond du tableau, s'esquive.

Et partout c'est la navette, la même navette des amants inquiets et des illusions sentimentales, qu'il s'agisse d'une société anonyme, ou d'une union régulière. De même que personne ne ressemble plus à Arthur qu'Alfred, ainsi l'amant bientôt se change en un autre mari, plus anxieux et déçu. En ces régions familiales, les rhumatismes viennent tôt, et n'en sont que plus risibles. D'abord le bonheur est parfait. Il est si doux de se voir préféré, de se croire aimé assurément (car cela est assuré d'une femme qui trahit ses devoirs... etc...), aimé pour soi-même enfin. Oh! qu'il est doux d'être aimé pour soi-même, et d'en avoir la preuve vivante, indiscutable, qui est le mari! — Celui-ci d'ailleurs est un homme excellent, un ami dévoué, un peu négligent peut-être, et qui laisse trop de liberté à sa femme. Où va-t-elle? Que fait-elle? Sans doute elle est fidèle, (pas trop au mari qui ne compte point,) mais moins empressée, cela est certain....

M. Laffont (1), vous jouez les Alfred. Voici que vous prenez en main les intérêts de la maison, le soin de son honneur, de votre honneur, par un délicieux sophisme, qui vous met en fâcheuse posture, celle de M. Alfred précisément. Du second plan, qui était le seul enviable, vous passez au premier, qui vous rend grotesque à plaisir. Car enfin, vous faites un sot métier, dont vous n'avez les privilèges que par intérim. Quelle désobligeante attitude est la vôtre! Je soupçonne que vous en souffrez. J'en suis certain, à présent que vous invoquez l'amour, que vous tournez à la morale, vous aussi, que vous prêchez et sermonnez : d'ailleurs vous êtes à ravir dans ce personnage. Vous jouez les Alfred, M. Laffont, je vous dis que vous les jouez. Vous êtes très fâché, cela vous gêne, vous devenez obsédant et lâche, immédiatement au-dessous du mari, vous, le héros, le préféré, l'amant : bon égoïste, âme candide et jobarde, qui avez pensé mettre le feu à un cœur sensible, au lieu que vous avez occupé l'ennui et diverti l'imagination d'une femme coquette, capricieuse, excédée de loisirs. Vous mourrez dans l'impénitence finale, avec vos illusions, et réfractaire à cette croyance, consolante pour nous autres mandarins, que de nos jours *tous* les hommes se ressemblent aux yeux des femmes : crédules jusqu'à la niaiserie, uniformes autant que la plate réalité, que M. Becque a si finement observée ici.

Oui, tous, même ce niais de Michel Pauper, qui est le plus misérable, parce que son amour était fait de généreuses illusions et de charité primesautière. Otez à Michel son caractère de bienfaiteur, et il devient ridicule, comme les autres. Comparez-le, en revanche, au Pierre Chambaud d'Emile Augier, et vous verrez combien M. Henry Becque observe différemment. L'un est un savant, amoureux d'une fille riche ; d'abord le coup de foudre, puis le mariage, le beau mariage, et les con-

(1) *La Parisienne.*

séquences : c'est le drame de l'argent qui se joue-là. Quant à la passion, dont Pierre a failli être victime, elle est subite, irrésistible, imprescriptible. Mais regardez vivre ce Pauper, si vous voulez apprécier la terrible dose d'imaginations qu'on appelle l'amour, et quelle folie elle développe en nos imbéciles cervelles, folie aveugle, également susceptible de générosité et de lâcheté. Il n'a pas plu à l'auteur de le marier au premier acte, pour le suivre à travers ses tribulations de ménage. M. Becque y a regardé de près ; il a montré de quelles erreurs provient cette frénésie et que le bien dont cet homme est capable autant que le mal dont il se torture, ne sont que visions et hallucinations, exaspérées, qui ont vite raison de la machine la plus robuste et du cerveau le mieux constitué. Lui, l'ouvrier de génie, un peu lourd, un peu grossier dans ses manières comme dans ses habitudes, il a vu la fille d'un coquin, et il l'a crue bonne, parce qu'elle était jolie. Son amour-propre s'est mis de la partie, et il l'a pris pour de l'amour. Il lui souriait de soutenir de son bras de forgeron ce bras fluet et délicat. Il en fut d'abord édifié. Il a voulu s'élever jusqu'à l'objet de son rêve ; il est devenu une manière de héros d'usine, très bon, très dévoué, et un peu prédicant, comme les autres. Plus sa conversion lui a donné de peine, plus il s'est cru amoureux, et digne d'inspirer et de prêcher humblement l'amour.

« ... C'est le défaut, vois-tu, des jeunes filles, de préférer ce qui est reluisant à ce qui est sincère, et de sourire à la chance plutôt qu'au mérite... »

Lui aussi, étale toutes ses flatteuses erreurs, engage toute sa dignité, se grise de ses paroles, et pense être bien fort, pour avoir beaucoup rêvé. Et quand il s'avise enfin qu'Hélène, loin d'être pure et supérieure, est une femme, qu'il a longtemps sollicitée, priée, frôlée, qui ne lui a rien répondu, rien promis, rien juré, il éclate avec violence, se laisse choir dans l'ivrognerie, et devient véritablement fou, ce qui n'est pour lui que changer de folie. Car, si l'amour des hommes ordinaires n'est qu'une manie douce, c'est une lugubre névrose et le détraquement final, lorsque le génie, orgueilleux et maladif, s'en mêle.

Vous vous récriez et vous dites : « Mais cela est horrible, et outré à plaisir, et très éloigné de la réalité plus clémente et banale. » Peut-être, car, si la pièce a paru rebutante à la scène, c'est, je pense, pour d'autres raisons que nous étudierons tout à l'heure ; mais le fond en est pris sur le vif de la vie moderne et courageusement observé. Joignez que la folie plus lyrique de Ruy-Blas n'est pas moins étrange et qu'elle est très éloignée, à coup sûr, d'être aussi conforme à la vérité moyenne, aux illusions fiévreuses, aux lâches désespérances, qui nous débordent en ce siècle. Veuillez enfin considérer que, si l'amour de ces gens-là peut sembler une aberration funeste ou ridicule, c'est que notre société l'a voulu ainsi, grâce aux obstacles et aux exigences, dont elle l'a bridé, grâce surtout aux femmes qu'elle s'est pétries à son usage, et qu'elle a peu à peu juchées sur un piédestal d'or massif, d'où elles dominent et manœuvrent notre bêtise ou notre folie.

Ainsi pense du moins M. Becque, qui a pour elles des condescendances perfides. Il a vaillamment jeté par-dessus bord toute la cargaison des tirades romantiques, des rédemptions poétiques et des lieux communs mélodramatiques et attendris. Il a regardé notre monde contemporain, et voici par à peu près, j'imagine, ce qu'il y a vu.

Il y a vu que les femmes, dont quelques-unes réclament l'égalité bien spirituellement, sont déjà parvenues à un état intermédiaire, qui est la supériorité, qu'à force d'être traitées par la loi en mineures, elles ont fini par attraper leur majorité toutes seules, et que, dans un temps où le luxe est le premier étalon du mérite, l'honnêteté a subi de plus rudes assauts et le mariage de plus nécessaires accrocs.

« Bovary ! s'écrie la Parisienne, parlez donc de sagesse et de retenue à une femme. Qu'elle reste dans sa maison, et sa maison prospérera : je t'en moque ! »

Il y a vu que les unes, esprits étroits et attardés, sont honnêtes par indifférence ou par routine, comme madame Chevalier (1) ou madame Vigneron (2), d'autres préservées par l'instinct de la maternité, comme madame de la Roseraye (3), tristes, celles-ci, et mal récompensées d'avoir vieilli, muettes, dans la soumission et le dévoûment ; plus rares aussi, et que l'auteur a observées d'un peu loin. Il y a vu enfin que plusieurs ont placé à propos leur capital et en mitonnent industrieusement les intérêts : prêtresses de table d'hôte, dont les pensionnaires se suivent et se ressemblent, dont les caprices se multiplient et se répètent, et dont notre ingénuité fait le charme. Antonia, la capiteuse Antonia (4), la délicieuse fille de Mme Crochard, voilà le type que M. Becque a croqué d'un crayon magistral, dans une malicieuse admiration.

Elle lui est apparue d'abord comme une fine merveille, un assemblage très piquant de bon sens et de fantaisie, de prévoyance et de caprice, d'expérience et de simplicité, de sagacité myope, de tendresse pratique, de distinction acquise et de vulgarité innée. Il est assuré que M. Becque est plein de respect pour les menues perfections de cette petite personne évaporée et entendue ; qu'il a de la déférence pour le train de sa maison, pour sa tenue élégante et digne, pour sa frivolité sérieuse, pour son entrain et son calme imperturbables. Il aime cette science de la vie et des hommes, et ce grand air qu'elle a dans les conventions et les arrangements, et la scrupuleuse exactitude qu'elle apporte à l'exécution des contrats. Il goûte fort le

(1) *Les Honnêtes femmes.*
(2) *Les Corbeaux.*
(3) *Michel Pauper.*
(4) *La Navette.*

ton grave dont elle prend son existence, son habileté à en faire la distribution, la prudence qui en assure la fin, et les portes dérobées, et les polices d'assurance viagère, et cette entente délicate d'une profession difficile. Il raffole de cet air hautain, de ce sang-froid, de cette tactique, de ces petites manœuvres et de cet esprit profond dans les situations pénibles.

« J'ai été folle de ce garçon-là, et maintenant je ne peux plus le voir en face. Comme les hommes changent ! »

Il adore jusqu'à cette décision, qui prend, sans hésiter, les partis extrêmes, jusqu'à ces ennuis, ces impatiences, et même l'imprévu de ces retours, et la soudaineté de ces diversions. Elle a des étonnements qui le séduisent, des délicatesses qui le ravissent, une soumission affectueuse qui le transporte.

« Ah ! Arthur, Arthur, on ne se conduit pas ainsi avec une femme. Si elle fait mal, on la reprend ; si elle recommence, on la frappe ; mais on ne l'abandonne pas. »

Seulement, cette femme, si supérieure au commun des hommes, a des faiblesses, si intelligente des lacunes, si spirituelle une déplorable niaiserie. Seulement, elle a le cœur sec comme le marbre le plus poli. Seulement, sous cette élégance professionnelle se cache une vulgarité populacière, qui éclate dans son style et se trahit par ses épithètes. Seulement, cette fille expérimentée se laisse prendre aux petits vers et aux déclarations des artistes en cheveux. Seulement, la capiteuse, la délicieuse Antonia est la fille de madame Crochard, c'est-à-dire un joujou très perfectionné, très vide, très fantasque, très déséquilibré, et très sot. Seulement, faut-il que nous soyons bêtes, et que M. Henry Becque nous ait étudiés de près, pour nous avoir faits encore plus bêtes que cette superfine créature ! Et qu'on nous vienne dire, après cela, que cet auteur n'est pas moral !

Cette image d'Antonia l'a hanté. Débarrassez-la de

ses tares originelles et de sa foncière vulgarité ; mariez-la jeune, avec une sage précipitation : vous avez madame Mercier, la Parisienne. Il y a de la fille chez toutes ces femmes, je veux dire qu'elles sont plus capricieuses qu'ardentes, ayant plus de fantaisies que de sens. Elles sont filles d'Eve, sans enthousiasme, avec beaucoup d'ingéniosité. Celle-ci a pris son parti du mariage, du mari, et de tout un peu, curieuse de bien-être, de tranquillité, d'agrément. Elle n'est pas une lionne pauvre, avide du luxe effréné : elle a plus d'allure, d'habileté, et aussi de philosophie. C'est la distinction aisée dans l'adultère. Au reste, beaucoup d'égoïsme ; d'imagination, si peu que rien : bourgeoise, diplomate, et perverse. Elle a, dans le désordre de sa vie régulière, un air prudent, radouci, et un peu las, je ne sais quelle froideur avisée, avec des réflexions à renverser les toits, des mots qu'elle laisse tomber d'un ton posé, réfléchi, qui nous déconcerte et nous suffoque. Elle a une façon à elle d'être fatiguée, ennuyée, nerveuse ou tendre, qui marque beaucoup d'esprit, peut-être trop.

« Ah bien, dit-elle, on en aurait de l'agrément avec des passions pareilles, qui ne vous laissent pas le temps de respirer. Sans compter qu'on est toujours à deux doigts de sa perte. C'est vrai, je ne suis plus tranquille que quand mon mari est là. »

Décidément l'observation est si aiguë, qu'en vérité il y a autre chose...

Il y a autre chose aussi dans le personnage d'Hélène de la Roseraye (1). Mais l'esquisse en est pleine de feu, et d'un réalisme singulièrement original. Fille d'un agioteur audacieux, et d'une mère bourgeoise et désabusée, elle a grandi, presque isolée, parmi les splendeurs d'une fortune équivoque, au milieu d'un ménage sans intimité, hautaine, exagérée, et inquiète. L'esprit aventureux que le père apporte dans les

---

(1) *Michel Pauper.*

spéculations s'est transformé chez elle en un goût de l'exaltation et de la rêverie. Elle s'est jetée à corps perdu dans le romanesque, dédaigneuse des affections calmes, et des sentiments médiocres. Et cette nature est si singulière, et ce romanesque d'un tour si particulier que je ne vois rien dans notre théâtre qui y ressemble (1). Doña Sol, aussi, est romanesque ; mais c'est l'inconnu qui la tente, et la vie des montagnes de Galice et d'Estramadure ; elle fuit l'amour d'un vieillard ; et puis, dans ses veines coule de bon sang espagnol : et sela seul suffit à expliquer le reste. Romantique, aussi, la Gabrielle d'Emile Augier, troublée par la lecture des premières poésies de Musset, et surtout fiévreuse, alanguie à l'heure de la feuille qui pousse, des vergers en fleurs, et de la sève printanière qui l'agite confusément. Ce romanesque qui mène aux révoltes de l'imagination, aux vagues désirs du cœur, a sa source profonde dans les inquiétudes de la chair.

Hélène est une cérébrale. Elle a plus d'appréhensions que de désirs, plus d'aspirations que de tempérament. C'est le trait qui accuse sa parenté avec les autres filles de ce théâtre. Amour de tête, qui n'exclut ni la froideur ni le dégoût. Cette passion déchaînée, souveraine, n'est au fond qu'une soif de vie libre, débridée, irresponsable, la rancœur des remontrances vulgaires et des devoirs sans grandeur. Elle ne demande à l'avenir « qu'une habitation exceptionnelle pour y mener la vie commune. » Le décor la tente, beaucoup plus que le démon. Antonia. Et cette passion encore, si superbe et exaltée, n'est qu'illusion et contradiction. Cette âme, si haut placée, se prend à un gentleman d'écurie, à un cassecœurs de garnison, brutal et sceptique, capable de violences qui la révolteraient dans la bouche d'un autre, et qui, venant de lui, ont du style et du caractère. Voilà

---

(1) C'est Emma Bovary, plus froide, plus fille, et d'une indignation plus hautaine.

l'élu de cette imagination dédaigneuse ; voilà l'homme qui dressera ce cœur en haute école, comme ses chevaux de sang. Et lorsqu'il l'aura violentée et fouaillée, cette fille hautaine, elle sera dévorée du désir de revenir à lui, sans illusion, sans amour, pour les larmes qu'il lui a coûtées, pour les injures qu'il lui réserve, et qu'elle prend pour la passion même. « Si elle recommence, on la frappe... » disait Antonia.

Si Michel, au lieu de se faire humble, doux, et reconnaissant, avait commencé par là, je veux dire par montrer sa poigne au lieu d'étaler son cœur, soyez sûr qu'Hélène eût dissimulé sa faute, et qu'elle l'eût bientôt oubliée. Au lieu de cela, ne s'avise-t-il pas de se mettre à genoux devant son idole ? Et de l'adorer, parce qu'elle est fière, et de se prosterner, parce qu'elle est superbe ? S'il s'élève, je l'abaisse ; s'il s'abaisse, je m'affranchis. Antonia, toujours Antonia : cœur sec, caprices effrénés, peu de tempérament, et toutes les contradictions désespérantes de la fille que M. Becque a flairée en toutes ces femmes. C'est en vain que celle-ci, dans un transport d'honnêteté nerveuse, malgré elle, malgré lui, avoue sa honte (la plus grande et forte scène de la pièce), en vain qu'elle revient au mari moribond, après avoir franchi ce corps inerte au bras de son amant, sans même l'excuse du plaisir et des pointes de la chair : elle est une fille, au fond, rêveuse et perverse, vaine et humble, fantasque et féroce, qui éprouve un invincible désir d'être rudoyée, quand on la prie, et respectée de qui la bat, avec, sans cesse, sur les lèvres ces mots brûlants de passion et d'amour : glaciale d'ailleurs comme un marbre glorieux, folle d'indépendance et de liberté, pas même folle de son corps.

De sorte qu'en dernière analyse, cette adoration perpétuelle dont notre moderne société entoure la femme, ces gloires de diamants et d'émeraudes dont notre empressement la couronne, apparaissent, si je ne me trompe, à M. Henry Becque comme la plus triomphante

erreur et la plus ridicule illusion, et qu'à peine
exagérerait-on sa pensée, si l'on lui faisait dire qu'à
force de prodiguer l'or et les prières à la sémillante
déesse, nous en avons fait une créature insensible,
compliquée et pernicieuse, et que les élans de notre
zèle, et que la ferveur de notre culte ne sont que les
plus folles pratiques de la plus fâcheuse idolâtrie.

« Vous devez savoir, Mademoiselle, déclare le notaire des *Corbeaux*, que l'amour n'existe pas ; pour ma part, je ne l'ai jamais rencontré (1). »

IV

« LES CORBEAUX. »

Un jour, M. Becque quitta ce terrain habituel de ses
investigations. Il eut l'idée, lui aussi, de s'attaquer aux
hommes d'affaires et de reprendre la question d'argent.
Il écrivit les *Corbeaux*. Rien qu'à sa façon de poser et de
restreindre le sujet, on reconnaît ce don de vue perçante,
et la vaillance de l'observation. Ce n'est pas lui qui
élargit le cadre, pour fondre dans l'ensemble, au risque
de les noyer, les détails de la nue réalité. Ce n'est pas
lui qui atténue, tempère, prépare, équilibre, ou qui met
en balance l'honneur et la fortune, la noblesse ou le
génie et le 3 0/0, sachant fort bien que, depuis quelque
temps déjà, noblesse, génie, conscience sont de grands
mots qui ne valent plus guère, monnaie spartiate et encombrante. Il faut à M. Henry Becque un coin très restreint et un objet très précis. L'honneur et l'argent,
sujet trop vaste et qu'il ne saurait étreindre. Il ne s'agit
ici que d'une question d'intérêt, d'une liquidation judi-

(1) Cf. *Notre Étude* d'Alexandre Dumas fils, ch. V. *Les Femmes*.

ciaire en l'étude de M. Bourdon, notaire à Paris. Toute la pièce gravite autour du Grand-Livre. M. Vigneron, de la maison Teissier, Vigneron et Cie, meurt. On liquide. On commence, comme dit le tabellion, par les choses les plus urgentes ; on avance pas à pas ; et à la fin il reste ce qui reste : total, rien. Je ne crois pas qu'en aucune rencontre le théâtre contemporain ait serré la réalité de plus près, ni fait moins de concessions au roman.

« Ruinées, mon cher monsieur, ruinées la pauvre dame et ses demoiselles. Je ne vous dirai pas comment ça s'est fait. Mais on ne m'ôtera pas mon idée de la tête. Voyez vous, quand les hommes d'affaires arrivent derrière un mort, on peut bien dire : *V'là les corbeaux !* »

Et d'abord j'observe qu'en un sujet si adroitement limité M. Becque ne se sert d'aucune fiction de théâtre, d'aucun colonel, ingénieur ou théoricien (1). Ces fictions ne sont pas pour nous déplaire ; mais encore sont-ce des fictions. Il lui suffit de nous peindre les victimes et les bourreaux d'argent, et de suivre leurs opérations, d'où découlent des péripéties qu'il croit assez émouvantes. La liquidation faite, la pièce est jouée. Où il n'y a plus rien, le roi lui-même perd ses droits. L'agencement même de la pièce, pris en son ensemble, donne, sans effort apparent, l'impression de la plus simple réalité. Un premier acte, consacré à la vie intime des Vigneron, se termine sur la mort du père ; deux autres appartiennent aux affaires ; au quatrième la ruine est consommée, il est temps de se résoudre aux plus douloureux sacrifices. La distribution des personnages n'est pas plus compliquée. D'un côté les corbeaux, et de l'autre les malheureuses femmes, qui leur servent de pâture, tous réunis, non mêlés, dès le début, avec leur physionomie distincte, réunis, non sans un peu de cette gêne inséparable de

(1) V. *Maître Guérin*, *Un beau mariage* d'Emile Augier. *La Question d'argent* de M. Alexandre Dumas fils.

l'approche des oiseaux sinistres, qui flairent leur proie et annoncent le malheur dans une maison.

Et aussi le milieu, où s'exerce l'observation de l'auteur, est peint avec la même exactitude. Tout le premier acte est d'une vérité saisissante. Croyez que ce n'est pas un intérieur anonyme, où M. Becque nous fait pénétrer, mais bien l'appartement, le home d'un de ces grands industriels, partis de bas, en passe d'arriver très haut, en passe seulement, parce que n'ayant apporté dans l'affaire que leur intelligence et leur activité, il leur a fallu plus de temps pour ramasser le premier capital, qui est le noyau des immenses fortunes. Cela respire l'aisance, le bien-être un peu criard, parce qu'il est récent, un peu mesquin et de contrefaçon, parce qu'en dehors de la fabrique Vigneron n'a pas trop de ses fonds disponibles pour spéculer sur des terrains et précipiter l'accroissement de son avoir. C'est une aisance, qui n'est pas encore du luxe.

Non, cette famille n'est pas celle de tout le monde. Il faut y avoir été élevé, pour retrouver là une sensation juste de l'existence particulière aux industriels, qui, sans cesse occupés aux soins de leurs affaires, ont à peine le loisir de prendre pied chez eux, et y semblent toujours être de passage, en voyage, et nomades. Et comme ils y séjournent à peine, ils ouvrent volontiers les mains, ces manieurs d'argent, pour se faire pardonner l'absence, solliciter les sourires et retrouver des visages heureux. Dans ces maisons-là, les enfants sont ce que la mère les fait, le père n'ayant que juste le loisir de les gâter à son aise; et il n'est pas rare qu'à cette famille, qui paraît calme et heureuse, manque une direction que le chef ne peut pas, la femme ne sait pas donner. C'est une vie douce, large, et sans secousse, jusqu'au jour où, Vigneron mort, il ne reste plus que des esprits étonnés et des volontés molles, pour se défendre contre les corbeaux, qui sont les oiseaux du lendemain Alors la mère affolée se désole d'avoir une résolution à prendre, le fils s'engage dans un régiment pour suivre une voie toute tracée ; quant aux filles, elles seront... ce qu'elles pourront. Vigneron semait à pleines poignés les désillusions avec l'argent aisément gagné ; il ne laisse après lui que des cœurs en déroute et un intérieur en désarroi.

Voilà donc quatre femmes, dont l'une fiancée, et qui ne se mariera pas, puisqu'elle n'a plus de dot, que M. Becque livre en proie aux hommes d'affaires. Quelques jours se passent, on pleure, et la liquidation commence. Il y a là des scènes d'une vérité poignante. Il vous est arrivé, à l'ouverture de la chasse, de relever par la plaine une compagnie de perdrix, poursuivies, traquées, épavées dès l'aube ; elles se coulent, se ramassent, piétant le long d'un sillon, la tête inquiète, l'oreille au vent, le cou allongé, tremblantes, serrées et irrésolues ; et, à mesure qu'elles reprennent l'essor parmi la fusillade, elles sont plus lasses, plus indécises, plus résignées au coup qui les attend ; c'est proprement le tableau de la famille Vigneron. Ah ! qu'il y a là des scènes vues, et des traits rencontrés ! D'abord cette pauvre mère, qui en est encore à pleurer son malheur, après huit jours, et qui, au premier choc, se révolte fiévreusement, et fait sauter les paperasses de ce brigand de Teissier, qui la regarde s'emporter et regimber. D'autant que ces emportements ne servent de rien, et qu'après avoir fait feu des quatre pieds, il faut subir le joug. Et elles le subissent, toutes ensemble, et que de fois elles se consultent pour le subir enfin ! — M. Teissier, l'associé. — Je dois avertir mes filles. — Maître Bourdon, notaire. — Permettez-moi de consulter mes enfants. — Il faut vendre les terrains. — Causons un peu, mes filles. — Il faut vendre l'usine. — Notre situation est grave, mes chéries : nous n'en parlerons jamais assez. — Elles en parlent, elles en disputent, elles se répètent, elles ne décident rien. Elles y mettent du sentiment, de la probité, leur cœur et leurs nerfs. Il s'agit bien de tout cela. Leur premier mouvement est de s'entêter; le second de se décourager. « Ignorance, incapacité, emportement, voilà les femmes », observe Teissier qui les guette, et qui s'y connait. « Moi vivante, on ne touchera pas à la fabrique. » — « Il y a une loi. » — « Moi vivante... » Et de colère en désillusion, de désillusion en désespérance, les choses vont ainsi jusqu'à liquidation complète, que les corbeaux, d'humeur plus égale et plus opiniâtre, poursuivent méthodiquement et définitivement, l'associé Teissier avec le notaire Bourdon, et Bourdon avec Teissier, hommes d'affaires.

Ce n'était pas une banale audace que d'échafauder une pièce sur le *doit* et *avoir* et de tabler sur l'éloquence des chiffres. Rappelez-vous que de difficultés on fit jadis pour accepter les comptes de Mme Durieu (1), et les reports et les déports de Jean Giraud. Encore l'arithmétique ne servait-elle là que d'un discret accompagnement. Elle est ici le pivot du drame, c'est-à-dire qu'il n'y a point de place pour la fantaisie et qu'une observation superficielle ou timide eût été impuissante. Derrière ces questions d'intérêts il y avait des esprits à fouiller et des cœurs à sonder.

M. Bourdon ne finasse pas comme maître Guérin : c'est un notaire de Paris, fin, très fin, mais qui s'expose quelquefois. Il est moderne. Les confrères disent qu'il l'est beaucoup. Teissier n'est pas seulement un avare ; il est aussi un célibataire égoïste, qui concilie ses passions avec ses intérêts, ou plutôt qui a dressé un mur d'airain entre ceci et cela, sans abdiquer rien. En vérité, c'est plaisir de les voir manœuvrer parallèlement. Bourdon s'est oublié jusqu'à prendre feu contre l'architecte, qui veut bâtir, démasque les menées, et devient gênant. Teissier intervient sans bruit, reconduit Lefort, l'endoctrine, l'embauche et tranche le différend. Comme Bourdon s'en étonne, et garde le souvenir de certaines piqûres :

(1) *La Question d'argent.* Voir, en particulier, l'article de J.-J. Weiss. *Le Théâtre et les mœurs*, p. 145.

« Vous pensez encore à cela, vous ! Si on ne voyait plus les gens, mon ami, pour quelques injures qu'on a échangées avec eux, il n'y aurait pas de relations possibles. »

Teissier s'est laissé prendre aux appâts de Marie Vigneron, une jeune fille posée, qui doit savoir compter, très capable d'adoucir, à peu de frais, les dernières années d'un vieux garçon.

« Qu'est-ce que j'apprends ? lui dit Bourdon. Il paraît que vous avez un faible pour cette jeune fille ? Préparez-vous à un siège en règle de la part de votre ingénue ; on compte sur elle, je vous en préviens, pour avoir raison de vous. »

Les traits abondent, qui, sous l'apparente impersonnalité des chiffres, révèlent une vue profonde des choses et des hommes. Je ne vois rien, par exemple, de plus fouillé que ce morceau, où Teissier se révèle calculateur infaillible et célibataire déclinant :

... « Douze mille francs, que vous me demandez, et vingt mille, qu'on me doit déjà : total, trente-deux mille francs, qui seront sortis de ma caisse. Je ne risque rien sans doute ; je sais où retrouver cette somme. Il faudra bien pourtant qu'elle me rentre. Vous ne vous étonnerez pas en apprenant que j'ai pris mes mesures en conséquence. Ne pleurez pas ; ne pleurez pas. Vous serez bien avancée, quand vous aurez les yeux battus et les joues creuses. Gardez donc ce qui est bien à vous, vos avantages de vingt ans... »

Il n'est pas jusqu'à cette madame de Saint-Genis, une mère déchaînée, qui s'enquiert de l'état de la fortune avant de savoir celui de la santé, jusqu'au mariage rompu de la pauvre Blanchette, jusqu'au mariage douloureux de la petite Marie qui épouse Teissier pour sauver les siens ; jusqu'à ce final et lamentable sacrifice qui me semble la vérité vraie, vaillamment observée. Il faut se dire, tout bas, une bonne fois, que notre vie moderne est de plus en plus fermée au roman, et que cet héroïsme de jeune fille est assez courant, encore qu'il passe souvent inaperçu. Et justement, la voilà, la vraie liquidation, peut-être plus cruelle que l'autre, mais aussi moins désolante, puisqu'enfin elle est une noble action, étant, par surcroît, et à bref délai, le retour de la fortune à ceux qui l'ont rudement acquise, au prix des plus durs travaux et des plus suppliciantes concessions. Et vous voyez de reste que tout cela est tissu d'étoffe solide, de réalité loyale et hardie, toute la matière d'un chef-d'œuvre...

Oui, mais cela est lugubre. — Il est vrai, mais la mort n'est pas folâtre, et les affaires sont les affaires. — Sans doute, mais quatre femmes en deuil et un notaire en redingote, et pas un honnête homme, et des noirceurs, et des brutalités! — Vous m'inquiétez; et je songe, à présent, que si l'œuvre, en son ensemble, accuse une observation âpre, un courageux talent et un dédain méritoire des succès faciles et des concessions prudentes, il est véritable, aussi, qu'elle soulève en maint endroit des répugnances et des dégoûts, et que ces endroits-là, où l'auteur semble avoir pris plus de peine, ne sont ni nécessaires, ni logiques, ni toujours vraisemblables, ni même vrais. Que dans toute cette affaire n'apparaisse pas une conscience droite, cela se peut; que l'architecte capitule, cela se voit. Que M. Dupuis se fasse payer deux fois, c'est un fripon, et il a des frères. Mais que Merckens, le croque-notes, le coureur de cachets, devienne tout à coup grossier avec sa jeune élève, et déclare qu'il n'est pas *obligeant*, et lui rie au nez *avec les cinq parties du monde*, c'est décidément trop. Voici que je fais des réflexions et des réserves, et je me dis : « Ce pied plat, s'il est tellement perverti, laisse échapper une belle occasion d'être plus habile. Au contraire, il joue de la plaisanterie, il est cynique, il a de l'esprit, il en fait; il a des mots à l'emporte-pièce sur l'apoplexie foudroyante, et des maximes sur la vertu des femmes, comme un moraliste de coulisses. Il fait des gestes, il prend une pose ; on dirait qu'il s'évertue. » Et, chemin faisant, je distingue qu'ils sont tous ainsi, les corbeaux. Il y a deux ou trois moments dans la pièce où ils lissent leurs plumes, aiguisent leur bec, et semblent croasser : Comment trouvez-vous cela ? C'est un malaise qui les surprend soudain ; ils sont amers avec méthode. C'est l'instant où Bourdon raffine, et sort de ses attributions et de son caractère pour disserter, où il mêle à ses contrats l'épice de ses avis.

« Il est juste que Teissier, en vous épousant, vous reconnaisse commune en biens, ce qui veut dire que la moitié de sa fortune, sans rétractation et sans contestation possible, vous reviendra après sa mort... Vous n'aurez plus que des vœux à faire pour ne pas l'attendre trop longtemps. »

C'est l'heure où Teissier, égoïste, avare, célibataire endurci, dit froidement à la fille de son associé : « Mariée ou pas mariée, ce serait la même chose. » Et je pense qu'à cette heure même Teissier force son naturel et oublie sa prudence, et qu'il perd le sens pratique, dont il a donné tant de preuves jusqu'ici. Car enfin, ou la mère accepte cet arrangement, et gare aux écus ; ou la fille seule s'y prête, et gare à lui. Je sais qu'il reste une hypothèse, celle qu'a choisie M. Becque : à savoir, que Marie soit vraiment honnête. Et je vois qu'il a réussi seulement à rendre désormais invraisemblable et impossible ce mariage, qui nous paraissait une trouvaille naguère, ce sacrifice, cet héroïsme, qui devient un martyre et retourne au roman. C'est la minute précise, où madame de Saint-Genis, dont le caractère était nettement indiqué, cherche un éclat, veut sa scène, à elle, qui lui donne tout son relief et lui permette de faire paraître tout son esprit. Au lieu de rompre bonnement par lettre ou par intermédiaire, comme cela se pratique en effet, il faut qu'elle torture la malheureuse enfant, qu'elle lui arrache un aveu, qui nous émoustille, et provoque une réplique, qui nous secoue. Je distingue que la scène est « filée » avec beaucoup d'art, mais aussi qu'elle est inutile et rebutante, qu'une mère, qui n'est pas une Macette, ne tient pas de pareils propos à une enfant ; qu'elle évite de rôder dans une maison où son fils a peut-être laissé un gage fâcheux; qu'une jeune fille, douce et confiante, et de quelque éducation, fût-elle au désespoir, ne s'écriera jamais : « J'aimerais mieux être sa maîtresse que la femme d'un autre »; que ce cri ne sert qu'à préparer l'insulte « fille perdue »; et que décidément cela n'est plus de jeu, qu'il y a là-dessous plus de fanfaronnade que d'observation, et un réalisme de parade, ou, si vous préférez, moins de vérité que de... littérature.

Enfin, je m'explique pourquoi, avec toute la matière d'un chef-d'œuvre, le chef-d'œuvre n'est pas venu, pourquoi d'une pièce si originale ne subsistent que des impressions contradictoires et comme une oscillation, un peu douloureuse, du jugement; et je commence à entrevoir avec quelque netteté la raison qui fait qu'en dépit de ses dons et de son grand talent, M. Becque, qui entreprend un vase de prix, pétrit l'argile, tourne, tourne la roue, et de ses doigts d'artiste laisse échapper un pot informe et laid.

V

LE RÉALISTE.

... « Ton ennemie, c'est ton imagination », dit madame de la Roseraye à sa fille Hélène.

M. Becque, après avoir trouvé ce mot, a eu le tort de se l'appliquer. Il n'a point d'imagination, et il s'est formellement interdit d'en avoir; il s'est exercé, évertué, avec bien de la conscience, à en manquer; et de cette lacune il a fait une théorie, tout son théâtre tendant à démontrer que l'imagination, au théâtre, est la pire ennemie. Or cette aptitude à renier une faculté absente, cette opiniâtreté à proscrire un don qui fait défaut, cela s'appelle désormais du nom de réalisme;

et l'on va publiant que l'avenir de la scène est là. Je soupçonne que le réalisme a de tout temps existé au théâtre, et qu'à cet égard *Tartufe* ou les *Lionnes Pauvres* peuvent soutenir la comparaison avec la *Parisienne*. Mais, quand il s'agit de M. Becque, qui, sous couleur de réalisme, a compromis ses plus solides qualités, il est nécessaire de s'expliquer encore sur ce point, afin de n'être dupe ni des théories, ni de la criaillerie, ni du snobisme.

L'imagination est l'ennemie, nous dit-on, parce qu'elle enfante les comédies d'intrigue, où la complexité des événements dissimule l'à peu près et la légèreté des dessous; parce qu'elle pousse droit à la pièce *bien faite*, à la comédie à ficelles, à la manœuvre habilement réglée, des marionnettes sans consistance. Elle est le triomphe de Scribe, la source de toutes les conventions, de tous les procédés, de tous les trucs exploités, ressassés et vains. Elle préside à cette cuisine bourgeoise d'un certain art, dont les recettes se formulent aisément, et d'où la vérité est absente. La dextérité de l'intrigue est un artifice inférieur, qui déguise le néant du fonds, ne fait illusion qu'à la foule, tout de même que ces romans d'aventures furieusement machinés, dont les péripéties sont les délices des concierges en leurs loges et des Jennys en leurs mansardes. N'est-il pas temps de rejeter l'intolérable vaudeville et de mettre au rancart tout l'attirail des échafaudages illusoires et des machines compliquées et décevantes? Le théâtre doit tendre de plus en plus à la réalité familière, et s'essayer aux tableaux de la vie moderne et de tous les jours. Le progrès est dans l'observation implacable; quant aux efforts d'imagination, aux combinaisons de l'intrigue, aux préparations des péripéties, aux caractères pris de loin et minutieusement dessinés, tout cela est faux. Qui dit invention, imagination, et même composition, dit transposition et artifice. Là-dessus, les plus enthousiastes prennent à témoin Shakespeare, brandissent *Hamlet*, et démontrent avec zèle qu'un beau désordre est un effet de l'art, et que l'âme humaine y apparaît vivante, palpitante, en tableaux.

Et d'abord, je ne puis me défendre de noter qu'il y a de la part de nos plus modernes réalistes une singulière méprise à invoquer, contre les prestiges de l'imagination et de l'invention, le poète qui en a semé les charmes partout, en prodigue, à toute volée, qui en a tant usé qu'on peut bien dire qu'il en a parfois abusé, dont le théâtre est le plus nourri d'événements, le plus fertile en coups du hasard, le plus hanté de puissances occultes et de personnages mystérieux, le plus riche en merveilles, en prodiges, en superstitions, un monde imaginaire autant que vrai. A moins que ce qui leur plait davantage en ce génie ne soit justement ce qu'il a, par instants, d'inachevé, d'obscur et de barbare, et qu'ils ne préfèrent surtout dans *Hamlet* ce qui en est brumeux et ne s'entend point. Oui, sans doute, malheur à ceux qui ne goûtent pas en Shakespeare cette poésie débordante de sensations et de sentiments vrais ; mais aussi, prière à ceux qui en croient tout comprendre, de l'expliquer, de ne point y chercher l'art aux endroits précis où il n'est pas, et de ne nous point proposer l'incohérence ou l'équivoque comme le dernier terme du réalisme et de la vérité.

M. Henry Becque n'atteste pas Shakespeare, attendu qu'il peut se réclamer de lui-même. Il est convaincu que l'observation suffit, et que tout ce qui n'est pas elle, est duperie. A la bonne heure. A la pièce bien faite, il prétend substituer la pièce bien vue. D'accord. Il remplace les préparations sagaces de M. Alexandre Dumas et le sage équilibre d'Emile Augier par des tableaux saisissants. Soit. Telle était déjà la poétique de Diderot, si je ne m'abuse. Mais une certaine imagination, aussi, est nécessaire, ne fût-ce qu'à donner à la réalité l'ordonnance et la vraisemblance. Vingt tableaux juxtaposés ne font pas un drame. C'est ensemble forcer et escamoter la vérité que de la produire en lambeaux et par brusques saillies ; et ceci veut être précisé.

Si la vie est matière de comédie, elle peut être, surtout pour les observateurs tels que M. Becque, une matière beaucoup moins abrupte et morcelée. C'est la marque d'un esprit étroit et d'une intelligence courte que de voir partout l'effet du hasard dans notre microcosme. Et si l'observation consiste à étudier les mœurs et les caractères, à cueillir les gestes et les mots révélateurs, elle ne suffit pas à les éclairer en leurs raisons plus profondes. Mœurs et caractères sont soumis à un déterminisme plus latent et enfoui, qu'il appartient au dramaturge de pénétrer et de recomposer. Il y a nombre de transitions ténues et d'une logique un peu flottante, entre nos différents états d'âme et nos humeurs diverses, à qui un rien donne le branle ; il y a sous le ridicule ou l'odieux une infinité de causes sourdes et de secrets mobiles, en partie saisissables, et dont la séquence est précisément l'explication des êtres odieux ou ridicules que nous sommes à tous les instants. Et c'est à l'imagination qu'il appartient de deviner, de reconstituer et de mettre en relief ces infimes détails d'une réalité intime et dérobée, qui doublent le prix de la vérité, ainsi rendue plus manifeste. Et je dis que cette préhension déliée des choses, que cette perspicacité imaginative donne plus de prix à la perception des travers apparents, ou plutôt qu'elle est elle-même une demi-perception, une demi-observation, une manière de seconde vue, qui réunit et lie fortement les moments épars du drame. Il ne s'agit, pour le théâtre de demain, ni de revenir aux intrigues laborieuses, ni d'abuser derechef des procédés arbitraires, ni de retourner au romanesque, mais d'assembler ce qui, au fond, n'est pas tant désuni, et de composer conformément à la vie elle-même, serrant les liens davantage, tirant au clair les transitions visibles pour quelques-uns seulement. Cette imagination, sur le théâtre, n'est que la logique immanente des choses, qu'encore faut-il dégager aux yeux du spectateur, si vous voulez qu'il s'accoutume à un réalisme sincère, profond et rationnel, au lieu de répugner à une observation âpre, capricieuse, et brutale. Elle est, au besoin, le sauf-conduit de la réalité la plus amère, parce qu'elle en est la vraisemblance et l'intelligence intérieure. Et, de plus, elle est composition et clarté.

M. Becque, qui se passe de l'imagination, se passe aussi de la composition. Il procède par bonds. Il ramasse tout l'effet sur quelques scènes, dont les dernières sont des redites plus osées de la première. Il a d'étonnantes aubaines, et des répétitions désespérantes. Il juxtapose en un même acte les développements les plus disparates, et, comme il serait plus pénible de les réunir, il les divise en tableaux, comme dans le drame, si puissant d'ailleurs, qui a nom *Michel Pauper*.

Ce gredin de la Roseraye accapare d'abord toute la scène ; et puis, il se tue, serviteur. Sa fille, qui à peine a laissé voir la couleur de ses cheveux au premier tableau, occupe presque tout le théâtre dans les autres. Le baron est intermittent, et madame de la Roseraye circule par-ci par-là. Le comte de Rivailles ne paraît pas au début ; il est vrai que nous le verrons beaucoup par la suite, et qu'il disparaîtra, à l'anglaise, comme il est venu. Les crises les plus violentes éclatent tout à coup, et nous en recauserons plus tard, à moins qu'on ne nous en parle plus. On s'aime, on se quitte, on se reprend, la femme revient, le mari meurt : tout cela est limpide. Il y a là quelques belles scènes, d'une vérité qui nous ravit, et l'on retombe dans l'inconnu ; on passe au tableau suivant. Et comme il faut à ces grandes scènes l'apparence d'un prétexte, les péripéties les plus inattendues éclatent comme des explosifs. Un suicide, un accident d'usine, un discours du conseil municipal, une scène de ménage, la débauche en haut, l'orgie en bas, tue-la, ne la tue pas, la folie, la mort, j'en oublie. C'était bien la peine de bafouer le mélodrame ! Ici les coups de théâtre se suivent comme des coups de tonnerre. Il est vrai qu'ils sont communément annoncés par un monologue. C'était bien la peine de décrier Scribe, pour lui emprunter ce procédé classique et rudimentaire ! Après le monologue, les imprécations : l'ombre de Camille rôde sur la scène. Puis, les sermons, les discussions en trois points sur la Révolution, la guerre civile, la vertu des femmes, etc.... Corneille, moins moral, plus fin de siècle. Et puis, la démence d'Oreste, ou mieux le delirium de Coupeau. Tout est dans tout, et le reste dans *Michel Pauper*.

Ceci est la première manière de M. Becque : il en a une autre, un peu différente. Il trouve jour, avec des pièces où la matière est abondante, et la somme des observations aussi riche que chez plus d'un maître, à laisser une double impression de longueurs et de vide. Il est concentré, et il semble dispersé. Il se remâche. Le premier acte est parfois excellent ; les autres suivent, et ne lui ressemblent pas, — ou plutôt lui ressemblent trop. La *Navette* est un chef-d'œuvre, parce qu'elle est une œuvre courte, et que la même scène répétée par Arthur et par Alfred n'en est que plus piquante. Mais la *Parisienne*, qui est la *Navette* transposée et développée, se traîne, dès le second acte, péniblement. C'est une chaîne sans fin, une alternance sans dénouement. Le mari entre, s'installe, parle de ses affaires, et sort ; l'amant paraît, s'assied, cause de son amour, et va dîner ; il revient, n'a pas dîné, cause de son amour...

Il était un petit navire. Mais le mari rentre, parle de ses affaires... Bourdon, Teissier, Teissier, Bourdon, les terrains et la fabrique, la fabrique et les terrains, tout de même... Si cette histoire vous ennuie, nous allons la recommencer. La pauvreté d'invention est manifeste ; l'intérêt languit ; il faut le ranimer à tout prix.

La simple réalité ni l'observation ne suffisent plus ; on va un peu au delà, par crainte de rester en place, et parce qu'après tout il faut bien avancer, ou faire le semblant. Les caractères, nettement accusés au début, se compliquent et s'évertuent. De là tant de surprises, qu'on nous donne pour des audaces. En voulez-vous des exemples? Il y a dans *Michel Pauper* un baron Von der Holweck, âgé, ruiné, un Desroncerets célibataire, élève de Laplace, ami d'Arago. Depuis un temps, il a renoncé à payer son propriétaire, le pauvre homme ; avec les années, il a perdu quelques illusions de jeunesse, l'excellent savant ; Hélène, dans un transport de fierté blessée, avoue qu'elle aime le comte de Rivailles, un neveu à lui, et les violences qu'elle a subies. Que vouliez-vous qu'il fît ? Il sermonne le brutal, l'engage à épouser, essuie un échec, et, ma foi, par ma foi, s'offre à épouser lui-même. Je réparerai, c'est sa devise. Et il dépose aux pieds de l'amoureuse déçue ses parchemins, son extrait de naissance, et le papier timbré de ses créanciers. Il paraît que cela est plus vrai de la sorte, que si le neveu, riche et jeune, refuse de contresigner ses fredaines, c'est l'oncle sexagénaire et décavé qui y met son seing, en bon petit jeune homme.

Teissier est un homme d'argent, qui veut, avant tout, liquider à bénéfice. Teissier est vieux, Teissier a vécu. Eh bien, en pleine liquidation (voyez la malechance !) il est pris d'une démangeaison, que dis-je ? d'une frénésie, qui le pousse à outrager une jeune fille, à l'épouser ensuite, au pis aller, et à l'avantager de la moitié de sa fortune. Il aimait l'argent : il a réfléchi, cet homme. Ne sentez-vous pas combien il est plus moderne et plus pervers ainsi ?

Car, à défaut d'imagination, M. Becque a une obsession, celle de Tartarin, le double muscle. Presque tous ses personnages sont forts, très forts, aussi forts qu'il est possible : viveurs, sceptiques, blasés, passionnés, tous au superlatif. Un peu d'invention les aiderait à se développer naturellement et par degrés, au lieu qu'ils s'exaltent et s'énervent en des accès imprévus. Ils ne se développent pas, en vérité, ils s'efforcent. Dès le second acte, ils en sont tous à la période aiguë : et ils font la théorie de leurs vices ou de leurs faiblesses, parce qu'il y a plus de cynisme, n'est-ce pas ? à être vicieux ou faible par A + B. C'est la quintessence du réalisme. Lisez le rôle du comte de Rivailles (1), ce coq de caserne ; vous reconnaîtrez qu'en principe il était finement pris, en son exacte mesure, et qu'il se déforme à plaisir, dogmatiquement. Et celui d'Hélène, donc. — Savez-vous ce qu'une jeune fille moderne confie à sa mère, en tête à tête, du ton le plus naturel du monde ?

... « Je ne suis pas de ces jeunes filles qu'on est sans cesse à marier tantôt avec l'un, tantôt avec l'autre, et qu'on jette imaginairement dans tous les bras. La pensée d'appartenir à de certains hommes me fait frissonner tout le corps... »

Elle a beaucoup réfléchi, comme vous voyez ; elle doit bien étonner et embarrasser sa maman ; c'est presque un outrage à l'innocence de la bonne dame, un peu neuve pour son enfant. — Voulez-vous connaître comment une Parisienne établit le bilan de son cœur et résume l'état de ses relations ?...

... « Tous ces jeunes gens d'aujourd'hui ne valent pas la peine qu'on s'occupe d'eux... C'est bien fait pour moi, j'avais ce qu'il me fallait, un ami excellent, un second mari, autant dire. Je l'ai malmené de toutes les manières, il en a assez, ça se comprend. »

Qui donc a dit que la raison n'est pas ce qui règle

(1) *Michel Pauper.*

l'amour? Après cela, vive le raisonnement, et vive l'esprit ! Car il est entendu que l'observation n'a plus ici rien à faire. L'écrivain y supplée avec de l'esprit (nous avons vu qu'il en a de reste) ; il se substitue au personnage ; la main qui tient les fils apparaît ; on entend le régisseur, qui est M. Becque en personne, qui fait des mots, les amène, et les achète. Autrement, tâchez de comprendre pourquoi la jeune fille de tout à l'heure déclare à celui qu'elle aime :

« Le jour qui suivra notre dernier adieu, vous apprendrez que j'étais capable de fidélité et d'héroïsme en recevant le souvenir le plus solennel que jamais femme ait imaginé pour son amant. *Je me ferai couper la main droite et je vous l'enverrai.* »

si ce n'est pas à seule fin de préparer ce trait : « Gardez-la pour écrire des romans » ; pourquoi Merckens est impertinent à crédit avec Judith (1), sinon pour se retirer sur cet aphorisme :

« Tenez, Mademoiselle, je vais vous dire toute la vérité dans une phrase. Si vous êtes honnête, on vous estimera sans vous servir; si vous ne l'êtes pas, on vous servira sans vous estimer. »

C'est un mauvais signe pour la vérité qu'on soit amené à y mettre tant d'esprit. Et cela arrive à M. Becque, toutes les fois qu'il veut être plus vrai que nature, plus moderne que son temps, plus spirituel que tout le monde, c'est-à-dire quand il intervient en auteur, faute d'une observation plus large, d'une imagination plus aisée, et aussi, tranchons le mot, faute de sympathie et de sensibilité. Etudiez les deux derniers actes de la *Parisienne*, vous n'y trouverez que de l'esprit, de l'esprit à décorner les bœufs, de l'esprit satisfait, cynique, macabre, et prétentieux, et assez indigne, en fin de compte, de celui que l'auteur a naturellement meilleur. Je vous défie d'y noter (la scène de Simpson exceptée) une réplique qui ne suppose pas une attitude, une réflexion qui ne soit pas un défi, et

(1) *Les Corbeaux*, III, 2.

quelque chose de vraiment senti. Cela prétend à être d'un philosophe, né malin et supérieur.

Et, bien malgré moi, j'en arrive à la conséquence la plus fâcheuse de ce manque d'imagination, encore plus affecté que réel. A force de se travailler à étonner le monde par sa verve, M. Becque a fini par prendre le mot pour la chose et les concetti amers pour une philosophie. L'homme capable d'observer avec pénétration et de renouveler d'une vue ingénieuse et originale le jeu de l'amour sur le théâtre, en arrive à se faire d'un pessimisme assez naïf et superficiel une sorte de doctrine, ou mieux de code dramatique. Ses pires mots, ses mots de troisième acte en général, ne sont que des violences gratuites et des grossièretés sans excuse. Si la Parisienne riposte froidement à un amant honnête homme : « Vous devez vous dire que je ne suis pas libre, que j'ai une maison à conduire et des relations à conserver ; la *bagatelle* ne vient qu'après », si elle murmure, dans un mouvement de compassion : « Pauvre garçon ! Oh ! certainement, je lui ferai une petite visite demain », ce n'est pas elle, Monsieur l'auteur, c'est vous qui lancez la bagatelle et la petite visite, et qui pensez être bien clairvoyant et bien amer. Votre réalisme, en ce cas, n'est que broderie ; il est fait de chic, comme disent les artistes.

Et il vous conduit tout doucement à révoquer en doute l'honnêteté des femmes, qui n'ont pas doublé la cinquantaine, ou l'affectivité des hommes, qui ne sont pas des ivrognes, et à produire des remarques, toutes neuves, piquantes, ingénieuses, et d'un penseur, comme celles-ci : — 1° On reconnaît une honnête femme à ce signe, qu'elle a des enfants, marque son linge elle-même (sauf les torchons), et boit du vin blanc entre ses repas (1). 2° Tous les maris mangent trop, et meurent d'a-

---

(1) *Les Honnêtes femmes.*

poplexie (1). 3° Les jeunes filles, qui ne savent pas compter, ne savent pas se défendre. Elles ont des amants de vingt trois ans, et au delà (2). 4° Lorsqu'elles rencontrent dans une maison un monsieur qu'elles ne connaissent pas, à qui elles n'ont jamais parlé, elles lui font nécessairement des confidences du genre de ceci, par manière de passe-temps (3) :

« Je pense beaucoup à me marier, naturellement, comme toutes les jeunes filles ; mais quelle conduite tiendrai-je dans mon intérieur ? Je ne sais pas bien. Je ne sais pas non plus quel est le mari que je désire... Finalement, j'épouserai celui qu'on me présentera. C'est si peu de chose, un mari, dans un ménage. »

Et il est d'usage que, pour dire toute leur pensée et forcer l'attention, elles ajoutent :

« Il y a des maris qui regardent d'autres femmes, lorsque la leur est là. C'est très blessant. Et si la pauvre petite n'est pas jolie, jolie, jolie, elle fait des réflexions, qui ne sont pas couleur de rose. »

Couleur de rose, voilà le trait profond, voilà de la philosophie. J'aurais cru plutôt que les petites filles ne sont pas toutes de petites folles, au temps où nous vivons, qu'il y a quelques honnêtes femmes qui ne prennent pas de vin blanc, que d'autres ne sont pas irréprochables, qui ont des enfants, et puis, qu'il y a des femmes honnêtes, quelques-unes, simplement, à ce qu'on raconte. J'ajoute que ce pessimisme n'est pas toujours au courant de la science moderne, et que sur la question des maris, en particulier, M. Becque paraît en retard, qu'ils ne sont plus forcément lourds, gourmands, et épaissis, comme à l'âge de Labiche ; qu'ils sont, au contraire, en voie de se réhabiliter, depuis que le divorce existe ; et que, si l'amant est un second mari, le mari, cet intrigant (4), est en train de redevenir le premier amant.

(1) Vigneron des *Corbeaux*. Mercier de la *Parisienne*.
(2) Blanche des *Corbeaux*. Hélène de *Michel Pauper*.
(3) *Les Honnêtes femmes*.
(4) Cf. *Divorçons* de M. Victorien Sardou.

Enfin, et pour tout dire, c'est une grande gêne, où entre un peu de dépit, que de se prononcer sur l'œuvre de cet écrivain. On ne voit pas sans quelque mélancolie tant de qualités gâtées si obstinément, tant d'originalité exagérée à dessein, un sens si vif de la vie moderne exaspéré jusqu'au cynisme, un esprit naturel qui sombre dans la trivialité concertée; le tout aboutissant à une sorte de philosophie provocante et vaine, capable de tarir le génie le plus inventif et sensible — et aussi celui de M. Henry Becque, qui était né pour devenir la gloire de la scène française, à côté des Augier et des Dumas, et qui, à grand effort, s'est paralysé, stérilisé, Labiche infécond et morose.

TABLE DES MATIÈRES

Pages

INTRODUCTION.
    I. — Hier et aujourd'hui. VII
    II. — Scribe et le vaudeville. X
    III. — Positivisme et réalisme. XXII
    IV. — Hier et demain. XXXVIII

ÉMILE AUGIER.
    I. — L'homme et l'œuvre 1
    II. — L'évolution de son théâtre 6
    III. — La formule dramatique. 18
    IV. — Le mariage et le ménage. 34
    V. — L'argent. 48
    VI. — La contagion. 64
    VII. — Les caractères. 82
    VIII. — Les types. 99
    IX. — L'écrivain. 114

ALEXANDRE DUMAS FILS.
    I. — La *Dame aux Camélias*. — *Diane de Lys* . . . 123
    II. — Le système dramatique. 125
    III. — Les caractères. 135
    IV. — Le réalisme et l'observation. — Le *Demi-Monde* . 142
    V. — Les femmes. 159
    VI. — Les hommes. 182
    VII. — Les Idées de M. Alexandre Dumas. 200
    VIII. — Influence des Idées sur l'œuvre. 222
    IX. — L'écrivain. 235

ÉDOUARD PAILLERON.
    I. — L'homme du monde. 243
    II. — Le dramaturge et le psychologue. 254
    III. — Hommes et femmes. 264
    IV. — Les jeunes filles. 276
    V. — L'écrivain. 287

Eugène Labiche.
  I. — Le rire hygiénique. 291
  II. — Le métier. — Le vaudeville. 293
  III. — Le comique. 297
  IV. — L'observation. 305

Meilhac et Halévy.
  I. — L'esprit. 315
  II. — L'opérette. 323
  III. — Les mœurs et les caractères. 330
  IV. — Le dilettantisme au théâtre. 342

Victorien Sardou.
  I. — L'incarnation du théâtre. 347
  II. — Le réalisme et « l'équation philosophique ». . . 350
  III. — Caractères et situations. 361
  IV. — La pièce à faire. 372
  V. — Les pièces politiques. 386
  VI. — L'écrivain et l'art dramatique. 391

Henry Becque.
  I. — L'artiste. 399
  II. — L'esprit naturel. 403
  III. — L'observation. 411
  IV. — Les *Corbeaux*. 427
  V. — Le réaliste. 435

POITIERS. — TYPOGRAPHIE OUDIN ET Cⁱᵉ.

www.ingramcontent.com/pod-product-compliance
Lightning Source LLC
Chambersburg PA
CBHW050611230426
43670CB00009B/1354